Martin Simons

SEGELFLUGZEUGE
1920 - 1945

„Their slim shapes are smooth to touch and slippery like ice. Their rounded backs catch the light and reflect it like polished glass. Their curves are symmetrical, continuous, and blended into one another as geometrical designs which are happily married. When their wings are against the sky they are transparent, and you can see their ribs against the light beyond. No bird has better-shaped wings, no wings were ever spread in such a challenge. To see them is to know that they can fly. It is clear that they belong to the wind and the sky and that they are part of it as much as the clouds of a summer day."

Terence Horsley, Soaring Flight, 1944

Unveränderter Nachdruck der 2. Auflage von 2005

Für weitere Publikationen zur Luftfahrtgeschichte ist der Verlag ständig auf der Suche nach außergewöhnlichen Dokumenten aus den Anfängen der Fliegerei. Wer im Besitz von Fotos, Dokumenten, Nachlässen ist und diese für Veröffentlichungen zur Verfügung stellen möchte, wende sich bitte an den Verlag.

Eqip Werbung & Verlag GmbH
Sprottauer Str. 52 · 53117 Bonn Germany
Tel. +49.228.96699011 · Fax +49.228.96699012
eqip@eqip.de
www.eqip.de

© Martin Simons, 2001
The right of Martin Simons to be identified as the author of his work has been asserted by him in accordance with the Copyright, Design and Patents Right Act of 1988.

Alle Rechte der Vervielfältigung und Verbreitung einschließlich Film, Funk und Fernsehen sowie der Fotokopie und des auszugsweisen Nachdrucks bedürfen der ausdrücklichen Genehmigung des Verlages.

Druck & Verarbeitung: Print Consult GmbH, München
– Alle Angaben ohne Gewähr –

ISBN 3-9806773-6-2

Martin Simons

SEGELFLUGZEUGE
1920 - 1945

INHALT

	Vorwort	6
	Einleitung	7
Kapitel 1:	8	**Vom Gleit- zum Segelflug**
	8	Pelzner
	10	Schwatzer Düvel
	13	Weltensegler
	15	Vampyr
	17	Harth und Messerschmitt
	21	Anthony Fokkers Doppeldecker
	21	Peyret Tandem
Kapitel 2:	25	**Akaflieg Darmstadt**
	26	D - 7 Margarete
	26	D - 9 Konsul
	30	Württemberg
	30	D - 17 Darmstadt und „Chanute"
	34	D - 19 Darmstadt 2
	34	Musterle
Kapitel 3:	38	**Segelfliegen lernen**
	38	Djävlar Anamma (Hol´s der Teufel)
	40	Zögling und Prüfling
	44	Dagling
	47	Grüne Post
	47	SG - 38
Kapitel 4:	50	**Der Rhöngeist**
	50	Storch
	54	Storch VIII Marabu
	54	Delta
	54	Falke
Kapitel 5:	58	**Lippisch, Georgii und der thermische Segelflug**
	59	Professor
	62	Wien
	65	Fafnir
	70	Obs
	70	Fafnir 2 „Sao Paulo"
Kapitel 6:	73	**Dittmar und die Condor-Flugzeuge**
	73	Condor
	76	Condor 2 & 3
Kapitel 7:	78	**Riesengroß – winzig klein**
	79	Ku - 3 Kakadu
	81	Ku - 4 Austria
	82	D - 28 Windspiel
Kapitel 8:	85	**Schneider und Grunau**
	85	ESG 31
	87	Grunau Baby
	93	Moazagotl
Kapitel 9:	97	**Schempp-Hirth**
	97	Göppingen 1 Wolf
	99	Göppingen 3 Minimoa
	103	Göppingen 4 Gövier
Kapitel 10:	104	**Hans Jacobs – Segelflugzeuge aus der Fabrik**
	104	Jacobs „Hol's der Teufel"
	106	Luftkurort Poppenhausen
	106	Rhönadler
	110	Rhönbussard
	112	Rhönsperber
	114	Sperber Senior
	117	Sperber Junior
	119	Kranich
	120	Habicht
	123	Reiher
	126	Weihe
	128	Meise/Olympia
Kapitel 11:	132	**Stahlrohr und Stoff**
	132	Münich Mü 10 Milan
	134	Mü 13
	136	Mü 17
	136	Helios
Kapitel 12:	140	**Weitere Experimente**
	140	FVA - 10, Rheinland
	143	Die Horten-Flugzeuge
	147	D - 30 Cirrus

Kapitel 13:	150	**Australien**
	150	Golden Eagle
Kapitel 14:	152	**Österreich**
	152	Austria 2 & 3
	154	Musger MG - 9
	156	Die Hütter-Flugzeuge
Kapitel 15:	160	**Großbritannien**
	160	Airspeed Tern
	162	Die Scud-Flugzeuge
	162	Carden Baynes Auxiliary, Scud 3
	165	Die Wren-Flugzeuge
	168	Slingsby T - 4 Falcon III
	168	Hjordis
	171	Slingsby T - 6 Kirby Kite
	173	Slingsby T - 7 Kadet
	176	Slingsby T - 8 Tutor
	176	King Kite
	176	Slingsby T - 12 Kirby Gull
	178	Slingsby T - 13 Petrel
	182	Cambridge
	182	Scott Viking
Kapitel 16:	184	**Tschechoslowakei**
	184	Tulak 37
	186	VSB 35
Kapitel 17:	187	**Frankreich**
	187	Avia 41P
	191	Avia 40P
	191	S.O.P. 1
Kapitel 18:	192	**Ungarn**
	192	Karakan
	194	Nemere
	196	M - 22
Kapitel 19:	198	**Italien**
	198	AL - 3
	198	CVV - 4 Pellicano
	202	CVV - 6 Canguro
Kapitel 20:	203	**Japan**
	203	Maeda 703
Kapitel 21:	206	**Polen**
	206	Salamandra
	206	Komar
	209	SG - 21 Lwow and SG - 38
	209	Czerwinski CW - 5
	213	Orlik
	213	PWS 101
	215	PWS 102
Kapitel 22:	218	**Schweiz**
	218	Spalinger 15
	218	Spalinger 18
	218	Spyr 3
	221	Spyr 4
	224	Moswey
Kapitel 23:	226	**USA**
	226	Franklin PS - 2
	227	Bowlus Albatross
	229	Baby Albatross
	231	Super Albatross
	233	Laister Yankee Doodle
	233	LK - 10A (TG - 4)
	236	Ross - Stephens RS - 1 Zanonia
	237	Schweizer SGU 1 - 6 Boom Tail
	239	Schweizer SGU 1 - 7
	244	Schweizer SGS 2 - 8 (TG - 2)
	244	Schweizer SGS 2 - 12 (TG - 3)
	244	Pratt Read G - 1 (LNE - 1 oder TG - 32)
Kapitel 24:	246	**UdSSR**
	246	Antonov PS - 2
	246	Groshev GN - 7
	246	Stakhanovetz
	246	Rot Front 7
Anhang:	251	Über die Zeichnungen
	251	Farben und Kennzeichen
	252	Dank
	252	Über den Autor
	253	Literaturverzeichnis
	254	Index

Vorwort

Meine erste Begegnung mit Segelflugzeugen hatte ich am 15. Juli 1939. Damals war ich neun Jahre alt und besuchte mit meinem Freund Brian und dessen Vater die Britischen Segelflugmeisterschaften, die in Camphill in Derbyshire stattfanden. Brians Vater fuhr uns mit seinem Kleinwagen zu diesem etwa 24 Kilometer von unserem Wohnort Sheffield entfernten Flugplatz. Alles, was mit Fliegen zusammenhing, faszinierte mich und viele meiner Klassenkameraden. Wir hatten schon Doppeldecker über unseren Wohnort fliegen sehen und auch bestaunt, wie Himmelsschreiber Werbung für Waschmittel an den Himmel malten.

Dennoch gab mir das Segelfliegen einige Rätsel auf. Ich stellte mir vor, es müsse in etwa so sein wie das Rutschen auf Eis oder Schnee, wie wir es als Kinder auf der Straße spielten. Im Laden kauften wir für wenig Geld kleine Papierflieger. Diese flogen recht ordentlich, wenn man sie mit einem Gummiband in die Luft katapultierte. Sie glitten dann allerdings doch sehr schnell wieder zu Boden. Als wir zum Fluggelände kamen, erwarteten wir ein ähnliches Bild, nämlich bemannte Flugzeuge, die irgendwie mittels dicker Gummibänder vom Hang herunter geschleudert würden.

Bereits nach wenigen Minuten auf dem Flugplatz war ich gefesselt. Hier begann, was mich für den Rest meines Lebens nicht mehr loslassen sollte: Keine Katapultstarts mit anschließender Schlittenfahrt den Hang hinab, sondern elegante Starts, vergleichbar mit dem Aufsteigen eines Drachens, Flügel, die dem Himmel entgegenstrebten und dann sanfte lange Flüge, verbunden mit den typischen Fluggeräuschen, sachte Kurven und sanfte Landungen. Erst später habe ich erfahren, dass dieser Tag überhaupt kein guter Segelflugtag war. Nur drei Piloten konnten in schwacher Thermik vom Flugplatz abfliegen. Der weiteste Flug ging nur über eine Strecke von 20 Kilometern. Ich hatte also keinen wirklichen Segelflug erlebt und wäre es so gewesen, hätte ich es ohnehin nicht begriffen. Was ich gesehen hatte, waren lediglich Windenstarts mit anschließenden Platzrunden, kaum länger, aber doch viel schöner als die meiner Papierflieger.

Brian und sein Vater hatten bald genug gesehen und entfernten sich vom Startplatz. So erlebten sie nicht, was ich kurz darauf mit ansehen musste: Eines dieser schönen vogelähnlichen Flugzeuge mit seiner glänzenden Oberfläche flog über die Winde hinaus, doch das Schleppseil löste sich nicht. Der Flieger wurde ruckartig gebremst, ging in einen Sturzflug über und schlug in einer Wolke von Staub nur wenige hundert Meter von meinem Standort auf. Mir war sofort klar, dass der Pilot dies nicht überlebt hatte. Später stand ich nachdenklich vor dem Wrack, das man hinter eine Halle transportiert hatte. Von dem ehemals so eleganten Fluggerät blieb jetzt nur noch zersplittertes Holz und zerrissene Bespannung.

Ich fragte mich, wie so etwas mit einer solch großartigen Konstruktion passieren konnte. Mir wurde klar, dass Segelfliegen, wenn auch schön anzuschauen, trotzdem mit Gefahren verbunden war. Wenige Wochen nach diesen Ereignissen begann der Zweite Weltkrieg. Die zivile Fliegerei war von nun an 6 Jahre lang nicht gestattet.

Von da an verschlang ich alles über den Gleit- und Segelflug. Ich begann mit dem Sammeln von Bildern, Zeichnungen, Zeitungsartikeln und Büchern. Das Werk, das mich sicher am meisten beeindruckt hat, war „Soaring Flight" von Terence Horsley, das herauskam, als ich gerade 14 Jahre alt war. Ich las es mit Begeisterung und kurze Zeit später traf ich den Autor. Auch heute bewundere ich seinen Stil. Die Zeilen zu Anfang dieses Buches stammen von Terence Horsley und skizzieren in wenigen Worten, was auch ich empfinde, wenn ich Segelflugzeuge im Flug oder auch nur am Boden sehe. Damals konnte ich mir nicht vorstellen, selbst einmal zu fliegen. In meinen Augen waren diejenigen, die dies vermochten, Halbgöttern gleich. Zudem wären meine Eltern mit solchen Plänen überhaupt nicht einverstanden gewesen.

Dennoch begann ich viel schneller als erwartet mit dem Fliegen. Man musste doch kein Halbgott sein, dies hatte ich schnell erkannt. Inzwischen habe ich ungefähr einhundert Segelflugzeugtypen geflogen. Und auch meine Sammlung von Büchern, Zeitungsartikeln, Fotos und Zeichnungen ist ununterbrochen gewachsen.

Bei der Vorbereitung dieses Buches hatte ich große Unterstützung von unzähligen Personen und Organisationen, die im Anhang gesondert aufgeführt sind. Mein besonderer Dank gilt Marici Phillips für die Übersetzungen aus dem Japanischen, Brigitte Keane für ihre Hilfe bei den deutschen Texten, meinem alten Freund Chris Wills, Präsident des Vintage Glider Club und nicht zuletzt meinem Verleger, Klaus Fey (EQIP GmbH), dessen Idee es war, dieses neue Buch anzugehen und der mich immer wieder ermutigt hat, weiterzumachen. Dank auch an Sylvia Özdana, verantwortlich für das Design und den Satz sowie Marton Szigeti, der neben vielen Fotos auch sein Fachwissen beisteuerte.

Dieses Buch befasst sich hauptsächlich mit den Segelflugzeugen, weniger mit den Konstrukteuren, den Piloten oder Flugberichten. Vielleicht wird man dies vermissen, aber es waren immer die Flugzeuge, die mich in ihren Bann zogen. Wer mehr über die Menschen, die Einflüsse des Segelflugs auf Luftfahrt und Geschichte oder auch über moderne Segelflugwettbewerbe erfahren möchte, wird im Anhang entsprechende Literaturhinweise finden.

Martin Simons
Adelaide/Australien, 2001

Einleitung

Die frühe Geschichte der Fliegerei wurde bereits vielfach niedergeschrieben und soll hier nicht wiederholt werden. Eine Frage bedarf jedoch einer Antwort: Warum wurde der Segelflug nicht viel früher erfunden? Lenkbare Drachen wurden bereits im alten China geflogen und man vermutet, dass diese auch Menschen tragen konnten. Schon immer gab es überall auf der Welt Segelschiffe und Windmühlen. Wenn Wind Dachziegel fliegen ließ, Schiffe antrieb, Wasser pumpte oder Korn mahlte, offenbarte sich die Kraft der Luft. Aberglaube und Furcht vor den Göttern hielt die Menschen nicht davon ab, Flugversuche zu starten. Oft verletzten sie sich oder starben, wenn sie sich von Türmen oder Klippen stürzten. Obwohl alle Materialien und Techniken, einen einfachen Gleiter zu bauen, verfügbar waren, gelang es letzten Endes nicht einmal dem Universalgenie Leonardo da Vinci, eine fliegende Konstruktion zu schaffen.

Die ersten flugfähigen Gleiter wurden von Baron George Cayley bereits im Jahr 1804 in Yorkshire konstruiert. Die ersten Modelle basierten auf dem Prinzip des Drachens. Ein Muster baute er groß genug, um hiermit einen Jungen – wahrscheinlich einen Diener – ein paar Meter fliegen zu lassen. Nach einer langen Schaffenspause flog schließlich Sir Georges' bemanntes Gleitflugzeug in der Zeit von 1849 - 53. Der Kutscher, den man als Piloten auserwählt hatte, überlebte zwar den Flug, verweigerte aber weitere Flüge. An des Erfinders Veröffentlichungen hatte niemand Interesse. Ein späterer Nachbau von Cayley s Gleitflugzeug wurde erfolgreich geflogen, was beweist, dass Cayley auf dem richtigen Weg war.

Otto Lilienthal flog erstmals im Jahr 1891. Ihm ist es zu verdanken, dass die Gebrüder Wright, inspiriert von seinen Ideen, ihrerseits mit Flugversuchen begannen. Vor ihrem ersten Motorflug von 12 Sekunden Dauer im Jahr 1903 hatten sie viele Gleitflüge unternommen, um die Steuerung ihres Flugzeugs zu entwickeln. 1905 konnte man ihre Flüge in Minuten messen. Und erst 3 Jahre später, im Jahr 1908 waren sie in der Lage, länger als eine Stunde zu fliegen woraufhin sie ihre Konstruktion der Öffentlichkeit vorstellten.

Manche frühen Pioniere betrachteten den Segelflug lediglich als eine Vorstufe zum Motorflug. Allerdings hatte bereits Lilienthal bemerkt, dass man im Hangwind Höhe gewinnen konnte. Schon im Jahr 1909 machte E. C. Gordon England mit einem kleinen Nurflügler von José Weiss einen ersten Segelflug am Amberley Mount, der mehr als ein reiner Gleitflug war. Und schließlich absolvierte Orville Wright im Jahr 1911 über den Dünen von Kitty Hawk einen Segelflug von mehr als neun Minuten. Danach schrieb er, dass es keinen Grund gäbe, nicht auch Flüge von mehreren Stunden erreichen zu können. Als Wright im Alter von 68 Jahren zu diesen Experimenten befragt wurde, antwortete er, ihm und seinem Bruder hätten die Segelflüge immer mehr Spaß bereitet als Motorflüge.

Im Jahr 1909 gründeten Studenten die Flugsport Vereinigung Darmstadt. Sie gingen die Sache systematisch und organisiert an. Auf der Suche nach einem geeigneten Gelände stießen sie 1911 auf die Wasserkuppe/Rhön. Das weite Land rund um den Gipfel bot, auch wenn es teilweise sumpfig war, hindernisfreie Hänge für alle Windrichtungen. Die Darmstädter Flieger verbrachten die Sommer 1911 und 1912 auf der Wasserkuppe. Ihre längsten Flüge gingen über etwa 800 Meter Strecke. Die Vereinigung der Darmstädter Segelflieger wurde bald von einer Motorfluggruppe übernommen und aufgelöst. Es folgte der Erste Weltkrieg. Etwa die Hälfte der Gründungsmitglieder starben im Verlauf des Krieges.

Die Wahl der Wasserkuppe als erster deutscher Segelflugstandort gab der zukünftigen Segelflugbewegung eine entscheidende und zunächst nicht vorhersehbare Richtung. Berichte von Flügen der Darmstädter wurden in der Zeitschrift „Flugsport" veröffentlicht. Nach dem Waffenstillstand durchlebte Deutschland wirtschaftliche und politische Krisen. Der Versailler Vertrag von 1919 verbot jegliche fliegerische Betätigung. Die Besatzungsmächte achteten streng auf die Einhaltung dieser Auflage.

Nun erinnerte man sich an die Darmstädter Studenten. Erich C.W. Meyer, Student an der Technischen Universität Dresden, und sein Freund Wolfgang Klemperer fanden schnell heraus, dass Segelflugzeuge nach den geltenden Bestimmungen keine Flugzeuge waren, also nicht verboten sein konnten. Meyer veröffentlichte daraufhin einige Beiträge in der Zeitschrift „Flugsport" und zeigte auf, dass solche Geräte einfach und billig gebaut werden konnten. Man fand so einen Weg, wieder fliegen zu können, ohne die Auflagen der Alliierten zu verletzen. Im März 1920 veröffentlichten Meyer und Klemperer eine Einladung für einen Segelflugwettbewerb, der von Mitte Juli bis Ende August stattfinden sollte. Die Wasserkuppe wurde als erprobtes Gelände auserwählt. Obwohl es sicherlich nicht der ideale Platz für einen solchen Wettbewerb war, wurde der Austragungsort niemals in Frage gestellt. Die dort vorherrschenden Wetterbedingungen waren – und sind noch heute – häufig schlecht. Damals gab es dort keine Straße, keine Halle und kein Gebäude außer einer kleinen Gaststätte, eher eine Hütte für Wanderer. Diese Hütte, in 950 m Höhe gelegen, war nur im Sommer geöffnet. Die Voraussetzungen für einen solchen Wettbewerb erwiesen sich somit nicht als optimal.. Für die Auswahl eines alternativen Geländes fehlte die Zeit, also blieb man bei der Wasserkuppe.

Oskar Ursinus, der Herausgeber des „Flugsport", unterstützte die Idee und bot seine Hilfe bei der Organisation an. Mit Karl Kotzenberg, einem wohlhabenden Geschäftsmann aus Frankfurt, fand er zudem einen Förderer des Wettbewerbs. Ein Organisationskomitee unter Leitung von Ursinus begann nun mit der Vorbereitung der Veranstaltung. Am 20. Juli 1920 erreichten die ersten Mannschaften die Wasserkuppe und errichteten dort kleine Hütten und Zelte.

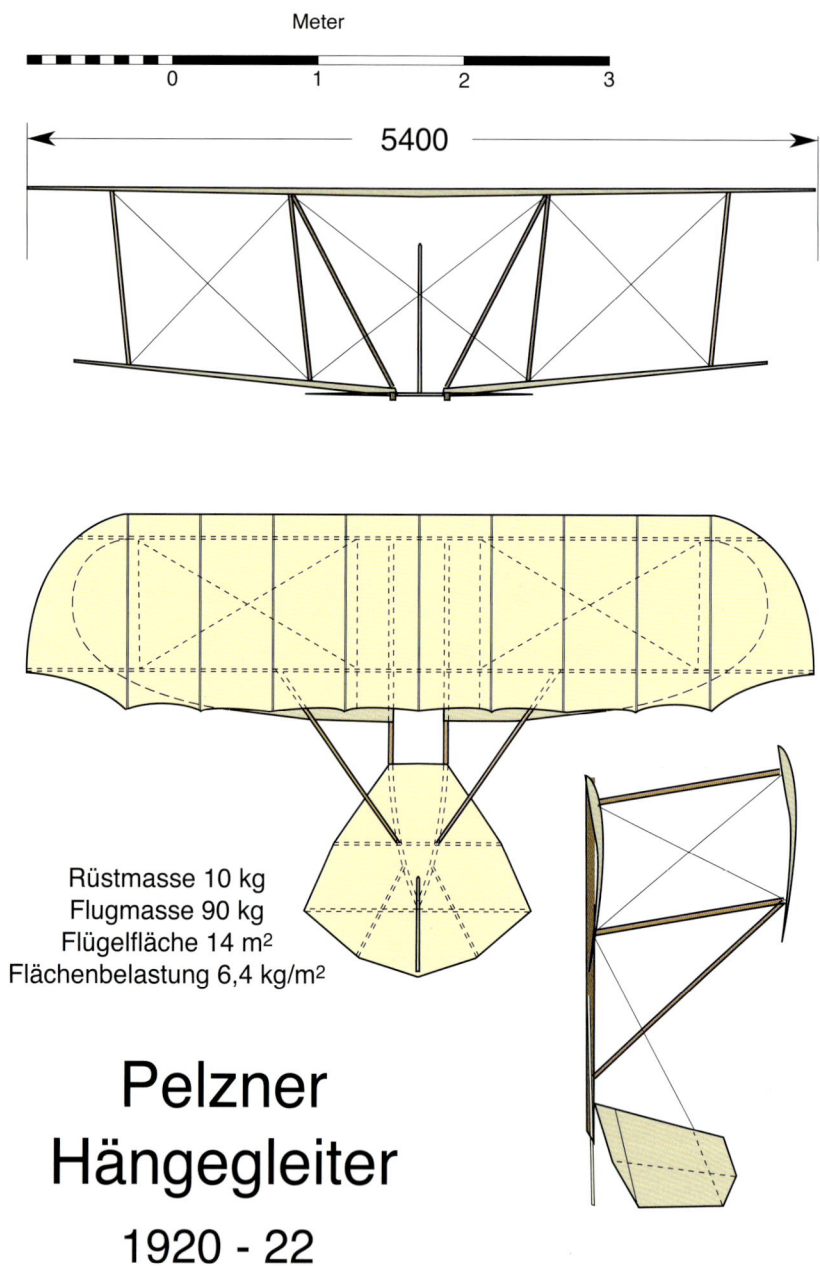

KAPITEL 1 Vom Gleit- zum Segelflug

Aus vielerlei Gründen war das erste Rhön-Treffen nicht sehr erfolgreich. Seit mehr als 10 Jahren flogen motorisierte Flugzeuge sehr zuverlässig; ihre Entwicklung war durch den Krieg beschleunigt worden. Die Fliegerei hatte sowohl theoretisch als auch praktisch große Fortschritte gemacht. Von diesen Erfahrungen war beim Eintreffen der ersten Segelflugzeuge auf der Wasserkuppe wenig zu verspüren. Die mitgebrachten Konstruktionen sahen abenteuerlich aus, waren gefährlich und kaum flugfähig. So gingen viele von Ihnen infolge von Konstruktionsmängeln oder Pilotenfehlern oder einer Kombination von beiden zu Bruch. Damals gab es – wie auch heute noch – ehrgeizige Typen, die bereit waren, alles, sogar ihr Leben zu riskieren, um ihren teilweise mystischen Glauben an die Flugfähigkeit ihrer Konstruktionen zu beweisen. Anstatt ihre Versuche sorgfältig und wissenschaftlich anzugehen und aus den Erfahrungen anderer zu lernen, träumten diese Männer davon, wie ein Vogel zu fliegen. Nicht viel besser als die frühen Klippenspringer waren auch sie zum Scheitern verurteilt. Diese Art der „Fliegerei" sollte noch für einige Jahre andauern.

Um mit einem motorlosen Flugzeug längere Flüge unternehmen zu können, musste man in irgendeiner Weise Energie aus der Luft beziehen. Gustav Lilienthal, Bruder und Mitstreiter des großen Otto Lilienthal, ging in seiner „Widderhorn-Wirbel"-Theorie davon aus, dass ein rotierendes Luftmassenpaket unter dem Flügel das Flugzeug vorantrieb. Auch wenn dies der Idee vom Perpetuum Mobile sehr nahe kam, verfielen einige Konstrukteure dieser Illusion und wurden so fehlgeleitet. Das Resultat: vergeudete Jahre mit wenig Erfolg. Selbst regelmäßige Linienflüge vor seiner Werkstatt am Flughafen Berlin-Tempelhof hielten Gustav Lilienthal nicht davon ab, weiterhin skurrile und flugunfähige Maschinen zu bauen.

Im Jahr 1920 flogen nur etwa 10 Flugzeuge auf der Wasserkuppe. Die meisten von ihnen starteten nur einmal, da sie bei der Landung schwer beschädigt wurden. Überliefert ist die Geschichte eines Teilnehmers, der nach wochenlanger aufwendiger Arbeit am Ende der Veranstaltung aus Verzweiflung sein Fluggerät mit dem Hammer in Stücke schlug und dann vor den Trümmern sitzend weinte. Tragischer als die vielen missglückten Startversuche endete dann der Flug eines vielversprechenden Flugzeugs, des Doppeldeckers von Eugen von Loessl. Dieser flog zuerst akzeptabel, verlor aber im nächsten Versuch das Höhenruder nach etwa 800 Metern. Von Loessl stürzte ab und wurde getötet.

Pelzner mit seinem Hängegleiter

Pelzner

Während dieses ersten Rhön-Treffens sah es ganz so aus, als ob man nur im Hangflug weiterkommen könne. Willi Pelzner hatte einen sehr leichten Doppeldecker mit 5,4 m Spannweite und etwa 10 - 15 kg Gewicht gebaut. Das Flugzeug war gut verstrebt, Flügel und Rumpfende waren mit Ölpapier bespannt. Unermüdlich schleppte er seinen Gleiter auf den Berg, richtete ihn gegen den Wind aus, lief vorwärts, startete und flog dann, das Flugzeug durch Gewichtsverlagerung steuernd, den Hang hinab. Pelzners bester Flug reichte 452 m weit und dauerte 52 Sekunden. Insgesamt gelangen ihm 16 Rekordflüge mit einer Gesamtdistanz von 2728 m (im Durchschnitt etwa 170 m). Damals glaubte man, das Optimum erreicht zu haben.

Kapitel 1

Oben: Die FVA - 1 Schwatzer Düvel in den Werkstätten der Technischen Universität Aachen. Dank der großen Flügeltiefe an der Wurzel konnten die Holme fest aber dennoch leicht gebaut werden. So benötigte man weder Streben noch Spanndrähte.

Unten: Der Schwatzer Düvel wird für die Bahnreise nach Gersfeld vorbereitet. Links: Wolfgang Klemperer, der Konstrukteur, rechts: Peter Terkatz, der heimlich unter Planen versteckt im Eisenbahnwaggon mitreiste.

Schwatzer Düvel

Der Verlauf des Treffens war zunächst enttäuschend. Ganz zum Schluss konnte jedoch noch ein Erfolg verbucht werden. Aufgrund des schlechten Wetters während der letzten Augusttage wurde das Treffen um eine weitere Woche verlängert. Mit Verspätung erreichten die Flieger der technischen Hochschule Aachen die Wasserkuppe. Mitgebracht hatten sie den FVA - 1 Schwarzer Teufel, in ihrem Dialekt Schwatzer Düvel genannt. Er wurde in großer Eile von Mitgliedern der Flugwissenschaftlichen Vereinigung Aachen – einer Vereinigung von Aachener Luftfahrtstudenten – gebaut. Diese an einigen Hochschulen existierenden Akademischen Fliegergruppen (Akaflieg) brachten die Entwicklung des Segelflugs in Deutschland weit voran. Wolfgang Klemperer, zusammen mit Meyer einer der Initiatoren des Flugwettbewerbs, lehrte inzwischen als Dozent unter Professor von Karmann an der Aachener Universität. Klemperer hatte dort die FVA - 1 entworfen. Das Flugzeug war ein einfacher Eindecker mit freitragendem Flügel und konventioneller Steuerung, bestehend aus Höhenruder, Seitenruder und Querruder. Das Flugzeug war leicht gebaut, aber im Inneren sorgfältig verstrebt, um hohen Flug- und Landebelastungen zu widerstehen. Es war mit einem leichten schwarzen Musselinstoff bespannt, den die Freundin eines Studenten aus dem väterlichen Textilgeschäft besorgt hatte. Flügel, Na-

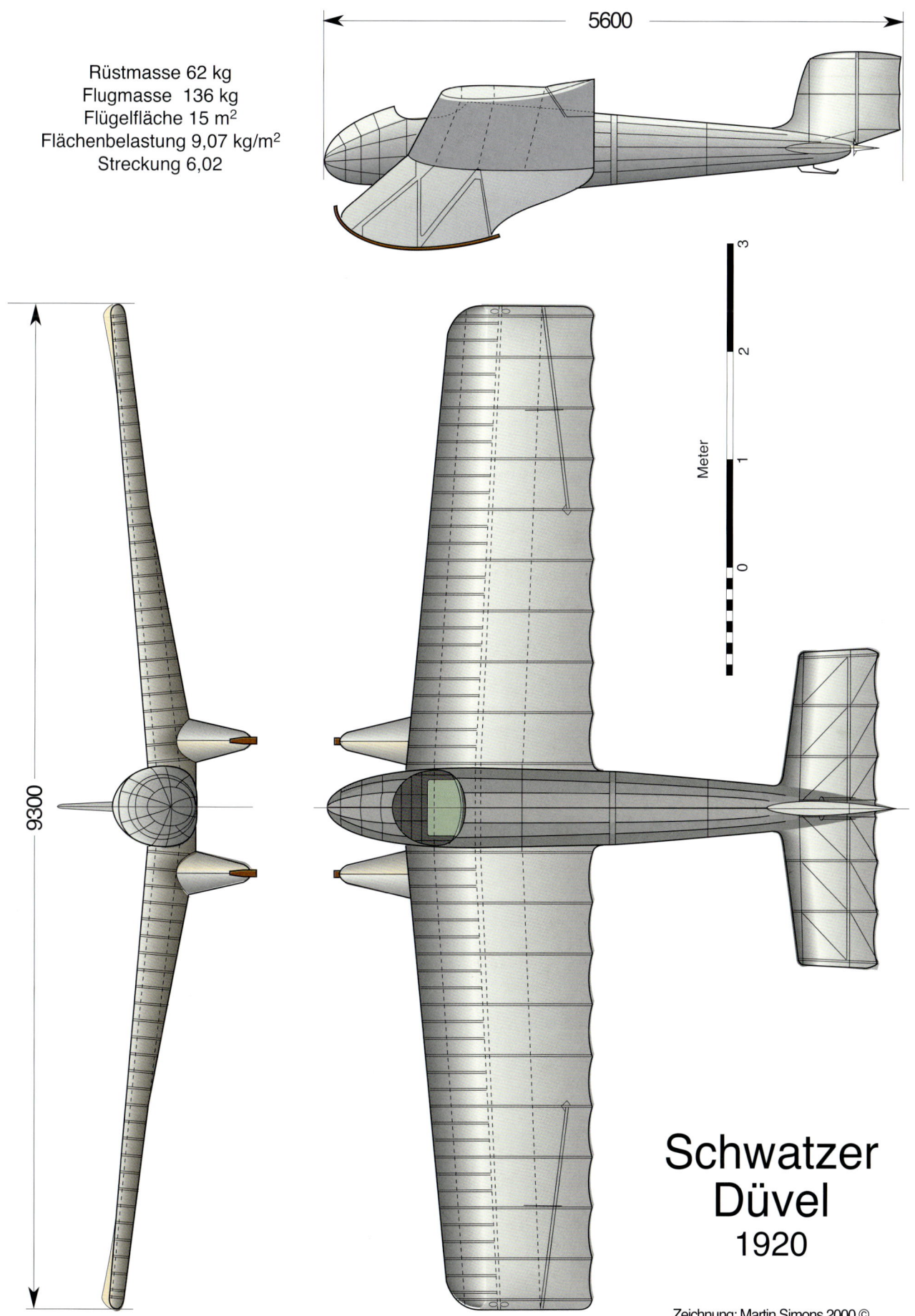

Rüstmasse 62 kg
Flugmasse 136 kg
Flügelfläche 15 m²
Flächenbelastung 9,07 kg/m²
Streckung 6,02

Schwatzer Düvel
1920

Zeichnung: Martin Simons 2000 ©

Kapitel 1

Oben: Einige Exemplare der FVA - 2 Blaue Maus wurden von der FVA im Kundenauftrag gebaut. Dieses Exemplar gehörte Mr. J. Jeyes, der damit 1922 in Itford Hill in England flog. Allerdings wurde er nach dem Start abgetrieben, berührte mit der Flügelspitze den Boden, überschlug sich, wobei das Flugzeug zerstört wurde. Ein anderes Exemplar benutzte Klemperer zur Erprobung von Starts vom Ballon aus.

Links: Eine der wenigen Aufnahmen, die den Schwatzen Düvel im Flug zeigen. Der Gummiseilstart war von Wolfgang Klemperer erfunden worden.

Unten: Die Blaue Maus nach der Landung in der Nähe von Gersfeld im Jahr 1921. Klemperer (mit Mütze) steht am Cockpit.

se und Rumpfspitze waren mit Karton versteift, da der Gruppe Geld für Sperrholz fehlte. Der Name Schwatze Düvel entstammte einer alten Aachener Sage, derzufolge die Stadt einst von einem schwarzen Teufel heimgesucht wurde.

Als das Wetter besser wurde, unternahm Klemperer am 3. September drei erfolgreiche Flüge. Zum ersten Mal verwendete man ein Gummiseil zum Start. Der erste Flug dauerte 2 Minuten und 22 Sekunden und endete nach einer Strecke von 1830 Metern im Tal. Pelzners beste Flüge wurden damit weit überschritten.

Weltensegler bei der Startvorbereitung zu seinem tragischen Flug, im Vordergrund Testpilot Willi Leusch (Foto: Archiv Peter F. Selinger)

Wieder stoppte schlechtes Wetter den Flugbetrieb, aber am 7. September unternahm Klemperer, der im übrigen von den Dünenflügen der Gebrüder Wright im Jahr 1911 wusste, weitere Flüge. Bei einer Windstärke von mehr als 30 km/h gelang es ihm, ca. 30 m Höhe über dem Startpunkt zu erreichen. Dort flog er für mehr als eine Minute und glitt dann zur Landung. Auch andere FVA-Piloten starteten zu weiteren Flügen an diesem Tag – der letzte endete durch ein spektakuläres Überziehen mit Absturz. Zum Abschluss des ersten Rhön-Wettbewerbs errang die FVA - 1 nicht unerwartet den ersten Preis. Pelzners Hanggleiter erhielt den zweiten Preis. Trotz seiner Misserfolge startete Willi Pelzner mit seinem neuen Hanggleiter als erster beim folgenden Rhön-Treffen im August 1921. Etwa 45 Meldungen waren abgegeben worden, aber nur ein Dutzend Flugzeuge traf tatsächlich ein. Einige von diesen waren offenkundig nicht flugtauglich, aber es gab sechs Hanggleiter und fünf weitere sehr vielversprechende Flugzeuge. Klemperer und die Aachener Studenten kamen mit dem reparierten Schwatzen Düvel und einem neuen Flugzeug, der Blauen Maus.

Weltensegler

Ein tragischer Unfall bereits nach wenigen Wettbewerbstagen hätte die Veranstaltung fast beendet. Friedrich Wenk hatte bereits Versuche mit Nurflügel-Modellen angestellt und dabei die Notwendigkeit einer vorderen Schwerpunktlage und eines nach hinten gepfeilten Flügels erkannt. Die Außenflügel ermöglichten eine ähnliche Steuerbarkeit und Stabilität wie bei einem konventionellen Leitwerk. Voraussetzung war allerdings, dass ihr Anstellwinkel im Verhältnis zum Hauptflügel negativ war. Nach einigen mehr oder weniger erfolgreichen Flügen fand Wenk finanzielle Förderer und gründete die Weltensegler GmbH mit Sitz in Baden-Baden. Dort wurde der Weltensegler mit 16 m Spannweite gebaut. Die Steuerung dieses schwanzlosen Flugzeuges bestand aus einem ungewöhnlichen und seltsam anmutenden System von Seilzügen und Federn. Das Drücken des Steuerknüppels bewirkte, dass beide Flügelspitzen in einen höheren Anstellwinkel gebracht wurden. Der daraus resultierende Auftrieb hinter dem Schwerpunkt senkte die Nase des Flugzeugs. Um in den Geradeausflug zurückzukehren, musste der Pilot den Knüppel nach hinten ziehen. Es bestand allerdings keine feste Verbindung zwischen Steuerflächen und Knüppel. Die eingebauten Federn sollten diese Kraft aufbringen. Knüppelbewegungen nach links oder rechts bewirkten die Bewegung der Flügelspitzen nach oben oder unten, wodurch Kurven geflogen werden konnten. Auch hier waren es die Federn, nicht die Handkräfte des Piloten, die den Flügel in die neutrale Position zurückbringen sollten. Warum Wenk dieses System wählte, ist nicht bekannt. Möglicherweise glaubte er, wie viele andere zu dieser Zeit, es ließe sich aus Windböen – in einer Art dynamischem Segelflug – Energie beziehen. Eine solche Böe vermochte die Federn leicht zusammenzudrücken. Sie sollte die Steuerflächen leicht anheben, was ein Aufrichten der Nase bewirken würde. Schließlich sollten die Federn die Ruderflächen – viel schneller als ein manueller Steuerausschlag – automatisch in die Neutralstellung zurückbringen. Man glaubte, mittels dieser flatternden Bewegung eventuell zusätzliche Höhe gewinnen zu können. Bis zu diesem Zeitpunkt hatte es allerdings keine diesbezüglichen Versuche gegeben. Der Erstflug war für den 14. August vorgesehen. Willi Leusch, Testpilot bei ‚Weltensegler', war ein erfahrener Jagdflieger. Das Flugzeug wurde von der Mannschaft per Muskelkraft aus langsamem Lauf gegen den Wind den Hang heruntergeworfen. Zunächst klappte alles außergewöhnlich gut. Der Weltensegler flog nach einem kurzen Verharren vorwärts und stieg dann allmählich auf etwa 80 m Höhe über dem Startpunkt. Doch plötzlich, während einer Linkskurve, ging das Flugzeug in eine immer steiler werdende Spirale über und beschleunigte gleichzeitig. Heute weiß man, dass die Belastungen am Flügel mit zunehmenden Geschwindigkeiten im Quadrat zunehmen. Doppelte Geschwindigkeit bedeutet viermal höhere Kräfte. In diesem Fall konnten die Federn nicht mehr die notwendige Kraft aufbringen, die Ruder zurückzustellen. Innerhalb von Sekunden begann ein Flügel zu flattern und zerbrach. Dessen Überreste hinter sich herziehend, stürzte das Wrack den Hang hinab. Leusch wurde getötet. Im Lager herrschten Trauer und Erschütterung.

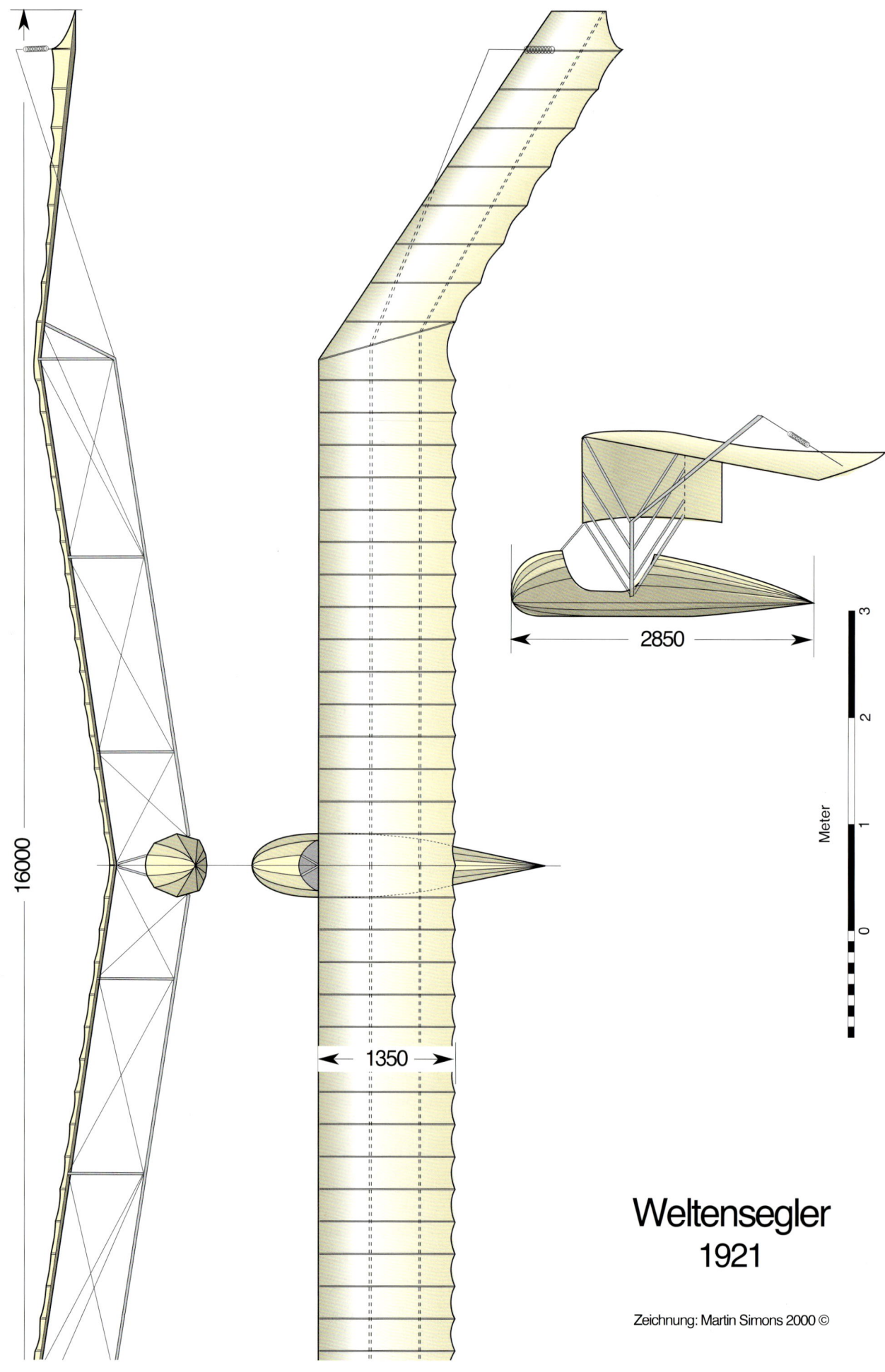

Weltensegler
1921

Zeichnung: Martin Simons 2000 ©

Zweifellos hatte Leusch bei seinem letzten Flug den ersten über den Gleitflug hinausgehenden Segelflug unternommen. Wenn auch sehr wenig, so hatte das Flugzeug doch nach dem Start an Höhe gewonnen. Viele Augenzeugen hatten dies sehr wohl bemerkt, wahrscheinlich aber nicht verstanden. Einige glaubten weiterhin, dass hierfür die Energie der Böen und die unmittelbare Änderung des Anstellwinkels der Grund waren. Der Gedanke, mit Hilfe von Windstößen segelfliegen zu können, wurde noch nicht aufgegeben. Sogar Klemperer fühlte sich zu dieser Idee hingezogen und auch andere führende Wissenschaftler unterstützten diese Vorstellung. Ein erster Lösungsvorschlag war, sich nicht auf dubiose Federn und automatische Steuer zu verlassen, sondern den Piloten selbst den Anstellwinkel steuern zu lassen, sobald er einen Windstoß spürte. Auf diese Weise sollte er von einer Woge zur anderen fliegen. Heute weiß man, dass Leusch lediglich vom Hangwind nach oben getragen wurde. Vielleicht geriet er auch gleichzeitig in einen thermischen Aufwind, als er startete.

Vampyr mit dem luftgefederten dreirädrigen Fahrwerk. Die lederne Cockpitverkleidung reichte bis über die Schultern des Piloten, hier Fritz Hentzen.

Vampyr

Am 21. August erreichte die Akaflieg Hannover die Wasserkuppe und brachte ihren Vampyr mit. Diese Konstruktion war revolutionär. Der Entwurf stammte von Georg Madelung, Dozent unter Professor Arthur Proell an der Technischen Universität Hannover. Den Bau hatte die Hannoversche Waggonfabrik übernommen. Der kastenförmige Rumpf war mit Sperrholz beplankt und lackiert, was allerdings keine sonderliche Verbesserung bedeutete. Das Cockpit jedoch war nahezu komplett mit Leder geschlossen, sodass nur der Kopf des Piloten herausschaute. Der dreiteilige Flügel bestand aus einem auf dem Rumpf montierten Mittelstück mit abnehmbaren Außenflügeln. Das hatte man zuvor auf der Wasserkuppe noch nicht gesehen. In der Tat handelte es sich hierbei um den fortschrittlichsten Flügel jener Zeit. Der Flügel des Vampyr besaß eine Beplankung, die als tragende Schale ausgeführt war.

Im Jahr 1921 besaßen nahezu alle Flugzeuge Flügel mit mehreren Holmen und Querverstrebungen. Motorflugzeuge waren damals – und für weitere 10 Jahre – meistens Doppeldecker mit Streben und zahlreichen Verspannungen. Auf diese Art erreichte man einen stabilen Verbund zur Aufnahme von Biege- und Drehbelastungen. Den Nachteil des hohen Luftwiderstandes nahm man billigend in Kauf. Man brauchte ge-

VAMPYR

5540

Rüstmasse 120 kg
Flugmasse 195 kg
Flügelfläche 16 m²
Flächenbelastung 12 kg/m²
Streckung 9,95

Seitenruder 1923

12600

1450

600

500

500

Profil
Göttingen 441

500

500

Version 1921

Version 1922
mit Steuerung durch
Flügelverwindung

Vampyr
1921

Zeichnung: Martin Simons 2000 ©

Links: Vampyr im Flug

Rechts: Vampyr-Flügel im Deutschen Museum mit dem komplizierten Mechanismus zur Verwölbung des Flügels, wie er beim Rhön-Wettbewerb 1922 benutzt wurde. In dieser Ausführung gelangen die langen Thermikflüge.

nügend Motorleistung, um diesen zu überwinden. Die Konstruktionen waren leicht, so dass auch bei geringen Geschwindigkeiten hohe Nutzlasten transportiert werden konnten. Fiel der Motor aus, ging das Flugzeug in einen steilen Sinkflug über.

Der Flügel des Vampyr war einholmig und besaß lediglich eine kurze Strebe in der Nähe der Flügelwurzel. Diese leitete die Biegemomente in den Rumpf. Alle anderen Lasten, insbesondere Torsionskräfte, wurden von einer dünnen Sperrholzbeplankung aufgenommen, mit der die ganze Flügelnase beplankt war. Zusammen mit den Rippen bildete diese Konstruktion das erste Drittel des Profils. So entstand eine Röhre mit D-förmigem Querschnitt. Der Hinterflügel bestand aus einer extrem leichten Konstruktion aus stoffbespannten Rippen. Die Idee einer tragenden Schale war erstmals von Adolf Rohrbach, einem Konstrukteur der Zeppelin Werke, publiziert worden. Die Vorteile dieser Neuerung wurden, obwohl Segelflugzeuge sie bereits früh veranschaulichten, erst allmählich erkannt. Aus aerodynamischer Sicht hatte der Vampyr noch einen weiteren großen Vorteil. Aufgrund der tragenden Schale konnte der Flügel mit großer Streckung, das heißt großer Spannweite im Verhältnis zur Flügelfläche, gebaut werden. Studien an der Universität Göttingen hatten gezeigt, dass dies den Widerstand im Gleitflug erheblich verringerte.

Der Vampyr bewies sehr schnell, dass er erheblich mehr Leistung bot als alle anderen Flugzeuge zuvor. Arthur Martens unternahm damit einige lange Gleitflüge ins Tal hinab, allerdings noch keine Segelflüge mit Höhengewinn. Nach einigen Flügen wurde der Vampyr durch ein Missgeschick beim Start beschädigt. Der Wettbewerb war zu diesem Zeitpunkt fast beendet. Martens konnte daher nicht mehr gewinnen, die gelungene Konstruktion aus Hannover wurde allerdings mit einem Sonderpreis bedacht.

Die Studenten aus Hannover und Aachen blieben auch nach dem Wettbewerb auf der Wasserkuppe.

Klemperers Blaue Maus, die im übrigen nicht blau sondern einfach weiß bespannt war, stellte eine Weiterentwicklung des Schwatzen Düvels dar. Der Pilot saß in der Blauen Maus etwas tiefer im Rumpf und der Flügel war größer als beim Vorgänger. Das Flugzeug selbst wies jedoch keine wesentlichen Konstruktionsänderungen auf. Die Blaue Maus war kein sonderlich gutes Segelflugzeug, aber Klemperer war ein erfahrenen Ingenieur mit hinreichend Segelflugerfahrung. Am 30. August konnte er im Aufwind am Hang fliegen, vollführte dann einen sauberen Vollkreis in der aufsteigenden Luft und glitt schließlich hinab ins Tal. Nach 4,6 Kilometern und 13 Minuten landete er. Hiermit hatte er den Rekord von Orville Wright aus dem Jahre 1911 gebrochen. Auch wenn der größte Teil des Fluges im Gleitflug stattgefunden hatte, so erkannte man doch allmählich die Prinzipien des Hangflugs. Weitere Demonstrationen dieser Art des Segelflugs sollten noch folgen. Als der Vampyr repariert war, bewies Martens erneut dessen Leistungsfähigkeit und flog eine Strecke von 7,5 Kilometern, diese allerdings auch im reinen Gleitflug.

Harth und Messerschmitt

Auf der Wasserkuppe wusste man wenig darüber, dass Friedrich Harth – zusammen mit seinem jungen Assistenten Willi Messerschmitt – bereits seit Jahren Segelflugzeuge gebaut hatte. Harth gehörte zu denjenigen, die von der Idee des Segelflugs mit Hilfe von Böen überzeugt waren. Die Steuerung um die Querachse erfolgte bei Harths Flugzeugen durch Änderung des Anstellwinkels des Hauptflügels, während das Leitwerk starr blieb. Der Pilot saß in einem leichten Gestell unterhalb des Flügels und verfügte über zwei Steuerknüppel. Mit dem ersten veränderte er den Anstellwinkel, mit dem zweiten wurden die Flügelenden zur Steuerung der

Kapitel 1

Links und rechts: Harth Messerschmitt S - 10 im Fluge. Die Längssteuerung erfolgte durch Verdrehung des Tragflügels um die Querachse, eine Methode, die Messerschmitt auch bei späteren Entwürfen verwendete und die auch von den Darmstädter Studenten bei ihrem „Geheimrat" eingesetzt wurde.

Unten: Wolf Hirth am Steuer der S - 10

Querlage verwölbt. Der Start erfolgte aus dem Stand. Wenn der Pilot einen Windstoß wahrnahm, brachte er den Flügel in einen höheren Anstellwinkel. So hob das Flugzeug ab. Sofort begann dann der Sinkflug, aber sowie ein weiterer Windstoß für den Piloten spürbar wurde, sollte dieser wiederum ziehen und so höher gelangen. Das Prinzip schien teilweise zu funktionieren. Auf jeden Fall gelang der Start auf diese Weise.

Harth und Messerschmitt nahmen nicht an den ersten Rhön-Treffen teil, sondern brachten ihr Flugzeug ins Tal nach Heidelstein, wo es sanfte Hügel gab. Obwohl sie sich in Nachbarschaft zur Wasserkuppe befanden, bevorzugten sie es, ihre Bemühungen geheim zu halten und verhinderten Nachforschungen der Konkurrenz. Am 13. September 1921 konnte Harth mit seinem Flugzeug S-8 in einem Windstoß abheben, anschließend Höhe gewinnen und schließlich in einem gesteuerten Flug parallel zum Hang etwa 150 m Höhe gewinnen. Dies stellte sicherlich den ersten Segelflug mit Höhengewinn dar. Der einzige Augenzeuge war Messerschmitt, der rasch ein Foto machte. Doch plötzlich verlor Harth die Kontrolle über das Segelflugzeug und stürzte ab, wobei er sich schwer verletzte. Die Ursache war vermutlich ein eingeklemmtes Steuerseil. Harth hielt sich über 21 Minuten in der Luft, die Windstoßtheorie jedoch konnte den Höhengewinn kaum erklären. Jedem Windstoß folgt üblicherweise eine Phase mit geringer Windgeschwindigkeit. Die zuvor gewonnene Energie wird meistens dadurch wieder verloren, dass infolge der verringerten Windgeschwindigkeit Fluggeschwindigkeit und Höhe abnehmen. Vermutlich flog Harth nach seinem Start in Hangaufwind und Thermik. Weder die möglichen Erklärungen noch der Flug fanden große Beachtung. An dem System der Anstellwinkeländerung anstatt eines Höhenruders hielt Messerschmitt auch bei seinen nachfolgenden Konstruktionen fest. Später,

als er sich dem Motorflug zuwandte, nutzte auch er konventionelle Ruder. Harth hingegen erholte sich nie mehr ganz von den Folgen des Absturzes.

1922 flogen auf der Wasserkuppe bereits vor dem offiziellen Wettbewerb einige neue Konstruktionen. Alexander Lippisch und Gottlob Espenlaub hatten sogar den Winter auf dem Berg verbracht. Zunächst wohnten sie in einer einfachen Bretterbude, und als diese von einem Schneesturm weggeblasen wurde, drangen sie in die ‚Weltensegler'-Hallen ein und schliefen dort auf dem Fußboden. Lippisch war ein erfahrener Aerodynamiker und hatte bis 1918 bei Dornier gearbeitet. Aufgrund der Beschränkungen der Luftfahrt war er nun ohne Arbeit und lebte auf der Wasserkuppe. Dort unternahm er Versuche mit großen Nurflügel-

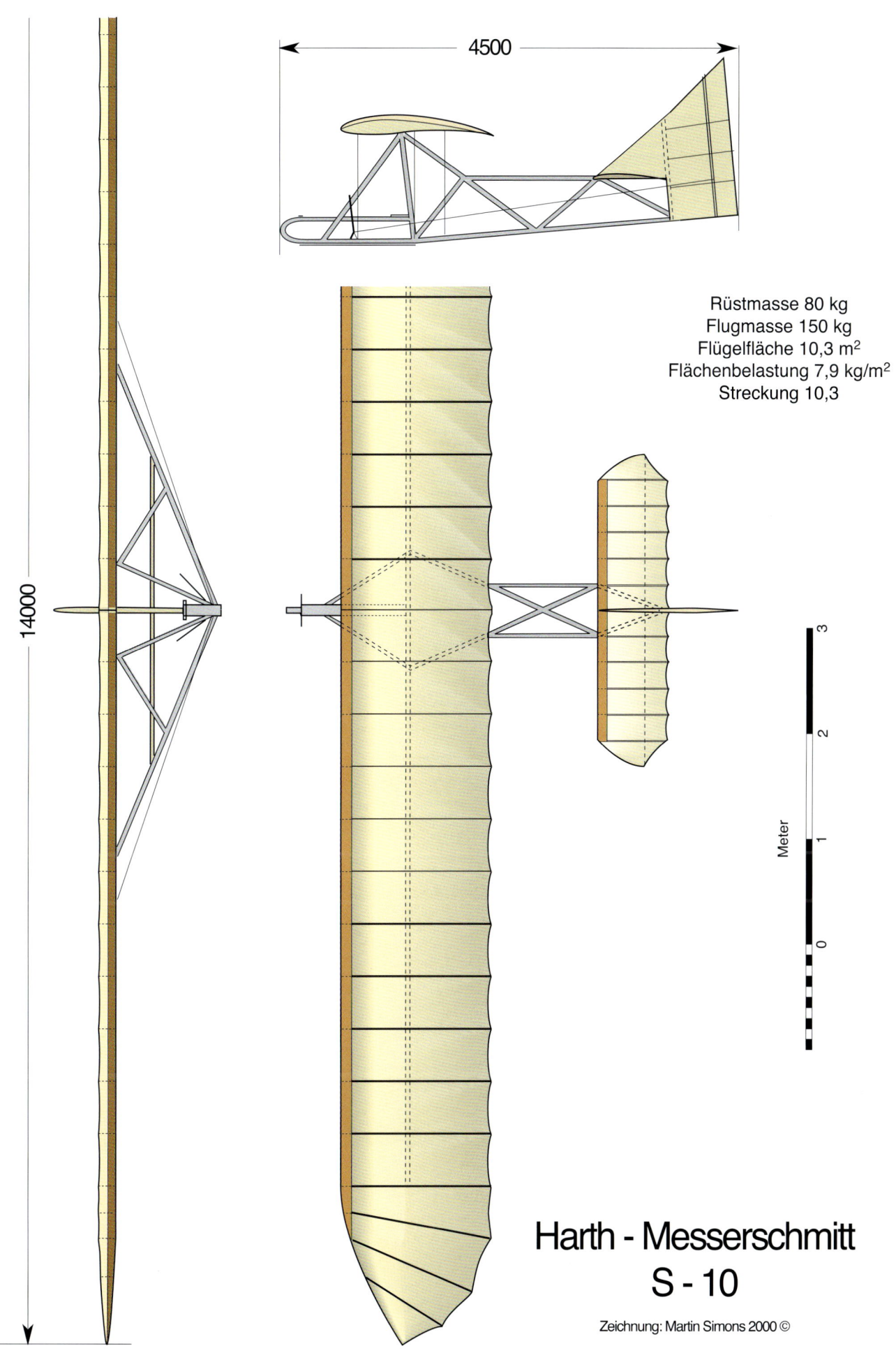

Kapitel 1

Oben: Anthony Fokker (links) montiert mit einem Assistenten die Rumpfbespannung seines Doppelsitzers.

Modellen. Espenlaub, ein erfahrener Schreiner, hatte sich den Theorien über die Streckung verschrieben und begann mit dem Bau eines Segelflugzeuges mit 17 Metern Spannweite. Das dafür notwendige Material „borgte" er sich in den ‚Weltensegler'-Werkstätten. Auch Messerschmitt errichtete sich dort im Frühjahr eine Baracke und begann mit den Arbeiten an seiner S-9 und schließlich der S-10. Die Regierung stellte ebenfalls einige kleine Baracken auf. Als der eigentliche Wettbewerb begann, traf der Vampyr aus Hannover auf der Wasserkuppe ein. Seine Besonderheit bestand unter anderem darin, dass anstelle von Querrudern die Außenflügel zur Steuerung verwunden wurden. Auch bei anderen Flugzeugen wurde das Prinzip der tragenden Schale bei hoher Streckung aufgegriffen, so bei den Modellen Edith und Geheimrat aus Darmstadt, Espenlaubs E-3, einer neuen und besseren Nurflügel-Konstruktion von Wenk, einem Entenflügler von Klemperer, der neuen Messerschmitt-Konstruktion sowie einigen anderen. Viele dieser Flugzeuge flogen erfolgreich, einige dagegen nicht. Höhepunkte des Treffens waren die ausgedehnten Hangflüge des Vampyrs. Am 18. August startete Martens mit dem Gummiseil und flog sogleich unter dem Beifall der Zuschauer entlang des Westhangs. Er hatte weder Instrumente noch eine Uhr an Bord. Die Zuschauer signalisierten ihm die Flugdauer, indem sie sich zu Zahlen formiert auf den Boden legten, zunächst zur 18, dann zur 30. Nachdem er sein erstes Ziel von 40 Minuten erreicht hatte, glitt Martens hinab ins Tal. Bereits im Sinkflug befindlich erkannte er, dass es möglich war, den Flug auf eine Stunde auszudehnen. Er schaffte dies und landete 7,5 Kilometer entfernt vom Startpunkt. Am nächsten Tag hielt sich Martens Teamkollege Fritz Hentzen 2 Stunden in der Luft und landete nach 9 Kilometern. Ein paar Tage darauf gelang Hentzen ein

Unten: Fokker in seinem Doppeldecker bei der Startvorbereitung und im Flug. Man beachte die zusätzlich montierten Seitenruderflächen oben und unten.

Der Peyret im Start kurz nach Lösen des Gummiseils

Flug von mehr als 3 Stunden. Alle früheren Dauer-, Strecken- und Höhenrekorde waren somit überboten worden.

Auch andere lernten schnell aus diesen Erfolgen. Insbesondere die Piloten der Technischen Hochschule aus Darmstadt unternahmen lange Segelflüge mit ihren Flugzeugen Edith und Geheimrat.

Anthony Fokkers Doppeldecker

Anthony Fokker kam erstmals 1921 auf die Wasserkuppe und machte dort Filmaufnahmen. Im August 1922 reiste er erneut in die Rhön. Diesmal brachte er aus Holland einen zweisitzigen Doppeldecker mit, der gerade noch rechtzeitig in seiner Fabrik fertiggestellt worden war. Er erprobte das neue Flugzeug zunächst im Alleinflug. Nachdem man das Seitenruder vergrößert hatte, unternahm Fokker den ersten Segelflug mit Passagier, der 13 Minuten dauerte. Gegen Ende des Treffens 1922 konnte man beobachten, dass gleichzeitig vier oder fünf Segelflugzeuge über der Wasserkuppe flogen. Obwohl man noch nicht alle Hintergründe kannte, erregten diese Flüge Interesse in der ganzen Welt.

Als Werbeaktion der Zeitung „Daily Mail" fand vom 16. bis 21. Oktober 1922 das erste englische Treffen in South Downs nördlich von Newhaven am Itford Hill und Firle Beacon statt. Für einen über halbstündigen Flug war ein Preis ausgesetzt. Fokker erreichte mit seinen Doppeldecker einen Flug von 37 Minuten. Er ließ danach einen Engländer, Captain Olley, mit seinem Flugzeug fliegen, der dann das Maß auf 49 Minuten erhöhte. Dass Fokker sein Flugzeug ein- und doppelsitzig fliegen konnte, war von großer Bedeutung. Bis dahin hatten Konstrukteure doppelsitziger Segelflugzeuge stets verschiedene Schwierigkeiten zu bewältigen: Das Fehlen eines wesentlichen Gewichts, wie beispielsweise eines Motors, bewirkte, dass die Besatzung großen Einfluss auf den Schwerpunkt des Segelflugzeuges ausübte. Hintere Schwerpunktlagen führten zu gefährlicher Instabilität. Vordere Schwerpunktlagen dagegen waren zwar weniger riskant, aber veränderten – insbesondere bei Start und Landung – die Höhenruderwirkung. In Fokkers Doppeldecker lagen beide Sitze hintereinander in einer großen stoffbespannten Gondel. Der hintere Sitz befand sich zwischen den Holmen des unteren Flügels. Waren beide Sitze besetzt, verlagerte sich der Schwerpunkt vermutlich etwas nach vorn. Fokker baute danach auch einen einsitzigen Doppeldecker, der offensichtlich aber nicht zum Einsatz kam.

Peyret Tandem

Auch in Frankreich gab es 1922 bereits ein Segelflugtreffen. Von diesem Treffen gäbe es nicht viel zu berichten, wenn nicht ein Pilot in der Thermik – vermutlich unbeabsichtigt – drei komplette Kreise geflogen hätte. Niemand erkannte die Bedeutung dieser Tatsache. Am letzten Tag des anschließenden Treffens am Itford Hill in England erzielte der französische Pilot Alexis Maneyrol einen neuen Weltrekord mit einem Flug von drei Stunden und 21 Minuten. Maneyrol flog den Peyret Tandem. Der Konstrukteur Peyret war ein Verfechter der Tandem-Bauweise. Die Flügelfläche war hier in zwei gleiche schmale hintereinander liegende Flügel aufgeteilt. Der Vorteil einer großen Streckung konnte hier ohne

Fokker FG - 2

5600

Kufe am Randbogen

Rüstmasse 93 kg
(Flügel 67 kg
Rumpf 11 kg
Leitwerk 15 kg)
Flügelfläche 36 m²
Flugmasse 163 kg
Flächenbelastung 4,5 kg/m²

1500

12000

Anmerkung:
Viele Details des Doppeldeckers sind unbekannt.
Diese Zeichnung basiert auf einem Bild in
Flugsport Nr. 18/19, 1922, Seite 290, die
jedoch in vielen Aspekten nicht mit
den Fotografien übereinstimmen.

Fokker unternahm offensichtlich während
der Bauphase als wie zwischen den
einzelnen Flügen Änderungen,
insbesondere am Rumpf

Fokker FG - 2
1922

Zeichnung: Martin Simons 2005 ©

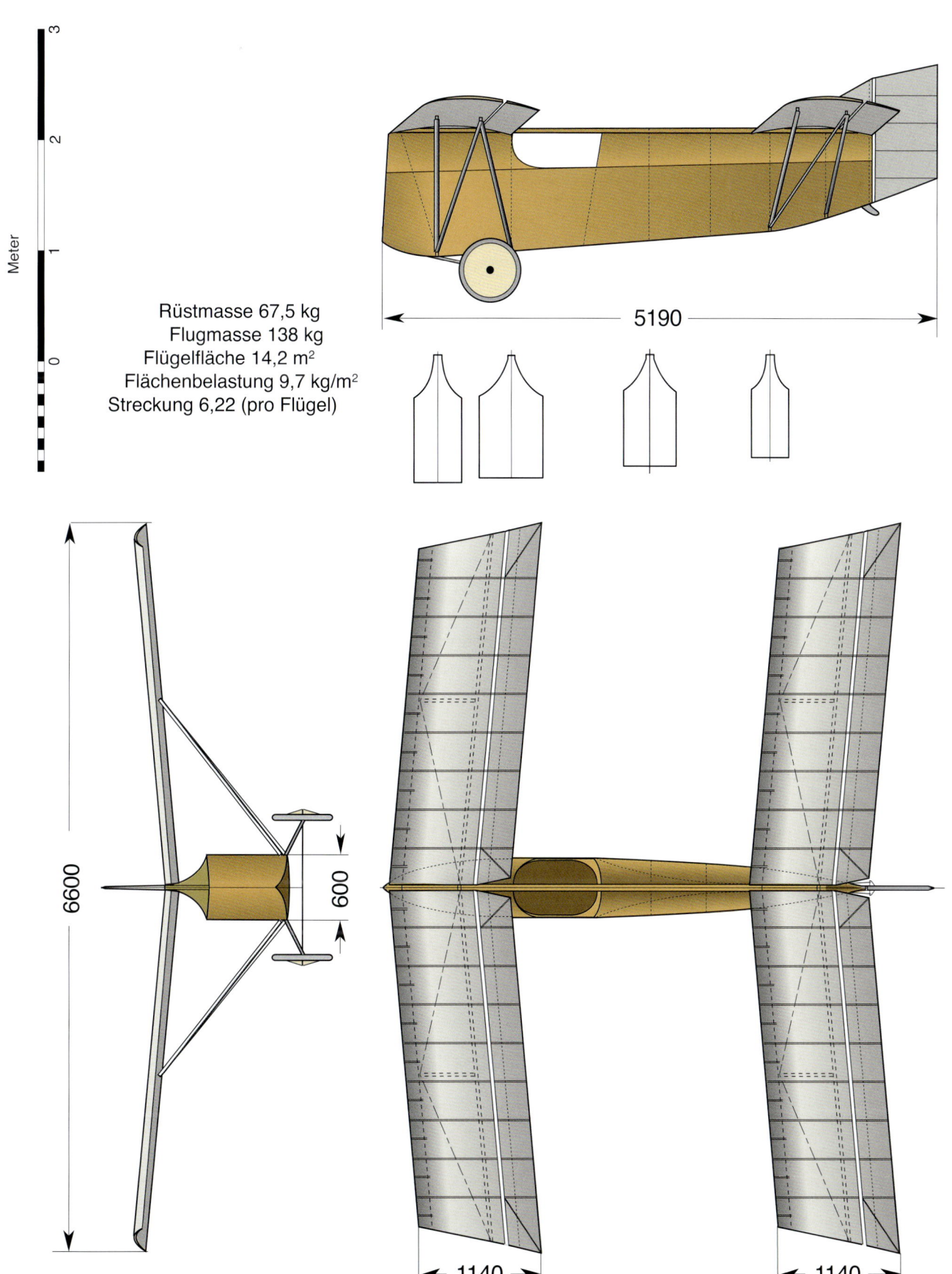

Peyret Tandem

große Spannweite und daraus resultierende Festigkeits- und Steuerungsprobleme gelöst werden. Wie beim normalen Doppeldecker verringerten jedoch wechselseitige Beeinflussungen der beiden Flügel diesen Vorzug. Die Verwirbelungen des vorderen Flügels wirkten sich nachteilig auf die Strömung der hinteren Fläche aus. Die Peyret-Konstruktion hatte ein weiteres Defizit. Am Übergang von Flügel und Rumpf befanden sich Schlitze, durch die Luft von der Unter- zur Oberseite strömen konnte, fast wie an einer zusätzlichen Flügelspitze. Dieser Spalt erhöhten den Widerstand deutlich und verringerte den Auftrieb.

Die Flügelkonstruktion des Peyret Tandem war konventionell: Doppelholm, kreuzweise verstrebt und verspannt mit grau gummiertem Stoff. Durch die großen N-Streben, den einfachen Rumpf mit einem unförmigen Fahrwerk verfügte der Peyret Tandem nur über eingeschränkte Leistungen. Dennoch flog er in starken Hangaufwinden gut genug, um die anderen teilweise in Eile entworfenen und gebauten Konstruktionen in Itford zu schlagen. Hierunter befand sich auch eine aus Aachen importierte Blaue Maus. Maneyrol gewann schließlich den Preis, nicht etwa aufgrund der Überlegenheit seines Flugzeugs, sondern weil andere Piloten aus einem Gefühl der Selbstzufriedenheit heraus zu früh ihre Flüge einstellten: Der Engländer Raynham hielt sich mit seiner Brokker, einer Kombination aus F2-B Bristol Fighter-Rumpf und Fokker D-VIII-Flügeln zwei Stunden in der Luft und verkalkulierte sich damit.

Der Peyret flog dann im Januar des folgenden Jahres an den Klippen von Vauville in Frankreich über acht Stunden lang. Diese Zeit wurde nur von Barbot in einem Dewoitine-Segelflugzeug überboten. Ein zweiter Peyret Tandem wurde gebaut und in Nordafrika geflogen. Mit seinem Besenstiel erzielte der Lehrer Ferdinand Schulz im Jahr 1924 einen neuen Dauerrekord von 8 Stunden und 42 Minuten. Er nutzte hierzu die Hangwinde der großen Sanddünen in der Nähe von Rossitten in Ostpreussen. Der Besenstiel war eine der einfachsten und billigsten Segelflugkonstruktionen, die jemals flogen. Auf der Wasserkuppe hatte ihn die technische Kommission aufgrund von Sicherheitsmängeln nicht zugelassen. In der Folgezeit entwickelte sich Rossitten zu einem weiteren wichtigen Segelflugzentrum.

Inzwischen hatte man erkannt, dass man an geeigneten Hängen mit entsprechendem Wind sogar mit weniger leistungsfähigen Flugzeugen bei einigem Geschick nahezu unbegrenzt in der Luft bleiben konnte. In der Folgezeit wurden nach dem Muster des Vampyrs der Strolch und der Moritz von Karl Bremer für Martens gebaut. Um höhere Leistungen zu erzielen, wurde die Spannweite und somit die Streckung vergrößert, außerdem wurden konventionelle Querruder am sich verjüngenden Außenflügel angebaut. Von erfahrenen Piloten gesteuert, konnten mit diesen Flugzeugen beachtliche Leistungen erflogen werden. Mit dem Strolch gewann Martens den Rhön-Wettbewerb 1923 und überbot später in Italien den Streckenrekord. Das Flugzeug hatte – wie viele Konstruktionen dieser Zeit – gefährliche Trudeleigenschaften. Zerstört wurde der Strolch in den ersten Tagen des Rhön-Treffens 1925, als Karl Bedall gleich nach dem Start ins Trudeln geriet und abstürzte. Er wurde dabei schwer verletzt. Den Wettbewerb gewann Martens auf Moritz

Schulz stellte einen neuen Dauerrekord von über 12 Stunden auf. Dieser Flug fand im Rahmen des berühmten Besuchs einer deutschen Gruppe auf der Krim/UdSSR statt.

Für viele der deutschen Enthusiasten stellte der Segelflug nur eine Möglichkeit dar, legal Flugsport zu betreiben, um dann wieder zum Motorflug überzugehen, sobald die Versailler Beschränkungen aufgehoben würden. Dies geschah schließlich 1924. Leichte motorisierte Flugzeuge waren wieder erlaubt und für viele hatte der Segelflug nun keinen Nutzen mehr. Für die Segelflugbewegung begann eine schwere Zeit, da viele erfahrene Piloten und Konstrukteure abwanderten.

Andere, insbesondere jüngere Piloten, hatten für sich im Segelflug einen neuen Sport voller ungewöhnlicher Herausforderungen und Erfahrungen entdeckt. Zudem war diese Art des Fliegens preiswerter als der motorisierte Flugsport. Für Studenten und Dozenten der Technischen Hochschulen und Universitäten eröffnete der Segelflugsport außerdem neue Wege, mit geringem Aufwand die Effizienz von Flugzeugen zu erforschen und praktisch zu erproben. Ein motorisiertes Flugzeug konnte schneller und höher fliegen, wenn man einen stärkeren Motor einbaute. Im Segelflug dagegen galt es, Aerodynamik und Struktur ständig zu verbessern. Man hatte den richtigen Weg eingeschlagen.

Peyret-Tandem 1922 auf dem Weg zum Startpunkt in Itford Hill

KAPITEL 2 Akaflieg Darmstadt

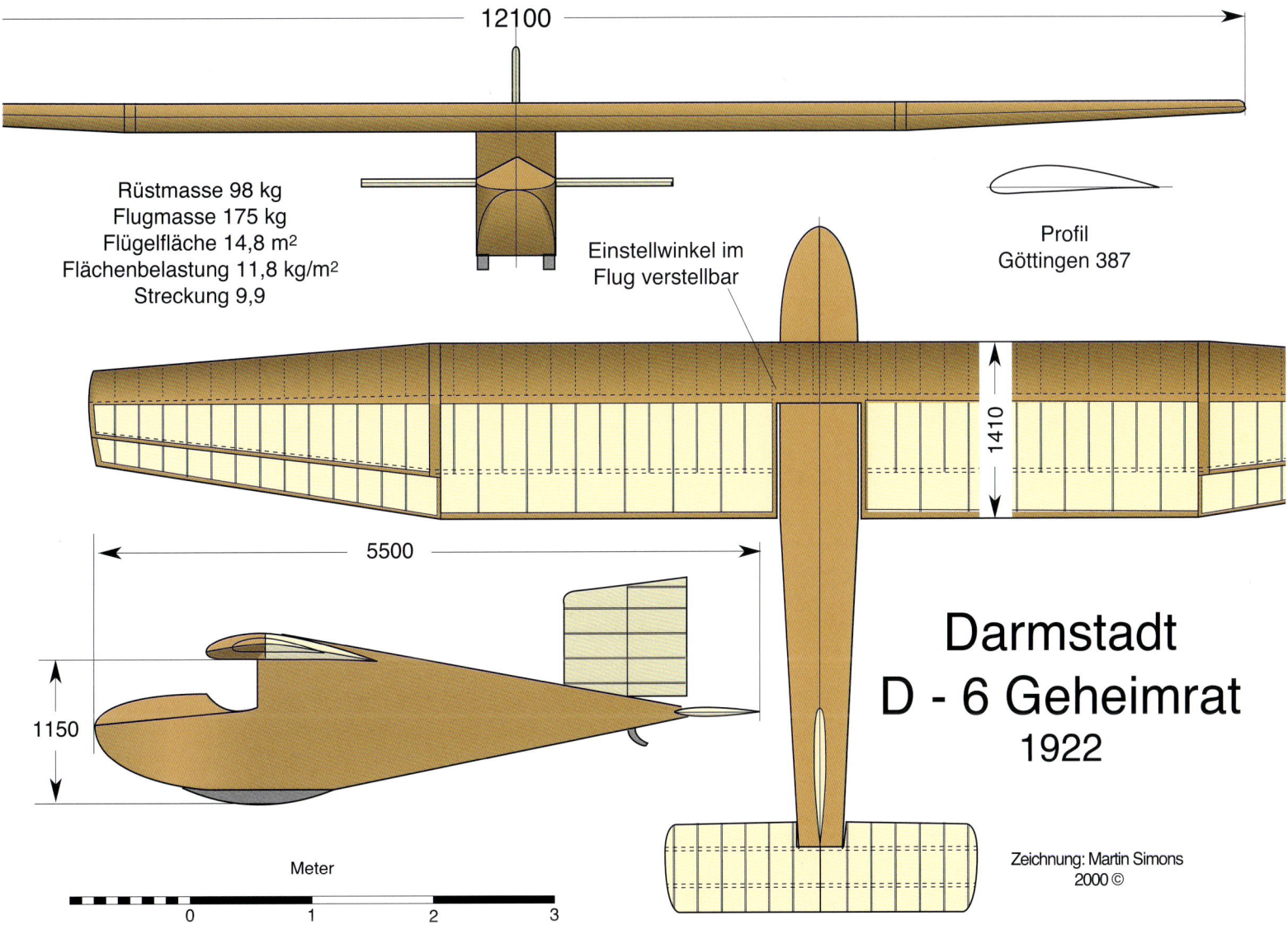

Die Akademische Fliegergruppe Darmstadt (Akaflieg) entstand im Januar 1921. Unter den Studenten der Technischen Universität waren einige ältere, die den Ersten Weltkrieg überlebt hatten und nun ihre unterbrochene Ausbildung beenden wollten. Sie besaßen oft mehr Erfahrung, waren ernsthafter und engagierter als die Studenten, die direkt von der Schule kamen. Viele von ihnen waren bereits Piloten oder hatten im Krieg Kampfflugzeuge geflogen, gewartet oder repariert.

Die Akaflieg pflegte eine Tradition, die sich bis heute erhalten hat. Die Gruppe folgte demokratischen Grundsätzen, das hieß, Entscheidungen wurden nach offenen Diskussionen mehrheitlich getroffen. Die Mitgliedschaft war kostenlos, jedoch an strikte Regeln gebunden. Jedes Mitglied musste zunächst an einem festgelegten Projekt hart arbeiten, bevor es endgültig aufgenommen wurde. Eine volle Mitgliedschaft erforderte große Opfer an Zeit, Geld und sozialen Kontakten. Akaflieg-Studenten brauchten oft länger, um ihre Studienabschlüsse zu erreichen. Die zahlreichen praktischen Erfahrungen beim Entwurf und Bau neuer Segel-

Kapitel 2

Oben: Darmstadt Margarete im Jahr 1923. Der zweite Sitz befand sich komplett unter dem Flügel.

Rechts: Die Margarete über der Wasserkuppe

flugzeuge waren allerdings ein hervorragender Ausgleich für eine Verzögerung von ein bis zwei Jahren. Die Unterstützung der Gruppe durch die Hochschule war von entscheidender Bedeutung. Ein Konstruktionsbüro, eine Werkstatt, theoretisch-wissenschaftliche und praktische Unterstützung standen zur Verfügung. Geheimrat Professor Max Friedrich Gutermuth war der Vater von Hans Gutermuth, der als einer der ersten Studenten 1911 auf der Wasserkuppe geflogen war. Dies war die einzige Gemeinsamkeit zwischen der Akaflieg und der damaligen FSV. Das Flugzeug von 1922 wurde nach ihrem Professor D-6 Geheimrat benannt.

D-7 Margarete

Das Doppeldecker-Design ist generell nicht sonderlich effizient, außer wenn möglichst geringes Gewicht bei großer Flügelfläche gefragt ist. Als sich die Darmstädter Studenten der Konstruktion eines Doppelsitzers zuwandten, entschieden sie sich daher für die Bauweise als Eindecker. Die fertiggestellte D-7 Margarete wurde nach Margarete von Loessl benannt, deren Mann Eugen während des ersten Rhön-Wettbewerbs im Jahr 1920 tödlich abgestürzt war.

Es gab einige gute Gründe, die Sitze in Tandemanordnung, also hintereinander anzuordnen. So konnte die Angriffsfläche des Rumpfes klein gehalten werden, was den Widerstand verringerte. Um die Nase kurz zu halten, wurden Seitenruderpedale an den Seiten des vorderen Sitzes angeordnet. Der Rumpf wurde so etwas breiter als bei einem Einsitzer, der zusätzliche Widerstand war jedoch gering. Der hintere Sitz lag ziemlich genau im Schwerpunkt. So konnte die D-7 Margarete auch alleine geflogen werden. Es blieb die Schwierigkeit, dem hinteren Piloten ausreichende Sicht zu gewährleisten. Bei der Margarete war der Flügel oberhalb des hinteren Sitzes angebracht. Das Hauptrumpfgerüst war hinter dem Sitz mit einem Aufbau nach vorne versehen, der die Hauptflügelbeschläge aufnahm. Große V-förmige Streben nahmen die Biege- und Drehkräfte auf. Der hintere Pilot hatte eine gute Sicht nach beiden Seiten und – wenn er sich leicht seitwärts bewegte – auch nach vorne über den Kopf des vorderen Piloten hinweg. Nach oben allerdings sah er gar nichts. Zu jener Zeit, als es nur wenige Flugzeuge gab, war diese Einschränkung der Sicht nicht von so großer Bedeutung. Später dann, als der Luftraum voller wurde, wurde es lebenswichtig, auch freien Blick in Richtung des Kreismittelpunktes beim Kurvenflug zu haben. Mit einem Flügelaufbau wie bei der Margarete war dies unmöglich. Der hintere Pilot konnte sich drehen, nach den Seiten und nach hinten schauen, aber der große „tote Winkel", verursacht durch den Flügel, bedeutete eine enorme Sichtbehinderung. So musste der vordere Pilot die Luftraumbeobachtung übernehmen, was, wenn dieser unerfahren war, keine besonders verlässliche Methode darstellte. Dieses Problem sollte die Konstrukteure von späteren Doppelsitzern weiterhin beschäftigen.

Die Margarete tat über einige Jahre gute Dienste. Mit ihr wurden Passagierflüge unternommen, überaus selten kam sie dagegen bei der Ausbildung neuer Piloten zum Einsatz. Im Jahr 1927 ging sie schließlich zu Bruch, als Johannes „Bubi" Nehring bei einem Alleinflug ein Steuerseil riss. Das Flugzeug wurde zerstört, Nehring blieb unverletzt.

Konsul

Für das Design der D-9 waren hauptsächlich Albert Botsch und Rudolf Spies verantwortlich. Beratend stand ihnen der damals beste Aerodynamiker der Gruppe, Fritz Hoppe, zur Seite. Finanzielle Unterstützung bekamen sie von Karl Kotzenberg, dem wohlhabenden „ungekrönten König" von Frankfurt, der damals das erste Rhön-Treffen ins Leben gerufen hatte. Kotzenberg war Generalkonsul von Norwegen und deshalb erhielt das neue Flugzeug ihm zu Ehren den Namen Konsul. Bei seinem Erstflug im Jahr 1923 war es zweifelsohne das fortschrittlichste Flug-

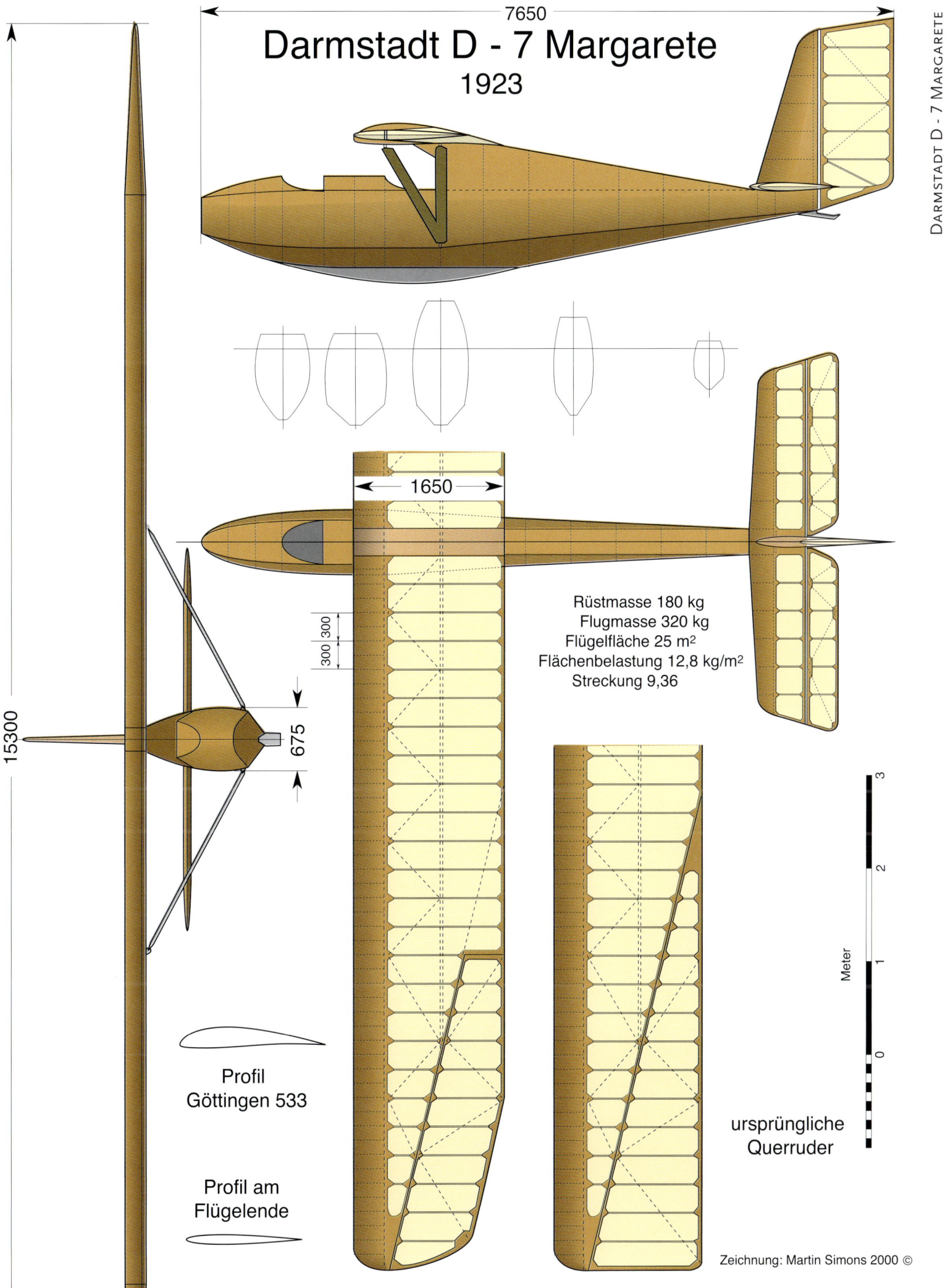

Kapitel 2

zeug seiner Zeit. Es verfügte über die wesentlichen Merkmale zur Erreichung ausgezeichneter Segelflugleistungen: Die Spannweite war mit 18,6 Metern größer als bei allen bisherigen Segelflugzeugen, ebenso die hieraus resultierende Streckung von 16,66. Der einholmige Flügel besaß eine sperrholzbeplankte Torsionsnase und entsprach damit dem inzwischen gängigen Konstruktionsstandard fortschrittlicher Segelflugzeuge. Der Rumpf war eine stromlinienförmige Halbschale mit mandelförmigem Querschnitt. Ein groß dimensioniertes Leitwerk sorgte für ausreichende Stabilität. Zum Einsatz kamen nur die besten damals verfügbaren Materialien: hochwertiges Sperrholz, Stahlbeschläge und -bolzen, Gummiblöcke zur Federung der Landekufe, Rollen für die Steuerseile sowie leichter Leinenstoff zur Bespannung des Hinterflügels und des hinteren Rumpfes. Das ganze Flugzeug war glänzend lackiert, um den Reibungswiderstand gering zu halten. Als Flügelprofil wählte man das Göttingen 535. Dieses Profil war gerade entwickelt und im Göttinger Windkanal unter Leitung des Aerodynamikers Ludwig Prandtl getestet worden. Die Berechnung dieses tropfenförmige Profils stammte vom russischen Wissenschaftler Nicolai Joukowsky. Es besaß 16% relative Dicke und eine um 5,75% gewölbte Skelettlinie. Das Gö 535 blieb für mindestens 15 Jahre das gängigste Segelflugprofil.

Der Konsul sollte ein möglichst geringes Eigensinken aufweisen, um so auch im geringsten Hangwind fliegen zu können. Die großen Ruderflächen erforderten Kraft, waren dafür aber sehr wirkungsvoll. Flügelspitzen und Querruder erwiesen sich am Boden als zu empfindlich und wurden daher nach ersten Tests verkleinert. Die Spannweite betrug damit nur noch 18,2 m bei einer Streckung von 15,8.

Höhenmesser und Fahrtmesser waren flach an der Rumpfoberseite vor dem Cockpit eingebaut, ein Variometer gab es zu dieser Zeit im Segelflug noch nicht. Die Piloten jener Tage orientierten sich bei der Einschätzung des Steigens oder Sinkens am Boden, dem sie – teilweise gefährlich – nahe kamen. Der Konsul erfüllte alle Erwartungen der Akaf-

Oben: Otto Fuchs beim Erstflug mit dem Konsul 1924 am Startplatz Zuckerfeld

Unten: Der Weg zur Wasserkuppe war beschwerlich. Eine Vielzahl von Helfern war nötig, um den Konsul mit Hänger den Berg hinaufzuziehen.

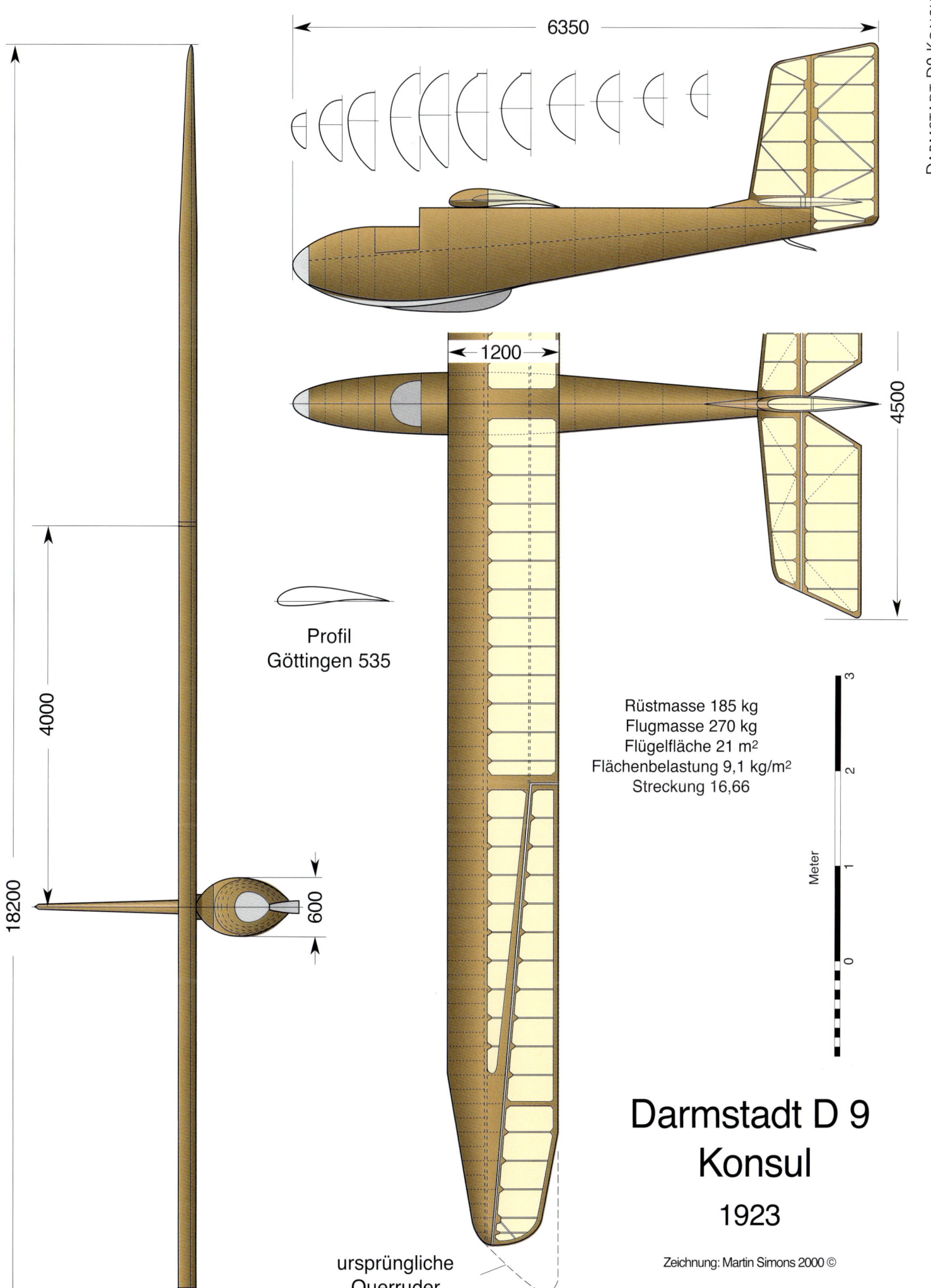

Kapitel 2

Links: Der große Flügel der D - 9 benötigte ein wirkungsvolles Seitenleitwerk. Das ungewöhnlich große Ruder erforderte wahrscheinlich viel Kraf um das Rollwendemoment der Querruder auszugleichen.

Rechts: Württemberg im Flug

lieg. Einer seiner Konstrukteure, Albert Botsch, flog während der Rhön 1923 einen neuen Streckenrekord über 18,7 Kilometer. Auch im Jahr 1925 gewann das Flugzeug den Streckenrekord, geflogen vom talentierten jungen Piloten Johannes „Bubi" Nehring. Während der Krim-Exkursion überbot Nehring den gerade von Martens mit Moritz aufgestellten Rekord mit einem Streckenflug von 24,4 Kilometern.

Alle diese Flüge nutzten den Hangaufwind. Man folgte einem Hang soweit wie möglich und glitt dann durch den Abwind zum nächsten Hügel. Wenn dort noch ausreichend Höhe vorhanden war und der Wind weiterhin blies, konnte hier erneut Höhe gewonnen werden. Oft erreichte man den nächsten Hügel weit unterhalb des Kamms, flog dort nur wenige Meter über Bäumen oder Felsen und musste, wenn der erwartete Aufwind nicht eintrat, im Tal landen. Zwei Jahre blieb der Konsul im Einsatz, bis er im Jahr 1927 durch einen unerfahrenen Piloten irreparabel zu Bruch geflogen wurde. In der Zwischenzeit war aus der Studentengruppe eine Forschungsgruppe für Segelflug entstanden. Eine ganze Serie neuer Segelflugzeuge entstand, jedes mit Verbesserungen gegenüber den Vorgängermodellen, alle aber angelehnt an den Konsul. Durch Aufträge von Einzelpersonen oder Vereinen wurde die Akaflieg finanziell unabhängig. Um die Konstruktionen gut steuerbar und leicht zu halten, beschränkte man sich auf ungefähr 16 m Spannweite. Heinrich Hofmann konstruierte die Westpreussen, Schloß Mainberg und die Starkenburg. Paul Laubenthal war für die Lore und Württemberg verantwortlich. Die Konstruktionsmerkmale glichen sich im Wesentlichen: alle Modelle besaßen einen freitragenden, dreiteiligen Flügel mit großer Streckung. Außenflügel mit Querrudern wurden durch Stahlbolzen mit dem Mittelflügel verbunden. Alle Öffnungen waren sperrholzverkleidet. Zur Erreichung guter Langsamflugeigenschaften und um die Gefahr des Trudelns zu verringern, verfügte der Flügel über eine geometrische Schränkung. Oft wurden Pendelruder eingesetzt, um den durch die Anlenkung verursachten Widerstand zu vermeiden. Es gab keine Trimmruder oder Landeklappen. Das Cockpit war meistens mit einer Haube abgedeckt, aus der nur noch der Kopf des Piloten herausragte. Starts und Landungen erfolgten auf einer einfachen Eschenholzkufe, die gummigefedert und mit Segeltuch verkleidet war.

Württemberg

Mit der Württemberg, die Wolf Hirth nach seiner Heimat benannt hatte, gewann er 1928 den französischen Wettbewerb von Vauville, westlich von Cherbourg in der Normandie gelegen. Bei seinem Rekordflug nutzte er die Aufwinde der Felsen und Dünen. Nach dem Start stieg er zunächst durch den Dunst in klare Luft, flog dann an der Küste entlang – teilweise sogar über dem Meer – und landete schließlich im Sonnenlicht an einem öffentlichen Strand.

Darmstadt D-17 und Chanute

Neue Flugzeuge wurden nicht nur in den Werkstätten der Akaflieg gebaut. Volkers D-17 Darmstadt war professionell gefertigt und pünktlich zur Rhön 1927 fertiggestellt worden. Nehring unternahm damit einige bemerkenswerte Streckenflüge unter Ausnutzung des Hangwindes. Zur Vorbereitung hatte er zunächst topografische Karten studiert. So wusste er genau, an welchen Stellen bei bestimmten Windrichtungen Aufwinde entstanden.

Einige Monate später wurde die Darmstadt nach Cape Cod in die Vereinigten Staaten gebracht, wo Peter Hesselbach mit ihr fünf Stunden lang über den Dünen flog. Dieser Flug erregte in den USA großes Interesse, insbesondere bei den Brüdern Schweizer, die daraufhin den Gedanken fassten, selbst Segelflugzeuge zu bauen. Durch Berührung mit einem Fahnenmast wurde die D - 17 in Cape Cod schwer beschädigt,

Barographenblatt von Nehrings Überlandflug mit der Darmstadt D 17 am 11.08.1927

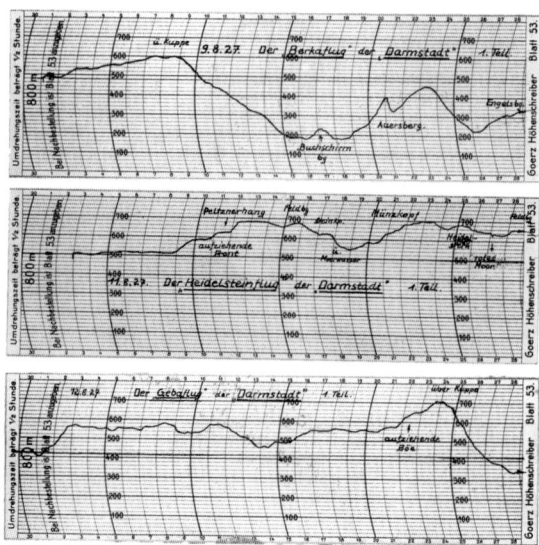

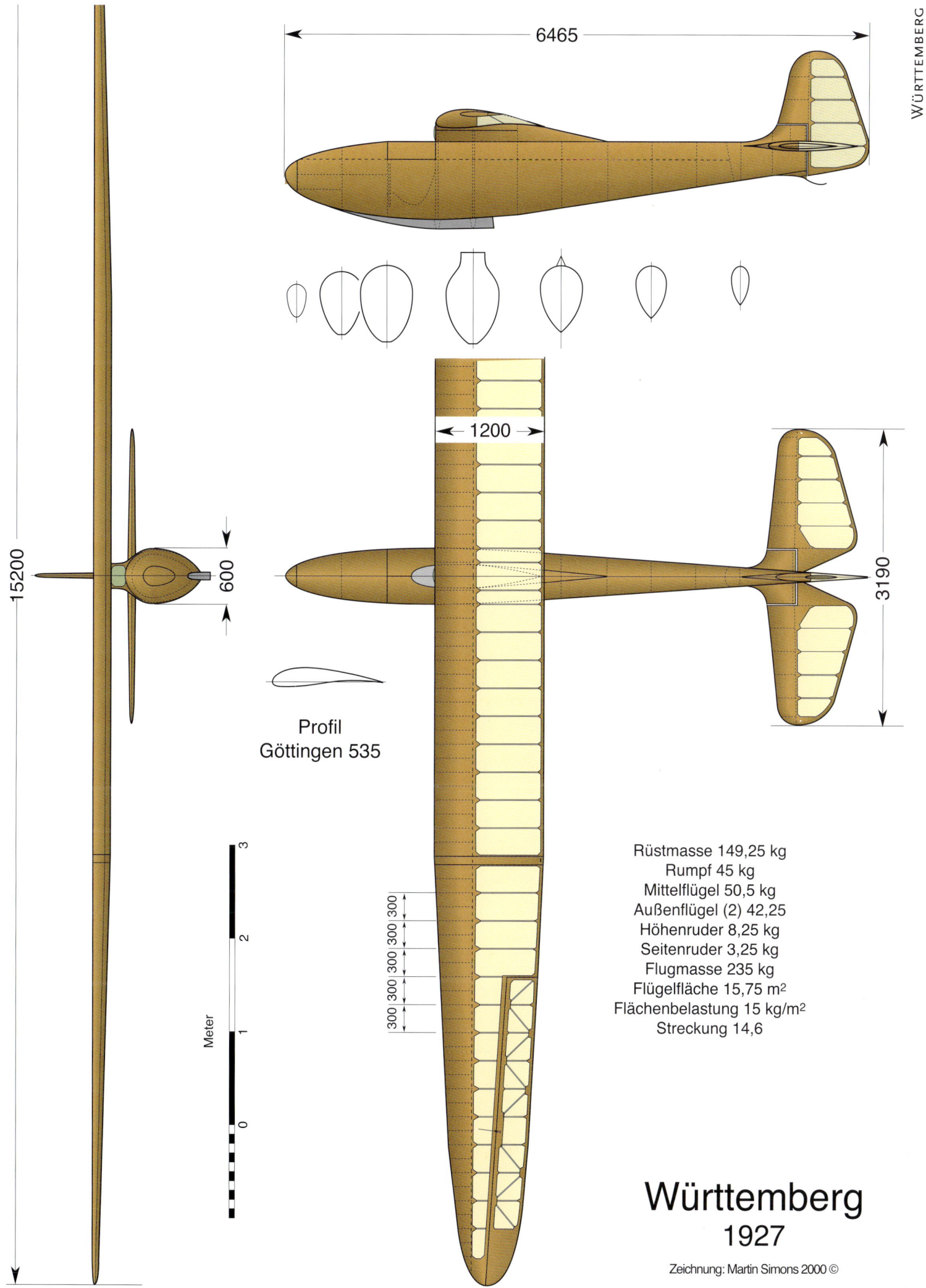

Kapitel 2

Oben und links unten: Die D - 17, Darmstadt 1 mit ihrer auffälligen Flügelstruktur, dem großen Pendelseitenruder und dem Zeichen der Akaflieg Darmstadt Ihren ersten Wettbewerbseinsatz hatte die D - 17 nach der Zerstörung des Konsul im Jahr 1927.

Rechts unten: Nach den Vorführungen in Cape Cod in April und Mai 1928, bei der die Darmstadt 1 schwer beschädigt wurde, baute man das Flugzeug wieder auf und nannte es „Chanute". Es besaß jetzt ein geschlossenes Cockpit. Das Flugzeug wurde häufig von Jack O'Meara geflogen. Das Foto zeigt Richard Du Pont und Mrs. Holderman.

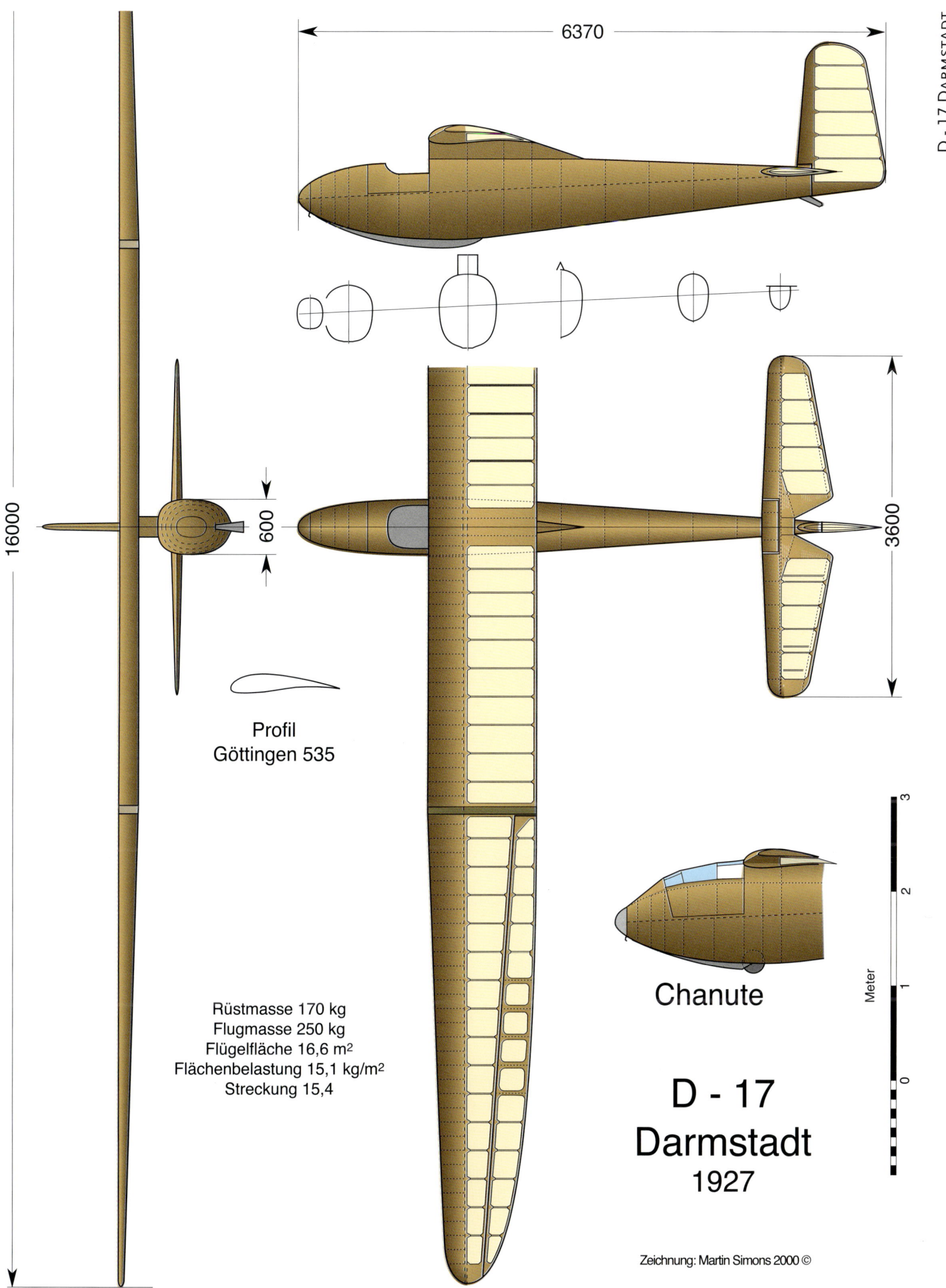

Kapitel 2

Ein typisches Flugzeug aus Darmstadt, die Schloss Mainberg mit Edgar Dittmar. Sie ging später in die USA, wo sie nach einigen Jahren bei einem Unfall zerstört wurde.

das Wrack jedoch wurde verkauft und wieder aufgebaut. Das Flugzeug, nunmehr Chanute genannt, wies Verbesserungen am Cockpit sowie eine durchsichtige Haube auf. In der Folgezeit unternahm Jack O'Meara, der damals beste amerikanische Segelflugpilot, ausgedehnte Flüge mit diesem Flugzeug.

Westpreussen

Die Westpreussen mit ihren 14 m Spannweite, wurde für Ferdinand Schulz gebaut. Er erforschte damit die Flugbedingungen an der Ostseeküste um Rossitten und Königsberg (Ostpreussen). Bei seinen zahlreichen Streckenflügen folgte er den Dünen, wobei er teilweise so niedrig flog, dass Zaunpfähle oder Schiffsmasten seine Flüge stoppten. In der Ausführung mit 16 m Spannweite wurden einige Exemplare der Westpreussen gebaut, von denen eines über mehrere Jahre in England flog.

D-19 Darmstadt 2

Mit der D-19 Darmstadt 2 von 1928 kehrte man zur relativ großen Spannweite von 18 Metern zurück. Mit einer Streckung von 19,2 bot sie ein eindrucksvolles Bild, das für fast 10 Jahre seinesgleichen suchte. Ausgestattet war sie mit dem neuen Joukowsky-Profil, das aufgrund seiner geringeren Wölbung ein weniger ausgeprägtes Nickmoment als das GÖ 535 aufwies. Die Flügeldicke verringert sich von 15% an der Wurzel bis auf 8% an der Flügelspitze. Nehring steuerte dieses überlegene Flugzeug bei den französischen Meisterschaften und während der nächsten Rhön. Hierbei erreichte er – immer noch im Hangflug – einen neuen Streckenrekord von 71,2 Kilometern. Im nächsten Jahr erzielte er 72,3 Kilometer. Die Darmstadt 2 blieb im Einsatz, bis sie 1934 bei einer Expedition nach Schweden und Finnland zu Bruch ging.

Musterle

Die bekannteste aller Darmstädter Konstruktionen war das Musterle. Es stellte eine Weiterentwicklung der Lore von Laubenthal dar und wurde in Kassel für Wolf Hirth gebaut. Das Musterle besaß eine geschlossene hölzerne Haube mit Sichtöffnungen für den Piloten, einer kleinen Windschutzscheibe davor, sowie mit einem winzigen Fenster darüber. Mit dem Musterle nahm Hirth 1930 an den Nationalen Amerikanischen Segelflugmeisterschaften von Harris Hill in Elmira im Staat New York teil. Unbemerkt von den anderen Piloten verwendete er ein Variometer. Am 5. Oktober 1930 gelang Wolf Hirth mit dem Musterle ein Thermikflug am wolkenlosen, blauen Himmel. Aufwinde unter und in Kumuluswolken waren in Deutschland schon seit einigen Jahren erforscht. Das Phänomen der Blauthermik war aber auch dort weitgehend unentdeckt. Das Flugzeug Schloß Mainberg, Dauerrekordhalter über 9,5 Stunden auf der Wasserkuppe mit Landung in der Dunkelheit, nahm ebenfalls am Wettbewerb in Elmira teil. Dieses Flugzeug war von Gus Haller importiert worden, der eine eigene Segelflugfabrik in Pittsburgh leitete. Dort wurden auch die Querruder an Hirths Musterle vergrößert.

Hirth hielt sich einige Monate in den USA auf und flog am 10. März 1931 über New York City. Bei kräftigem Nordwest-Wind startete er mit

D - 19 DARMSTADT 2

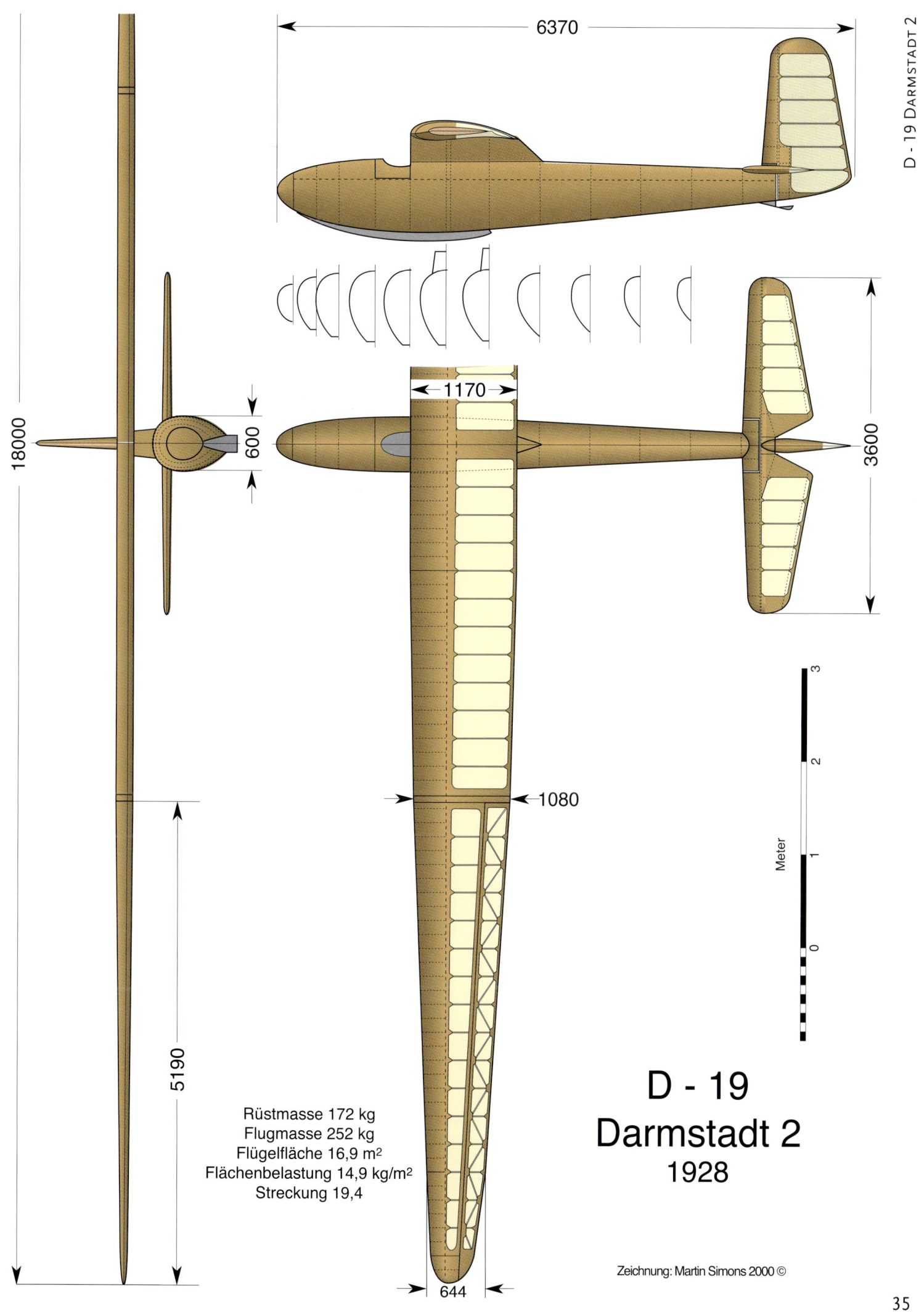

Rüstmasse 172 kg
Flugmasse 252 kg
Flügelfläche 16,9 m²
Flächenbelastung 14,9 kg/m²
Streckung 19,4

D - 19
Darmstadt 2
1928

Zeichnung: Martin Simons 2000 ©

Musterle

modifiziertes Querruder

Profil Göttingen 535

Profil am Flügelende
5 Grad Schränkung

Rüstmasse 198 kg
Flugmasse 285 kg
Flügelfläche 15,75 m²
Flächenbelastung 16 kg/m²
Streckung 16,4

Musterle
1929

Zeichnung: Martin Simons 2000 ©
Quelle: Klaus Heyn

Oben: Das berühmteste Flugzeug der Darmstädter Studenten, das Musterle, beim Start auf der Wasserkuppe

Unten: Wolf Hirth vor dem Seitenruder des Musterle, auf dem einige seiner erfolgreichen Flüge aufgelistet sind. Nicht alle dort erwähnten Flüge wurden auf diesem Muster geflogen.

dem Gummiseil von einer Grasfläche im Riversite Park am Ende der 161. Straße. Das Ufer des Hudson River war dort etwa 30 bis 35 m hoch und erzeugte so den notwendigen Hangwind. Hirth stieg bis auf ungefähr 300 m Höhe und flog etwa eine halbe Stunde am Ufer entlang. Er beendete den Flug, nachdem die Polizei ihm signalisiert hatte, dass er ein erhebliches Verkehrschaos verursachte. Dies war allerdings nicht der erste Segelflug über New York. Jack O'Meara hatte dort einen Monat zuvor bereits mit einer Franklin Utility einen Flugzeugschlepp unternommen.

Die Flugzeuge aus Darmstadt waren bis in die 30er Jahre von großer Bedeutung. An der Rhön 1934 nahm die D-19 zum letzten Mal teil. Daneben waren zwei Westpreussen sowie Musterle und Lore gemeldet. Das Musterle, diesmal nicht von Hirth geflogen, wurde bei einer missglückten Landung beschädigt, aber über Nacht repariert. Auch die Württemberg war wieder erschienen. Sie hatte häufig den Besitzer gewechselt und zeigte ernste Leimermüdungen. Ihr neuer Eigentümer, Tassilo Proppe, nagelte mit kleinen Stahlnägeln zahlreiche Sperrholzflicken auf den Flügel, um so die Beplankung wieder mit den Rippen zu verbinden. In diesem Zustand flog er das Flugzeug während des Wettbewerbs, bis nach einer harten Landung die Schäden irreparabel wurden.

Im Lauf der Zeit hatte sich der Segelflugsport enorm weiterentwickelt. Die Entdeckung des thermischen Segelflugs und Innovationen beim Bau von Flugzeugen hatten ihm entscheidende Impulse gegeben.

Kapitel 3
Segelfliegen lernen

Nun, da der Segelflugsport aufblühte, galt es, weitere Piloten auszubilden. Die ersten erfolgreichen Flüge auf der Wasserkuppe unternahmen Piloten, die Erfahrungen aus dem Motorflug – oft als Kriegsveteranen – mitbrachten.

Jüngere Piloten, wie die Darmstädter Studenten Laubenbach, Nehring oder Hesselbach erlernten das Fliegen auf Motorflugzeugen, bevor sie auf Segelflugzeuge umstiegen. Die Akaflieg verfügte über zwei Motorflugzeuge und besaß mit Otto Fuchs einen sehr erfahrenen Fluglehrer.

Deutschland erlebte damals eine schwere Zeit, gekennzeichnet von Inflation und politischer Instabilität. Der Großteil der Normalbevölkerung konnte sich kaum das Nötigste zum Leben beschaffen, viele Alte und Arbeitslose litten Hunger. Unter diesen Umständen konnte Flugtraining – selbst im Falle staatlicher Förderung – nur dann stattfinden, wenn die Kosten dafür so niedrig wie möglich gehalten wurden.

Zunächst war die Ausbildung unorganisiert, planlos und zufällig. Peter Riedel, ein 15-jähriger Schüler, begann 1920 mit dem Segelflug. Zwei Helfer zogen seinen kleinen Doppeldecker an Seilen in den Wind. Sein Fluglehrer Theo Suchla erteilte die Kommandos „Ziehen!" „Drücken!" „Rechts!" „Links!". Auf diese Weise unternahm Riedel 14 Flüge.

Wolf Hirth hatte bereits im Jahr 1920 einige „Hüpfer" an der Wasserkuppe gemacht. Er brachte sich das Fliegen selbst bei. Später unterrichtete er auch andere. Schließlich gründeten Messerschmitt und Hirth eine Flugschule und die S-10 wurde das erste Flugzeug für die systematische Schulung im Alleinflug. Allerdings verließ Messerschmitt bald die Werkstatt auf der Wasserkuppe und wandte sich wieder dem Bau von Motorflugzeugen zu.

Kurt Student, später als General im Zweiten Weltkrieg bekannt geworden, sondierte im Auftrag der Reichswehr die Möglichkeiten des Segelfluges. Dies geschah in Zusammenarbeit mit der Weltensegler-Gesellschaft. Bei einem Unfall erlitt er schwere Verletzungen und verließ die Wasserkuppe. Zu seinen ersten Schülern der Weltensegler-Flugschule zählte Fritz Stamer, der in der Folgezeit zu einer zentralen Persönlichkeit im Segelflug werden sollte. Arthur Martens gründete – mit Unterstützung seines wohlhabenden Schwiegervaters – ebenfalls eine Flugschule auf der Wasserkuppe und stellte Stamer als Schulleiter ein. Diese Flugschule besaß mit der Deutschland ein doppelsitziges Segelflugzeug, darüber hinaus einen Strolch und einen Moritz. Stamer war aus eigener Erfahrung davon überzeugt, dass die Segelflugschulung im Alleinflug stattfinden müsse.

Das Original des „Djävlar Anamma" oder „Hols der Teufel", konstruiert von Lippisch. Das Flugzeug diente als Basis für den Grunau 9-Schulgleiter. Spätere Versionen von Schleicher und Jacobs trugen den gleichen Namen, wiesen aber deutliche Unterschiede auf.

Djävlar Anamma oder „Hol's der Teufel"

1923 konstruierte Alexander Lippisch ein sehr einfaches Gleitflugzeug, das er Djävlar Anamma nannte. Der kuriose Name stammte von einem Ausdruck, den die schwedischen Studenten, die zu dieser Zeit in den Weltensegler-Werkstätten arbeiteten, häufig benutzten, wenn irgend etwas schief ging. Nach diesem Fluch „Hol's der Teufel" oder eben „Djävlar Anamma" wurde das Flugzeug benannt. Es besaß einen einfachen, zweiholmigen, rechteckigen, stoffbespannten Flügel, der mit Seilen an einem A-förmigen Turm verspannt war. Das Leitwerk wurde von einem kreuzförmig verstrebten Gitterrumpf aufgenommen. Unter dem Flügel befand sich ein einfacher Holzsitz. Die vordere Strebe des Gitterrumpfes verlief direkt vor dem Kopf des Piloten und erhielt bald den Namen „Schädelspalter". Lippisch entwickelte auch ein leichtes, stoffbespanntes Rumpfboot, das den Piloten schützte und den Widerstand verringerte. Der Schreiner Espenlaub baute und reparierte eine ganze Reihe von Gleitflugzeugen. 1923 wurde er nach Grunau, einem kleinen Ort in Schlesien eingeladen, um der dort entstehenden Segelflugbewegung beratend zur Seite zu stehen. Begleitet von Edmund Schneider, nahm er seinen Entwurf eines Schulgleiters mit, mit dem er sich an den Djävlar Anamma anlehnte. Edmund Schneider war ein erfahrener Handwerker und Mitglied der Luftpolizei, die für die Sicherheit an den wenigen in

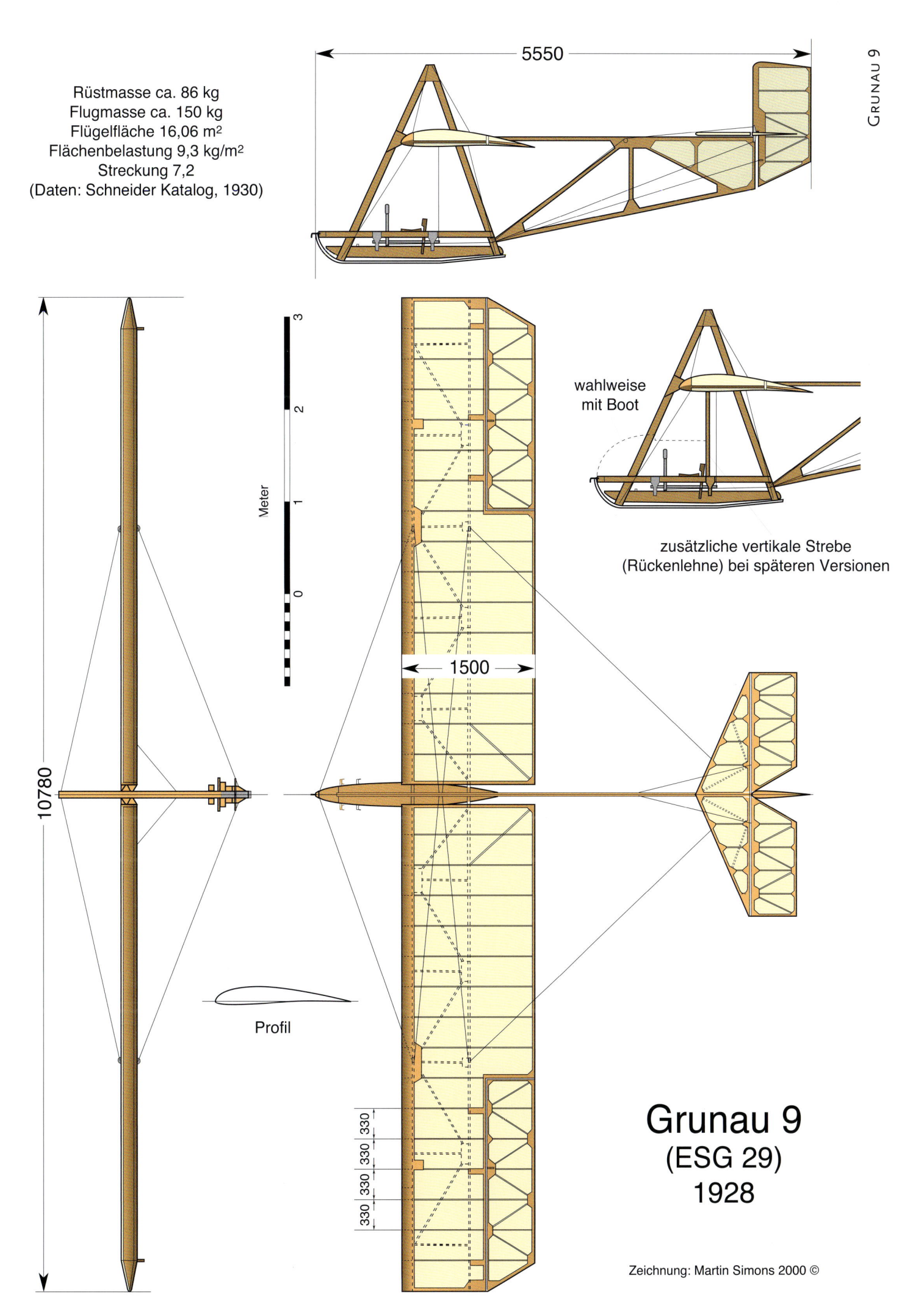

Rüstmasse ca. 86 kg
Flugmasse ca. 150 kg
Flügelfläche 16,06 m²
Flächenbelastung 9,3 kg/m²
Streckung 7,2
(Daten: Schneider Katalog, 1930)

GRUNAU 9

wahlweise mit Boot

zusätzliche vertikale Strebe (Rückenlehne) bei späteren Versionen

Profil

Grunau 9
(ESG 29)
1928

Zeichnung: Martin Simons 2000 ©

Kapitel 3

Links: Der Pegasus kann als Vorgänger aller späteren Schulgleiter bezeichnet werden.

Rechts oben: Aus dem Espenlaubschulgleiter entstand die Grunau 9.

Rechts unten: Spätere Versionen der Grunau 9 besaßen eine Strebe hinter dem Sitz, die als Rückenlehne diente.

Deutschland verbliebenen Flugplätzen zuständig war. Nach einigen Jahren zog Espenlaub nach Kassel um. Schneider hingegen blieb in Grunau, heiratete dort und gründete eine Segelflugfabrik gleich unterhalb des nahe gelegenen Segelflughangs. Dort entstand der ESG Schulgleiter (Edmund Schneider, Grunau), später wurde hieraus die Grunau 9. Von diesem Typ wurden, mit einigen Modifikationen, große Stückzahlen gebaut und verkauft. Die Nummerierung der Schneiderkonstruktionen stiftete einige Verwirrung. Zunächst entsprach die Typenbezeichnung dem Konstruktionsjahr. So hatten aber auch zwei unterschiedliche Modelle, die im selben Jahr entstanden, eine identische Nummer. Dagegen hatten gleiche Typen, die mehr als ein Jahr lang im Programm waren, unterschiedliche Typenbezeichnungen. Die Grunau 9 wurde später zur ESG 29, nachdem in diesem Jahr zahlreiche Änderungen vorgenommen worden waren. Es gab aber auch andere Konstruktionen mit derselben Nummer. Manchmal erhielten diese allerdings auch Namen, statt Ziffern. Erst viel später, in den 30er Jahren, änderte man die Typenbezeichnungen.

Unter Fritz Stamer erhielt die Martens Segelflugschule Schulgleiter vom Typ Pegasus, einer Weiterentwicklung des Lippisch Djävlar. Im Jahr 1924 standen sechs Exemplare dieses Musters zur Verfügung. Im August dieses Jahres wurde dann die Rhön-Rossitten-Gesellschaft (RRG) gegründet. Diese Organisation wurde in der Folgezeit mit wesentlichen Aufgaben im Segelflug betraut. Die RRG war verantwortlich für Forschung, Pilotenausbildung und Wettbewerb. Mit dem Angebot einer Flugausbildung bei Martens für 50 ausgewählte junge Leute begann man schließlich im Jahr 1925 mit der ersten organisierten Segelflugausbildung. Die Schule geriet jedoch schnell in finanzielle Schwierigkeiten. Bereits am Ende des Jahres übernahm die Rhön-Rossitten-Gesellschaft die Flugschule von Martens. Fritz Stamer blieb weiterhin Schulleiter.

Zögling und Prüfling

Zu diesem Zeitpunkt beriet der Verleger des „Flugsports" Oskar Ursinus, bis dahin Wettbewerbsleiter, die Rhön-Rossitten-Gesellschaft. Der Pegasus Schulgleiter entsprach nach Ursinus Auffassung nicht den Anforderungen: Die Konstruktion war nicht sonderlich stabil und Beschädigungen bei harten Landungen waren an der Tagesordnung. Nach Auffas-

Der Prüfling, ein Schulgleiter mit Rumpf, wurde in größeren Stückzahlen vom Segelflugzeugbau Kassel hergestellt.

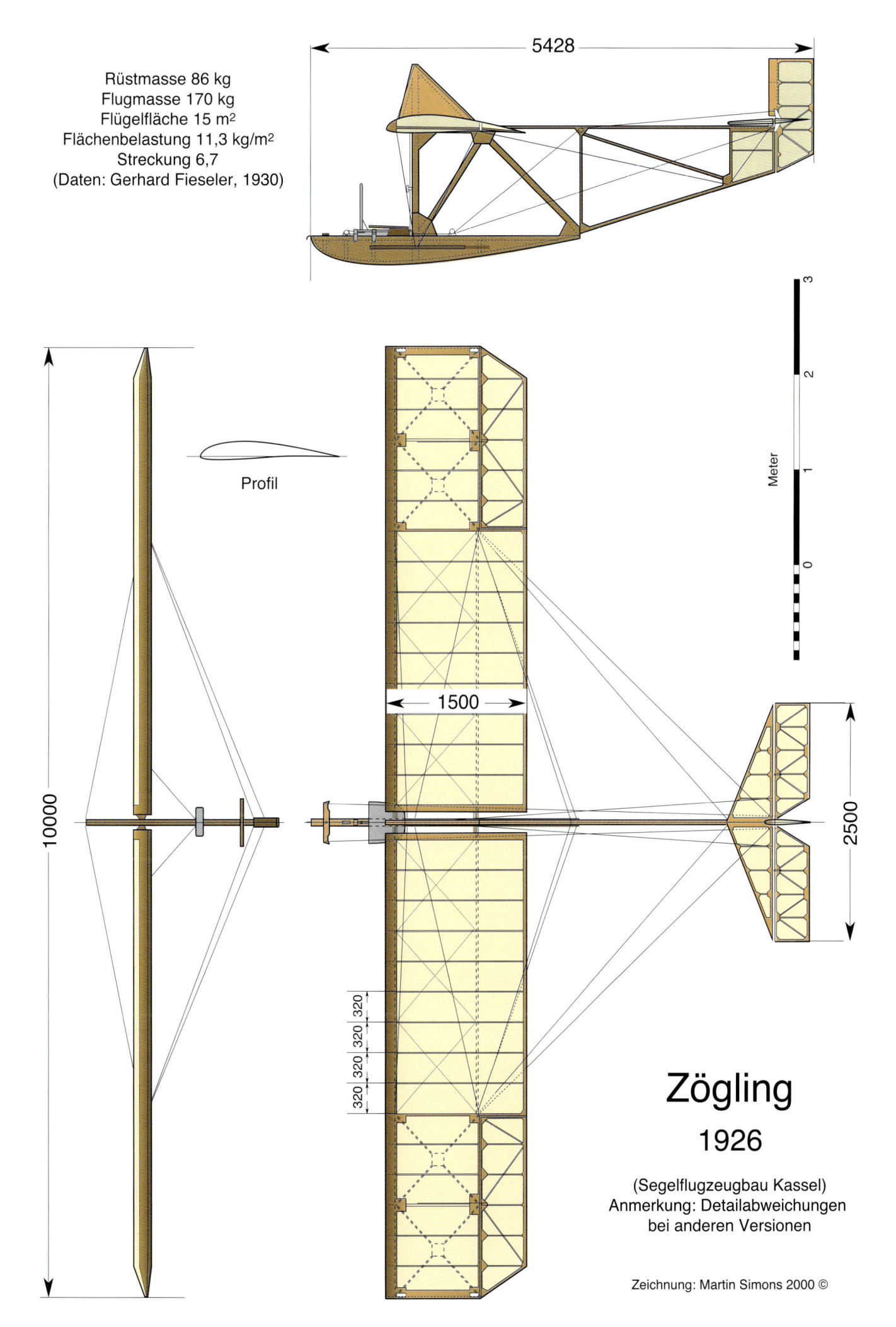

Rüstmasse 86 kg
Flugmasse 170 kg
Flügelfläche 15 m²
Flächenbelastung 11,3 kg/m²
Streckung 6,7
(Daten: Gerhard Fieseler, 1930)

Zögling
1926

(Segelflugzeugbau Kassel)
Anmerkung: Detailabweichungen
bei anderen Versionen

Zeichnung: Martin Simons 2000 ©

Kapitel 3

Oben: Ein Prüfling, den der London Gliding Club gekauft hatte, während einer Demonstration am Ivinghoe Leuchtturm. Später zog der Club nach Dunstable um.

Rechts und unten: Der Zögling wurde auf der ganzen Welt nachgebaut.

42

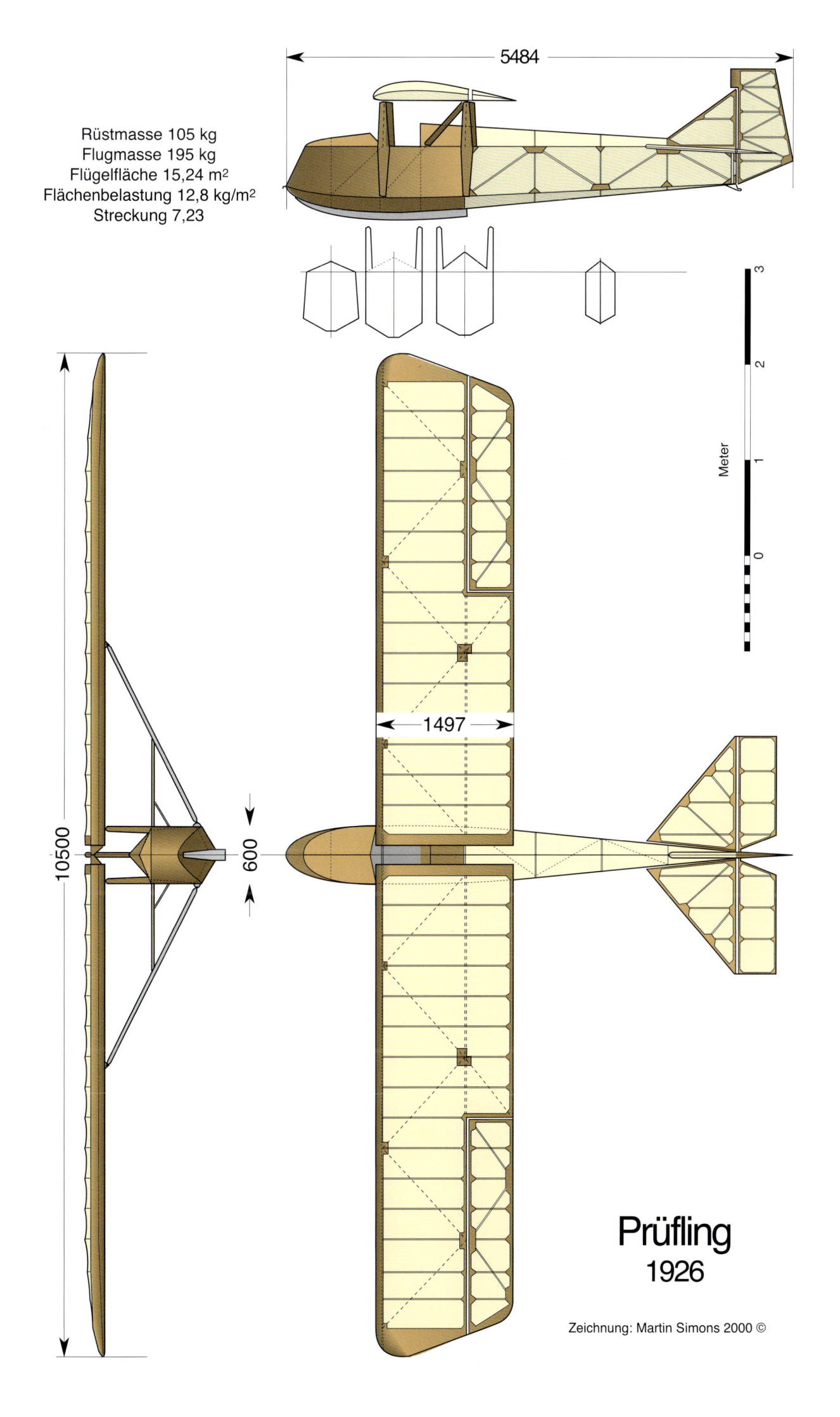

Rüstmasse 105 kg
Flugmasse 195 kg
Flügelfläche 15,24 m²
Flächenbelastung 12,8 kg/m²
Streckung 7,23

Prüfling
1926

Zeichnung: Martin Simons 2000 ©

Kapitel 3

Oben: Das Original des englischen Schulgleiters Dagling, gebaut von der R. F. Dagnall Company. Der Leitwerksträger bestand aus Stahlrohr.

Links: Der Karpf-Zögling entstand in der Schweiz, besaß einen Stahlrohrrumpf sowie ein vergrößertes Leitwerk. Die Verkleidung hinter dem Piloten verbesserte die Aerodynamik.

sung der Schulleitung sollte der „Schädelspalter" (Grunau 9) zukünftig nicht mehr in der Schulung eingesetzt werden. Außerdem wollte man zukünftige Segelflugpiloten besser auf ihre spätere Tätigkeit vorbereiten. Ziel war es unter anderem auch, eine Reihe verwandter Flugzeuge, bestehend aus Schulgleiter, Fortgeschrittenen-Flugzeug und Leistungsflugzeug einsetzen zu können. Zu diesem Zweck lud Ursinus Lippisch und Stamer in die Frankfurter Redaktion des „Flugsport" ein. Dort angekommen, wurden sie gleich in Beschlag genommen. Zeichenbüro und Unterkunft standen zur Verfügung und sie mussten sich sofort daran setzen, Pläne für einen Schulgleiter, ein Fortgeschrittenen-Flugzeug und ein Leistungsflugzeug zu entwerfen. Nach einigen Tagen lagen die Ergebnisse vor: der Schulgleiter Zögling und das Folgeflugzeug Prüfling. Wesentliche Änderungen gegenüber dem Pegasus war die Abschaffung der „Schädelspalter"-Strebe sowie die stabilere Konstruktion, die auch den harten Schulbetrieb zu überstehen vermochte. Der Prüfling besaß fast den gleichen Flügel wie der Zögling. Im Unterschied zu diesem hatte das Fortgeschrittenen-Flugzeug einen einfachen teilweise sperrholzbeplankten und stoffbespannten Rumpf mit Cockpit unterhalb des Flügels. 1926 akzeptierte die RRG beide Konstruktionen Lippischs. Sie wurden in der Folgezeit nicht nur an den Schulen auf der Wasserkuppe und in Rossitten geflogen, sondern auch weltweit in Lizenz nachgebaut. Mit den entsprechenden Plänen, geeignetem Material und handwerklichem Geschick ließen sich die Flugzeuge überall nachbauen.

Grüne Post

Für die Zeitschrift „Grüne Post" konstruierte Lippisch 1932 ein kleines Gleitflugzeug, in Größe und Aussehen dem Prüfling sehr ähnlich. Baupläne konnten über die „Grüne Post" bezogen werden und in der Folgezeit wurden viele Exemplare dieses kleinen Gleiters von Segelfluggruppen nachgebaut.

Slingsby Typ 3 Schulgleiter
(Dagling)

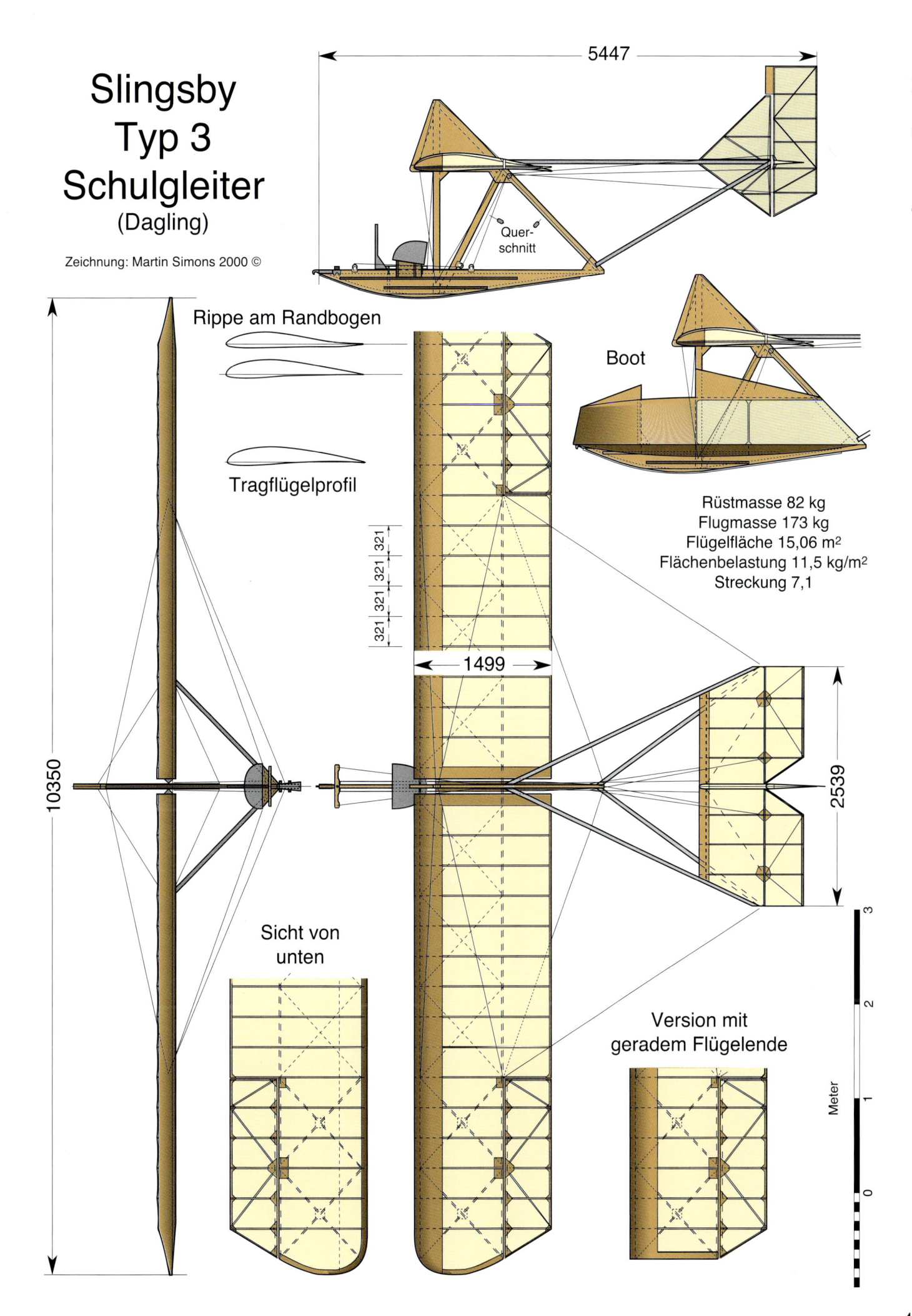

Zeichnung: Martin Simons 2000 ©

Rippe am Randbogen

Tragflügelprofil

Querschnitt

Boot

Rüstmasse 82 kg
Flugmasse 173 kg
Flügelfläche 15,06 m²
Flächenbelastung 11,5 kg/m²
Streckung 7,1

Sicht von unten

Version mit geradem Flügelende

Grüne Post

5840

1400

610

10000

2140

350
350
350
350
200
350
350

Profil

Rüstmasse 110 kg
Flugmasse 200 kg
Flügelfläche 13,5 m²
Flächenbelastung 14,8 kg/m²
Streckung 7,4

Grüne Post
1932 - 3

Zeichnung: Martin Simons 2000 ©

Links oben: Der Schulgleiter Dickson konnte von Amateurbauern nach Plänen aus Zeitschriften nachgebaut werden. Schnell stellte man fest, dass die Zeichnungen Fehler enthielten, dennoch wurden viele Exemplare gebaut und geflogen.

Links unten: Nachdem Dagnall die Segelflugzeugproduktion eingestellt hatte, wurde der Dagling von Slingsby weitergebaut. Als Option waren runde Flügelenden erhältlich.

Rechts oben: Grüne Post, ausgestellt in Michelstadt/Odenwald

Dagling

Als sich die Idee des Segelflugs in den späten 20er und frühen 30er Jahren weltweit verbreitete, wurden allerorts unzählige Nachbauten und Kopien des Zöglings in Angriff genommen. Wolf Hirth zeichnete Pläne für eine Version mit Stahlrohrrumpf. Dieses Modell wurde in der Schweiz, in Amerika und England als Dagling gebaut.

Pläne für den Dickson Primary wurden in Fachzeitschriften veröffentlicht und in der Folge von vielen Vereinen in den englischsprachigen Teilen der Welt nachgebaut. Jahrelang druckten Zeitungen fälschlicherweise Bilder von alten Schulgleitern, um Berichte über Segelflugrekorde zu illustrieren.

SG-38

1933 wurde die Rhön-Rossitten-Gesellschaft vom Deutschen Luftsport Verband, DLV übernommen. Die Flieger-HJ begann im großen Stil mit der Rekrutierung von Pilotennachwuchs. Nach vorangegangenen Diskussionen zwischen dem DLV und den Segelflugzeugherstellern über einen neuen Einheitsschulgleiter entstand der SG-38, für dessen Entwurf Edmund Schneider maßgeblich verantwortlich war. Gegenüber dem Zögling wies das Flugzeug folgende Verbesserungen auf: ein größeres Leitwerk für mehr Stabilität, ein besserer Sitz und große Stoßdämpfer unter der Kufe. Nach Beginn der Fertigung in Schneiders Werkstätten in Petersdorf wurde das Flugzeug später in vielen anderen Werken gebaut. Die Produktion lief zügig an und erreichte bis 1945 Stückzahlen von mehreren Tausend. Bald gab es überall im Dritten Reich Segelfluggelände und Flugschulen für Segelflieger. Zeitgleich zur Konstruktion des Zöglings entwickelte Fritz Stamer Ideen und Methoden für die Einsitzerschulung. Es entstanden Bücher und Leitfäden für Fluglehrer. Stamers Schrift „Gleit- und Segelflugschulung" wurde zum Standardwerk und in viele Sprachen übersetzt. Bis zum Ende des Zweiten Weltkriegs stellte die Einsitzerschulung die allgemein übliche Ausbildungsmethode dar. Im Jahr 1929 wurden laut Stamer 269 Flugschüler bei der RRG angenommen. Sie blieben während der Ferien auf der Wasserkuppe und verbrachten die Tage am Gummiseil, beim Start, mit kurzen Gleitflügen, Landungen, mit dem Hochziehen der Flugzeuge und Ähnlichem. Am Ende des Sommers besaßen 121 von ihnen die „B", also hatten weniger als die Hälfte diesen minimalen Lernfortschritt erreicht. 30 von ihnen blieben einen weiteren Monat, um ihre „C" (5 Minuten) zu fliegen. Aber was wurde aus all den anderen? Einige konnten im nächsten Jahr wiederkommen, die meisten allerdings nicht, obwohl die Ausbildung bei der RRG unter den besten Voraussetzungen stattfand: hervorragende Fluglehrer, Flugzeuge, Werkstätten und ein optimales Umfeld.

In den meisten Segelflugvereinen waren die Bedingungen deutlich schlechter. Der Lernfortschritt war in der Regel sehr gering. Fluglehrer wussten teilweise nicht viel mehr als ihre Flugschüler oder waren falsch informiert. Ein Beispiel: Damals geschah es häufig, dass Schüler – so auch der Autor 1947 bei seinem ersten Flug auf dem Dagling – in Flugzeuge gesetzt wurden, die zuvor von Erwachsenen geflogen wurden, ohne die unterschiedlichen Körpergewichte zu berücksichtigen. Niemand

SCHULGLEITER SG - 38

Rüstmasse 105 kg
Flugmasse 210 kg
Flügelfläche 16 m²
Flächenbelastung 6,6 kg/m²
Streckung 6,77

6283

Version mit Boot

Meter

10414

3100

312 | 312 | 312

334 | 334 | 334

1600

Profil

Schulgleiter SG - 38

Zeichnung: Martin Simons 2000 ©

48

Oben: Fortgeschrittene Flugschüler flogen den SG - 38 mit „Boot", einer leichten Verkleidung des Rumpfvorderteils. Man beachte den Helm, Standardkopfbedeckung beim NSFK.

Links und rechts unten: Ab 1938 wurde der SG- 38 in großen Stückzahlen produziert. Er stellte einen großen Fortschritt gegenüber dem Zögling dar. Dieses restaurierte Exemplar zeigt die großen Stoßdämpfer an der Kufe, den schalenförmigen Sitz, das größere Leitwerk für bessere Stabilität, ein einfaches Instrumentenbrett sowie Vorrichtungen zur Aufnahme von Ballast.

erwähnte oder wusste, dass die veränderte Schwerpunktlage einen großen Einfluss auf die Stabilität und insbesondere auf die Wirkung des Höhenruders hatte. Der Dagling besaß noch nicht einmal eine Vorrichtung zur Aufnahme von Ballast. Dadurch kam es mitunter zu schweren Unfällen, die wochenlange Reparaturen erforderten. Diese wurden oft von unerfahrenen Mitgliedern selbst durchgeführt. Ich habe mir beispielsweise das Schäften von Sperrholz selbst beigebracht. Kleinere Brüche wurden weder dokumentiert noch untersucht. Die Kosten für Material und Arbeit waren extrem hoch. Neben den leichteren Verletzungen gab es Rücken- und sogar Genickverletzungen, die nicht immer sofort erkannt wurden. Aufgrund derartig negativer Erlebnisse verließ manch talentierter Flugschüler frustriert den Segelflug.

In der ersten Begeisterung entstanden im Jahr 1930 in England annähernd 60 Segelflugvereine, die alle in der Einsitzermethode ausbildeten. Ein Jahr später waren hiervon nur noch fünf übrig. In Australien überlebte nur einer von ursprünglich neun Segelflugvereinen.

Im Nachhinein ist man immer klüger. Die Einweisung am Doppelsteuer hatte sich beim Motorflug bewährt. Man stelle sich vor, welch andere positive Wendung es hätte nehmen können, wenn Lippisch und Stamer anstelle des Zöglings einen etwas größeren, doppelsitzigen Gleiter mit Doppelsteuer für den Fluglehrer eingeführt hätten: Abgesehen von den höheren Kosten, die sich durch die längere Haltbarkeit schnell amortisiert hätten, wäre es seltener zu Unfällen gekommen und weniger Flugschüler wären entmutigt, erschreckt, verletzt oder getötet worden. So hätten mehr Flugschüler das Fliegen erlernen können.

War also der Zögling ein Irrtum, der Beginn einer Fehlentwicklung?

KAPITEL 4
Der Rhöngeist

Storch IV in den Dünen von Rossitten

Bei Dornier war Alexander Lippisch 1918 verantwortlich für die Entwicklung von Flügelprofilen. Als in diesem Jahr die deutsche Luftfahrtindustrie aufgrund des Versailler Vertrages zusammenbrach, wurde er arbeitslos. 1921 bewarb er sich auf eine Anzeige der Benz Automobilwerke, die für den anstehenden Rhön-Wettbewerb 1921 einen Segelflugzeugkonstrukteur suchten. Der Eindecker Falke, den Lippisch nach Windkanalversuchen für die Benz-Automobilwerke entwarf, wurde in einer Möbelfabrik in Fulda gebaut. Alexander Schleicher, ein Junge aus dem Dorf Poppenhausen am Fuße der Wasserkuppe, war Lehrling in der Fuldaer Fabrik.

Der Falke erreichte die Wasserkuppe rechtzeitig zum Wettbewerb, wurde jedoch in dessen Verlauf vermutlich aufgrund der Unerfahrenheit eines Piloten zerstört. Lippisch gestand später ein, dass zwar die aerodynamische Form des Falken gut war, es jedoch keine Erfahrung im Hinblick auf die Belastung gab. Für Lippisch und Schleicher bedeutete dieses Flugzeug dennoch den Beginn einer Karriere. Schleicher wurde später Segelflugzeughersteller in seinem Heimatort Poppenhausen. Lippisch verbrachte in den nächsten Jahren soviel Zeit auf der Wasserkuppe, dass er bald den Namen Rhöngeist erhielt.

Als Augenzeuge war Lippisch anwesend, als Wenks Weltensegler abstürzte. Bis zu dem tragischen Absturz flog die Nurflügelkonstruktion stabil und Lippisch war beeindruckt. Er beschloss, dass Prinzip des Nurflüglers zu erforschen und zu verbessern. Während der nächsten beiden Jahre baute und erprobte er unermüdlich große Nurflügel- und Entenflügel-Modelle. Manche von ihnen hatten mehr als 4 m Spannweite. Lippisch verwendete ein einfaches Katapult, um sie zu starten. Es folgte der Entwurf eines schwanzlosen Gleitflugzeugs, das von seinem Freund Espenlaub gebaut wurde und den Namen Espenlaub E 2 erhielt. Es verfügte über 10 m Spannweite mit zurückgepfeilten Flügeln sowie kombinierten Rudern für Quer- und Höhensteuerung. Das Flügelprofil war symmetrisch, um das Nickmoment auf Null zu bringen. An den Flügelenden waren auf der Unterseite zunächst Endscheiben angebracht, aber nachdem die Leistungen unbefriedigend waren und häufig Beschädigungen auftraten, wurden diese Scheiben auf die Flügeloberseite verlegt.

Flügelfläche 18,7 m²
Streckung 8

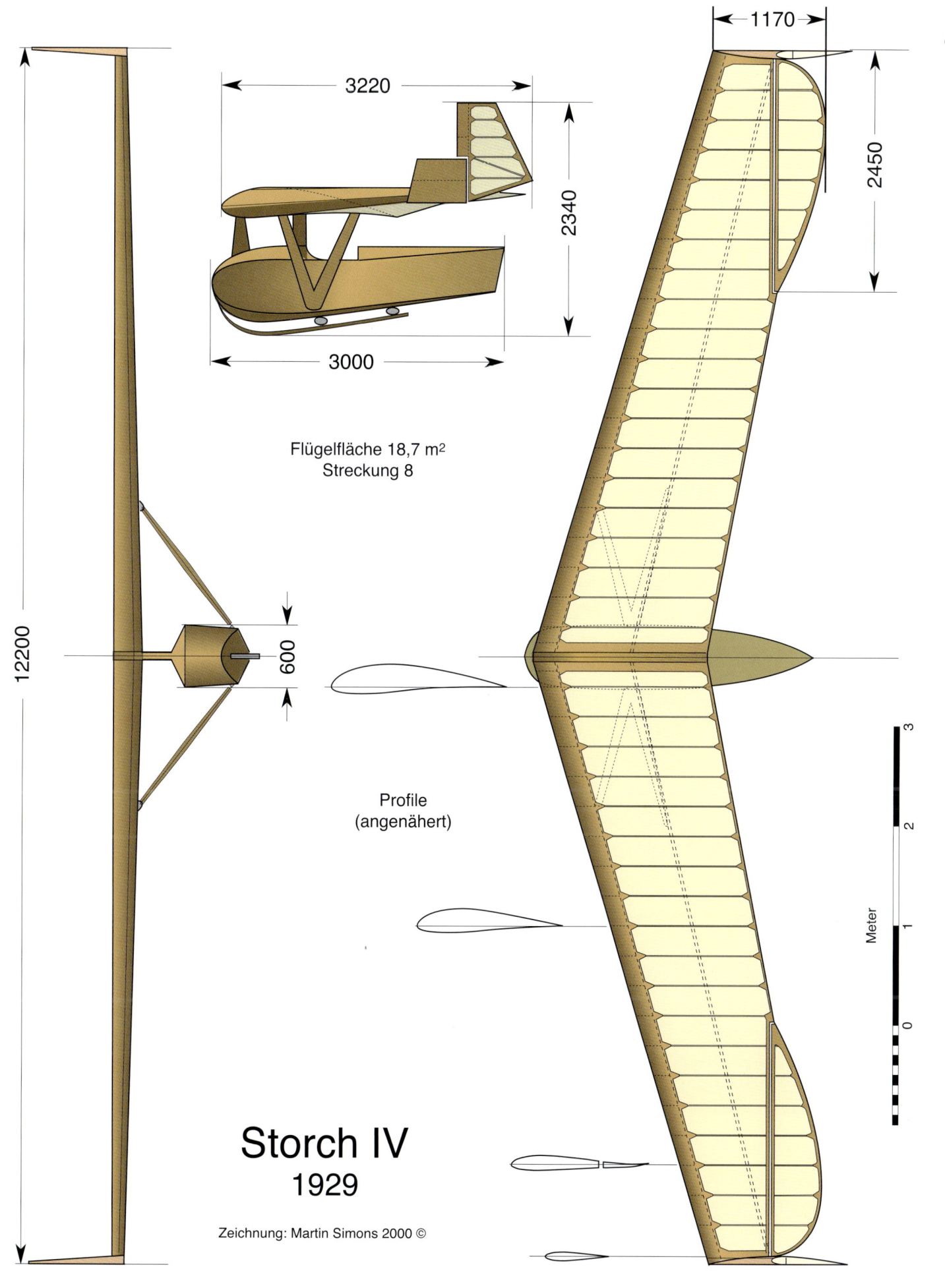

Profile
(angenähert)

Storch IV
1929

Zeichnung: Martin Simons 2000 ©

KAPITEL 4

Oben: Storch II mit Pilot Fritz Stamer

Rechts: Mit Motor ausgestattet flog der Storch V ausgezeichnet. Diese Tatsache ermutigte Lippisch, weiter an Nurflüglern und Delta-Flugzeugen zu arbeiten.

Unten: Der Storch IV war das erfolgreichste Muster der Storch-Serie von Lippisch. Geflogen wurde es von Groenhoff, hier rechts neben dem Cockpit.

Storch

Kurzzeitig war Lippisch bei den Weltensegler-Werken beschäftigt, wo er mit der Produktion des berühmten Djävlar Anamma befasst war, bis die Firma im Jahr 1924 den Betrieb einstellte. 1925 wurde er technischer Leiter der Rhön-Rossitten-Gesellschaft (RRG), wobei ihm die Weltensegler-Werkstätten und das Ursinus-Haus – an der Stelle der abgebrochenen Messerschmitt-Hütten neu errichtet – zur Verfügung standen. Die Arbeit für die RRG verhinderte zunächst weitere Forschungen, doch im Jahr 1927 konnte Lippisch mit dem Storch das erste Nurflügel-Modell vorstellen. Es war der Espenlaub 2 ähnlich, hatte allerdings 12,15 m Spannweite. Der Flügel war deutlich zurückgepfeilt, besaß leichte V-Form sowie Endscheiben bzw. Winglets, die zur Erhöhung der Richtungsstabilität in Relation zur Flugrichtung nach innen gedreht waren. So bewirkte z. B. ein Gieren des Flugzeugs nach links, dass die linke Flügelspitze einen geringeren Widerstand aufwies, während die rechte Seite einen größeren Anstellwinkel und dadurch mehr Widerstand produzierte. Die entstehenden Kräfte bewirkten ein Gegenmoment zur Drehbewegung. Das Flügelprofil änderte sich im Verlauf der Spannweite von einem normal gewölbten Profil in der Mitte zu einem umgekehrt gewölbten, geschränkten Bereich an der Flügelspitze. Der Pilot saß in einer Gondel, die an Stielen unter dem Flügel angebracht war.

Später erwies sich die V-Form als zu stark, die Flügelenden wurden geändert, und es entstand der Storch II, der sich als das bessere Flugzeug

Storch VIII Marabu
1932

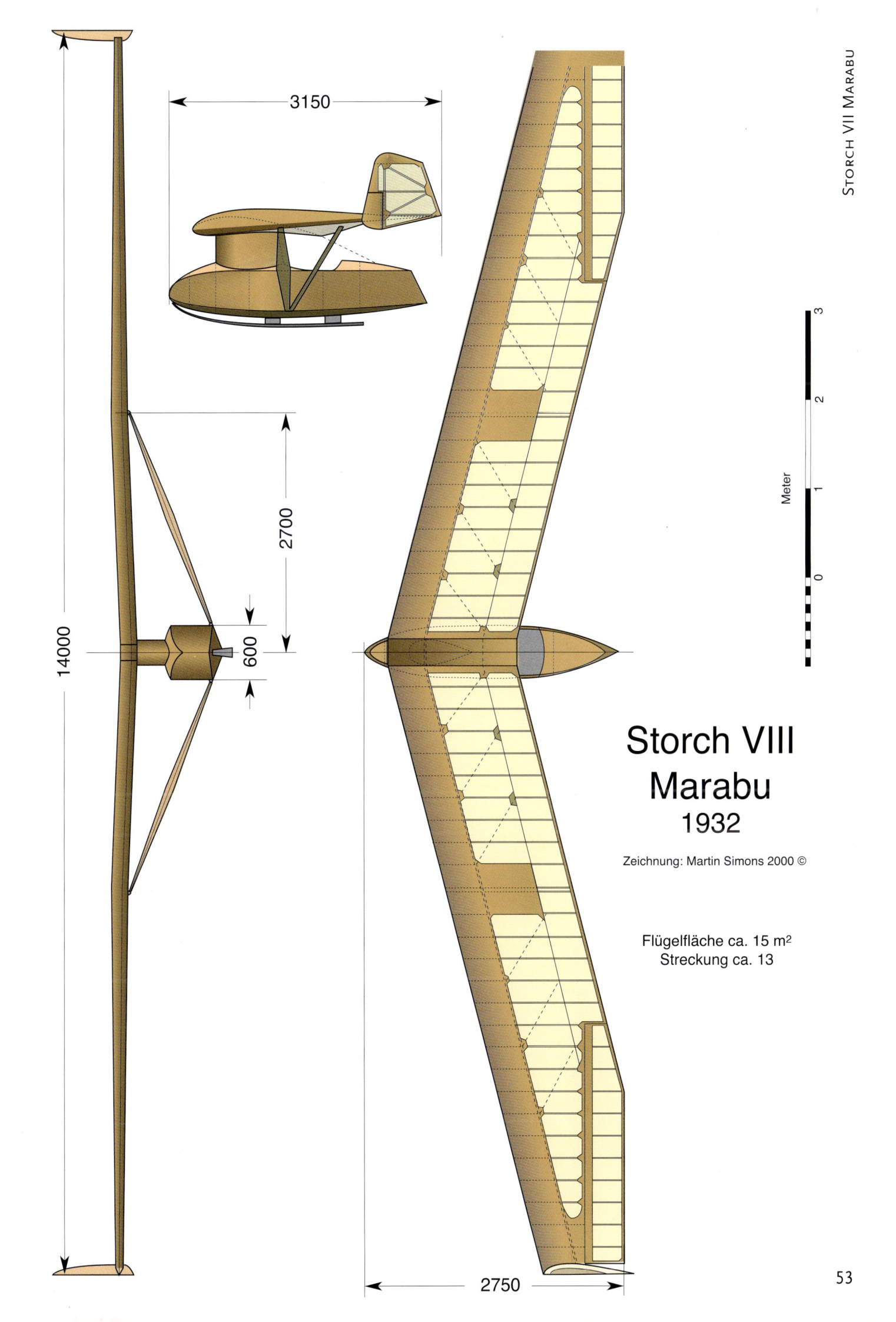

Zeichnung: Martin Simons 2000 ©

Flügelfläche ca. 15 m²
Streckung ca. 13

Kapitel 4

Oben und rechts: Lippisch entwickelte weitere Nurflügler. Die Delta I, hier von Günther Groenhoff 1930 auf der Rhön geflogen, nahm allerdings nicht am Wettbewerb teil. Später wurde das Flugzeug motorisiert und flog erstmals 1931. Schwierig zu starten und zu landen, stürzte es schließlich 1933 ab.

erwies. 1928 erhielt der Storch III einen sechseckigen, nach hinten flossenartigen erweiterten Kasten zur Aufnahme des Piloten. Beim Storch IV waren die Drehachsen der Querruder im rechten Winkel zur Flugrichtung angeordnet, was zu noch besseren Ergebnissen führte. Die Winglets wurden nach innen gewölbt, um eine Kraft zur Seite hin zu erzeugen. Diese Idee wurde Jahrzehnte später bei der NASA durch R. T. Whitcomb wieder aufgegriffen. Der Storch IV flog angenehm und ließ sich gut steuern. Lippisch stattete ihn mit einem kleinen Motor aus und so entstand der Storch V. Damit unternahm er einige erfolgreiche Motorflüge, bevor das Modell 1929 am Flugplatz Darmstadt bei einer Demonstration unter sehr turbulenten Bedingungen zu Bruch ging.

Der junge Pilot Ernst Philipp zeigte sich beeindruckt von den Flügen des Storch IV und beschloss, sein eigenes Nurflügel-Segelflugzeug zu bauen. Mit Unterstützung aus Lippischs Büro baute und flog er seinen Marabu oder Storch VIII. Obwohl das Flugzeug zufriedenstellend flog, erlaubte die technische Kommission Philipp nicht, es bei stärkerem Wind zu fliegen. Bis zum nächsten Jahr konstruierte er für sein Flugzeug einen abnehmbaren Schwanz. Dieser Anbau konnte leicht entfernt werden und so flog der Marabu in beiden Ausführungen. Vermutlich, weil sich der Schwerpunkt durch den Anbau nach hinten verlagerte, war der Storch VIII mit Leitwerk trudelfreudiger als ohne. Mit diesem Flugzeug erflog Philipp die „Silber-C". Der Flug endete in Baumwipfeln und Philipp musste an einem Seil, das ihm Arbeiter einer nahen Fabrik hinaufgeworfen hatten, herunterklettern. Das Flugzeug wurde von der Feuerwehr geborgen, blieb aber weitgehend unbeschädigt.

Delta

Lippisch baute noch weitere Nurflügel-Modelle. Seine Delta I wurde als Segelflugzeug von Günther Groenhoff während der Rhön 1930 probegeflogen, nahm jedoch nicht am Wettbewerb teil. Später wurde die Delta I auch mit einem Motor ausgestattet und flog ab 1931. Sie ließ sich fliegerisch schwer beherrschen und stürzte 1933 ab.

Delta 1
1930

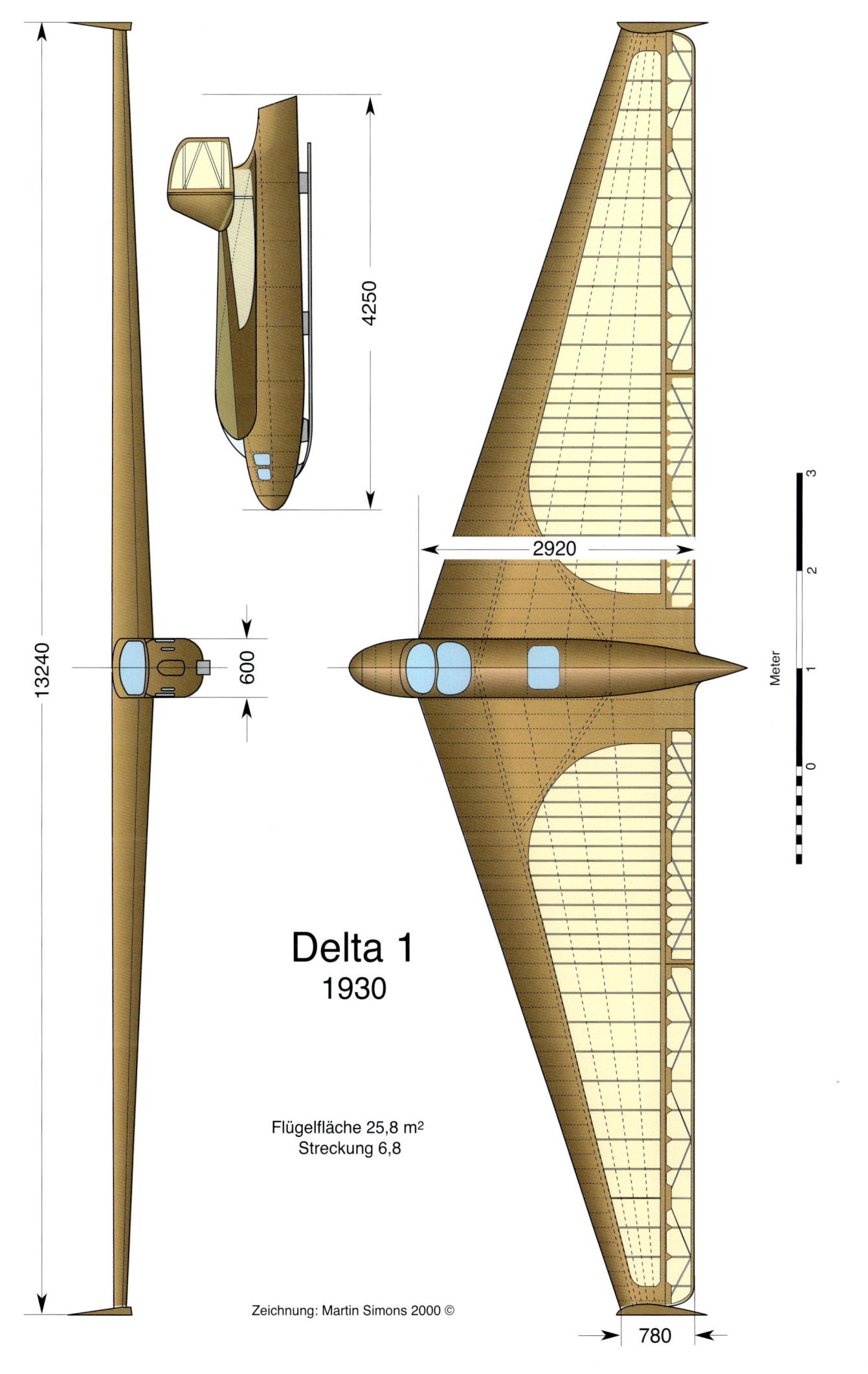

Flügelfläche 25,8 m²
Streckung 6,8

Zeichnung: Martin Simons 2000 ©

Kapitel 4

Oben: Nachbau eines Falken in der Werkstatt von Ken Fripp in Lasham, England

Rechts: Lippischs Falke, hier in der stabileren und langsameren Version für unerfahrene Piloten

Unten: Obwohl als einfaches Übungsflugzeug gedacht, war der Falke schwierig zu bauen. Er besaß gepfeilte Flügel, einen leicht gedrehten Hauptholm und auch der Rumpf wies kaum gerade Linien auf.

Falke

Der Prüfling, Lippischs Konstruktion aus dem Jahre 1926, erwies sich als wenig erfolgreich. Ein Zögling mit Boot brachte fast die gleichen Leistungen. Der Prüfling war nicht einfach zu handhaben und flog wenig stabil. Lippisch kam zu der Erkenntnis, dass man nun endlich ein extrem stabiles Segelflugzeug mit sicherem Flugverhalten, genügend großer Spannweite bei geringem Gewicht und dadurch geringer Sinkrate benötigte. Seiner Auffassung nach besaß der Storch IV den idealen Flügeltyp, wobei die Ergänzung durch ein konventionelles Leitwerk die ohnehin schon vorhandene Flugstabilität weiter erhöhte. Als Ergebnis erschien 1930 der Falke. Es erfolgte die Zulassung durch die RRG, und die Pläne wurden – wie damals üblich – für den Lizenzbau weitergegeben. Die Gesellschaft selbst hatte für lange Zeit etwa ein Dutzend Falken bei der Flugschule Wasserkuppe im Einsatz.

Auch Fred Slingsby aus England bekam Zeichnungen und baute neun Exemplare. Später vergrößerte er das Modell zum zweisitzigen Falcon III.

Schneider in Grunau und Schleicher bauten ebenfalls den Falken in Lizenz. Eine verbesserte Version, der Falke RVa mit größerer Spannweite und unterschiedlicher Anordnung der Baldachin-Streben, entstand 1931. Später baute man den Super Falken mit einer Spannweite von 16,88 m. Dieser Typ war damals jedoch schon nicht mehr zeitgemäß. Auch als Lippisch mit dem Bau konventioneller Segelflugzeuge befasst war, setzte er seine Forschung hinsichtlich der Nurflügel-Flugzeuge fort. Als 1934 die RRG aufgelöst wurde und die technische Abteilung, der er vorstand, nach Darmstadt umzog, verließ er mit seinem Team die Wasserkuppe. So entstand die Deutsche Forschungsanstalt für Segelflug (DFS).

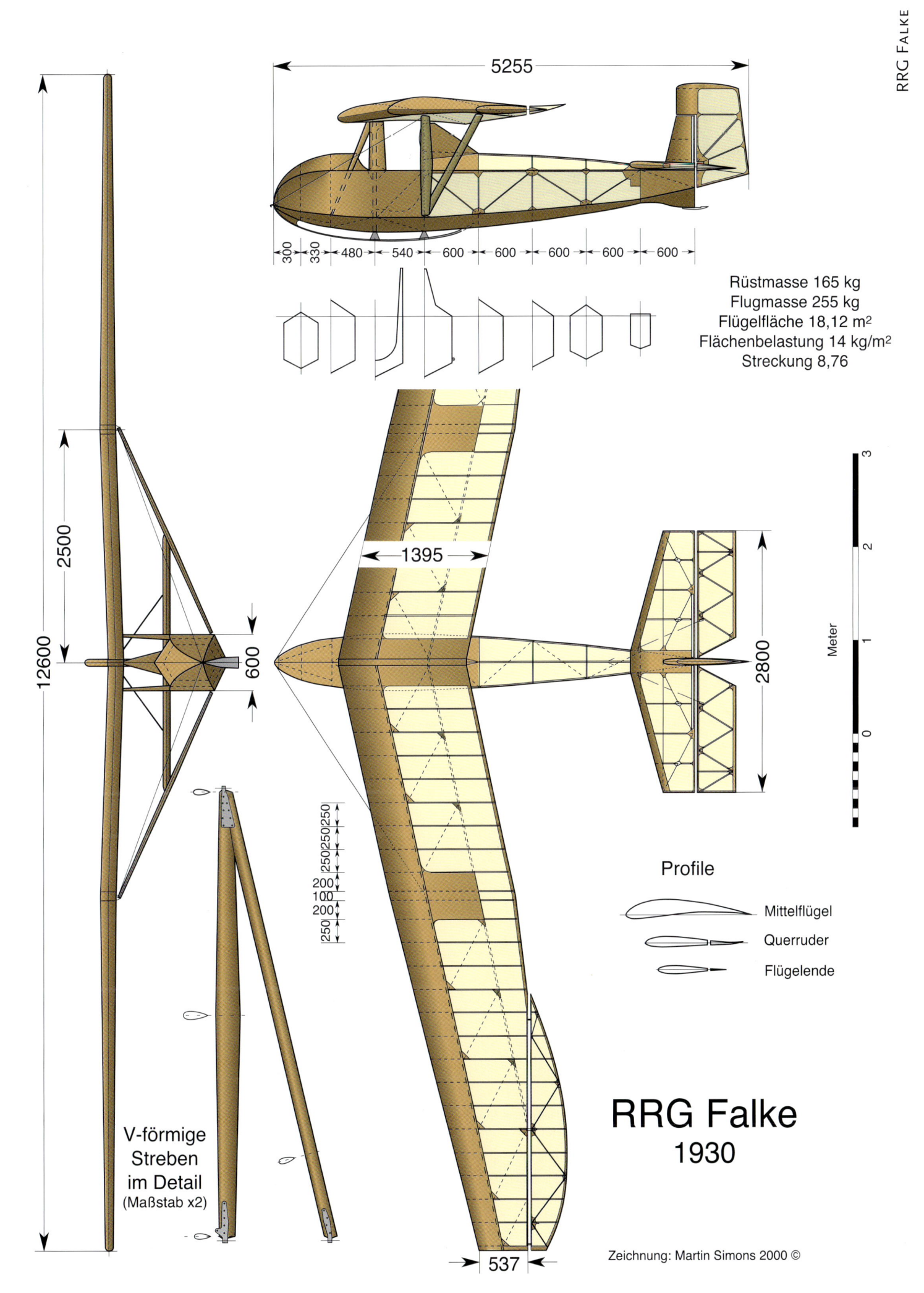

Rüstmasse 165 kg
Flugmasse 255 kg
Flügelfläche 18,12 m²
Flächenbelastung 14 kg/m²
Streckung 8,76

Profile

Mittelflügel
Querruder
Flügelende

V-förmige Streben im Detail
(Maßstab x2)

RRG Falke
1930

Zeichnung: Martin Simons 2000 ©

KAPITEL 5 Lippisch, Georgii und der thermische Segelflug

Die Entwicklungen des Jahres 1928 veränderten den Segelflugsport grundlegend und hatten ein großes öffentliches Interesse zur Folge. Im Gegensatz zur Meinung anerkannter Persönlichkeiten war es nun zweifellos erwiesen, dass die Konvektion zum Segelfliegen genutzt werden konnte. Organisationen und Segelflugvereine entstanden überall auf der Welt. Allmählich begann eine neue Art des Segelflugs. Viele hatten bis dahin geglaubt, dass längere Segelflüge abseits der Hänge nur durch dynamischen Segelflug möglich seien. Es ist erwiesen, dass zum Beispiel der Albatros dynamischen Segelflug betreibt, indem er Grenzschichten der Atmosphäre, meistens in Höhen unterhalb von 30 Metern, nutzt. Der Vogel gewinnt dadurch Energie, dass er aus der langsamer fließenden Luftmasse in Bodennähe rasch in die schnellere aufsteigt und anschließend wieder zurück gleitet. Mit Rückenwind fliegt der Vogel aus der schnelleren Luftmasse in die langsamere, nutzt dort den Fahrtüberschuss zum Hochziehen in die schnellere Zone, beschleunigt dort wieder und so fort. Heutige kleine und wendige funkferngesteuerte Segelflugmodelle fliegen häufig nach diesem Prinzip. An der Leeseite von scharfkantigen Graten, wo die Scherung zweier Luftmassen offensichtlich ist, lässt sich der dynamische Segelflug – allerdings nur bei sehr geringen Flughöhen – gut verwirklichen. Auch in größeren Höhen kann gelegentlich Energie durch Ausnutzung von Windscherungen gewonnen werden. Da es äußerst schwierig ist, sie ausfindig zu machen, lässt sich diese Art des Segelflugs nur schwer praktizieren.

Professor Georgii, der im Jahr 1926 das Meteorologische Institut der Universität Darmstadt und das RRG Forschungsinstitut leitete, hatte noch 1922 die Meinung vertreten, dass thermische Aufwinde für Segelflugzeuge zu schwach und nicht auszunutzen wären. Unter dieser Annahme hätte Segelflug immer nur an Hügeln, Küstenlinien und Sanddünen stattfinden können. Die gesamte Segelflugbewegung wäre Ende der 20er Jahre, als zudem leichte und praktische Motorflugzeuge auf

Peter Riedel flog den Prototypen des Professors – nach Lippisch „Rhöngeist" genannt – bei seinem ersten Überlandflug von Darmstadt nach Frankfurt im Jahr 1932.

den Markt kamen, vermutlich zerfallen. Doch schon vor 1928 hatte es eindeutige Beweise für starke thermische Aufwinde gegeben. Jeder scharfsinnige Beobachter, Ornithologe, Meteorologe, Pilot oder Konstrukteur konnte beobachten, wie Vögel gleiten, kreisen und steigen. Doch nur wenige Wissenschaftler schlossen daraus, dass sie dazu thermische Strömungen nutzten. Kumuluswolken waren gute Anzeichen für die Vorgänge in der Atmosphäre. Solche Berichte wurden von denen, die es hätte interessieren können, entweder nicht gefunden oder aber ignoriert. Wie viele andere hielt auch Georgii zunächst an der Meinung fest, dass über dem flachen Land der dynamische Segelflug die einzige Möglichkeit darstellt.

Beim Rhön-Wettbewerb 1926 hielt sich Nehring mit einem der frühen Darmstädter Segelflugzeuge, der D-12 Roemryke Berge, über eine Stunde in der Luft, nachdem der Wind komplett nachgelassen hatte. Ganz sicher trug ihn nicht der Hangaufwind, obwohl er wie in einem solchen Aufwind Schleifen entlang des Hangs flog. Wäre er damals ein paar Kreise geflogen, so hätten er und alle anderen Anwesenden vermutlich eine erstaunliche Entdeckung gemacht. Ein paar Tage später startete Max Kegel, erfahrener Motorpilot, mit seinem Segelflugzeug, das er in Anlehnung an die Darmstadt Westpreussen gebaut hatte. In ei-

Oben: Die beiden in den USA in Lizenz gebauten Flugzeuge vom Typ Professor hießen dort „Haller Hawk". Beide waren lange Jahre im Einsatz. Im Cockpit Martin Schempp, der damals in Amerika lebte.

Rechts: Im Verlauf der Ausbildung folgte der Professor als Leistungssegler dem Prüfling. Geschickte Piloten unternahmen hiermit auch ausgedehntere Flüge.

nem starken Aufwind geriet er plötzlich in Regen- und Hagelschauer und wurde dann in die Gewitterwolke hineingezogen, kaum in der Lage, das Flugzeug zu steuern. Glücklicherweise schleuderte ihn das Gewitter mit seinem unbeschädigten Flugzeug in einer Höhe zwischen 1500 und 1800 Metern aus der Wolke heraus. Als er schließlich nach einer Strecke von 55 Kilometern landete, hatte er unabsichtlich und spektakulär einen neuen Weltrekord erflogen. Als „Gewitter Max" ging er in die Segelfluggeschichte ein. Nachahmer dieser Art des Segelflugs gab es verständlicherweise nicht.

Erst ab Frühjahr 1928 begann Georgii am Flugplatz Darmstadt-Griesheim, die Konvektion systematisch zu erforschen. In einem leichten Motorflugzeug, ausgestattet mit Aufzeichnungsinstrumenten, flog Johannes Nehring unterhalb von vielversprechenden Kumuluswolken. Bei gedrosseltem oder stillgelegtem Triebwerk konnten er so Aufwinde von 4 bis 5 m/s ausfindig machen. Von den gesammelten Erfahrungen eines Besseren belehrt, revidierte Georgii seine Meinung und verkündete, dass Segelflug unter Ausnutzung der Konvektion möglich sein müsste. Einen weiteren wesentlichen Entwicklungsschritt stellte die Einführung des Variometers im Segelflugcockpit dar. Hiermit konnten Steig- und Sinkraten sehr genau angezeigt werden. Bereits im 19. Jahrhundert hatten Ballonfahrer solche Instrumente eingesetzt. Auch Lippisch kannte das Variometer von seiner früheren Arbeit an Zeppelinen bei Dornier, doch bis dahin war niemand auf die Idee gekommen, wie sinnvoll ein solches Gerät im Segelflug sein könnte. Beim Hangflug ließen sich Höhengewinne oder -verluste recht einfach durch Beobachtung des Bodens abschätzen. Ab einer gewissen Höhe, insbesondere über Flachland, waren Änderungen in der Höhe mit dem Auge nicht mehr wahrzunehmen. Einmal vom Hang abgeflogen, erwies es sich für den Piloten als schwierig, zu beurteilen, ob er gerade durch einen Aufwind flog oder ob es sich hierbei lediglich um zufällige Turbulenzen handelte. Höhenmesser reagierten zu träge, um rasche Änderungen anzuzeigen. Um Steiggeschwindigkeiten unter Wolken, oder – wie es Kegel ergangen war – in Wolken zu erkennen, waren geeignete Instrumente notwendig, insbesondere dann, wenn man sich in größeren Höhen befand.

Zwecks Erforschung der Theorie und Erprobung entsprechender Instrumente wurde ein Pilot gesucht. „Bubi" Nehring wäre hierfür der geeignete Mann gewesen. Doch er schien nur ungern den ihm angestammten Hangsegelflug aufgeben zu wollen. Darüber hinaus fühlte er sich wohl eher der Akaflieg Darmstadt als der RRG gegenüber verpflichtet und trat schließlich eine dauerhafte Stellung als Wetterflieger in Berlin an. Statt dessen übernahm diese Aufgabe Robert Kronfeld, ein aus Österreich stammender, talentierter Flugschüler von der Wasserkuppe. Im Mai 1928 begann er mit den Testflügen für Georgii.

Professor

In der Zwischenzeit hatte Alexander Lippisch für die RRG ein weiteres Flugzeug entworfen, den Professor. Er war als Nachfolgemuster für Piloten des Übungsflugzeugs Falke konzipiert und sollte für Leistungsflüge geeignet sein. Dabei sollte er aber günstiger zu bauen sein als die bis da-

Profil Göttingen 549

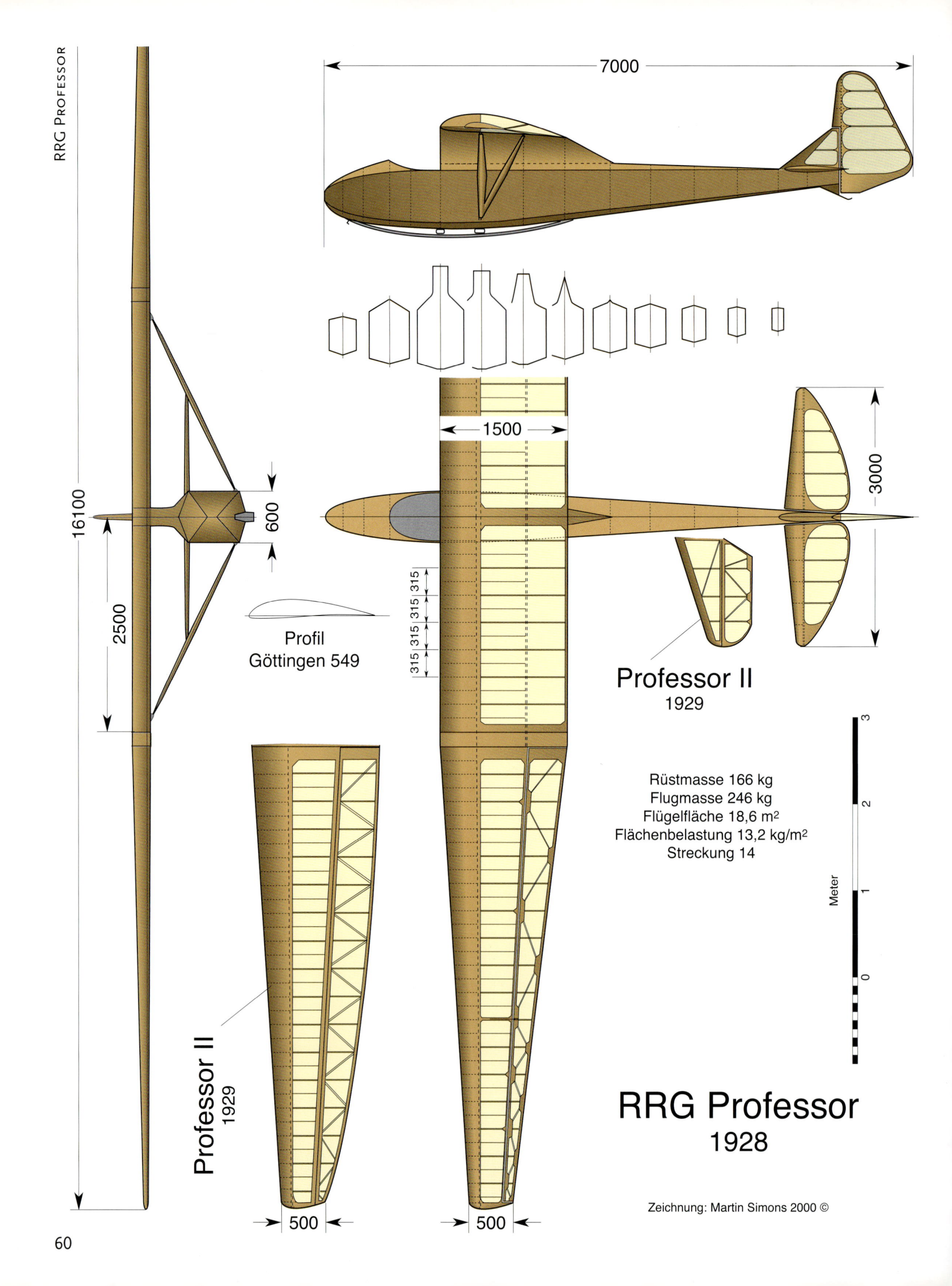

Professor II
1929

Rüstmasse 166 kg
Flugmasse 246 kg
Flügelfläche 18,6 m²
Flächenbelastung 13,2 kg/m²
Streckung 14

RRG Professor
1928

Zeichnung: Martin Simons 2000 ©

In deutschen Segelflugvereinen war der Professor weit verbreitet. Das Foto zeigt den Original-Rhöngeist, allerdings mit den Querrudern des Professor 2. Das Leitwerk blieb unverändert.

hin tonangebenden Muster aus Darmstadt. Bei der RRG hoffte man auf eine Produktion in großen Stückzahlen, nachdem alle vorherigen Hochleistungsflugzeuge vorwiegend Einzelstücke gewesen waren. Pläne für den Lizenzbau des Professor sollten Vereinen und anderen Interessenten zur Verfügung gestellt werden. Der dreiteilige, im Mittelteil rechteckige Flügel mit spitz zulaufenden Außenflügeln, war auf einem hohen Pylon montiert und zum Rumpf hin abgestrebt. Die Einholmkonstruktion verfügte über eine sperrholzbeplankte Torsionsnase und leichte, stoffbespannte Rippen am Flügelhinterteil. Das Flügelprofil, Göttingen 549, war relativ neu und weniger stark gewölbt als das bekannte Gö 535. Der Prototyp des Professor flog erstmals Mitte Mai 1928 und wurde nach Lippisch auf den Namen Rhöngeist getauft. Natürlich waren Georgii und Lippisch bestrebt, mit diesem Mittelklasseflugzeug im Wettbewerb Erfolge zu erringen. Den Einbau eines Variometers hielt man vor den anderen Piloten geheim und alle Beteiligten waren zu strenger Verschwiegenheit verpflichtet. Nach der Thermosflasche in seinem Cockpit befragt, gab Kronfeld vor, sie enthalte Kaffee. Tatsächlich war sie als Ausgleichsgefäß mit dem Durchflussmesser seines Variometers verbunden. Wenn im Steigflug der Luftdruck außerhalb des Flugzeugs fiel, strömte Luft aus dieser Flasche durch das Instrument, um so die Steigwerte anzuzeigen. Im Sinkflug kehrte sich dieser Prozess um: Luft strömte von außen durch das Instrument in die Flasche und das Variometer zeigte Fallen an. Es sollte noch ganze zwei Jahre dauern, bis das Wissen über dieses Instrument außerhalb des eingeweihten Kreises rund um Georgii, Lippisch und deren Piloten bekannt wurde.

Am 6. August 1928 stieß der Rhöngeist zu anderen im Wettbewerb befindlichen Flugzeugen über dem Hang. Als das Variometer Steigen unter einer Wolke anzeigte, begann Kronfeld zu kreisen. Der Professor stieg, ließ die anderen Piloten weit unter sich und wurde mit dem Wind versetzt. In großer Höhe verließ Kronfeld den Wolkenaufwind und steuerte Richtung des Himmeldunkbergs, den er sich als Tagesziel gesetzt hatte. Dort angekommen, hielt er sich einige Zeit im Hangflug, bis er unter einer weiteren Wolke so viel Höhe gewinnen konnte, dass ihm der Rückflug zur Wasserkuppe gelang. Bei Gegenwind fand er immer wieder Aufwinde unter Wolken vor und erreichte so die Wasserkuppe mit mehreren hundert Metern Höhenreserve. Sofort erkannte man die enorme Bedeutung dieses Fluges. In den folgenden Tagen flogen auch einige andere Piloten, obwohl sie kein Variometer besaßen, Kreise unter Wolken und gewannen so an Höhe. Edgar Dittmar stellte den offiziellen Höhenweltrekord mit seinem Flug auf 775 m ein und glitt dann 33,5 Kilometer weit zu seinem Ziel Bad Kissingen. Auch Wolf Hirth nutzte die thermischen Aufwinde, um über Land zu fliegen. Am Ende des Wettbewerbs waren sich alle Piloten darüber im Klaren, dass hiermit eine neue bahnbrechende Entwicklung im Segelflug begonnen hatte, aber nur wenige verstanden deren genaue Hintergründe.

Nach Kronfeld war Wolf Hirth der erste Pilot, der die Möglichkeiten des Variometers erprobte. Er stattete sein Musterle mit diesem Instrument aus und flog damit bei den amerikanischen Wettbewerben. Es ist bemerkenswert, dass niemand fragte, was diese ungewöhnliche Anzeige, verbunden mit Flasche und Schläuchen, bedeutete. Und in der Tat wurden Variometer außerhalb Deutschlands während der nächsten zwei oder drei Jahre praktisch nicht eingesetzt.

Viele Segelflugvereine und auch einige Hersteller erwarben Baupläne des Professors. Der Segelflugzeugbau Kassel, inzwischen im Besitz von Gerhard Fieseler, bot das Flugzeug schließlich zum Kauf an. Ein Exemplar ging nach England an Philip Wills, der damit erste Überlandflüge unternahm. In den Vereinigten Staaten fertigte Gus Haller zwei Exemplare, die er als Haller Hawk vertrieb. Weitere Nachbauten wurden in verschiedenen anderen Ländern mit zum Teil geringfügigen Änderungen hergestellt. Wie viele dieser Flugzeuge insgesamt entstanden, ist allerdings nicht dokumentiert. Der Professor war zwar unter Kronfeld erfolgreich, für unerfahrene Piloten war er allerdings nicht einfach zu handhaben. So verhielt er sich beim Ausleiten aus Kurven sehr träge. Zudem führte der stark verjüngte Flügel zu Strömungsabrissen am Außenflügel, was einige Trudelunfälle zur Folge hatte. Probleme dieser Art kannte man nicht nur bei diesem, sondern auch bei vielen anderen Se-

Kapitel 5

gelflugzeugen jener Zeit. Lippisch überarbeitete daher die Querruder und vergrößerte die Flügeltiefe Das Pendelruder wurde durch ein Höhenruder mit Flosse ersetzt, was leichte Modifikationen des Rumpfes mit sich brachte. Der Professor 2 erschien im Jahr 1929.

Wien

Nach zahlreichen Testflügen mit dem Professor zeigte sich Kronfeld nicht vollends zufrieden mit dessen Leistungen und beauftragte Lippisch mit dem Entwurf eines neuen Segelflugzeuges. Es sollte in der Lage sein, zu den Leistungen der besten Akaflieg-Muster aufzuschließen. Fieseler baute das von Lippisch konzipierte Flugzeug, das nach Kronfelds Heimatstadt den Namen ‚Wien' erhielt. Es besaß deutlich bessere Leistungen und angenehmere Flugeigenschaften als der Professor. Die wesentlichen Konstruktionsprinzipien waren jedoch gleich: Hochdecker mit sich stark verjüngenden Flügelenden, dem Profil Göttingen 549 mit leicht stärkerer Wölbung und einem Pendel-Höhenruder.

Damals war es bereits gesicherte Grundlage, dass ein gutes Gleitverhältnis und eine geringe Sinkgeschwindigkeit nur durch hohe Streckung bei gleichzeitig großer Spannweite und großer Flügelfläche zu erreichen waren. Als Grundlage gilt, dass ein Flugzeugflügel Auftrieb durch Ablenkung einer Luftmasse liefert. Für eine gegebene Masse und Geschwindigkeit kann entweder eine kleinere Luftmenge stärker abgelenkt werden oder eine größere weniger stark. Letzeres erweist sich als erheblich effizienter. Je größer die Spannweite, desto größer ist die Luft-

Das erfolgreichste Segelflugzeug seiner Zeit, die Wien, von Robert Kronfeld brillant vorgeflogen.

menge, die pro Zeiteinheit in den Einfluss des Flügels gerät. Die Spannweite der Wien war größer als 19 Meter und übertraf damit die Darmstadt 2. Der Rumpf war sorgfältig stromliniengeformt. Aus dem Cockpit vor dem Pylon ragte nur der Kopf des Piloten heraus. Die Instrumente einschließlich Variometer hatte man – wie inzwischen üblich – vor dem Cockpit auf der Rumpfoberseite angebracht.

Mit diesem schönen und eindrucksvollen Flugzeug flog Kronfeld von Erfolg zu Erfolg. Er unternahm den ersten 100 Kilometer-Flug entlang des Teutoburger Waldes und nutzte dabei Thermik, wann immer es möglich war. Für ihn wurde der thermische Segelflug zur Standardmethode. Mit der Wien verbesserte er wiederholt den Streckenrekord bis hin zu 164 Kilometern im Jahr 1930. Den Höhenrekord setzte er auf

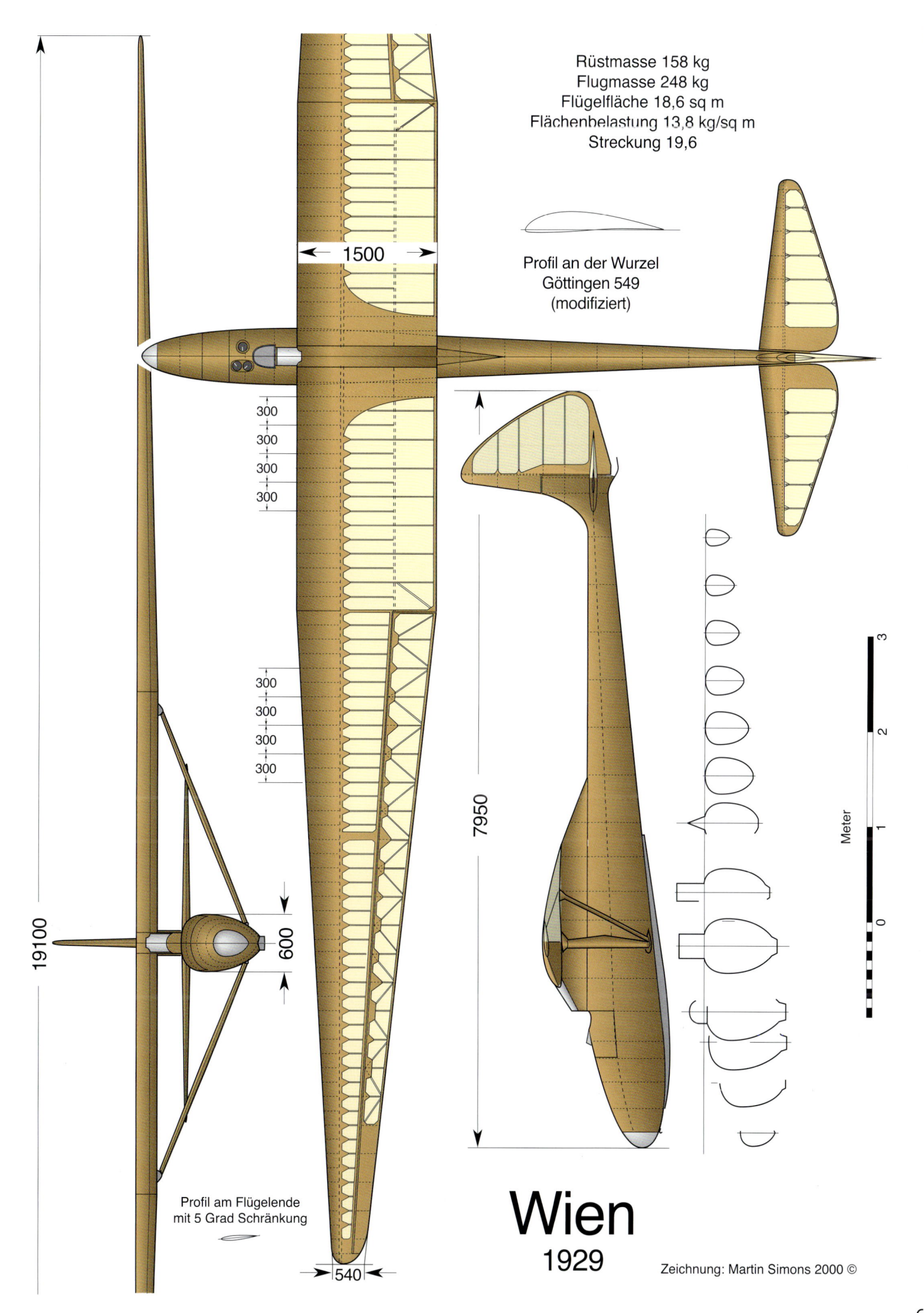

Rüstmasse 158 kg
Flugmasse 248 kg
Flügelfläche 18,6 sq m
Flächenbelastung 13,8 kg/sq m
Streckung 19,6

Profil an der Wurzel
Göttingen 549
(modifiziert)

Profil am Flügelende
mit 5 Grad Schränkung

Wien
1929

Zeichnung: Martin Simons 2000 ©

Kapitel 5

Oben: Gummiseilstart der Wien auf der Wasserkuppe
Unten: Montage der Wien zu einem Demonstrationsflug in Yorkshire

Links: Instrumente der Wien, an der Rumpfoberseite montiert. Nachbau von Klaus Heyn

Rechts: Groenhoff mit Fafnir

zunächst 2025 m und im Juli 1929 schließlich auf 2560 m. Manchmal flog Kronfeld ohne irgendwelche Blindfluginstrumente in große Wolken ein, und verließ diese erst wieder an der Oberseite. Auf Einladung der neu gegründeten British Gliding Association reiste er durch England und führte die Wien an verschiedenen Orten vor. Einer seiner Flüge führte ihn von Hanworth bei Richmond nach Chatham an der Themsemündung und somit direkt über die City von London. Am nächsten Tag kehrte er auf einer vorher festgelegten südlicheren Route über Croydon zurück. Dieser Flug hätte zweifelsohne einen Weltrekord bedeutet, wenn die Kategorie Zielflug bereits eingeführt und die damals seltene Startmethode Flugzeugschlepp bereits anerkannt gewesen wäre.

Mit einem Flug über den Kanal und zurück gewann Kronfeld den Preis der „Daily Mail", obwohl die Überquerungen nach hohen Flugzeugschlepps im Gleitflug stattfanden. Für Walter Georgii war Kronfelds Flug über 164 Kilometer im August 1931 der aufschlussreichste. Er schrieb später: „... gibt uns dieser Flug zum ersten Male eine wichtige wissenschaftliche Erkenntnis über die Häufigkeit der thermischen Aufwinde in der Atmosphäre. Der Flug beweist, dass man das Auffinden der thermischen Aufwinde beim Segelflug tatsächlich dem Zufall überlassen kann, da sie bei günstiger Wettersituation und für ein genügend hoch fliegendes Segelflugzeug anscheinend so zahlreich sind, dass ein kürzerer Gleitflug wieder zu einem wirksamen Aufwindfeld führt." Von nun an bedeutete Segelflugsport Überlandflug im thermischen Segelflug.

Die Nachrichten von diesen großartigen Flügen in Deutschland verbreiteten sich schnell. In der Folge entwickelte sich auch der Segelflug im Ausland rasant. Verständlicherweise orientierten sich viele Konstrukteure an der Wien, mit der Kronfeld so erfolgreiche Flüge und Vorführungen unternommen hatte.

Fafnir

Nach dieser in einen Drachen verwandelten nordischen Sagengestalt benannte Lippisch die Konstruktion seines neuen Hochleistungssegelflugzeugs Fafnir im Jahr 1929. Die RRG beschäftigte inzwischen einen neuen Testpiloten: Günther Groenhoff. Er hatte das Fliegen bei Ferdinand Schulz an den Dünen bei Rossitten erlernt. Aufgrund seiner hervorragenden Fähigkeiten wurde er im Juli 1929 Fluglehrer an der RRG-Flugschule auf der Wasserkuppe. Man vertraute ihm das Geheimnis des Variometers an, das er sogar gegenüber Peter Riedel geheim hielt. Riedel

war seit 1925 Motorflugpilot und hatte – seit seinen ersten Versuchen zwischen 1920 bis 1922 – nicht viel Segelflug betrieben.

Der Rumpfquerschnitt des Fafnir war so gering wie möglich gehalten und genau auf Groenhoffs zierliche Statur zugeschnitten. Eine hölzerne Cockpitverkleidung mit lediglich zwei kleinen Sichtöffnungen umschloss seinen Kopf. Selbst ein kleines Fenster wie bei Hirths Musterle fehlte.

Der Flügel war nicht verstrebt, um Widerstand zu vermeiden. Der stabile, freitragende Holm führte zu einer großen Flügeldicke im Wurzelbereich. Die Spannweite des nur leicht geknickten Flügels betrug 19 Meter und die Flügelspitzen verjüngten sich zum Ende hin stark. Für einen Knickflügel sprachen neben dem Vorbild der Vögel die guten Erfahrungen mit Wenks Nurflügler, Lippischs Falke oder dem Storch VIII Marabu. Eine V-Form des Flügels hatte sich zwischenzeitlich als vorteilhaft im Kurvenflug erwiesen. Der Fafnir besaß keinen Pylon zur Aufnahme des Tragflügels. Die Ausrichtung des Innenflügels nach oben gab den Flügelspitzen entsprechende Bodenfreiheit. Der Bau eines Knickflügels bedeutete zwar einen erheblichen Mehraufwand, da der Holm im Bogen verleimt werden musste, aber die zusätzlichen Mühen lohnten sich: Nicht umsonst war der Fafnir über Jahre das formschönste Segelflugzeug und Vorbild für viele andere Knickflügler, obwohl ein Beweis für

Kapitel 5

Das eleganteste Segelflugzeug seiner Zeit, der Fafnir, von Groenhoff auf der Wasserkuppe geflogen.

den Vorteil dieser Flügelform nie erbracht worden war. Die Wurzelrippe und der stromlinienförmige Rumpf waren knapp über dem Kopf des Piloten sorgfältig miteinander verbunden. Unzählige schmale Sperrholzstreifen bildeten den aufwendigen Übergang zwischen Flügel und Rumpf. Als Profil wählte man für den Innenflügel ein dickes und stark gewölbtes Göttingen 652, das in Prandtls Windkanal-Versuchen seine Eignung für geringe Sinkgeschwindigkeit bei niedrigen Geschwindigkeiten erwiesen hatte. Im Bereich des Knicks ging das Profil dann in ein Gö 535 über. Am Flügelende kam schließlich das gutmütige amerikanische Clark Y zum Einsatz, das zudem eine Schränkung aufwies. Die Querruder waren rechteckig, um eine größere Wirkung zu erzielen. Der Abstand zwischen den Rippen war geringer als bis dahin üblich. Das Pendel-Höhenruder war etwa mittig am Ende des schmalen Rumpfes angebracht. Das Seitenruder lag noch darunter, beim stehenden Flugzeug fast am Boden.

Das Gewicht des Fafnirs war höher als ursprünglich erwartet, was aber nicht als allzu großer Nachteil empfunden wurde. Am Eröffnungstag des Rhön-Wettbewerbs 1930 fand der erste Testflug statt. Groenhoff war zunächst enttäuscht. Die Leistungen entsprachen nicht seinen Erwartungen. Er konnte hören, dass die Strömung am Mittelflügel gleich hinter seinem Kopf turbulent zu verlaufen schien. Mit eilig aufgeklebten Balsablöcken vereinfachte man die Verkleidung. Das Ergebnis war zufriedenstellend und die Leistungen nun sehr gut.

Im Anschluss an diesen Wettbewerb gelang Groenhoff nach einem Flugzeugschlepp mit 278 zurückgelegten Kilometern von München aus der erste Flug über eine Distanz von mehr als 200 Kilometern. Da der Flugzeugschlepp als Startart für Rekordflüge immer noch nicht anerkannt war, unternahm er nach einem Gummiseilstart einen Flug und stellte mit erreichten 220 Kilometern einen neuen Rekord auf. Während einer Expedition in die Schweizer Alpen im Jahr 1931 stellte sich ein Konstruktionsfehler heraus, der Groenhoff fast das Leben gekostet hätte. Der Gummiseilstart vom verschneiten Jungfraujoch gestaltete sich schwierig. Die Startmannschaft hatte Mühe, das Seil im Schnee auszuziehen, zudem benötigte der Fafnir aufgrund der großen Höhe und geringeren Luftdichte eine höhere Geschwindigkeit zum Abheben. Das Flugzeug rutschte vorwärts, ohne jedoch ausreichende Fahrt zum Start erreicht zu haben. Die rechte Höhenruderhälfte berührte einen Schneehügel und brach ab. Der Fafnir rutschte weiter den Hang hinunter, und kippte schließlich über einen steilen Abhang abwärts. Glücklicherweise lag nun genügend Geschwindigkeit an. Nur mit dem halben Höhenruder gelang es Groenhoff, das Flugzeug abzufangen und landete ohne weiteren Schaden im Tal. Schnell wurde ein neues Höhenruder in den RRG-Werkstätten hergestellt und zum Jungfraujoch geschickt. Nach zwei weiteren Flügen trat ein neuer Schaden auf, nun am Seitenruder. Das sehr tief liegende Ruder erwies sich als zu empfindlich. Vor dem nächsten Flug mussten Beschläge und Leitwerk repariert werden.

Fafnir
1930

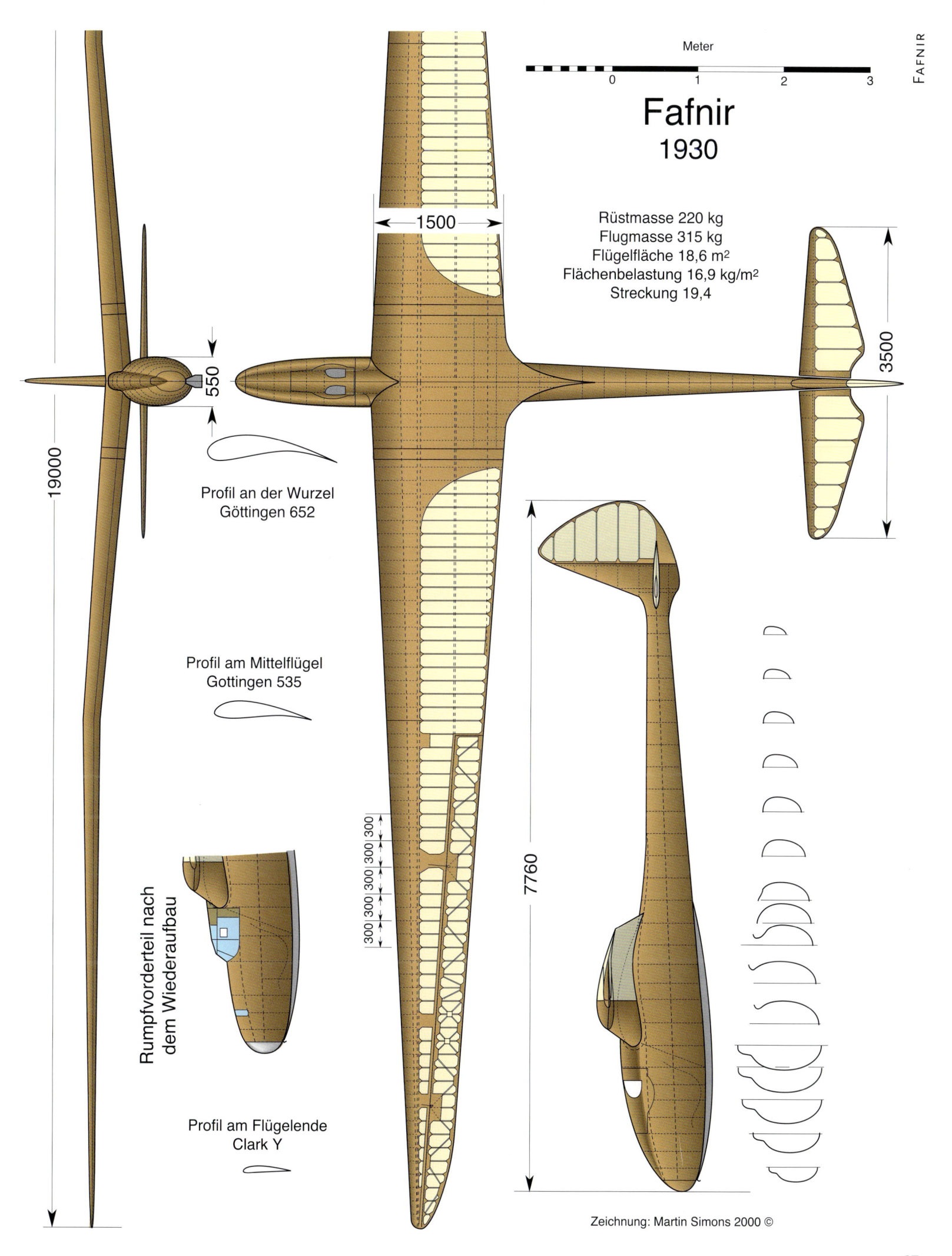

Rüstmasse 220 kg
Flugmasse 315 kg
Flügelfläche 18,6 m²
Flächenbelastung 16,9 kg/m²
Streckung 19,4

Profil an der Wurzel
Göttingen 652

Profil am Mittelflügel
Gottingen 535

Profil am Flügelende
Clark Y

Rumpfvorderteil nach dem Wiederaufbau

Zeichnung: Martin Simons 2000 ©

KAPITEL 5

Oben: Um Widerstand zu vermeiden war der Pilotensitz voll verkleidet, nur Bullaugen gewährten den Blick nach draußen. Im Hintergrund mit schwarzer Jacke und Krawatte Peter Riedel

Links: Startklar in El Palomar, Peter Riedel im Fafnir. Dahinter das Moazagotl

Nach diesen Missgeschicken kam 1931 für den Fafnir der Durchbruch. Am Ende des Rhön-Wettbewerbs waren die Ränge vertauscht. Groenhoff siegte, gefolgt von Hirth und Kronfeld. Groenhoff wurde zum Helden stilisiert. Dazu trugen auch seine spektakulären Flüge mit Lippischs motorisierten Nurflüglern bei. Im März 1932 nahm Groenhoffs Karriere eine tragische Wende. Bei einem – wohl durch Leichtsinn verursachten – Autounfall in Groenhoffs Cabrio starb Peter Riedels Schwester Beate. Im Anschluss litt Groenhoff unter schweren Depressionen und unternahm einen Selbstmordversuch. Am Rhön-Wettbewerb im Juli des selben Jahres nahm er erneut mit dem Fafnir teil. Wieder einmal wurde beim Gummiseilstart das Leitwerk beschädigt. Während das Flugzeug abhob, streifte das Seitenruder einen Felsbrocken, das Ruder brach komplett und blockierte so das Höhenruder. Groenhoff konnte zwar noch mit dem Fallschirm aussteigen, die Höhe reichte jedoch nicht zur Entfaltung. Er stürzte in einen Wald und wurde getötet.

Der Fafnir, schwer beschädigt, wurde wieder aufgebaut und mit einem größeren Cockpit sowie einer durchsichtigen Haube versehen. Von nun an flog Peter Riedel das Flugzeug und nutzte dabei auch das Variometer. Von Darmstadt aus gelang Riedel ein Flug über 228 Kilometer nach Frankreich. In einer Aufsehen erregenden Vorführung flog er 1933 den Fafnir mehrfach nach Flugzeugschlepps über Berlin. Im folgenden Jahr nahm Riedel mit ihm an der von Georgii geleiteten

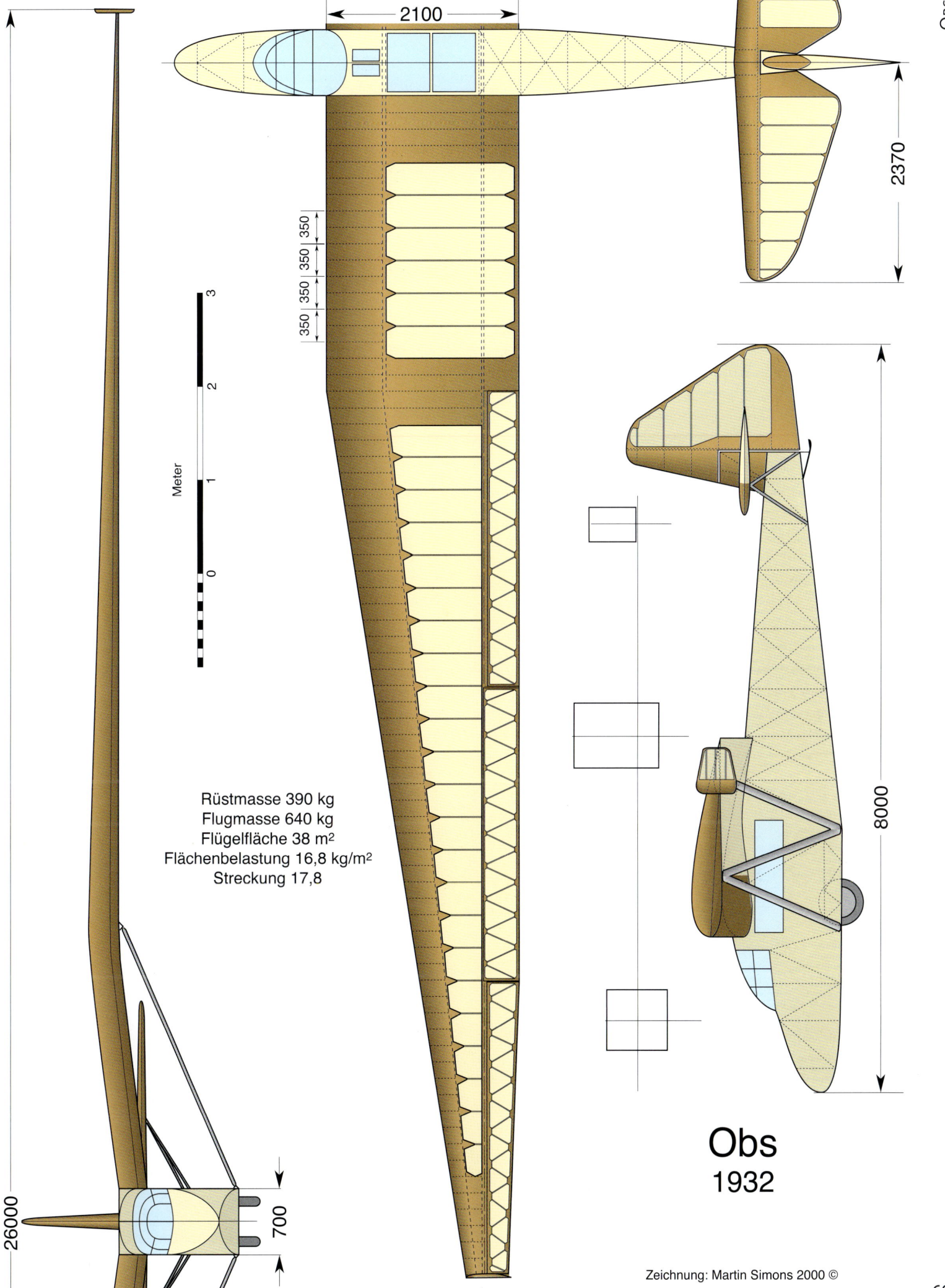

Rüstmasse 390 kg
Flugmasse 640 kg
Flügelfläche 38 m²
Flächenbelastung 16,8 kg/m²
Streckung 17,8

Obs
1932

Zeichnung: Martin Simons 2000 ©

Expedition nach Südamerika teil. Dort gelangen Riedel einige weite Streckenflüge sowie ein Flug über Buenos Aires von 7 Stunden Dauer. Danach verblieb der Fafnir in Darmstadt. 1938 kam der Fafnir dann in das Berliner Luftfahrtmuseum, wurde aber später bei Bombenangriffen zerstört.

Obs

Dieses Flugzeug, mit vollem Namen Urubu Obs, benannt nach einer argentinischen Geierart, wurde von Lippisch im Auftrag von Professor Georgii als Forschungsflugzeug entworfen. Der Raum hinter dem Piloten bot genügend Platz, um zwei Passagiere aufzunehmen. Üblicherweise saß dort jedoch nur ein wissenschaftlicher Beobachter mit einer Vielzahl von Instrumenten. Der abgestrebte Flügel mit leichter Pfeilform am Außenflügel, Knickflügel und kleinen Winglets erinnerte an die Nurflügler-Storch-Serie, obwohl der Obs ein konventionelles Leitwerk hatte. Die inneren Querruder waren zugleich Wölbklappen. Es ist nicht bekannt, ob diese auch als Landeklappen genutzt wurden. Es wird auch berichtet, dass die Obs Störklappen auf der Flügeloberseite besaß, was jedoch nicht dokumentiert ist. Möglicherweise stellten diese Klappen das Ergebnis einer späteren Modifikation dar. Der geräumige Stahlrohrrumpf war stoffbespannt und verfügte über ein zweirädriges Fahrwerk. Ein derart großes Flugzeug zu starten, war schwierig und erforderte ein starkes Schleppflugzeug. Nach ihrem ersten Erscheinen auf der Wasserkuppe im Jahr 1932 wurde die Obs in Darmstadt stationiert und dort zu Forschungszwecken eingesetzt. Während einer meteorologischen Konferenz im Jahr 1934 wurde sie in München vorgestellt. Es wird berichtet, dass Adolf Hitler das Flugzeug bei dieser Gelegenheit gesehen hatte, was ihn unter Umständen auf die Idee brachte, Segelflugzeuge zum Truppentransport zu verwenden.

Fafnir 2 „Sao Paulo"

Die Verbindung von Flügel und Rumpf verursacht immer schädlichen Widerstand und stört die Auftriebsverteilung über der Spannweite. Ein häufiger Lösungsansatz für dieses Problem bestand darin, den Rumpf mit Streben oder einem schmalen Pylon unter dem Flügel anzubringen, damit die auftriebserzeugende Fläche so wenig wie möglich gestört würde. Eine andere Möglichkeit lag darin, den Flügel in einer mittleren Position am Rumpf anzubringen und alle Übergänge möglichst strömungsgünstig zu verkleiden. Viele Segelflugkonstrukteure wählten den Kompromiss, den Flügel oben auf dem Rumpf anzubringen, wodurch zumindest die Oberseite vom Rumpf unbeeinflusst blieb. Die Übergänge an der Flügelunterseite versuchte man, durch Verkleidung bestmöglich zu gestalten. Die Anbringung des Flügels als Tiefdecker wurde im Segelflug selten gewählt, da in dieser Ausführung, auch bei guten Verkleidungen, der Auftrieb am Mittelflügel stark reduziert und die Unterseite für Beschädigungen bei Starts und Landungen leicht Schaden nehmen konnte. Untersuchungen von H. Muttray im Windkanal der Universität Göttingen hatten gezeigt, dass die Mitteldeckerlösung deutlich besser war als jede Hoch-, Schulter- oder Tiefdeckerausführung. Außerdem empfahl Muttray, die Rumpfkontur so weit wie möglich dem Strömungsverlauf des Tragflügels anzupassen. Der Rumpf sollte also nicht länger als strömungsschädliches Teil angesehen werden. Vielmehr sollte er mit dem Flügel als Einheit aufgefasst werden und selbst Auftrieb erzeugen.

Diese Überlegungen flossen in Lippischs Entwurf des Fafnir 2 ein, der zu Ehren der brasilianischen Stadt, die hierfür finanzielle Mittel zur Verfügung gestellt hatte, den Namen Sao Paulo erhielt. Aus der Seitenansicht war der Rumpf ähnlich wie ein Flügelprofil gewölbt und ging allmählich in die Flügelkontur über. Diese Form in Holzbauweise herzustellen, erforderte sorgfältiges Arbeiten sowie eine Verkleidung aus unzähligen kleinen, aneinander gesetzten Sperrholzstücken. In die Berechnungen der Auftriebsverteilung ging der Rumpf mit ein. Der Mittelflügel wurde von Lippisch neu entwickelt, war weniger stark gewölbt und

Unten: Urubu Obs 1932 *Rechts: Fafnir 2 1934 auf der Wasserkuppe*

Fafnir 2
1934

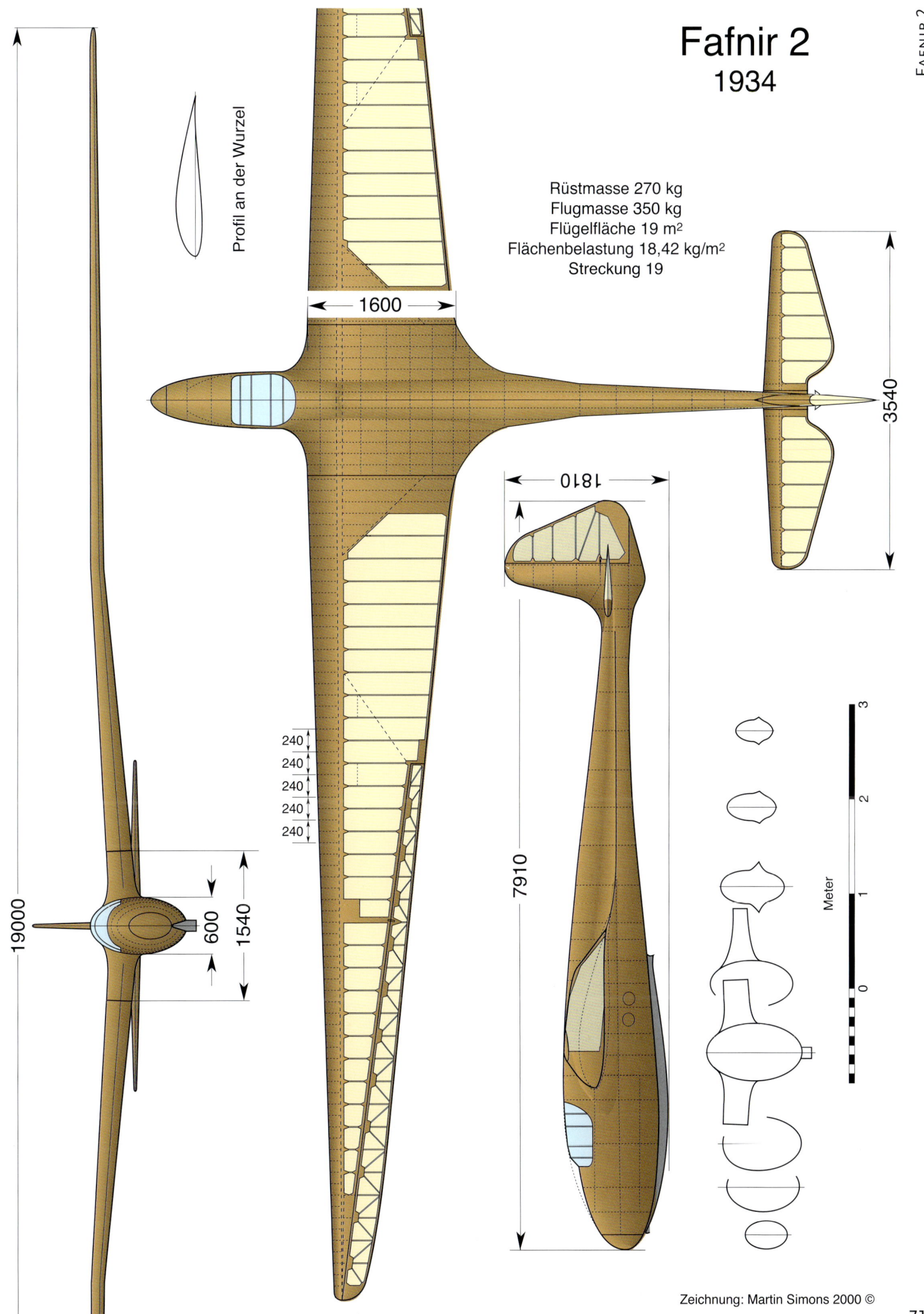

Rüstmasse 270 kg
Flugmasse 350 kg
Flügelfläche 19 m²
Flächenbelastung 18,42 kg/m²
Streckung 19

Profil an der Wurzel

Zeichnung: Martin Simons 2000 ©

Kapitel 5

dünner als beim Fafnir 1. Inzwischen hatte man erkannt, dass ein Überlandflugzeug, wenn es sich nicht gerade im Kreisflug befand, schnell fliegen musste, um zum nächsten Aufwind zu gelangen.

Die Arbeiten wurden im März 1934 begonnen und die Sao Paulo wurde rechtzeitig zum Rhön-Wettbewerb 1934 fertiggestellt. Zu jener Zeit war sie sicher weltweit das beste verfügbare Segelflugzeug. Heini Dittmar erzielte damit einen neuen Streckenweltrekord von 375 Kilometern mit Landung in der Tschechoslowakei.

Die erste Haube des Flugzeuges fügte sich anfangs nicht ganz in die Rumpfkontur ein. Bis zum internationalen Wettbewerb 1937, den Dittmar mit dem Fafnir 2 gewann, hatte man ihn mit einer neuen Haube ausgerüstet. Bei Leistungsmessungen im Flug wurde ein bestes Gleitverhältnis von 26:1 gemessen, was für damalige Verhältnisse durchaus ein guter Wert war. Gemessen am hohen Aufwand beim Entwurf und Bau des Fafnir 2 erschien diese Verbesserung jedoch eher als geringfügig.

In der Folgezeit befasste sich Lippisch wieder mit der Entwicklung von Nurflügel-Modellen und verließ schließlich die DFS, um eine Stelle in der Luftfahrtindustrie anzunehmen. Seine Tätigkeit bei Messerschmitt in Augsburg brachte schließlich das raketengetriebene Flugzeug Me 163 hervor.

Oben: Die Haube war ursprünglich (1934) nicht voll verkleidet.

Unten: Fafnir mit gewölbter Haube und abwerfbarem Fahrwerk beim Internationalen Wettbewerb 1937

KAPITEL 6 # Dittmar und die Condor-Flugzeuge

Condor

Edgar Dittmar, Inhaber des Höhenrekords von 1928, besaß einen jüngeren Bruder namens Heinrich, genannt „Heini". Schon als Schüler erlernte dieser das Segelfliegen und finanzierte den Sport durch Arbeiten für Lippisch, indem er Modelle von Nurflüglern baute. 1932 verletzte er sich während des Starts eines dieser Flugzeuge am Knie. Im Krankenhaus begann er dann mit dem Entwurf seines eigenen Segelflugzeuges, dem Condor. Dieses Modell sollte die besten Eigenschaften der Wien und des Fafnirs vereinigen und zusätzliche Verbesserungen erhalten. Fritz Kramer, Prüfer bei der RRG, übernahm die Begutachtung der Festigkeit und Struktur des Flugzeuges. Rumpf und Leitwerk wurden nahezu 1:1 vom Fafnir übernommen. Bauteile und Werkzeuge waren somit bereits in den RRG-Werkstätten verfügbar. Als Konsequenz aus Groenhoffs Unfällen unternahm Dittmar eine wesentliche Änderung: Das Seitenruder erhielt größere Bodenfreiheit, die Steuerseile waren in speziellen Führungen untergebracht und oberhalb des Höhenruders angeordnet. Weitere Verbesserungen führte Heini am Rumpfvorderteil durch, da die Strömungsverhältnisse am Rumpf-Flügel-Übergang des Fafnirs nicht zufriedenstellend gewesen waren. Dittmar ersetzte das dicke und stark gewölbte Profil durch ein modifiziertes weniger stark gewölbtes Gö 652. Wie bei der Wien wurde der Flügel des Condors auf einen schmalen Pylon gesetzt und abgestrebt. So konnte der Interferenzwiderstand verringert werden. Der Knickflügel wurde beibehalten, das Cockpit vergrößert und bis auf Sichtöffnungen komplett geschlossen. Wie beim Fafnir hatte der Pilot kaum Platz, den Kopf zu drehen.

Die Flügel des Condor erinnerten an die Wien, verfügten jedoch über eine geringere Spannweite von 17,24 m. Dittmar beugte der Gefahr des Trudelns vor, indem er die Flügel aerodynamisch schränkte. Die Tiefe der Querruder nahm zu den Flügelenden hin geringfügig zu. Erfahrungen mit dem Fafnir hatten gezeigt, dass dies von Vorteil war.

Heini Dittmar baute den Condor während seiner Freizeit in den Werkstätten der RRG und benötigte dazu etwa 2000 Stunden. Die Erprobung übernahm sein Bruder Edgar im Juli 1932. Das Flugzeug war einfach und sicher zu fliegen und bot gute Leistungen, insbesondere im langsamen Kreisflug. Als Sieger bei den Junioren verschaffte sich Heini sogleich einen guten Ruf. Dies war der Beginn einer außergewöhnlichen Karriere. Mit seinem Condor nahm er ebenfalls an Georgiis Expedition nach Südamerika teil. Dort gelang ihm ohne Sauerstoff, aber gut im Blindflug ausgebildet, ein Flug bis zu 4350 m Höhe. Damit hatte er Kronfelds Rekord von 1790 m weit überboten. Sein Name und der seines Flugzeuges wurden schnell bekannt. Im Jahr 1935 flog Heini Dittmar mit dem Condor bei einer erfolgreichen Alpenexpedition.

Condor über Berlin

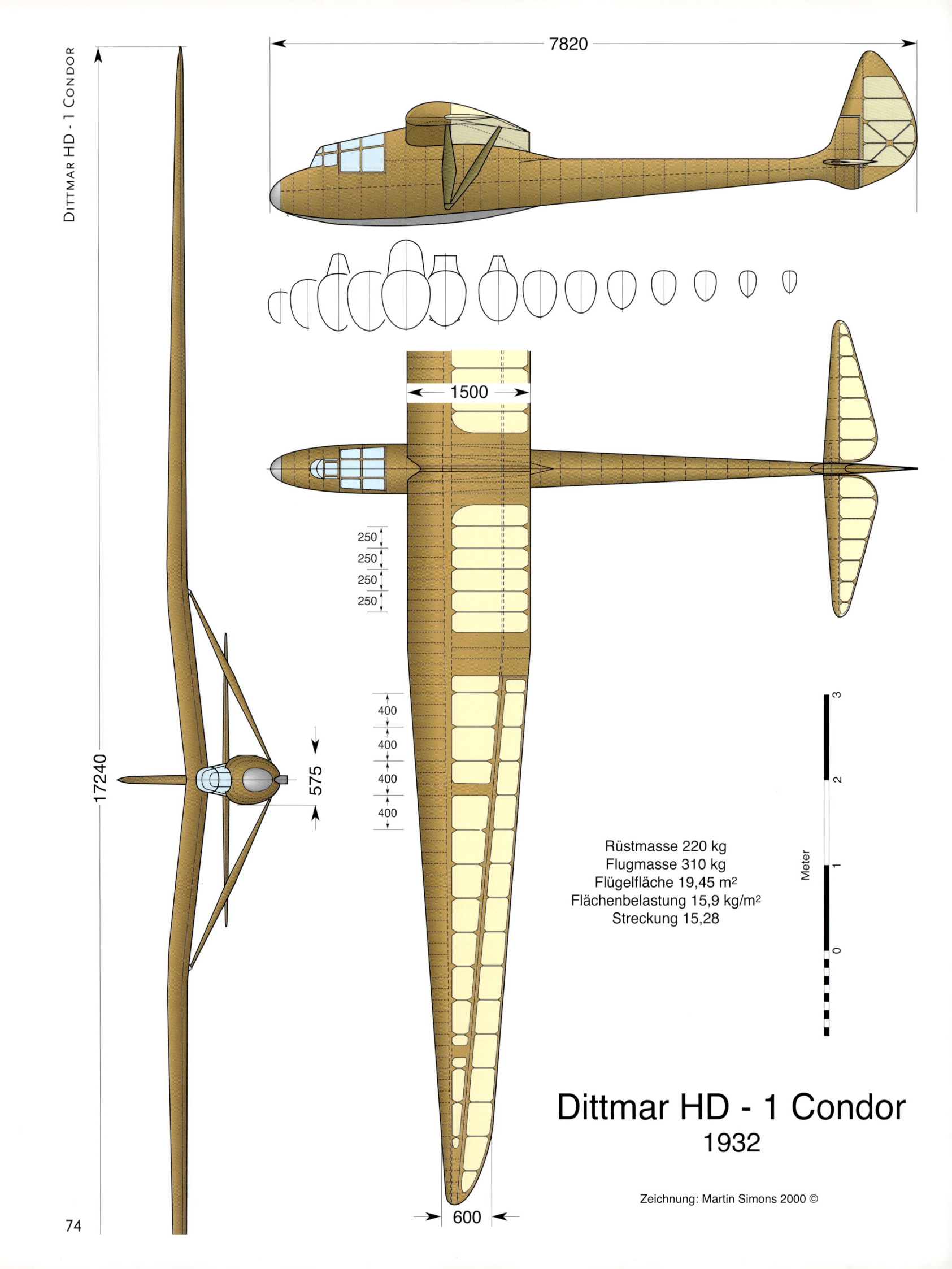

Rüstmasse 220 kg
Flugmasse 310 kg
Flügelfläche 19,45 m²
Flächenbelastung 15,9 kg/m²
Streckung 15,28

Dittmar HD - 1 Condor
1932

Zeichnung: Martin Simons 2000 ©

In der Zwischenzeit war die Serienfertigung des Condors von Robert Bley in Naumburg a. S. aufgenommen worden. Die Haube aus Holz wurde durch eine transparente Haube ersetzt, was sich als praktischer erwies. Ansonsten erfuhr das Flugzeug keine wesentlichen Veränderungen. Allerdings konnte man feststellen, dass die Sperrholzverkleidung weniger sorgfältig ausgeführt worden war. Statt die Übergänge nahezu unsichtbar zu schäften, erschienen diese hier oft einfach überlappt. Offensichtlich litt die Leistung darunter weniger als das Aussehen.

Beim Rhön-Wettbewerb 1934 nahmen 10 Flugzeuge vom Typ Condor teil. Im Jahr 1935 gehörte zu den vier Flugzeugen, die mit 504 Kilome-

Oben: Condor am Flugplatz von El Palmoar, Buenos Aires

Unten: März 1936 – Condor-Flugzeuge mit olympischen Ringen bei einer Luft- und Wassersportausstellung in Berlin. Man beachte die hohe Seitenruderflosse sowie die Steuerseile, die oberhalb des Pendel-Höhenruders verlaufen.

Kapitel 6

Riedels La Falda flog als reines Segelflugzeug. Der Motor sollte das Flugzeug nach Außenlandungen nachhause bringen.

Oben: Condor 2 in England

tern einen neuen Weltrekord flogen, auch ein Condor. Diese vier Piloten flogen von der Wasserkuppe nach Brünn in der Tschechoslowakei. Beim Rückschlepp ereignete sich ein tragischer Unfall. Verursacht durch einen Ruck im Seil, löste sich beim Condor die komplette Frontpartie einschließlich Cockpit und Sitz. Der Pilot Rudolf Oeltzschner wurde getötet, nachdem sein Fallschirm sich nicht öffnete. Untersuchungen ergaben schwerwiegende Fertigungsmängel, was schließlich den Konkurs der Firma Bley zur Folge hatte.

Ein außergewöhnliches Exemplar der Condor-Reihe war Peter Riedels La Falda. Er besaß oberhalb des Flügels einen abnehmbaren Aufsatz zur Aufnahme eines 18 PS-Kroeber-Motors mit Druckpropeller. La Falda war eigenstartfähig und konnte mit Motorkraft über Land fliegen. Riedels Idee war es, das Flugzeug zunächst als reines Segelflugzeug im Überlandflug zu nutzen. Nach einer Außenlandung sollte der Motor montiert und das Flugzeug so zurückgeflogen werden. In der Praxis erwies sich die Umrüstung als zu langwierig und nach vielen Versuchen stellte man das Projekt ein.

Währenddessen arbeitete Heini Dittmar an einem neuen Entwurf, dem Condor 2. Dieser hatte mit dem Göttingen 532 ein modernes, dünneres und weniger gewölbtes Profil und besaß Störklappen. Das Pendelhöhenruder erhielt eine höhere und damit weniger anfällige Position. Die Streben wurden zwar beibehalten, aber mit dem Condor 2A stand eine Ausführung mit freitragendem Flügel, alternativ Pendel- oder Flossenhöhenruder, sowie Bremsklappen statt Störklappen zur Verfügung. Weitere Modifikationen führten später zum Condor 3, der bis zum Ausbruch des Zweiten Weltkriegs ein beliebtes Wettbewerbssegelflugzeug war. Der Doppelsitzer Condor 4 erschien erst nach dem Krieg.

Llinks: Edgar Dittmar, der ältere Bruder des Konstrukteurs, mit einem Condor III

Unten: Condor III mit abgenommener Haube

Ruder mit Massenausgleich

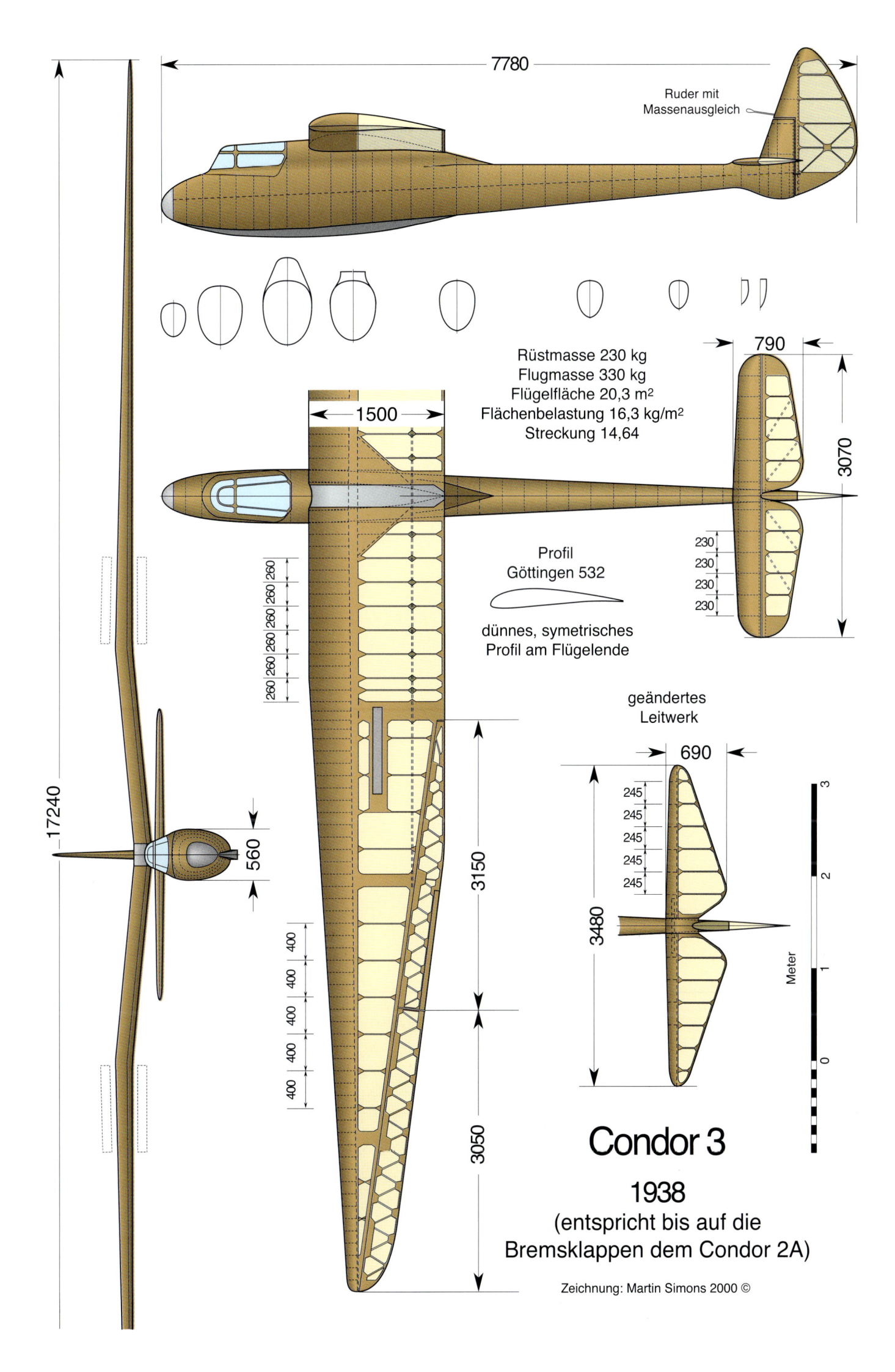

7780

Rüstmasse 230 kg
Flugmasse 330 kg
Flügelfläche 20,3 m²
Flächenbelastung 16,3 kg/m²
Streckung 14,64

Profil Göttingen 532

dünnes, symetrisches Profil am Flügelende

geändertes Leitwerk

Condor 3
1938
(entspricht bis auf die Bremsklappen dem Condor 2A)

Zeichnung: Martin Simons 2000 ©

KAPITEL 7 Riesengroß – winzig klein

Nachdem der thermische Segelflug entdeckt worden war, stellte sich die Frage, wie zukünftige Flugzeuge optimal gestaltet werden sollten. Die ersten Hochleistungs-Segelflugzeuge waren Gleitflugzeuge oder aus diesen hervorgegangen. Jetzt flogen Segelflugzeuge in Wolken ein und fanden bisher ungeahnte Turbulenzen vor. Nicht nur das Fliegen selbst, sondern auch die Bauweise der verwendeten Flugzeuge sollte sich grundlegend ändern. Groß oder klein? Schnell oder langsam? Leicht oder schwer? Leichtgängig, feinfühlig zu bedienen oder fest und stabil?

Austria

Robert Kronfeld war von der Idee begeistert, entlang von Wolkenstraßen über längere Zeit geradeaus zu fliegen. Er hatte dies während seines ersten thermischen Überlandfluges getan und bei weiteren Flügen wiederholt. Mit einem Flugzeug, das einen ausreichend flachen Gleitwin-

Oben: Die riesige Austria im Flug

Unten: Austria in Hanworth, England, im Juni 1931

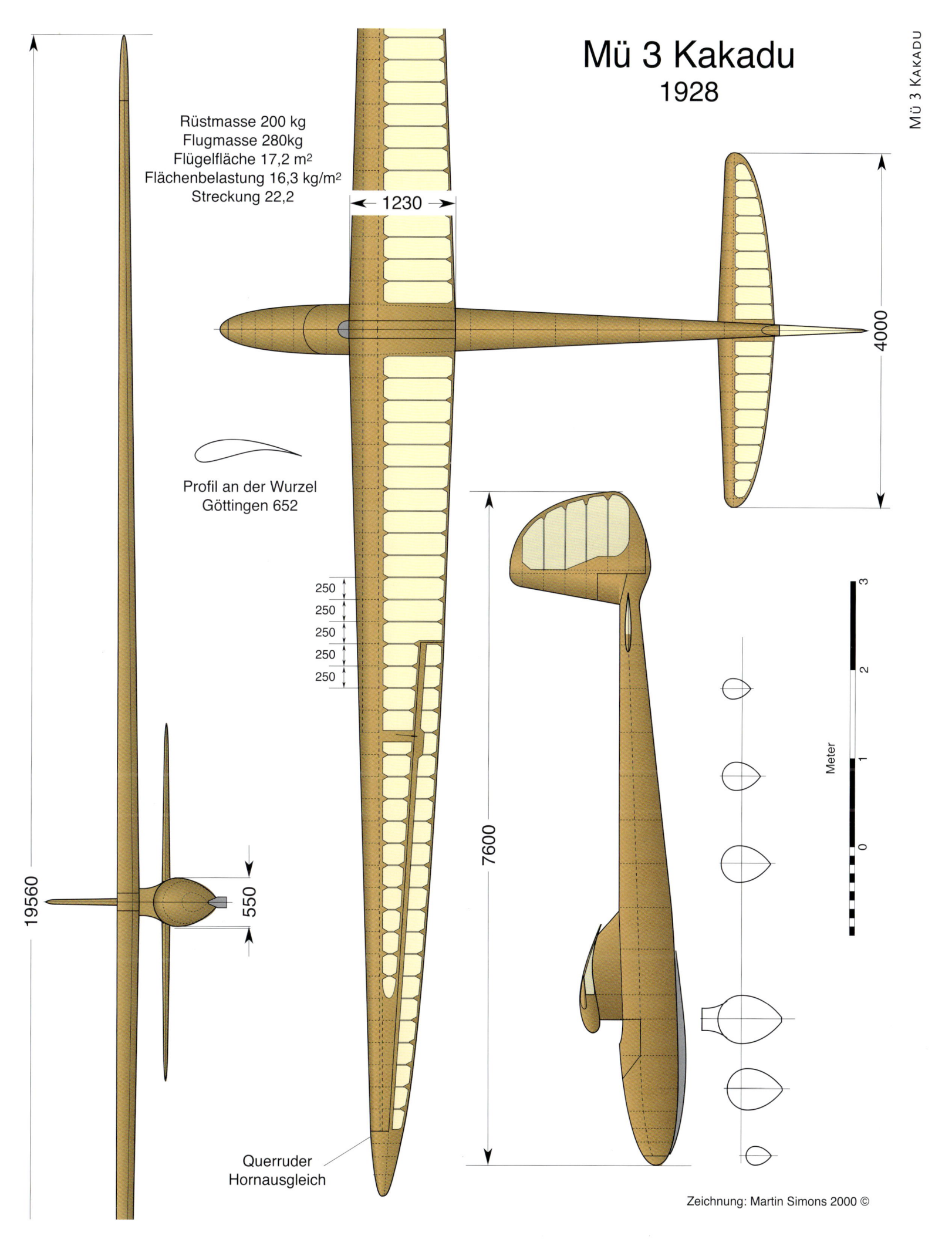

Mü 3 Kakadu
1928

Rüstmasse 200 kg
Flugmasse 280 kg
Flügelfläche 17,2 m²
Flächenbelastung 16,3 kg/m²
Streckung 22,2

Profil an der Wurzel
Göttingen 652

Querruder Hornausgleich

Zeichnung: Martin Simons 2000 ©

Mü 3 Kakadu von Küpper beim Start auf der Wasserkuppe

kel bei geringer Sinkgeschwindigkeit aufwies, sollte es seinen Überlegungen zufolge möglich sein, weite Strecken zurückzulegen und nur gelegentlich oder gar nicht in der Thermik zu kreisen. Inzwischen ist dieses Verfahren als „Delfin-Stil" bekannt, aber Kronfeld hatte die Idee dazu, lange bevor der Begriff geprägt wurde.

Kronfeld nahm Kontakt zur Akaflieg München auf, die damals von Dr. August Kupper geleitet wurde. Hier war unter anderem die Mü 3 Kakadu entstanden, eine außergewöhnliche Konstruktion aus dem Jahre 1928 mit einer Spannweite von 19,56 m und einem Gleitverhältnis von 1:22,2. Das Ergebnis der Beratungen mit Kupper war schließlich die riesige Ku - 4, Austria. Die an das Flugzeug gestellten aerodynamischen Anforderungen führten zwangsläufig zu einer großen Spannweite, verbunden mit guten Gleitwerten. Mit 30 m Spannweite verfügte die Austria über einen größeren Flügel als jedes andere Segelflugzeug zuvor. Erst im Jahr 2000 wurde dieser Wert durch die Eta mit 30,9 Metern überschritten. Die Streckung betrug 25,7 (zum Vergleich: Eta 51).

Die Kosten der Austria betrugen das Vierfache der Wien. Um eine ausreichende Festigkeit bei gleichzeitig geringem Widerstand des riesigen Flügels zu erzielen, wurde dieser komplett mit Sperrholz beplankt, gespachtelt, grau gestrichen und poliert. Das Profil Göttingen 652, das Lippisch beim Innenflügel des Fafnir verwendet hatte, wurde hier über die ganze Spannweite eingesetzt. Allerdings rechnete Kupper damit, dass sich dieses Profil für den schnellen Geradeausflug zwischen den Aufwinden weniger gut eignete. Er stattete das Flugzeug daher mit „Flaperons", Querruder, die gleichzeitig als Wölbklappen dienten, aus. All diese Prinzipien gehören heute zum Standard, nur das außergewöhnliche Profil Gö 652 kann als Kuriosität betrachtet werden.

Ein derart langer und schmaler Flügel biegt sich unter Last. Aus diesem Grunde wurden die Außenflügel mit einer leicht negativen V-Form versehen, die im Fluge dann eine mehr oder weniger horizontale Lage einnahmen. Um Schwierigkeiten mit der Anlenkung zu umgehen, waren die „Flaperons" sechsteilig ausgeführt, drei auf jeder Seite. Dennoch bereiteten sie Probleme und erforderten bereits vor den ersten Probeflügen Nachbesserungen.

Um den langen Flügeln an den Enden ausreichend Bodenfreiheit zu gewähren, saß der Flügel auf einem Pylon. Der Pilot war in einem schmalen, stromlinienförmigen Cockpit, einen ganzen Meter unterhalb des Flügels, untergebracht. Das Leitwerk befand sich am Ende einer Rumpfröhre mit rundem Querschnitt. Aus Festigkeitsgründen waren Rumpf und Mittelflügel fest miteinander verbunden in einem Stück gebaut.

Ein großer Flügel benötigte große Ausgleichs- und Steuerflächen am Leitwerk. Die Seitenruderflächen waren zweigeteilt und zur Außenseite hin gewölbt. Kronfeld wusste, dass es schwierig sein würde, ein Hochleistungs-Segelflugzeug zu landen. Deshalb erhielt es als erstes Segelflugzeug eine Art Landeklappe. Wenn man beide Pedale gleichzeitig betätigte, bewegten sich die Seitenruder nach außen und erzeugten dadurch Widerstand. Dies erwies sich letztlich nicht als sonderlich effektiv und blieb insbesondere bei höheren Geschwindigkeiten fast ohne Wirkung.

Ein solches „Ungetüm" wie die Austria in die Luft zu bringen, gestaltete sich schwierig. Bei den ersten Flügen wurde das Klemm-Schleppflugzeug von einem Mercedes LKW unterstützt, der mit einem 300 m langen Seil den Schleppzug in Bewegung setzte. Wenn das Segelflugzeug dann abgehoben hatte, wurde das Seil des Lastwagens ausgeklinkt. Kronfeld kam mit der Austria 1931 nach England und demonstrierte sie in Hanworth. So erreichte er erst spät den Rhön-Wettbewerb auf der

Ku 4 Austria
1932

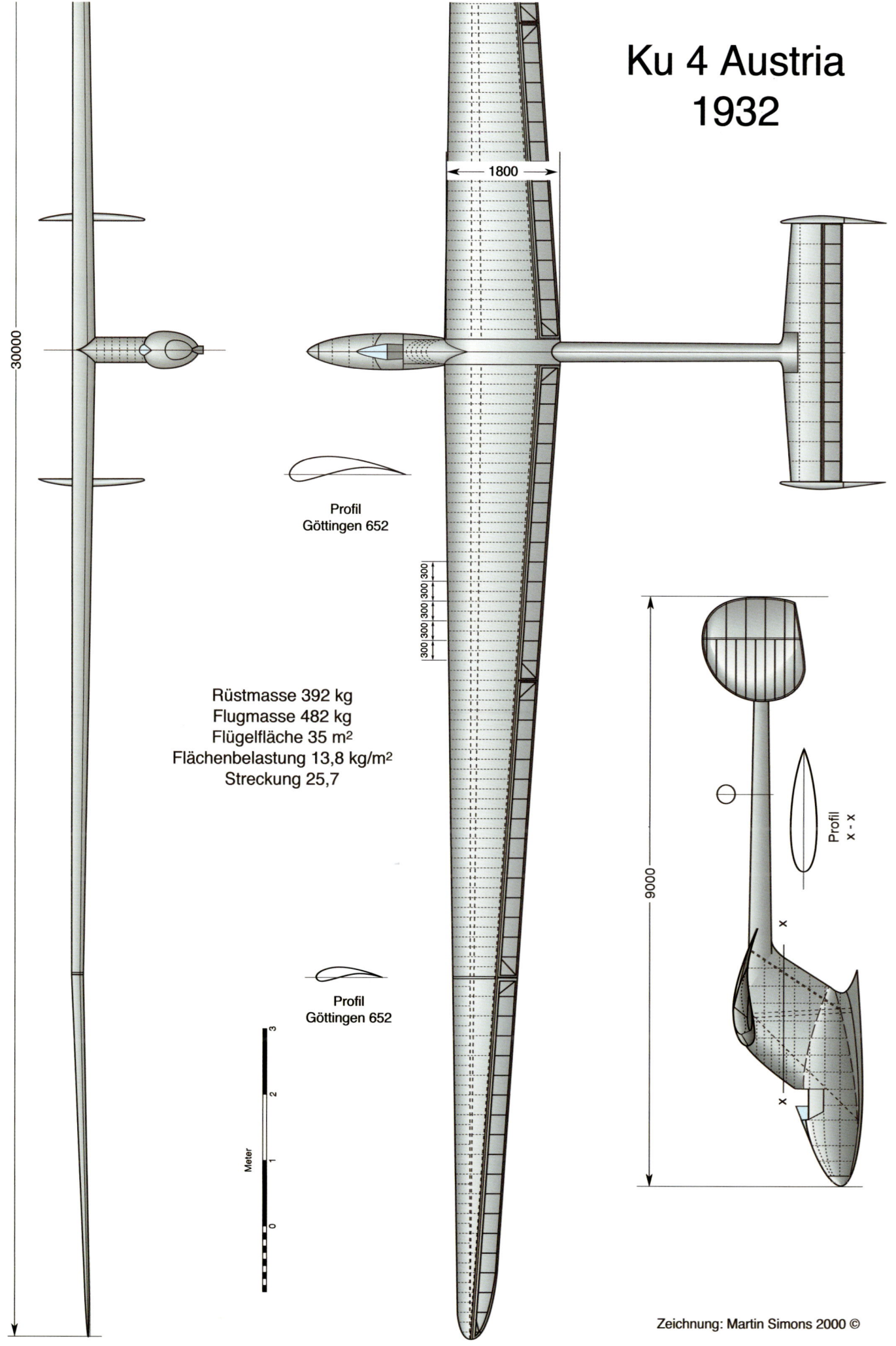

Profil Göttingen 652

Rüstmasse 392 kg
Flugmasse 482 kg
Flügelfläche 35 m²
Flächenbelastung 13,8 kg/m²
Streckung 25,7

Profil Göttingen 652

Profil x - x

Zeichnung: Martin Simons 2000 ©

Wasserkuppe. Größe und Farbe des Flugzeugs führten schnell zum Spitznamen „Kaltgezogener Elefant". Der Austria war nur eine kurze Lebensdauer beschieden. Am 22. Juli 1932 zerbrach sie in der Luft, nachdem Kronfeld in eine Kumuluswolke eingeflogen war und dort trotz Wendezeiger in einen unkontrollierten Flugzustand mit anschließendem Spiralsturz geraten war. Er selbst konnte sich mit dem Fallschirm retten und überlebte erschüttert und enttäuscht. Die Austria hingegen wurde komplett zerstört. Dies war Kronfelds letzter Wettbewerb auf der Wasserkuppe. Als Jude wurde ihm nahegelegt, am Wettbewerb 1933 nicht teilzunehmen.

Windspiel

Die Darmstädter Studenten waren nach dem Bau ihrer D-20 Starkenburg nicht untätig gewesen, sondern hatten sich dem Motorflug zugewandt. Im Jahr 1933 beschlossen sie, ein Segelflugzeug für den Thermikflug zu bauen. Sie vermuteten, dass ein sehr leichtes, kleines und wendiges Flugzeug in schwacher und enger Thermik besser als die Spannweitenriesen steigen würde. Das Ergebnis ihrer Überlegungen war die D-28 Windspiel.

Ihre Spannweite betrug 12 m. Der trapezförmige Flügel besaß „Flaperons" zur Veränderung der Wölbung bei unterschiedlichen Geschwindigkeiten. Das Profil Göttingen 535 wurde etwas dünner ausgeführt, um Widerstand einzusparen. Das Seitenruder wies eine ausgeklügelte zweifache Mechanik auf: Die vordere vertikale Flosse war nicht starr sondern beweglich. Daran angelenkt war das Seitenruder, das in etwa den doppelten Ausschlag des vorderen Segmentes aufwies. Seiten- und Querruder verband eine Mechanik, sodass die beiden Ruder immer gleichsinnig zusammenwirkten. Den Flügel nahm ein schmaler Pylon auf. Das Cockpit besaß eine gewölbte, transparente Haube aus Zelluloid. Es wurde alles daran gesetzt, das Gewicht des Flugzeugs gering zu halten. Der Hauptholm war lediglich für ein Lastvielfaches bis 4 g ausgelegt, die Flügelnase mit nur 1 mm dickem Sperrholz beplankt. Es gab keinen Hilfsholm zur Aufnahme der Querruder. Diese waren lediglich an einigen extra verstärkten Rippen befestigt, den Querruderspalt deckte 0,5 mm dickes Sperrholz ab. Alle Flügelrippen und Rumpfspanten waren zu U-förmigem Querschnitt ausgefräst, um überflüssiges Holz zu entfernen. Alle Maße wurden ständig überprüft und innerhalb einer Toleranz von 0,1 mm gehalten. Überflüssiger Klebstoff wurde vor dem Zusammenfügen der Teile abgewischt. Nur ausgesuchte Hölzer kamen zum Einsatz und alle Beschläge bestanden aus leichten Legierungen. Als Bespannstoff wählte man anstatt Baumwolle oder Leinen Seide.

Mehr als 7000 Stunden Arbeit steckten die Studenten in ihr kleines Segelflugzeug, das schließlich nur 55 kg wog, deutlich weniger als der Pilot. Es erfüllte die Erwartungen. Im Kurvenflug bei einer flachen Querneigung von 25° betrug der Kreisradius lediglich 80 m.

Windspiel in Startposition: Die horizontale Peilhilfe sollte die Einhaltung der Geschwindigkeit erleichtern.

Im März 1934 erzielte Hans Fischer mit Windspiel einen neuen Streckenweltrekord, als er mit 240 km von Darmstadt nach Frankreich flog. Schon nach weniger als einem Monat wurde dieser Rekord von Richard Du Pont in den USA mit Bowlus Albatross überboten. Kurz darauf stellte Wolf Hirth mit seinem Moazagotl bei einem Flug über 352 km diesen Rekord wieder ein. Bowlus Albatros und Moazagotl vertraten mit ihren relativ großen Spannweiten die andere „Schule". Fatalerweise landete 1935 in Griesheim ein Motorflugzeug auf dem Windspiel. Hans Fischer kam mit einigen blauen Flecken davon, aber das Flugzeug war zerstört. Es wurde bald wieder aufgebaut, diesmal mit separaten Querrudern und Wölbklappen. Das reparierte Flugzeug wog mehr, aber die D-28B verfügte nur über unwesentlich geringere Leistungen. Hans Osann flog mit ihr von Darmstadt bis in die Niederlande und legte dabei eine Strecke von 275 Kilometern zurück. Beim Treffen der Internationale Studienkommission für Segelflug (ISTUS) 1937 in Salzburg überquerte er zusammen mit einigen anderen Piloten die

Rüstmasse 55,5 kg (D - 28 B 72 kg)
Flugmasse 136 kg (D - 28 B 152 kg)
Flügelfläche 11,4 m²
Flächenbelastung 11,9 kg/m² (D - 28 B 16,65)
Streckung 12,63

Pläne von 1933 zeigen durchgehende Querruder

Profil Göttingen 535 (10% dünner)

Darmstadt D - 28b Windspiel

Zeichnung: Martin Simons 2000 ©
Quelle: Akaflieg Darmstadt, 1936

Kapitel 7

Alpen. 1939 nahm dieses Segelflugzeug an der Libyen-Expedition zur Erforschung der Thermik über der Sahara teil.

Das Experiment Windspiel war interessant, setzte aber keine weiteren Trends hin zu kleinen Segelflugzeugen. Ein solches Leichtgewicht zu bauen, war sehr aufwendig und kostete mehr Zeit und Arbeit als die Konstruktion eines großen Flugzeugs. Die Erfolgsbilanzen des Windspiel im Wettbewerbssegelflug waren nicht besonders gut. Seinen Vorteilen, zum Beispiel die einfache Handhabung am Boden – standen deutliche Nachteile wie die zu geringe Festigkeit im Wolkenflug gegenüber.

Oben: Windspiel beim Start

Links: D - 28B am Flugplatz Griesheim

Rechts: Die geteilten Querruder identifizieren dieses Flugzeug als D - 28B. Man beachte die abnehmbare Haube und den Kuller für den Bodentransport.

Kapitel 8 Schneider und Grunau

Jedes Flugzeug, das die Edmund-Schneider-Werke in Grunau verließ, erhielt eine seinem Baujahr entsprechende ESG-Nummer. So führten alle Flugzeuge des Jahres 1929 die Bezeichnung ESG 29. Gleiches galt für die Folgejahre. Wie bereits erwähnt, stiftete dies einige Verwirrung, weil – mit Ausnahme der Schulgleiter – kaum ein Segelflugzeug dem anderen glich. Man wählte deshalb zusätzlich Namen von Besitzern, Förderern oder Orten, wie Donnerstag-Klub, Burkbraun, Senator, Bad Warmbrunn (Doppelsitzer), Kondor (Doppelsitzer), Wiesenbaude 1, Wiesenbaude 2. Welchem Baujahr ein Flugzeug entstammte, war nicht immer erkennbar, die Namen dagegen prangten normalerweise in großen Buchstaben auf den Flugzeugen.

Oben: ESG-31 1946 in Schweden

Rechts: Details des abgestrebten Leitwerks der ESG-31 (Foto Fridlizius)

Unten: ESG-31 vor dem Segelflugmuseum in Aarhus, Schweden. Einziges noch vorhandenes Exemplar, das von Schneider in Grunau gebaut wurde (Foto Fridlizius).

ESG 31

Schneider glaubte, dass Interesse an einem Segelflugzeug in der Klasse des RRG-Professor bestünde. Dieses sollte für den Flugzeugschlepp geeignet, leicht zu bauen und sicher zu fliegen sein. Eines der Flugzeuge von Schneider war ein verstrebter Einsitzer mit 16 m Spannweite, der in Aussehen, Auslegung, Leistung und Anwendung dem Professor sehr ähnelte. Der einfache Flügel war im Gegensatz zu Lippischs Typ einfach verstrebt und erhielt das Gö 535, anstatt des Gö 549. Die Querruder waren an den Innenseiten relativ breit und verjüngten sich stark. Im Laufe der Jahre gab es immer wieder Verbesserungen an diesem Typ – von einer Produktlinie konnte man diesbezüglich jedoch nicht sprechen. Jedes Flugzeug wurde nach individuellen Wünschen des Kunden gebaut.

Eines dieser 16-Meter-Segelflugzeuge war die Wiesenbaude, wahrscheinlich eine ESG 29 oder 30. Die Wiesenbaude 2 wurde vermutlich für den selben Club etwa zur gleichen Zeit gebaut. Schlesierland gehörte ebenfalls zu dieser Reihe, aber es gab auch einen Doppelsitzer gleichen Namens, der verständlicherweise ein ganz anderes Flugzeug sein musste.

ESG 31

6600

Windschutzscheibe häufig eingebaut

Profil Göttingen 535

16000

1270

560

310 310 310

Bremsklappe eingebaut 1941

Stanavo

Rüstmasse 150 kg
Flugmasse 240 kg
Flügelfläche 16,3 m²
Flächenbelastung 13,5 kg/m²
Streckung 15,7

370

ESG 31

Zeichnung: Martin Simons 2000 ©
Quellen: Knut Uller, Thorsten Fridlizius
& Edmund Schneider Pty

Oben: Das Grunau Baby 1, mit geraden Linien am Rumpfhinterteil und hohem Seitenruder

Links: Wolf Hirth beim Start mit der ESG-31 „Polizeischule Frankenstein"

Wolf Hirth flog die Schlesierland gerne. Vermutlich entstand auf seine Anregung hin als nächste ESG 31 die Stanavo. Sie besaß den gleichen Flügel, erhielt jedoch ein Rad sowie eine dem Musterle ähnliche geschlossene Haube. Stanavo war der Markenname von Flugbenzin, das die deutsche Niederlassung der amerikanischen Ölgesellschaft Standard Oil of New Jersey vertrieb. Möglicherweise kaufte die Firma das Flugzeug für ihren europäischen Repräsentanten, den amerikanischen Segelflieger Jack O'Meara.

In ihrem Verkaufsprospekt von 1931 bot Schneider die beiden Einsitzer ESG 31A und 31B als verbesserte Schlesierland an. Sie verfügten über den gleichen verstrebten 16-Meter-Flügel. Das neue Leitwerk erhielt Streben bis hoch zur Seitenflosse. Die 31B wurde mit einem stromlinienförmigen Rumpf angeboten, während die 31A den einfachen Rumpf mit seckeckigem Querschnitt behielt. Mit der ESG 31A D-Polizeischule Frankenstein, die dem dortigen Polizeisegelflugverein gehörte, nahm Wolf Hirth am Rhönwettbewerb 1932 teil.

Wie viele Flugzeuge der ESG 31-Reihe gebaut wurden, ist nicht dokumentiert. Zumindest eines wurde exportiert und überlebte in Skandinavien: Die ESG 31 Läkerolplanet wurde 1931 nach Schweden verkauft, dort viele Jahre lang geflogen und befindet sich heute im Swedish Allebergs Sailflying Museum.

Grunau Baby

Mit einer vollständigen Neukonstruktion begann man bei Schneider im Winter 1930. Der Prototyp flog bereits im folgenden Jahr. Zur Verwirrung trug bei, dass es ESG 31 genannt wurde, obwohl es wenig mit den 16-Meter-ESG 31-Typen gemein hatte. Die ESG 31 Grunau Baby war ein bescheidener Einsitzer mit 12,87 m Spannweite. Der einfach verstrebte Flügel ähnelte im Grundriss den Flugzeugen aus Darmstadt: in der Mitte rechteckig, außen elliptisch zulaufend. Das Profil Gö 534 ging außen in ein dünnes symmetrisches Profil mit starker Schränkung über, um Strömungsabrisse am Außenflügel zu vermeiden Der Rumpf hatte einen sechseckigen Querschnitt, war sperrholzbeplankt und besaß einen

Grunau Baby 1

5920

Rüstmasse 100 kg
Flugmasse 166 kg
Flügelfläche 14,5 m²
Flächenbelastung 11,4 kg/m²
Streckung 11,1

1200

12870

550

2640

335 335

Profil am
Mittelflügel

Göttingen 535

250 250 250 250

Querruder

Flügelende

Grunau Baby 1
1931

Zeichnung: Martin Simons 2000 ©

Meter

88

GRUNAU BABY 1

Links: In Dunstable, England, hatte Louis Desoutter ein Grunau Baby 1 gebaut. Bei einem Unfall im Dagling starb er, bevor das Flugzeug fertiggestellt war. Slingsby vollendete den Bau; das Flugzeug war bei den Mitgliedern des Clubs sehr beliebt.

Unten: das Grunau Baby 2, D-Christian, während der Südamerika-Expedition 1934.

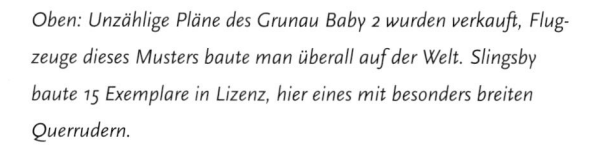

Oben: Unzählige Pläne des Grunau Baby 2 wurden verkauft, Flugzeuge dieses Musters baute man überall auf der Welt. Slingsby baute 15 Exemplare in Lizenz, hier eines mit besonders breiten Querrudern.

geradlinigen Obergurt von der Endleiste des Flügels zum Leitwerk. Das Leitwerk war einfach ausgeführt, verfügte über unterseitige Streben und ein hohes aerodynamisch ausgeglichenes Seitenruder. Die 25 mm breiten Ruderspalten wurden durch Stoffstreifen abgedeckt. Das Cockpit war offen, gelandet wurde auf einer Kufe. Erste Testflüge mit dem Grunau Baby erwiesen sich als sehr vielversprechend.

Nach seinen Erfolgen in Elmira sowie dem Flug über New York City ging Wolf Hirth nach Grunau und übernahm die Leitung der dortigen Flugschule. Der Prototyp des Grunau Baby 1 flog bereits, als Hirth dort ankam. Auf Schneiders Bitte hin gestattete Hirth die Verwendung seines Namens in Werbeprospekten, was schließlich die Legende begründete, dass Hirth der Konstrukteur wäre, was er im übrigen selbst nie behauptete. Für zusätzliche Verwirrung sorgte auch die Verbindung von Hirth mit der Stanavo sowie das System der Nummerierung bei Schneider. Sowohl die Stanavo als auch das kleinere Grunau Baby erhielten die Bezeichnung ESG 31. Tatsächlich entstand der Prototyp der Stanavo früher, flog jedoch später als das Grunau Baby.

Das Grunau Baby war schnell erfolgreich und Schneider begann mit der Produktion. Neben der Flugschule in Grunau bestellten Vereine aus Deutschland und dem Ausland diesen Typ. Sechs Grunau Babys nah-

Grunau Baby 2

Profil am Mittelflügel
Göttingen 535

Profile

Querruder

Flügelende

Rüstmasse 125 kg
Flugmasse 215 kg
Flügelfläche 14,5 m²
Flächenbelastung 14,8 kg/m²
Streckung 12,5

Grunau Baby 2
1933

Zeichnung: Martin Simons 2000 ©

Oben: Grunau Baby 2A in Jugoslawien

Links: Grunau Baby 2A mit schmaleren Querrudern, überarbeitetem Höhenruder sowie Störklappen auf der Flügeloberseite. Das Muster war weit verbreitet, hier ein im Jahr 1937 nach Australien exportiertes Flugzeug.

men am Rhön-Wettbewerb 1932 teil und bis zum Ende des Jahres hatte man bereits 20 Exemplare verkauft. Darüber hinaus waren Baupläne für den Lizenzbau erhältlich.

Schneider war zwar ein ausgezeichneter Handwerker mit viel Erfahrung im Segelflugzeugbau, besaß jedoch keine Ingenieursausbildung. Als 1932 eines seiner Flugzeuge, der Senator, mit Herbert Rüdiger in der Luft zerbrach und abstürzte, vermutete man, dass der Flügel zu schwach war. Schneider beauftragte daraufhin den Ingenieur Emile Rolle, die Belastungen zu berechnen und das Baby zu überarbeiten. Zusätzlich zur Verbesserung der Festigkeit vergrößerte dieser die Spannweite, verbesserte den Rumpf durch Einschnürung hinter dem Flügel, verbreiterte das Cockpit, was schließlich zur Produktion des Grunau Baby 2 führte.

Der Erfolg dieses Typs übertraf alle Erwartungen. Das Baby erschien genau zum richtigen Zeitpunkt auf dem Markt. Es war preiswert, einfach zu fliegen und auch die Bedingungen der „Silber-C" (5 Stunden Dauerflug, 1000 m Höhengewinn, 50 km Streckenflug) ließen sich damit bewältigen. Der Absatz stieg noch weiter, als Kurt Schmidt mit dem Grunau Baby 2 entlang der berühmten Dünen von Rossitten einen neuen Dauerrekord von 36 Stunden aufgestellt hatte. Am Rhön-Wettbewerb 1933 nahmen 33 Grunau Babys teil. Ende des Jahres produzierte Schneider alle drei Tage ein Grunau Baby 2. Mit Lizenz- und Amateurbauten wurde in vielen Ländern überall auf der Welt begonnen.

Weitere Modifikationen führten 1935 zum Grunau Baby 2A. Die Querruder waren hier länger und weniger tief ausgeführt, um die Handkräfte zu verringern und gleichzeitig deren Wirkung zu verbessern. Das Höhenruder wurde überarbeitet, das Cockpit erhielt eine halb geschlossene Haube mit Windschutzscheibe. Störklappen vereinfachten die Handhabung bei der Landung.

Beim Grunau Baby 2B wurden dann Sturzflugbremsen eingebaut. Die Klappen fuhren gleichzeitig an der Ober- und Unterseite des Flügels aus, ermöglichten dem Piloten dadurch eine sehr wirkungsvolle Steuerung

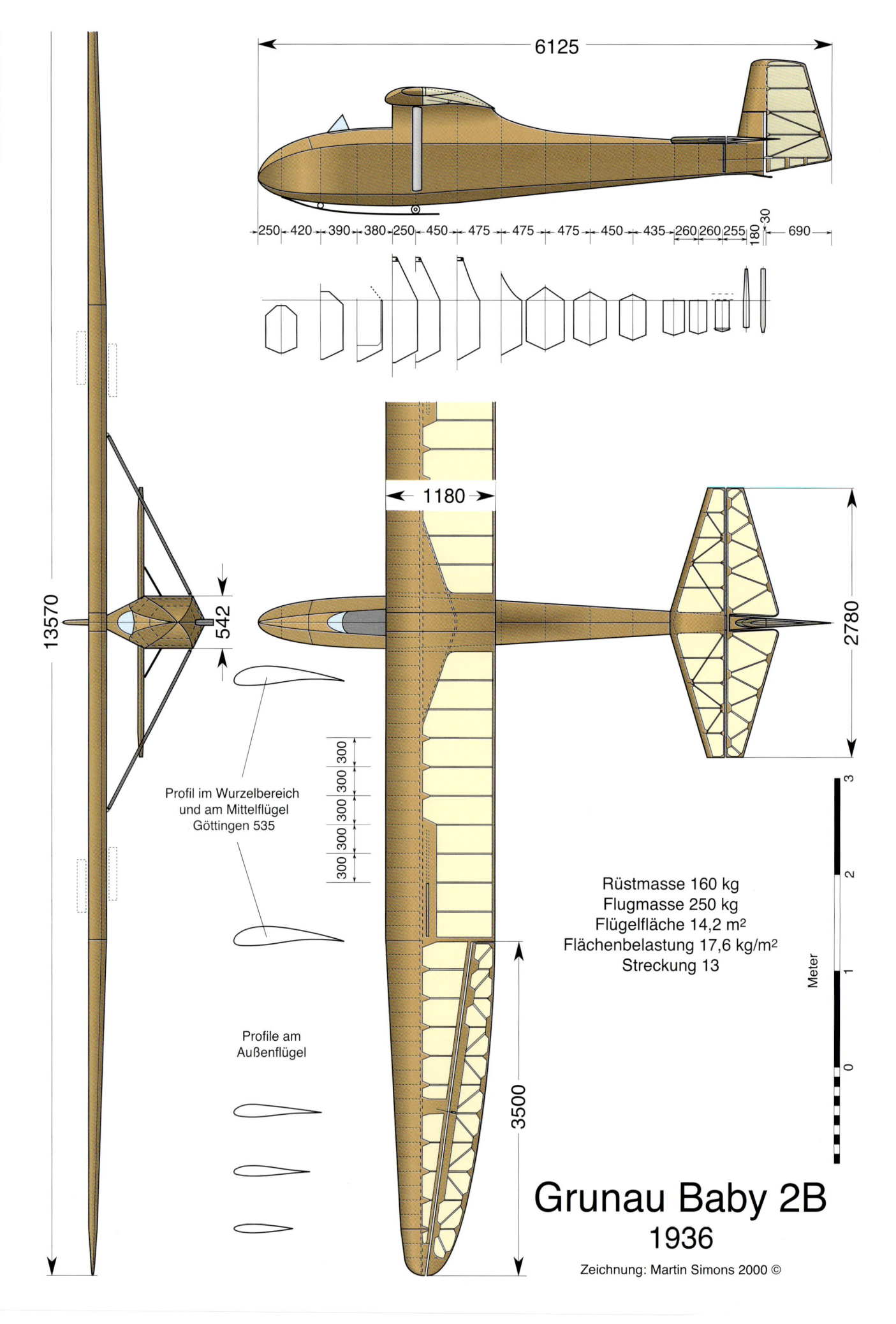

GRUNAU BABY 2B

Profil im Wurzelbereich
und am Mittelflügel
Göttingen 535

Profile am Außenflügel

Rüstmasse 160 kg
Flugmasse 250 kg
Flügelfläche 14,2 m²
Flächenbelastung 17,6 kg/m²
Streckung 13

Grunau Baby 2B
1936

Zeichnung: Martin Simons 2000 ©

Oben: Grunau Baby 2B während des Krieges 1944 in Rossitten, mit neuer Kennzeichnung und Tarnbemalung auf der Flügeloberseite

des Gleitwinkels und beschränkten die Fluggeschwindigkeit bei Wolkenflug oder nach ungewohnten Flugzuständen. Diese Klappen waren ursprünglich von Schempp-Hirth, der 1935 von Martin Schempp und Wolf Hirth gegründeten Firma, entwickelt worden.

Das Grunau Baby 2B wurde in großen Stückzahlen auch vom Nationalsozialistischen Fliegerkorps (NSFK) eingesetzt. In Hunderten von Segelflugschulen hatte es sich als das Standardflugzeug für Fortgeschrittene etabliert. Seine Produktionszahlen gingen in die Tausende. Harry Schneider, der Sohn des Firmengründers, schätzte die Stückzahl auf 4000 bis 5000 weltweit. Wolf Hirth dagegen ging von der doppelten Menge aus. Genaue Zahlen sind bis heute nicht bekannt. Lässt man die unzähligen Schulgleiter außer acht, besteht kein Zweifel, dass kein anderes Segelflugzeug vorher oder nachher öfter gebaut wurde als das Grunau Baby. Dieses Erfolgsmodell hatte großen Einfluss auf die Entwicklung und den Bau von Segelflugzeugen weltweit. Es wurde oft kopiert und auch nach dem Zweiten Weltkrieg mit geringfügigen Änderungen weitergebaut. In Deutschland folgte das Grunau Baby 3 in geringen Stückzahlen, ausgestattet mit einem Rad, einem stabileren, aber weniger formschönen Rumpf sowie einfacheren Flügelbeschlägen. Viele Babys der unterschiedlichsten Baureihen sind weiterhin in Betrieb und treffen sich bei regelmäßigen „Baby-Treffen".

Das Grunau Baby 2B erhielt Sturzflugbremsen und wurde in großen Stückzahlen in Deutschland und anderen Ländern hergestellt. Viele dieser Flugzeuge sind in ausgezeichnetem Zustand weiterhin flugfähig.

Moazagotl

Früher als viele andere bemerkte Wolf Hirth, dass die Flugstabilität speziell in steilem Kreisflug eine wünschenswerte Flugeigenschaft war. Das Musterle war empfindlich um die Querachse, hatte keine V-Form und war deshalb in der Thermik schwierig zu handhaben. Er wünschte sich ein Segelflugzeug, das stabil kreiste, sowohl im Sicht- als auch im Wolkenflug, ohne dass ständig Korrekturen notwendig waren. Darüber hinaus sollte es fest genug sein, auch größere Turbulenzen auszuhalten und gute Leistungen, das heißt eine große Spannweite bei hoher Streckung, bieten.

Hirth hatte auch festgestellt, dass es an guten Segelflugtagen, wenn es viele starke Aufwinde gab, sinnvoll war, in der sinkenden Luft schnell

KAPITEL 8

Oben: Grunau Baby und Moazagotl 1934 auf dem El Palomar Flugplatz in Buenos Aires
Unten: Moazagotl im Flug

zu fliegen. Zwar bedeutete dies, dass so in kurzer Zeit einiges an Höhe „geopfert" wurde. Dafür erreichte das schnellere Flugzeug den nächsten Aufwind früher und stieg dort bereits, während der langsamere Konkurrent sich noch auf dem Weg dort hin befand. Deshalb sollte Hirths neues Segelflugzeug in der Lage sein, Ballast aufzunehmen. Der 50-Liter-Wassertank hinter dem Sitz des Piloten konnte mittels eines Ventils entleert werden, wenn sich die Bedingungen verschlechterten. 1932 beauftragte Hirth Friedrich Wenk mit dem Entwurf, Edmund Schneider mit der Ausführung des Moazagotl. Der Name geht zurück auf eine örtliche Begebenheit. Der schlesische Bauer Gottlieb Motz, in seiner Heimat „Moazagotl" genannt, hatte eine besondere Wolkenform entdeckt, die häufig über dem Tal in der Nähe seines Bauernhofes stand. Auch wenn der Südwestwind noch so heftig blies, veränderte diese Wolke ihre Position nicht. Nach ihrem Entdecker Gottlieb Motz wurde sie „Moazagotl" genannt. Durch den Direktor der Wetterstation von Krietern in der Nähe von Breslau war Hirth auf dieses Phänomen aufmerksam gemacht worden. Piloten aus Grunau waren im März 1933 die ersten, die Wellenaufwinde im Segelflug nutzten, für die das „Moazagotl" ein sicherer Anhaltspunkt war. Pünktlich zum Rhön-Wettbewerb 1933 erschien Hirths Flugzeug auf der Wasserkuppe. Es besaß einen starken Knickflügel mit Rückpfeilung am Außenflügel und erinnerte deutlich an Wenks Nurflügler Weltensegler von 1921. Im vergangenen Jahrzehnt hatte man viel dazugelernt. Mit einer Spannweite von 20 m und dem starken abgestrebten Flügel flog das Flugzeug sehr eigenstabil und verfügte über ausgezeichnete Leistungen. Das schwierigste Detail dieser Konstruktion bestand in dem ausgeprägten Knick des Flügels in Höhe der beginnenden

Profil Göttingen 535

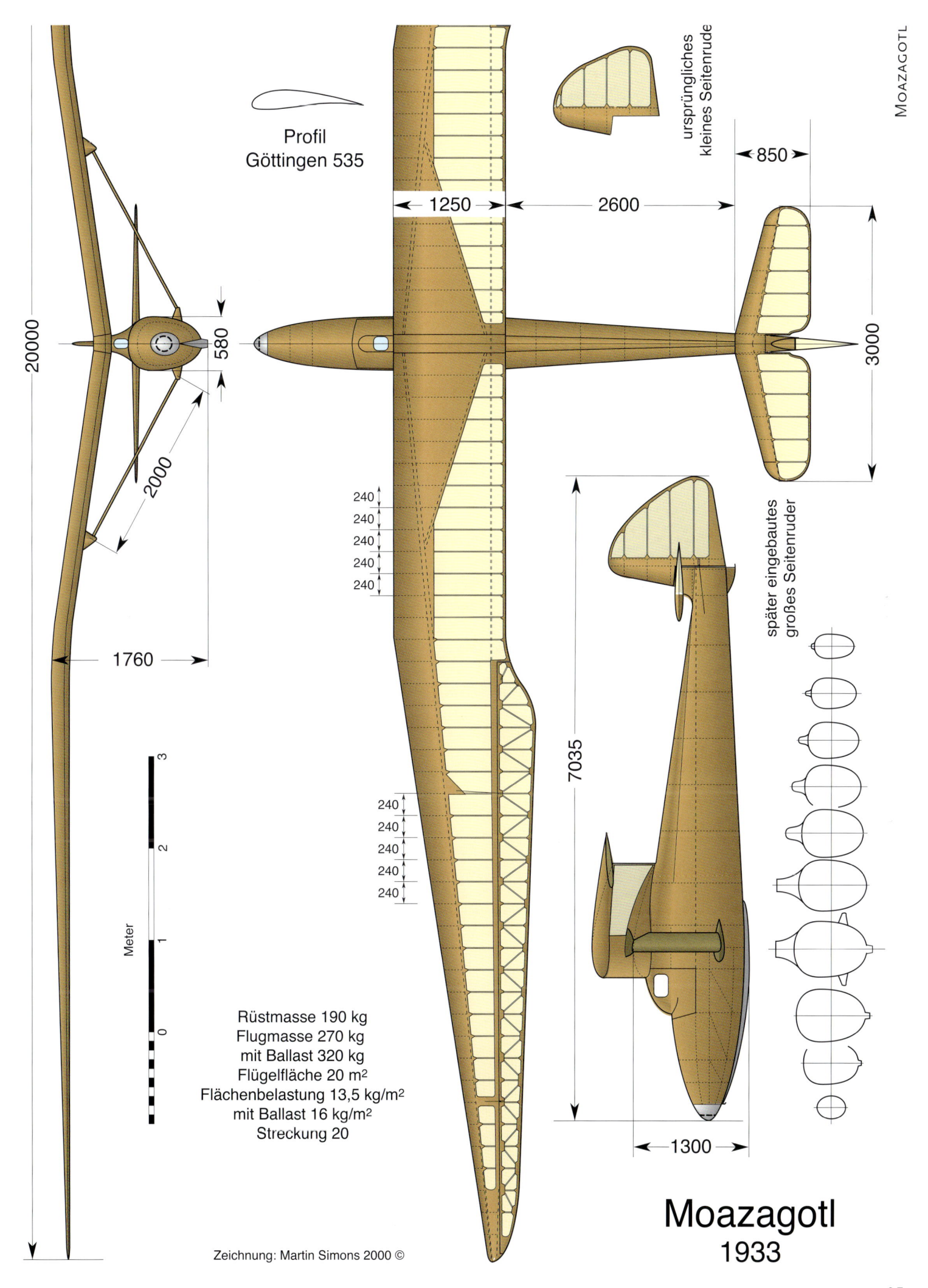

ursprüngliches kleines Seitenruder

später eingebautes großes Seitenruder

Rüstmasse 190 kg
Flugmasse 270 kg
mit Ballast 320 kg
Flügelfläche 20 m²
Flächenbelastung 13,5 kg/m²
mit Ballast 16 kg/m²
Streckung 20

Zeichnung: Martin Simons 2000 ©

Moazagotl
1933

Querruder, genau dort, wo die Pfeilung begann. Wenk umging die Schwierigkeiten beim Bau, indem er den Holm geradlinig bis zur Wurzel führte, sodass nur ein leichter Knick erforderlich wurde. Zusammen mit einem diagonalen Hilfsholm am Innenflügel und den Streben entstand ein sehr fester, aber dennoch leichter trapezförmiger Rahmen. Die hölzerne Cockpithaube wies wie beim Musterle Bullaugen und kleine Fenster auf. Obwohl Hirth zunächst mit den Leistungen des Flugzeugs zufrieden war, erwies sich die Seitenruderwirkung bald als nicht ausreichend. Die langen Flügel mit ihren großen Querrudern benötigten ein größeres Ruder zur Steuerung um die Hochachse. Daher wurde in der Folgezeit ein größeres Seitenruder gebaut. Die Handhabung verbesserte sich und im Wettbewerb 1933 legte Hirth in seinem Flugzeug mit 180 Kilometern die weiteste Strecke zurück. Im Jahr darauf war er der zweite Pilot, der einen Flug von mehr als 300 Kilometern absolvierte. Beim Rhön-Wettbewerb 1937, der ersten Segelflugweltmeisterschaft, errang Ludwig Hofmann mit Moazagotl den zweiten Platz. Das Flugzeug wurde 1945 auf dem Hornberg verbrannt, um zu verhindern, dass es in die Hände der anrückenden Amerikaner fiel. Edmund Schneider flüchtete mit seiner Frau und den beiden Söhnen Edmund und Harry 1945 aus Schlesien. Einige seiner Konstruktionen, wie das Grunau Baby wurden unter polnischer Herrschaft weitergebaut. Ihre Segelflugproduktion baute die Familie schließlich in Adelaide, Australien, wieder auf. Dort entstanden einige Exemplaren das ES Grunau Baby 4, dass allerdings mit dem Original nur noch entfernt verwandt schien.

Links oben: Instrumentenbrett des Moazagotl. In der oberen Reihe sind Fahrtmesser, Kompass und Höhenmesser zu sehen. Darunter Variometer, elektrischer Wendezeige und pneumatischer Wendezeiger

Oben: Moazagotl unter dem Hallendach am Hornberg

Rechts: Moazagotl 1934 in Buenos Aires

KAPITEL 9
Schempp Hirth

Wolf, hier mit Kunstflugbemalung und schmalen Querrudern

Göppingen 1, Wolf

Im Jahr 1935 gründete Wolf Hirth zusammen mit Martin Schempp eine eigene Segelflugzeugfabrik in Göppingen, etwa 50 Kilometer östlich von Stuttgart. Ihr erstes Produkt, die Göppingen 1 Wolf, war für den gleichen Markt wie das Grunau Baby entwickelt worden, verfügte aber über einige Verbesserungen. Der Rumpf erinnerte mit seinem schlanken Ende und dem abgerundeten Vorderteil an die Stanavo und besaß ein Rad. Hirth und Schempp hatten bei ihrem Amerika-Aufenthalt die Vorzüge eines Rades beim Handling am Boden, Flugzeugschlepp- und Windenstart kennengelernt. Die Querruder waren groß dimensioniert. Das Höhenleitwerk verfügte über einen runden Grundriss. Der Wolf war für den Kunstflug verstärkt und konnte – falls erforderlich – mit zusätzlichen V-Streben versehen werden, um eine größere Festigkeit des Flügels bei höheren Geschwindigkeiten zu gewährleisten. Der erste Wolf wurde nach England verkauft, reiste dort mit Alan Cobhams Air Circus einige Jahre über Land und wurde von Joan Meakin bei Flugvorführungen gezeigt. Ein Exemplar ging in die Vereinigten

Die Göppingen 1 Wolf stand in Konkurrenz zum Grunau Baby. Hier ein Exemplar mit den Querrudern in ursprünglicher Größe

GÖPPINGEN 1 WOLF

einige spätere Versionen
mit weiter vorn montiertem
Zwillingsfahrwerk

Profil
Göttingen 535

verstärktes Querruder und
Leitwerk bei späteren Modellen

Profil im
Querruderbereich

Rüstmasse 145 kg
Flugmasse 220 kg
Flügelfläche 15 m²
Flächenbelastung 14,66 kg/m²
Streckung 13

Profil am Flügelende

Zeichnung: Martin Simons 2000 ©

Göppingen 1
Wolf
1935

Oben: Nachbau des Wolf, D-9026 von Otto Grau, 1995 in Oberschleißheim

Links: Flügelende mit Spaltquerrudern zur Verbesserung der Langsamflugeigenschaften

Rechts: Minimoa im Gummiseilstart

Staaten und ein weiteres nahm Hirth 1935 auf seine Reise nach Japan mit, wo er es verkaufte. Später wurden noch drei weitere Exemplare nach Japan exportiert.

Dennoch konnte der Wolf nie an die Erfolge des Grunau Babys anknüpfen. Das Flugzeug galt als gefährlich, da es leicht ins Trudeln geriet. Die großen Querruder trugen vermutlich durch den hohen Widerstand, den sie beim Ausschlagen verursachten, zu dieser Tendenz bei. Im Jahr 1936 erschien eine überarbeitete Version mit schmaleren Querrudern, doch das Problem blieb weiterhin bestehen. Im Jahr 1938 legte das Reichsluftfahrtministeium das Muster still und verlangte eine Überarbeitung des Außenflügels und der Querruder. Mit großem finanziellen Aufwand wurden die Forderungen schließlich erfüllt. Viele der Flugzeuge wurden in der Folgezeit verschrottet, sodass nur noch wenige Stücke existieren.

Göppingen 3, Minimoa

Die Göppingen 2 war ein doppelsitziges Schulflugzeug. Im Anschluss planten Schempp und Hirth ein Leistungsflugzeug zu einem erschwinglichen Preis. Das Moazagotl verfügte zwar über gute Leistungen, war

Minimoa

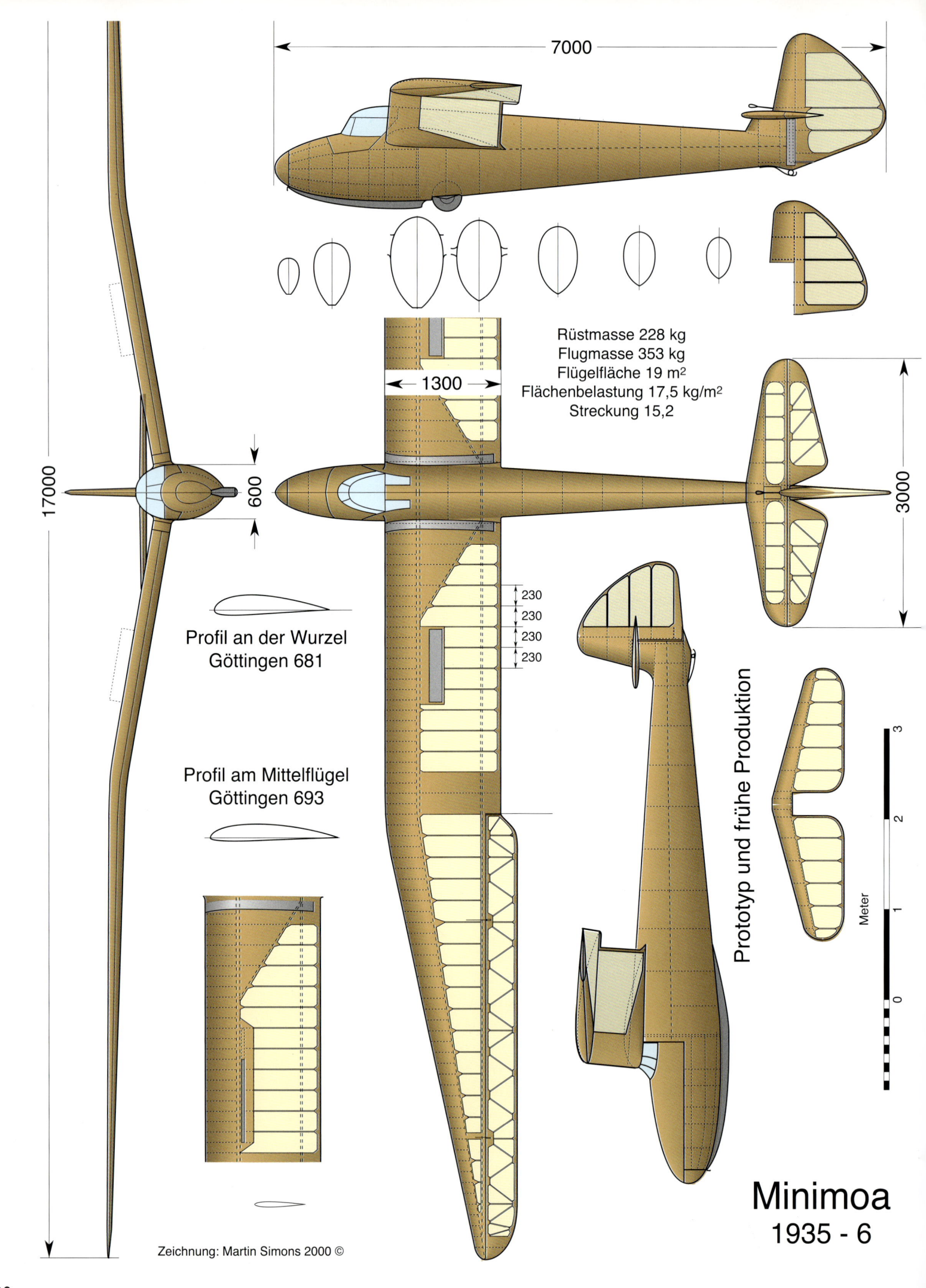

7000

Rüstmasse 228 kg
Flugmasse 353 kg
Flügelfläche 19 m²
Flächenbelastung 17,5 kg/m²
Streckung 15,2

1300

17000

600

3000

230
230
230
230

Profil an der Wurzel
Göttingen 681

Profil am Mittelflügel
Göttingen 693

Prototyp und frühe Produktion

Meter

Zeichnung: Martin Simons 2000 ©

Minimoa
1935 - 6

100

Minimoa beim Start von der Wasserkuppe

aber mit einer Spannweite von 20 m zu aufwendig und zu teuer. So beschlossen die Konstrukteure, ein Flugzeuge mit 17 m Spannweite anzubieten, das allerdings alternativ auch mit 16 und 18 m verfügbar war. Ein freitragender Flügel sollte Widerstand verringern. Für den Wolkenflug war ein maximales Lastvielfaches von 10 anstatt der üblichen 8 vorgesehen. Das höhere Gewicht wirkte sich im Schnellflug an guten Tagen vorteilhaft aus. Der Hauptholm musste in zwei Ebenen gewölbt werden, um die Rückpfeilung und die V-Form zu erzeugen. Die Schwierigkeiten beim Bau wurden durch eine aufwendige Helling gelöst.

Die Stabilität und das sichere Flugverhalten des Moazagotl sollten erhalten bleiben. Deshalb übernahm man beim neuen Flugzeug die wesentlichen Merkmale: zurückgepfeilter Flügel mit deutlichem Knick, hoch auf dem Rumpf angebracht, große Querruder und deutliche Schränkung. Der Kopf des Piloten befand sich innerhalb des Flügels, deshalb war die Sicht eingeschränkt. Ein Fenster oberhalb bot ein wenig Abhilfe. Gelandet wurde auf einer Kufe, Spreizklappen an der Flügelunterseite erlaubten kurze Landungen. Wegen seiner Beinprothese baute Hirth einen hängenden Steuerknüppel ein, der über seiner rechten Schulter zur Flügelwurzel führte. Die komplette Abdeckung des vorderen Rumpfes konnte abgehoben werden. Diese Ausführung sollte in der Serienproduktion nicht fortgesetzt werden. Es war geradezu unvermeidlich, dass die Göppingen 3, diese verkleinerte Version der Moazagotl den Namen Minimoa erhielt. Die erste Minimoa nahm Wolf Hirth 1935 mit nach Japan, wo er den Segelflug vorführte und populär machte. Sie wurde dort verkauft. Ein zweiter Prototyp mit Fahrwerk und normaler Steuerung ging ebenfalls nach Japan. Das dritte Exemplar in Schulterdeckerbauweise erwarb schließlich ein rumänischer Pilot. Bevor man mit der Serienproduktion begann, führte man einige wesentliche Änderungen durch: Der Flügel wurde tiefer am Rumpf angebracht, die überarbeitete Haube gewährte dem Piloten eine bessere Sicht. Auch das Leitwerk wurde geändert und erhielt ein Höhenruder mit Flosse anstelle des Pendelruders der Prototypen. Verschiedene Größen und Arten von Seitenrudern wurden ausprobiert. Die Landeklappen ersetzte man durch Störklappen und schließlich – bei späten Ausführungen – durch Sturzflugbremsen. Im Jahr 1936 begann schließlich die Produktion. Zweifellos erfüllte die Minimoa alle Hoffnungen, die Hirth in sie gesetzt hatte: Stabilität und Festigkeit bei guten Leistungen. Das beste Gleitverhältnis wurde 1938 mit 25,7:1 vermessen. Auch andere Flugzeuge mit ähnlicher Spannweite konnten vergleichbare Leistungen aufweisen, aber die Minimoa mit ihrem ausgeprägten und eleganten Flugbild erntete in der Folgezeit viel Beifall und Bewunderung. Minimoas gingen in die ganze Welt, zwei nach England, mindestens zwei nach Amerika, je eine nach Südamerika und Südafrika, andere nach Frankreich und Japan. Sein eigenstabiles Flugverhalten machte das Flugzeug berühmt. Als Chris Wills bei einem seiner Rekordflüge in einer Wolke die Orientierung verlor, sagte er sich: „Die Minimoa hat immer Recht", nahm Hände und Füße aus den Rudern und sofort ging das Flugzeug in einen perfekten Normalflug über. Mit der Minimoa wurden zahlreiche Rekorde geflogen und Wettbewerbe gewonnen. Bis zum 30. Juni 1938 gingen allein 100 Bestellungen bei Schempp-Hirth ein. Gegen Endes des Jahres 1939 wurde die Produktion schließlich eingestellt.

Der Prototyp eines Minimoa-Doppelsitzers entstand im Jahr 1938, ging aber nicht in Serie. Eine 18-Meter-Version ohne Fahrwerk sollte die Leistungen weiter steigern. Einige Minimoas überlebten den Zweiten Weltkrieg. Viele davon fliegen noch oder sind in Museen ausgestellt.

Göppingen 4 „Gövier"

Die Gövier, eine Gemeinschaftskonstruktion von Wolfgang Hütter und Wolf Hirth, flog erstmals im August 1938 und ging noch im Oktober in Produktion. Aufzeichnungen der Firma Schempp-Hirth dokumentieren, dass über 100 Stück hiervon gebaut wurden, vielleicht auch mehr.

Oben: Eine Minimoa wird 1936 nach Transport per Zeppelin in Rio de Janeiro entladen.

Darunter: Gövier D-1080 mit langem Rumpf 1995 in Elmira, USA

Bei der Weiterentwicklung Gövier 2 wurde der Rumpf leicht verschmälert, für die Schultern gab es in den Flügelwurzel-Verkleidungen etwas mehr Platz. Für den Einsatz als Schulflugzeug erschien ein Gleitverhältnis von 20:1 als akzeptabel. Die Gövier wurde zur Erprobung der berühmten Schempp-Hirth-Klappen eingesetzt, die in der Folge zum Standard der meisten Segelflugzeuge gehörten. Eine modifizierte Version, die Gövier V 2, erhielt einen erheblich kürzeren Rumpf und führte schließlich im Jahr 1941 zur Gövier 3, von der nach dem Krieg etwa 20 Exemplare produziert wurden. Einige von diesen sind immer noch im Einsatz.

Produkt Version Gö 4 II

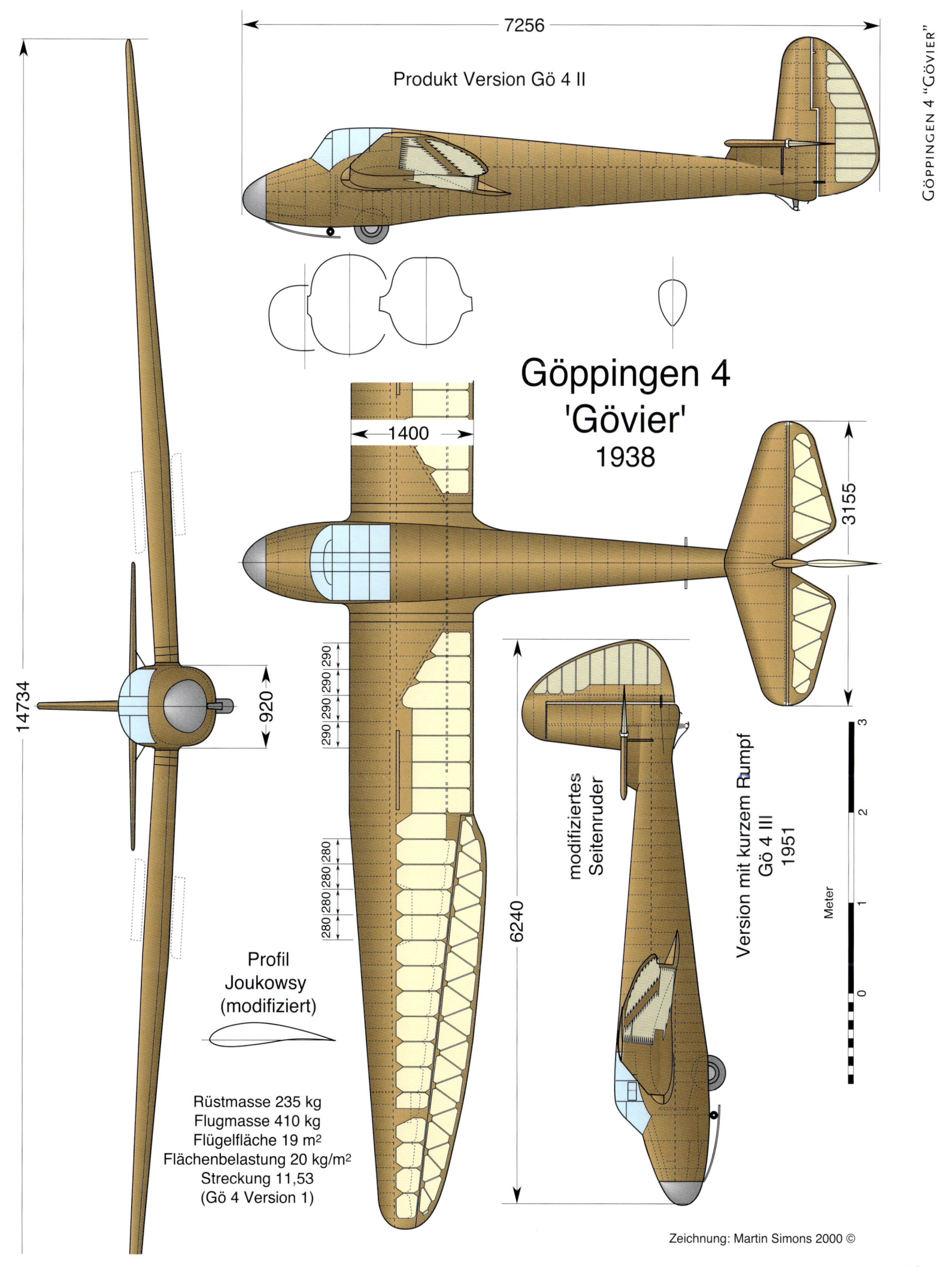

Göppingen 4
'Gövier'
1938

modifiziertes Seitenruder

Version mit kurzem Rumpf
Gö 4 III
1951

Profil Joukowsy (modifiziert)

Rüstmasse 235 kg
Flugmasse 410 kg
Flügelfläche 19 m²
Flächenbelastung 20 kg/m²
Streckung 11,53
(Gö 4 Version 1)

Zeichnung: Martin Simons 2000 ©

GÖPPINGEN 4 "GÖVIER"

KAPITEL 10 # Hans Jacobs – Segelflugzeuge aus der Fabrik

Die ehemalige Rhön-Rossitten-Gesellschaft wurde 1933/34 aufgelöst und durch die DFS (Deutsche Forschungsanstalt für Segelflug) unter Kontrolle des Reichsluftfahrtministeriums ersetzt. Georgii, bis zu diesem Zeitpunkt Leiter der RRG, widersetzte sich der Veränderung. Sein Rücktrittsgesuch wurde jedoch abgelehnt und so wurde er zum neu errichteten Forschungsinstitut in Darmstadt-Griesheim versetzt. Zu den Mitarbeitern der RRG gehörte auch Hans Jacobs. Er war im Jahr 1927 als Assistent zu Lippisch gestoßen und in der Folgezeit eng mit der Entwicklung der Nurflügel-Segelflugzeuge befasst gewesen. Er wirkte auch bei den Entwürfen für die Wien und den Fafnir mit. Lippisch und Jacobs mussten nun die Wasserkuppe verlassen und zur DFS nach Darmstadt wechseln. Dort arbeiteten sie während der nächsten Jahre. Lippisch übergab bald die Verantwortung zur Entwicklung von Segelflugzeugen an den jüngeren Jacobs.

Schon vor 1930 gab es bereits in Fabriken gefertigte Segelflugzeuge. Dort hatte man in großen Stückzahlen Schulgleiter oder Übungsflugzeuge produziert, nicht aber Hochleistungs-Segelflugzeuge. Den ersten Vorstoß in diese Richtung unternahm Alexander Schleicher, der aufgrund der Nähe seiner Fabrik zur Wasserkuppe eng mit den führenden Piloten, Fluglehrern und Technikern zusammenarbeiten konnte.

Jacobs „Hol's der Teufel"

Hans Jacobs verfasste mehrere kleine Schriften zum Modellflug, die Baupläne – unter anderem für Nurflügelmodelle – enthielten. Sein Buch „Segelflugzeug", herausgegeben vom Verlag Otto Maier, Ravensburg (Nr. 138 der Serie „Spiel und Arbeit") beschrieb auch den Bau eines Gleitflugzeugs. Im Anhang gab es Pläne für dieses Segelflugzeug mit einer Spannweite von 12,56 m. Dort wurde die Konstruktion als Ent-

Nach Originalplänen von Hans Jacobs baute Mike Beach einen perfekten Nachbau des „Hols der Teufel". Das Flugzeug 1990 am Boden und im Flug in Dunstable, England

Flügelfläche 19,52 m²
Streckung 8,1

Profile am Außenflügel

Hol's der Teufel
(Jacobs)
1928 - 9

Zeichnung: Martin Simons 2000 ©

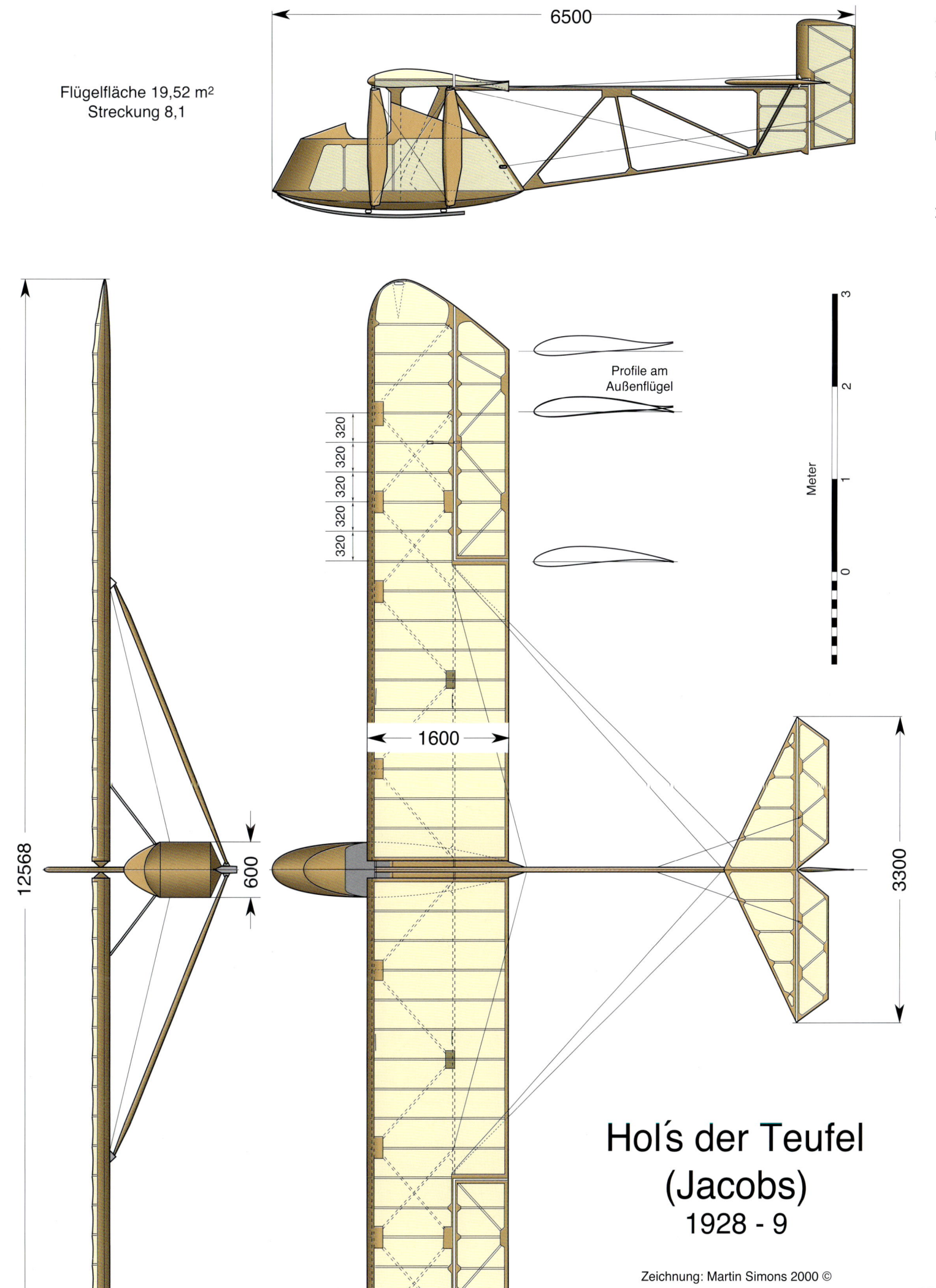

Kapitel 10

wurf von Lippisch beschrieben, wie er damals von Schleicher gefertigt wurde. Das nach 1928 unter dem Namen Hol's der Teufel angebotene Muster hatte wenig Ähnlichkeit mit Lippischs Urfassung des ‚Djävlar Anamma'. Es handelte sich dabei vielmehr um einen vergrößerten Zögling mit Streben anstatt Spanndrähten und einer Verkleidung aus Stoff und Sperrholz um den Pilotensitz. Auch verlief vor dem Pilotensitz kein „Schädelspalter" mehr.

Es ist nicht bekannt, wie eng Schleicher mit Jacobs und Lippisch zusammenarbeitete. Die Pläne in Jacobs' Buch wichen jedoch wiederum von den Zeichnungen Schleichers ab. Jacobs' Zeichnung zeigte nun abgerundete Flügelenden, eine geringfügig veränderte Spannweite, Änderungen im Gitterrumpf und an der Verspannung. Das Seitenruder wies Änderungen auf und das Höhenleitwerk war mit Streben statt Spanndrähten versehen. Da Jacobs' Pläne leicht erhältlich waren, wurde sein Flugzeug in vielen Exemplaren weltweit nachgebaut. Es wurde ‚Hol's der Teufel' genannt, obwohl Jacobs es selbst nie so bezeichnet hatte. Ein Nachbau wurde von Mike Beach in England gefertigt, erfolgreich geflogen und ist nun im Segelflugmuseum auf der Wasserkuppe zu besichtigen.

Luftkurort Poppenhausen

Der Doppelsitzer Poppenhausen, ursprünglich Luftkurort Poppenhausen a. d. Wasserkuppe, wurde von Alexander Schleicher erstmals 1928 geflogen. Hier erhielten Passagiere erste Einblicke in den Segelflug. Später wurde das Flugzeug neben Typen wie Hol's der Teufel, Zögling, Fal-

Die Poppenhausen war Alexander Schleichers doppelsitzige Version des Hols der Teufel und besaß Doppelsteuerung.

ke, Professor und Anfänger (einem abgestrebten Schulgleiter) in den Listen der Segelflugzeugwerke Rhön angeboten. Es ist sehr wahrscheinlich, dass Hans Jacobs am Entwurf mitgewirkt hatte. Der Doppelsitzer Poppenhausen stellte in vieler Hinsicht eine vergrößerte Version des Hol's der Teufel dar. Die Sitze lagen hintereinander, umschlossen von einem Boot. Das beste Gleitverhältnis betrug 16,4 :1 bei einem minimalen Sinken von 0,88 m/s. Schleicher hatte hiermit unter Beweis gestellt, dass auch mit doppelsitzigen Flugzeugen gute Leistungen möglich waren. Ausgestattet mit Doppelsteuerung war das Flugzeug auch ein ansprechendes Schulflugzeug, gleichermaßen für die Anfänger- und Fortgeschrittenen-Schulung geeignet. 1931 belief sich der Preis auf 439$ (US) Dollar. Ein Zögling kostete damals 227$, der Anfänger 220$. Der im Vergleich zum Einsitzer doppelte Preis erklärt möglicherweise, warum der Doppelsitzer im Schulbetrieb nicht häufiger eingesetzt wurde. Die Tatsache, dass ein Segelflugschüler damit von Anfang an, aber wesentlich effektiver als in einem Zögling geschult werden konnte, schien damals kaum jemanden zu interessieren. Es ist nicht bekannt, wie viele Exemplare dieses Doppelsitzers in Poppenhausen produziert wurden. Zumindest einer wurde nach England exportiert, ein weiterer vom Düsseldorfer Aero Club geflogen.

Rhönadler

Schleicher erkannte den steigenden Bedarf an Überland-Segelflugzeugen und bewunderte zudem den Fafnir. Er beauftragte Hans Jacobs, eine vereinfachte Version zu entwerfen, die industriell gefertigt werden konnte und dabei nicht zu teuer war. Der nach diesen Vorgaben produzierte Prototyp, Rhönadler genannt, wurde zum Rhön-Wettbewerb 1932

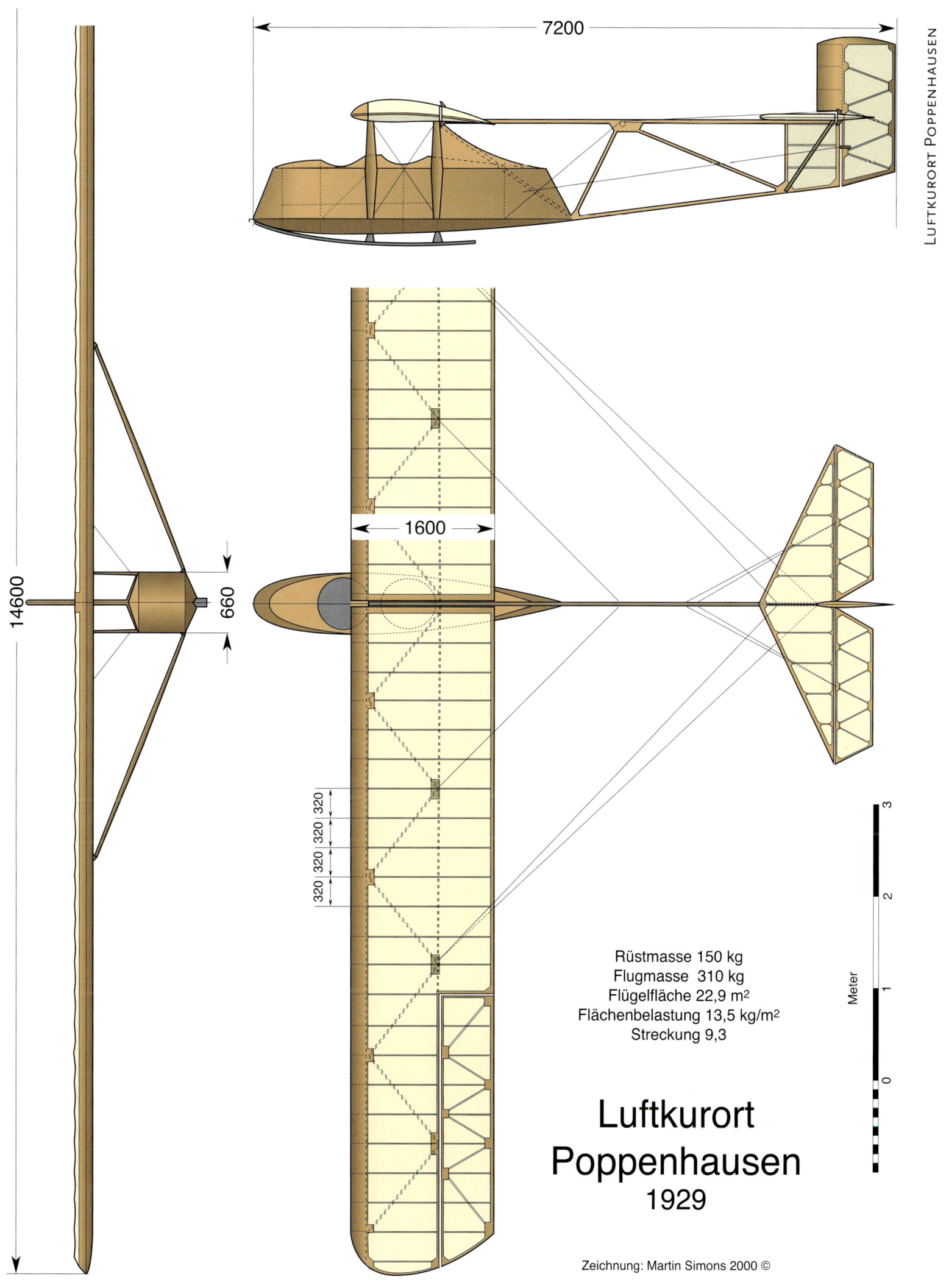

Rüstmasse 150 kg
Flugmasse 310 kg
Flügelfläche 22,9 m²
Flächenbelastung 13,5 kg/m²
Streckung 9,3

Luftkurort Poppenhausen
1929

Zeichnung: Martin Simons 2000 ©

Rhönadler
1935

Profile
- Wurzelbereich: Göttingen 652 modifiziert
- Mittelflügel: Göttingen 535
- Flügelende: Clark Y

Rüstmasse 170 kg
Flugmasse 250 kg
Flügelfläche 18 m²
Flächenbelastung 13,85 kg/m²
Streckung 16,8

Haube vor 1932
Haube ab 1932

Zeichnung: Martin Simons 2000 ©

RHÖNADLER

Oben: Klaus Heyn baute in den 80er Jahren nach Originalplänen einen Rhönadler 35. Das Flugzeug befindet sich jetzt im Segelflugmuseum Wasserkuppe.

Rechts unten: Rhönadler mit eindrucksvoller Flügelpfeilung im Flug

Links: Prototyp des Rhönadlers mit 18 m Spannweite, die für die Serienfertigung verringert wurde

Oben: Rhönadler beim Start von der Wasserkuppe

Unten: Der Seeadler war eine Wasserflug-Version des Rhönadlers mit Amphibienrumpf und stark geknicktem Flügeln, um diese über dem Wasser zu halten.

fertiggestellt. Bereits früher hatte es einen doppelsitzigen Rhönadler gegeben, mit dem in seiner Klasse einige Rekorde erflogen wurden.

Die Flügel waren auf einem schmalen Pylon oberhalb des stromlinienförmigen Rumpfes angebracht, um die Strömungsprobleme zu vermeiden, die beim Fafnir zunächst aufgetreten waren. Der Grundriss war trapezförmig, zur Vereinfachung der Produktion gab es jedoch keinen Knickflügel. Die Spannweite des Rhönadler betrug 18 m. Das Flügelprofil an der Wurzel war ein modifiziertes, weniger gewölbtes Göttingen 652, das auch Dittmar bei seinem Condor nutzte. Die Cockpitabdeckung besaß Bullaugen und ein kleines Fenster.

Während des Wettbewerbs flog auch Peter Riedel den Rhönadler. Obwohl er nicht siegte, beeindruckte das Flugzeug viele Piloten. Schleicher beschloss daraufhin, es in Serie zu bauen. In Kenntnis der Schwierigkeiten mit dem niedrig angebrachten Flügeln beim Fafnir wurde dieser beim Rhönadler deutlich höher montiert. Die Seitenflosse wurde vereinfacht und die Spannweite leicht verringert. Der Rhönadler 32 verkaufte sich gut. 1935 erfuhr das Flugzeug einige Veränderungen, unter anderem erhielt es eine geschlossene durchsichtige Haube. Auf der Oberseite des Flügels wurden häufig nachträglich Störklappen montiert. Der Rhönadler 35 wurde zum bekanntesten Hochleistungs-Segelflugzeug in Deutschland. Schleicher baute davon 65 Exemplare. Beim Rhön-Wettbewerb 1935 nahmen 23 Rhönadler in einem Feld von 60 Flugzeugen teil. Einige Exemplare wurden exportiert, eines hiervon nach England, wo es von Eric Collins, dem damals besten britischen Piloten, geflogen wurde. Nach Originalplänen baute Klaus Heyn einen Rhönadler 35. Dieses 1980 fertiggestellte Exemplar befindet sich heute im Segelflugmuseum auf der Wasserkuppe.

Rhönbussard

Viele Fluglehrer empfanden den Rhönadler als zu fortschrittlich für unerfahrene Piloten. Sie wünschten sich ein Flugzeug, zum einen besser als das Grunau Baby, zum anderen kleiner und billiger als der Adler. Schleicher beauftragte Jacobs mit der Konstruktion eines solchen Flugzeuges. Das Ergebnis, das 1933 vorgelegt wurde, war der Rhönbussard. Dieser verfügte über eine Spannweite von 14,3 m, einen stromlinienförmigen, aber kurzen Rumpf sowie einen freitragenden Flügel, der bessere

Einige Exemplare des Rhönbussard waren mit Schempp-Hirth-Klappen ausgestattet. Dieses hier wurde von den britischen Truppen in Scharfoldendorf von 1948 bis 1950 geflogen.

5900

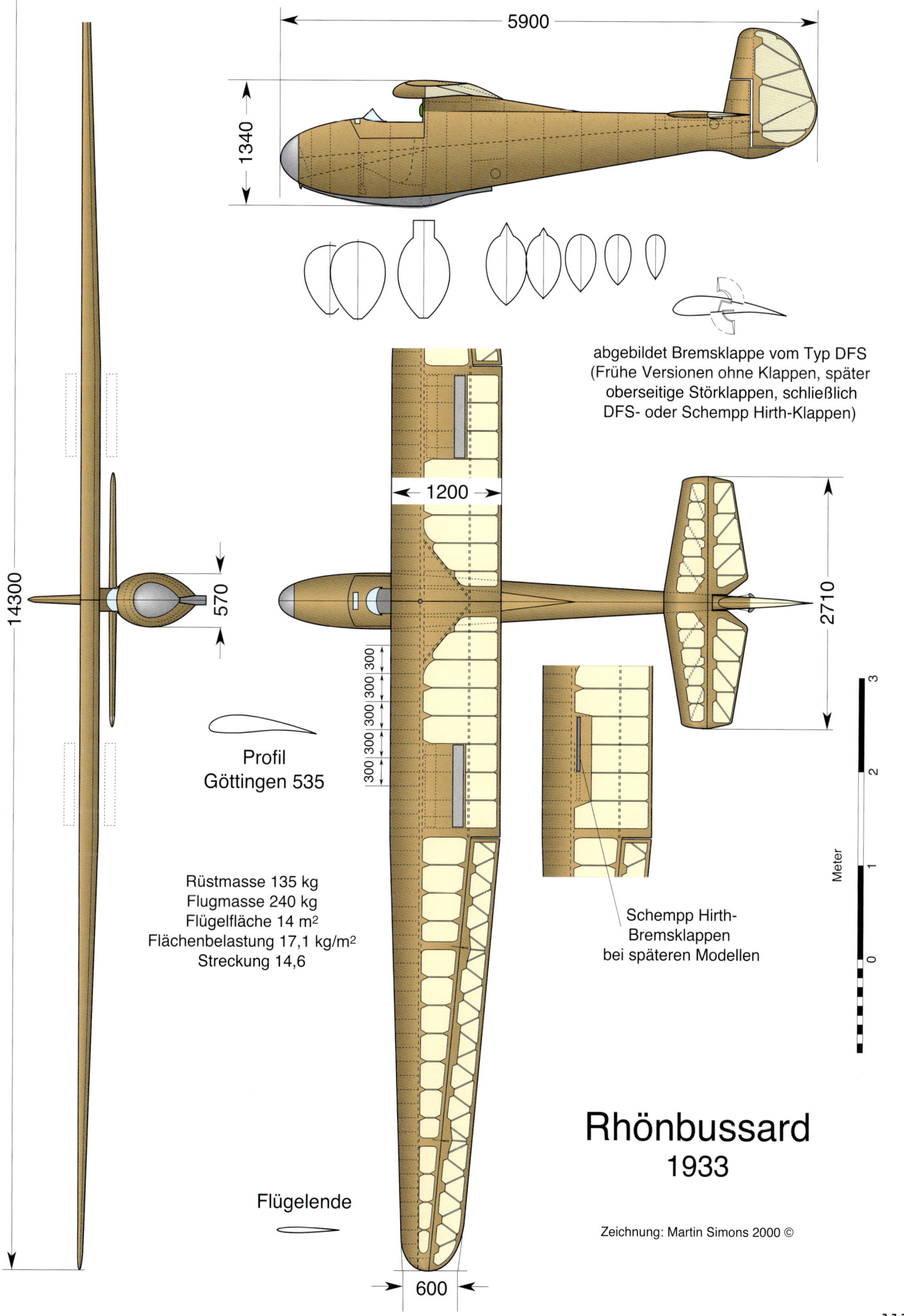

1340

abgebildet Bremsklappe vom Typ DFS
(Frühe Versionen ohne Klappen, später
oberseitige Störklappen, schließlich
DFS- oder Schempp Hirth-Klappen)

14300

570

1200

2710

300 300 300 300

Profil
Göttingen 535

Rüstmasse 135 kg
Flugmasse 240 kg
Flügelfläche 14 m²
Flächenbelastung 17,1 kg/m²
Streckung 14,6

Schempp Hirth-
Bremsklappen
bei späteren Modellen

Flügelende

600

Rhönbussard
1933

Zeichnung: Martin Simons 2000 ©

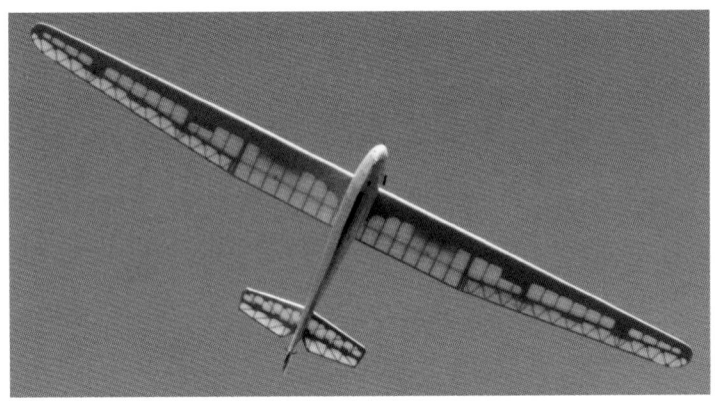

Kapitel 10

Besitzer diese nachträglich einbauten. Später war der Rhönbussard dann mit DFS-Klappen und schließlich auch mit den wirkungsvollen Schempp-Hirth-Klappen erhältlich.

Mit dem Rhönbussard konnten viele erfolgreiche Flüge sowie Kunstflugvorführungen absolviert werden. Er flog stabil und war gut zu steuern. 1936 flog Hermann Seele einen Höhenweltrekord. Bei diesem Flug auf mehr als 5000 m geriet er in einer Wolke in Hagel und schwere Turbulenzen und verlor die Kontrolle über das Flugzeug. Der Bussard montierte ab. Seele konnte sich mit dem Fallschirm retten. Neben einigen in Museen ausgestellten Exemplaren existiert zumindest ein Rhönbussard in flugfähigem Zustand.

Oben: Dieser Bussard, 1934 nach England importiert, wurde im Kunstflug von Joan Meakin beim Alan Cobham's Air Circus vorgeführt.

Mitte: Dieser restaurierte Bussard hatte nur Störklappen auf der Flügeloberseite, spätere Versionen besaßen DFS-Klappen.

Ernst Udets Rhönsperber „D-Kommandant" mit olympischen Ringen im Jahr 1935

Leistungen als beim Baby erbrachte. Der kurze Rumpf erforderte aus Schwerpunktgründen die Verlagerung des Pilotensitzes unter den Flügel. Dies beeinträchtigte die Sicht nach oben, insbesondere in steilen Kurven. Dennoch wurde das Flugzeug erfolgreich, über 200 Exemplare konnten gebaut werden. Beim Rhön-Wettbewerb 1934 nahmen 16 Bussarde teil, eine Zahl, die nur vom Grunau Baby überschritten wurde.

Ein ungewöhnliches Konstruktionsmerkmal bestand darin, dass bei der Montage die Flügelhälften zunächst zusammengesteckt werden mussten, bevor sie auf dem Rumpf montiert wurden. Das erwies sich als nicht so schwierig, wenn genügend Helfer zur Verfügung standen. Die ersten Modelle verfügten noch nicht über Landehilfen, weshalb viele

Profil
am Mittelflügel
Göttingen 535

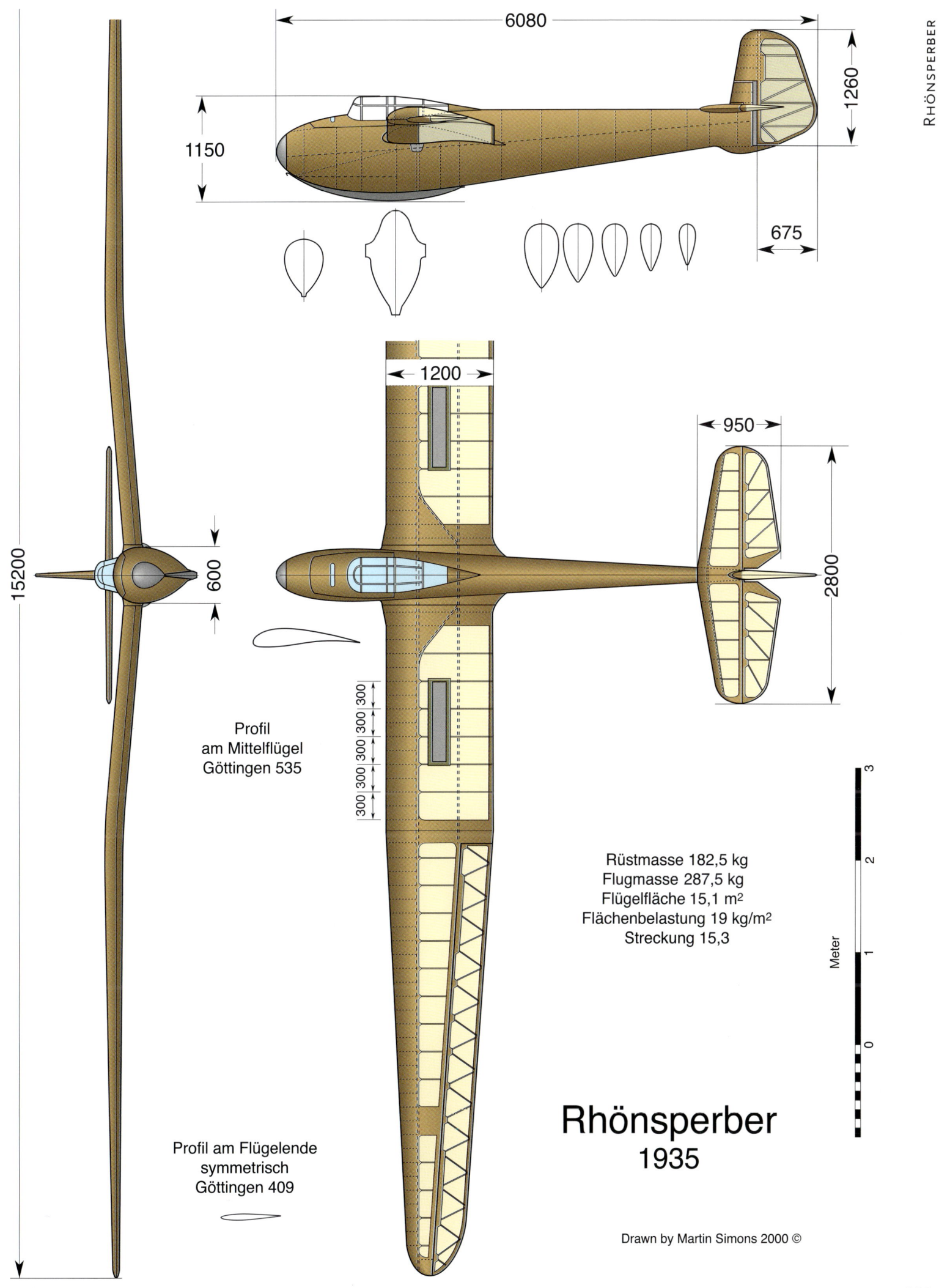

Profil am Flügelende
symmetrisch
Göttingen 409

Rüstmasse 182,5 kg
Flugmasse 287,5 kg
Flügelfläche 15,1 m²
Flächenbelastung 19 kg/m²
Streckung 15,3

Rhönsperber
1935

Drawn by Martin Simons 2000 ©

Kapitel 10

Ernst Udet, berühmter Kunstflugpilot und späterer Luftwaffenoffizier, besaß seinen eigenen Rhönsperber mit dem Kennzeichen D - Kommandant und flog diesen 1935 vom Jungfraujoch. Während der Olympischen Winterspiele 1936 in Garmisch führte Peter Riedel den Rhönsperber im Kunstflug vor und zeigte dabei auch Starts und Landungen auf dem Eis. Flugzeuge vom Typ Rhönsperber wurden zu jener Zeit in die USA und nach England exportiert. Das englische Exemplar wurde nach Jahrzehnten restauriert und flugfähig wiederaufgebaut. Heute fliegt es mit einem Rhönbussard-Leitwerk, nachdem das Originalleitwerk verloren gegangen war. Ein perfekter Nachbau des Sperbers entstand 1997 bei Otto Grau in Deutschland. Weitere Exemplare existieren in verschiedenen Museen.

Rhönsperber

Im Anschluss an den Rhönbussard entwickelte Jacobs 1935 den Rhönsperber. Dieses Flugzeug entstand bei Flugzeugbau Schweyer in einer Stückzahl von etwa 100 Exemplaren. Der Knickflügel war in Mitteldecker-Anordnung auf dem Rumpf montiert, was die Sicht im Kurvenflug verbesserte. Der Sperber erhielt eine geschlossene, stromlinienförmige Haube. Gegenüber dem Rhönbussard verfügte das Flugzeug aufgrund der kürzeren Spannweite über geringere Leistungen. Das Muster war äußerst beliebt und konnte einige außergewöhnliche Überlandflüge aufweisen, von denen der von Ludwig Hofmann mit 474 Kilometern in die Tschechoslowakei zu den bedeutendsten zählt. Dieser 1935 aufgestellte Rekord sollte nur eine Woche später durch einen weiteren Sperber-Flug von Hans Heinemann über 500 Kilometer überboten werden.

Sperber Senior

1936 entwarf Jacobs eine verbesserte und vergrößerte Version des Rhönsperbers, den Sperber Senior. Der Name lässt nicht erkennen, dass es sich hierbei um einen vollkommen neuen Entwurf mit geänderter Flügelform, größerer Spannweite, geringer gewölbtem Profil sowie kom-

Links oben: D-Urubu beim ISTUS-Treffen 1936

Rechts: Peter Riedel mit dem Sperber über New York

Unten: Sperber Senior, davor mit Fallschirm, Peter Riedel

Profile Göttingen 757

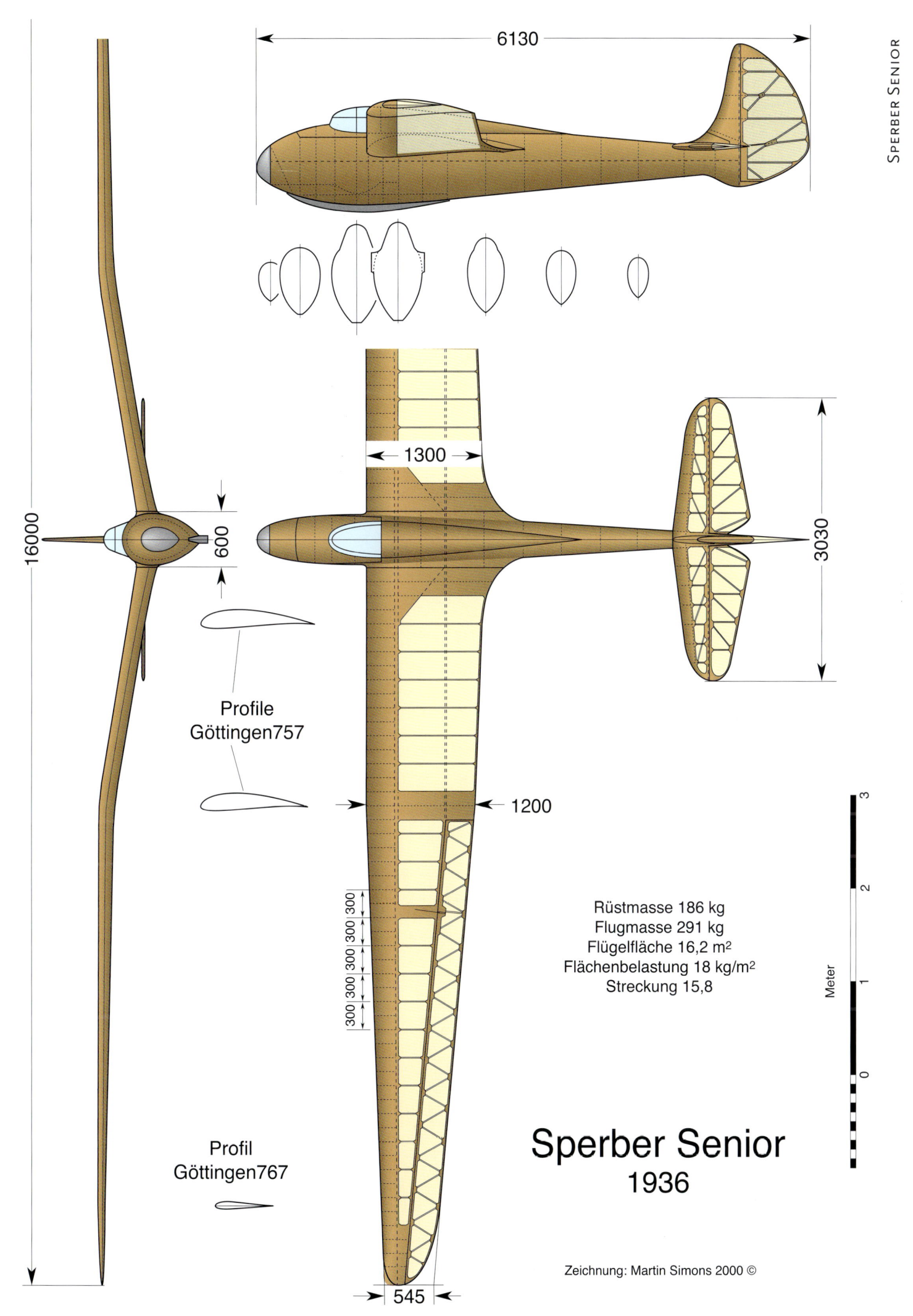

Profil Göttingen 767

Rüstmasse 186 kg
Flugmasse 291 kg
Flügelfläche 16,2 m²
Flächenbelastung 18 kg/m²
Streckung 15,8

Sperber Senior
1936

Zeichnung: Martin Simons 2000 ©

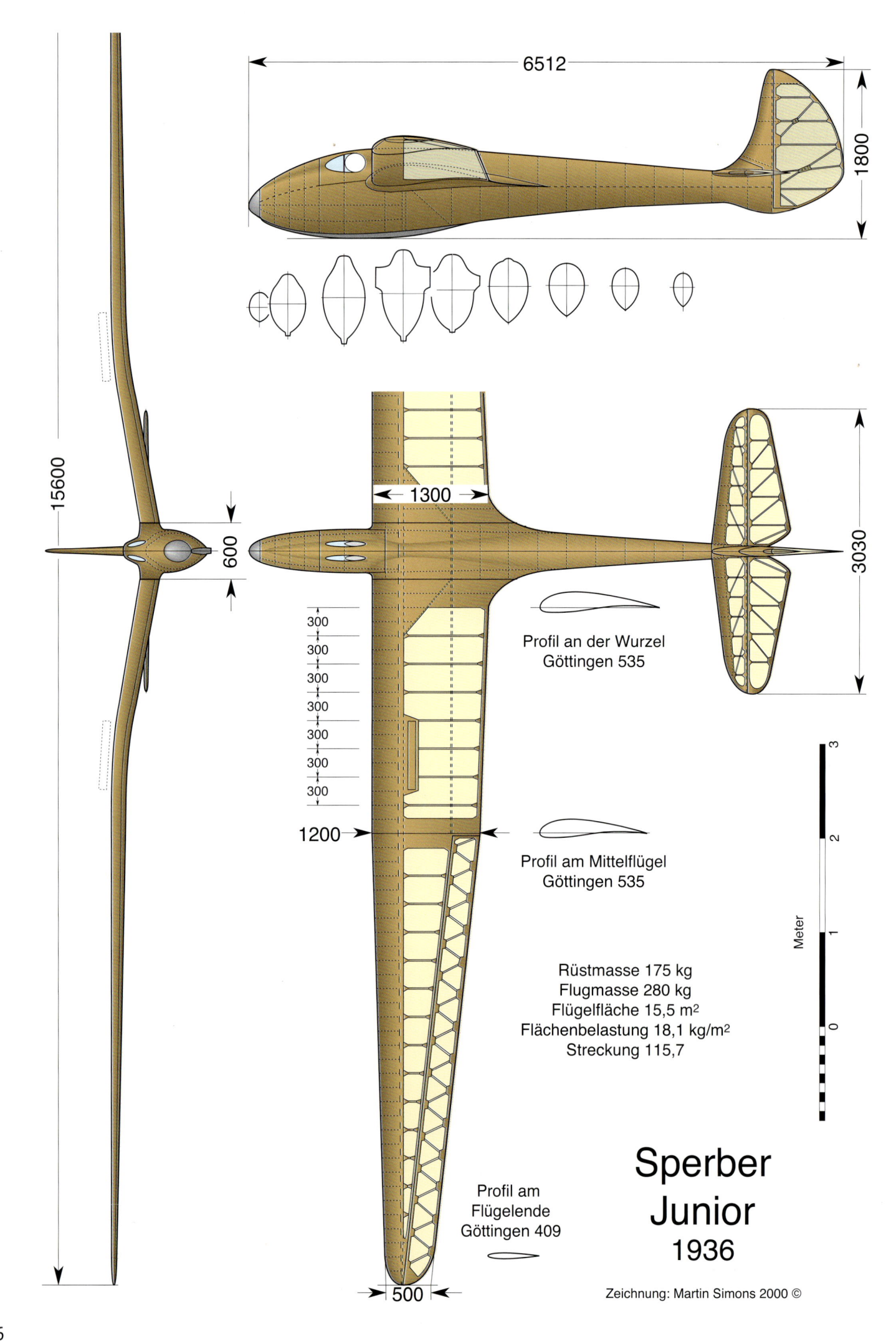

SPERBER JUNIOR

Profil an der Wurzel
Göttingen 535

Profil am Mittelflügel
Göttingen 535

Profil am Flügelende
Göttingen 409

Rüstmasse 175 kg
Flugmasse 280 kg
Flügelfläche 15,5 m²
Flächenbelastung 18,1 kg/m²
Streckung 115,7

Sperber Junior
1936

Zeichnung: Martin Simons 2000 ©

Links oben: Die Cockpitverkleidung entsprach der des Fafnir, allerdings besaßen die Bullaugen Kunststofffenster.

Rechts oben: Speziell für Hanna Reitsch war der Sperber Junior ausgelegt, dessen Cockpit genau ihrer Körpergröße angepasst war.

Links: Die Seitenansicht des Sperber Junior zeigt die elegante Formgebung.

Unten: Um dicht zu schließen, mussten die Landeklappen der Flügelform angepasst werden. Die Flügeloberseite war leuchtend blau gemustert.

plett neuem Rumpf und Leitwerk handelte. Nur ein Exemplar wurde hiervon gebaut. Während des Rhön-Wettbewerbs 1936 flog Hofmann den Sperber Senior, konnte aber aus familiären Gründen den Wettbewerb nicht beenden. 1937 stand Peter Riedel während der amerikanischen Meisterschaften in Elmira ein Sperber Senior zur Verfügung. Nach einem Flugzeugschlepp vom Roosevelt Field auf Long Island gelang ihm ein siebenstündiger Segelflug über Manhattan. Im Wettbewerb erzielte er mehr Punkte als jeder amerikanische Pilot, konnte aber als Deutscher nicht Meister werden. Nach seiner Rückkehr nach Deutschland wurde der Sperber Senior stillgelegt, sein weiteres Schicksal ist nicht bekannt.

Sperber Junior

Der Sperber Junior, zweifellos eines der schönsten jemals gebauten Segelflugzeuge, wurde eigens für Hanna Reitsch konstruiert. Der Rumpf war exakt an ihre zierliche Statur angepasst. Kein anderer Pilot konnte hierin fliegen, aber Hanna Reitsch empfand das Cockpit als komfortabel. Flügelgrundriss und Leitwerk entsprachen dem Sperber Senior, das Profil stammte vom Sperber. Der Knickflügel war ausgeprägter, die Haube ähnelte mit ihren Bullaugen und der sorgfältigen Einpassung in die Rumpfkontur der des Fafnir. Der Sperber Junior bestach durch seine auffallende blaue Kunstfluglackierung auf der Oberseite. Nach einem heftigen Streit mit der Wettbewerbskommission, die entsprechend politischer Vorgaben Frauen vom Wettbewerb ausschließen wollte, konnte Hanna Reitsch schließlich doch am Rhön-Wettbewerb 1936 teilnehmen

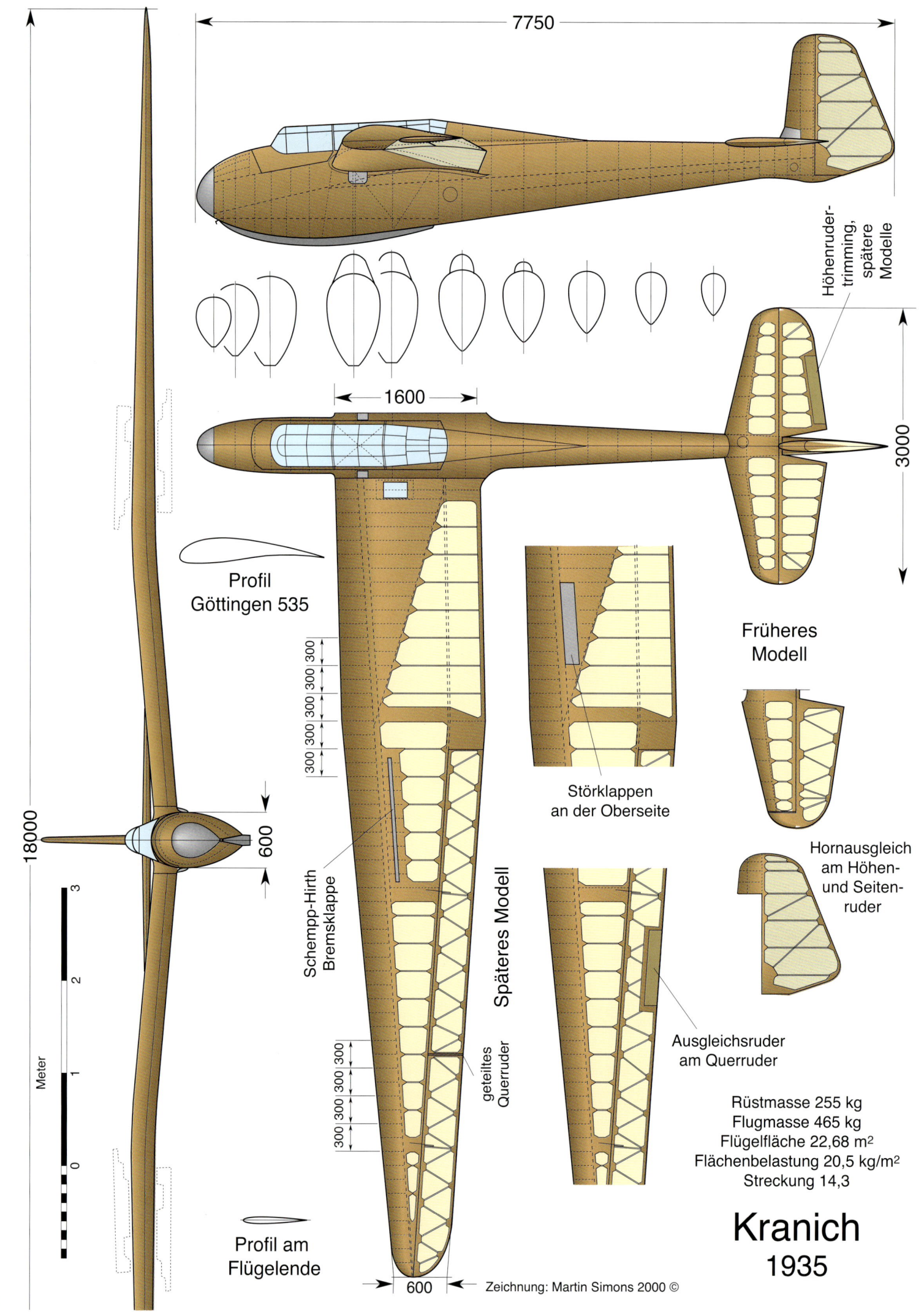

KRANICH

7750

1600

Profil
Göttingen 535

18000

600

Meter

Profil am
Flügelende

600

Zeichnung: Martin Simons 2000 ©

Höhenruder-
trimming,
spätere
Modelle

3000

Frühheres
Modell

Störklappen
an der Oberseite

Schempp-Hirth
Bremsklappe

Späteres Modell

geteiltes
Querruder

Hornausgleich
am Höhen-
und Seiten-
ruder

Ausgleichsruder
am Querruder

Rüstmasse 255 kg
Flugmasse 465 kg
Flügelfläche 22,68 m²
Flächenbelastung 20,5 kg/m²
Streckung 14,3

Kranich
1935

Rechts: Beim Kranich saß der hintere Pilot fast im Schwerpunkt, der Hauptholm verlief zwischen den beiden Sitzen.

Mitte, rechts: Der Kranich, Hans Jacobs' berühmte Doppelsitzerkonstruktion, im Flug

Unten: Der zweirädrige Startkuller wurde nach dem Abheben abgeworfen.

und belegte am Ende den fünften Platz. Im Mai 1937 gehörte sie zu den fünf Piloten, die im Segelflug die Alpen überquerten. In Salzburg gestartet, landete sie nach 415 Kilometern in Italien. Nachdem Hanna Reitsch im Anschluss mit militärischen Testflügen befasst war, wurde der Sperber Junior stillgelegt. Über seinen Verbleib ist nichts bekannt.

Kranich

Der Bedarf nach einem leistungsfähigen zweisitzigen Segelflugzeug veranlasste Hans Jacobs, ein Flugzeug zu entwerfen, das zunächst als doppelsitziger Rhönsperber bezeichnet wurde und später den Namen Kranich erhielt. Dieser war im Wesentlichen ein vergrößerter Sperber mit vergleichbarer aerodynamischer Auslegung, größerer Flügelfläche und einer Spannweite von 18 m. Die Sitze waren hintereinander angeordnet,

Kapitel 10

Links: Einer von zwei Kranichen, die 1938 an den amerikanischen Meisterschaften in Elmira teilnahmen.

Links unten: Der Kranich wurde auch von den britischen Besatzungstruppen nach dem Krieg in Deutschland geflogen.

Einen Kranich verwendete man für Experimente mit einem Piloten in Bauchlage. Hierzu wurde die Frontpartie komplett überarbeitet. Auch im Mai 1944, bei verzweifelten Versuchen, von der russischen Armee an der Ostfront eingeschlossene Truppen zu versorgen, wurden Flugzeuge vom Typ Kranich eingesetzt. Nach dem Krieg gab es in Spanien und der Tschechoslowakei eine eingeschränkte Produktion des Kranichs. Einige davon existieren noch heute in flugfähigem Zustand, andere befinden sich in Museen.

um den Rumpfquerschnitt so gering wie möglich zu halten. Durch leichte Rückpfeilung des Flügels lag der Schwerpunkt dicht am hinteren Sitz. Der Kranich konnte ein- und doppelsitzig sicher geflogen werden. Während der Prototyp noch ein offenes Cockpit besaß, erhielt die Serienausführung eine lange, geschlossene Haube.

Seine Auslegung als Schulterdecker mit leichtem Flügelknick führte zu einer deutlich eingeschränkten Sicht des hinteren Piloten. Nach vorn blickte er in einen langen, von der Haube gebildeten Tunnel, den auch noch der Kopf des vorderen Piloten ausfüllte. Nach den Seiten behinderte der aufsteigende Teil des Knickflügels die Sicht. Nur nach oben und nach hinten bestand freie Sicht. Im Wurzelbereich des Flügels waren zwei durchsichtige Flächen eingebaut, die ein wenig Durchblick nach unten gewährten. Häufig entfernten daher Fluglehrer die hintere Haube komplett und konnten so nach vorne sehen, indem sie sich hinauslehnten. Trotz dieses Nachteils war der Kranich der leistungsfähigste Doppelsitzer seiner Zeit und brach nahezu alle Weltrekorde für doppelsitzige Segelflugzeuge. Im Lauf der Zeit erlebte er eine Reihe von Modifikationen, hierzu zählten Bremsklappen, Trimmklappen an den Querrudern und Veränderungen am Leitwerk. Rechnet man alle Modelle zusammen, wurde der Kranich in hohen Stückzahlen produziert. Aufzeichnungen zeigen, dass allein ein Hersteller mehr als 1300 Exemplare baute. Die Gesamtzahl fällt wesentlich höher aus, da der Kranich als Schulflugzeug beim NSFK und den Luftwaffen-Segelfluggruppen eingesetzt und während des Weltkriegs in einigen von Deutschland besetzten Ländern gebaut wurde. Einige weitere Exemplare dieses Doppelsitzers entstanden auch noch nach dem Krieg.

Habicht

Beim Kunstflug mit Segelflugzeugen ist es unvermeidlich, wertvolle Energie für die zu fliegenden Manöver aus der Höhe zu beziehen. Segelflieger, die ihre Höhe mühsam gewonnen haben, möchten diese normalerweise nicht auf einen Schlag im Kunstflug „vernichten". Dennoch kann es nach einem erfolgreichen Thermikflug reizvoll sein, die gewonnene Höhe mit ein paar Loops, Turns oder anderen Figuren abzuturnen.

Bei frühen Flugvorführungen erregte der Kunstflug mit Segelflugzeugen schon immer großes Interesse. Seit jeher hatte man auch die positiven Auswirkungen erkannt, die der Kunstflug auf die fliegerischen Fertigkeiten, zum Beispiel der Meisterung besonderer Flugzustände besaß.

Hans Jacobs entwarf den Habicht als voll kunstflugtaugliches Segelflugzeug im Hinblick auf die Flugvorführungen, die für die Olympischen

Habicht in der damals üblichen blau-elfenbeinfarbigen Kunstfluglackierung in Rossitten

DFS Habicht
1936

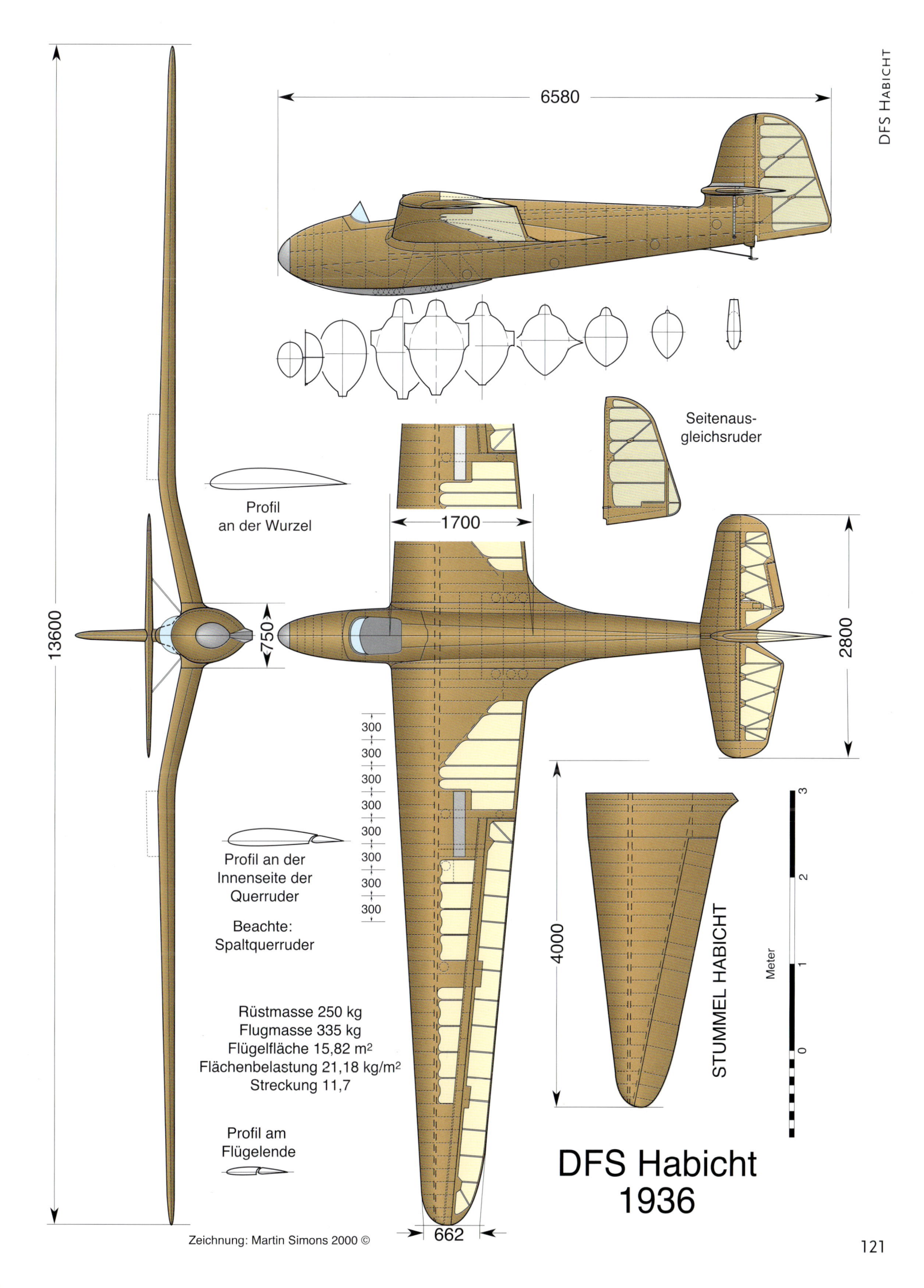

Profil an der Wurzel

Seitenausgleichsruder

Profil an der Innenseite der Querruder

Beachte: Spaltquerruder

Rüstmasse 250 kg
Flugmasse 335 kg
Flügelfläche 15,82 m²
Flächenbelastung 21,18 kg/m²
Streckung 11,7

Profil am Flügelende

STUMMEL HABICHT

Zeichnung: Martin Simons 2000 ©

Kapitel 10

Oben: Ein früher Habicht aus der Fertigung von Schweyer. Man beachte die kleine Seitenruderfläche.

Links: Der Habicht war speziell für den Kunstflug ausgelegt. Dieses Exemplar, D-8002, wurde nach Originalplänen auf der Wasserkuppe nachgebaut

Rechts: Detail des Seitenruders mit Ausgleichsfläche zur Verringerung der Ruderkräfte

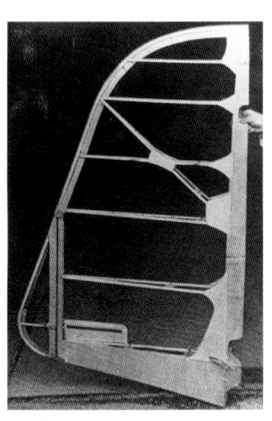

Spiele 1936 in Berlin geplant waren. Der Habicht sollte alle gängigen Figuren einschließlich Rückenflug, langsamen Rollen und gerissenen Rollen fliegen können. Daneben sollte er über gute Segelflugeigenschaften verfügen. Das Flugzeug musste in der Lage sein, schnell Geschwindigkeit aufzubauen, um diese dann in ausreichend lange Kunstflugsequenzen umzusetzen, bevor es schließlich landete. Ein aerodynamisch schlechtes Flugzeug hätte sich hierfür als ungeeignet erwiesen. Die DFS führte einige Berechnungen durch und erprobte die wesentlichen Komponenten in verschiedenen Tests. In akademischen Veröffentlichungen wurde die gesamte Entwicklung dokumentiert. Zur Erreichung guter Rollraten betrug die Spannweite des Habichts nur 13,6 m. Der Flügel war für ein maximales Lastvielfaches von 12 g ausgelegt. Die Flügelbeplankung bestand aus 1,5 mm Sperrholz, wobei die Maserung zur Erhöhung der Drehfestigkeit diagonal verlief. Spaltquerruder sorgten für gute Rollraten.

Der Prototyp besaß eine geschlossene Haube, die offene Variante wurde jedoch bevorzugt, weil die Piloten den Fahrtwind als Hilfsmittel für sauberes Fliegen spüren wollten. Die ersten Tests zeigten, dass der Habicht alle in ihn gesetzten Erwartungen erfüllte. Pünktlich zu den Olympischen Spielen waren vier Exemplare fertiggestellt und zeigten eine Vorführung über dem Olympiastadion, tauchten sogar in die Ränge ein und landeten nach dem Hochziehen außerhalb der Arena. Geflogen wurden diese spektakulären Manöver von Hanna Reitsch, Ludwig Hofmann, Otto Bräutigam und Heinz Huth (Segelflugweltmeister von 1960). Die Flugzeuge erhielten auf der Oberseite das gleiche strahlenförmige blaue Muster, wie Hanna Reitschs Sperber Junior.

Das Flugzeug wurde in einer kleinen Serie aufgelegt und für Schulungen sowie Vorführungen eingesetzt. Hanna Reitsch flog damit Kunstflugprogramme beim Cleveland Air Race im Jahr 1938. Viele Piloten wünschten sich ein größeres Seitenruder. Folglich rüstete man spätere Exemplare damit aus. Jacobs und sein Team hatten sich zunächst nicht vorstellen können, dass noch extremere Versionen des Habichts gefragt waren. Der Grund hierfür wurde bald offenkundig: Sie sollten zur Ausbildung von Piloten der extrem schnellen und gefährlichen Messerschmitt Me 163 mit Raketenantrieb eingesetzt werden. Dieses Flugzeug hatte Lippisch entworfen, nachdem er die DFS verlassen hatte. Der sogenannte Stummel-Habicht entstand in zwei Größen, mit 8 oder 6 m Spannweite. Die Überziehgeschwindigkeit beider Versionen lag bei 75 bis 80 km/h und ihre Flugeigenschaften ähnelten denen der Me 163. Die Arbeiten an diesem Projekt wurden durch die DFS vergeben. Wolf Hirths Segelflugzeugwerke in Kirchheim bauten 35 Exemplare des Stummel-Habicht, weitere Hersteller erhielten Aufträge. Piloten, die bereits das Grunau Baby geflogen hatten, wurden ausgewählt, zunächst den Habicht und dann den Stummel-Habicht zu fliegen. Im Anschluss folgten einige Flugzeugschlepps in der Me 163, zunächst ohne Treibstoff im Schlepp einer Messerschmitt 110. Die jungen Piloten schickte man dann auf Feindflug gegen die amerikanischen Bomberverbände.

Links: Die Instrumentierung des Reihers (mit Funkgerät) während der Libyen-Expedition 1939

Unten: Prototyp des Reihers, beim Internationalen Wettbewerb 1937 von Hanna Reitsch geflogen

Wenn das Triebwerk nicht vorher explodierte, erreichte das Flugzeug in drei bis vier Minuten eine Höhe von 10 000 bis 12 000 Metern, von wo das Feuer auf die Bomber eröffnet werden sollte. Nur wenige schafften dies, noch weniger überlebten den anschließenden Gleitflug mit Landung auf einer Kufe bei einer Landegeschwindigkeit von ungefähr 260 km/h. Auch Hirth unternahm Tests mit dem Habicht, bewaffnet mit Maschinengewehren und Bomben. Dies geschah allerdings lediglich zu Trainingszwecken.

Ein Exemplar des Habichts überstand den Krieg und befindet sich heute in einem Museum in Paris. Ein ganz neuer Habicht mit 13,6 Meter Spannweite entstand unter Leitung von Josef Kurz beim Oldtimersegelflug Club Wasserkuppe. Dieses Exemplar ist heute im Segelflugmuseum Wasserkuppe ausgestellt.

Reiher

Um 1936 wurden die Segelflieger immer vertrauter mit dem Überlandflug unter Ausnutzung der thermischen Aufwinde. Die besten Piloten wussten nun, dass es nicht immer sinnvoll war, jeden Aufwind auszunutzen, um Höhe zu gewinnen. Um in der limitierten Zeit thermischer Aktivität die größtmögliche Entfernung zurücklegen zu können, musste man schnell fliegen. Dies bedeutete, dass der Pilot keine Zeit in schwachen Aufwinden verschwenden durfte, sondern gleich wieder geradeaus fliegen musste, sobald das Variometer geringere Steigraten anzeigte. Zwischen den Aufwinden mussten sinkende Luftmassen so schnell wie möglich durchquert werden. Benötigt wurde also ein Segelflugzeug, das ausreichend gut stieg und gleichzeitig schnell fliegen konnte, ohne dabei zu viel Höhe zu verlieren. Bis dahin waren Konstrukteure geneigt ge-

Links: Reiher II D-11-167 im Flug

Unten: Seltene Ansicht: 5 Exemplare des Reihers hintereinander

wesen, vor allem gute Steigfähigkeit bei geringem Gewicht zu erreichen. Hierzu setzten sie stark gewölbte und dicke Profile ein, die bei relativ geringen Geschwindigkeiten guten Auftrieb lieferten. Mehr und mehr vertrat man jetzt die Auffassung, dass eine höhere Flächenbelastung toleriert werden konnte, wenn sich dadurch schnelle Gleitflüge erzielen ließen. Ein schnelles, schweres Segelflugzeug besaß einen größeren Aktionsradius, der es erlaubte, im größeren Umkreis stärkere Thermik aufzuspüren. Angesichts dieses Vorteils ließ es sich verschmerzen, schwache Thermik nicht verwerten zu können.

Nach etwa 10 Jahren Erfahrung im Segelflugzeugbau war für Hans Jacobs die Zeit reif, all sein Wissen in ein „Meisterstück" einfließen zu lassen. Hierzu nutzte er sämtliche Möglichkeiten der DFS. Versuche im Windkanal hatten gezeigt, dass sich als Flügelprofil das Göttingen 549 am besten eignete. Dieses Profil hatte schon an Kronfelds Wien seine Qualitäten bewiesen. Der Wunsch nach hoher Gleitgeschwindigkeit und gleichzeitig geringer Sinkgeschwindigkeit erforderte zahlreiche aerodynamische Verfeinerungen. Der Flügel musste eine hohe Streckung aufweisen, auch wenn dies höheres Gewicht bedeutete. Das Profil sollte durch Wölbklappen variabel sein. Für den Holm verwendete man Fichte anstatt der bis dahin üblichen Kiefer. Landeklappen erachtete man inzwischen als notwendigen Standard. Der Rumpf sollte so windschnittig wie möglich sein. Im Gegensatz zu Lippisch glaubte Jacobs allerdings nicht, dass ein Aufwand, wie er beim Fafnir im Rumpf-Flügel-Übergang betrieben wurde, einen echten Vorteil bewirkte. Er hielt einen Mitteldecker mit einfachen Verkleidungen für die beste Lösung. Das Cockpit sollte eine gewölbte, durchsichtige Haube abschließen. Die Reiher-Haube bestand aus 12 kleinen Scheiben, die über eine gewölbte Form gebogen und von einem Sperrholzrahmen gehalten wurden. Dies ergab eine nahezu perfekte, sanft geschwungene Form. Spalten, Kanten und jegliche Teile, die Widerstand erzeugten, wurden soweit wie möglich vermieden.

Der etwas schwer geratene Prototyp verfügte über die damals übliche Spannweite von 19 m. und wurde pünktlich zur Weltmeisterschaft 1937 fertiggestellt. Hanna Reitsch, die ihn während des Wettbewerbs flog, hatte unerwartete Schwierigkeiten: Die Querruder erwiesen sich bei hohen Geschwindigkeiten als schwergängig und schlugen ihr in Turbulenzen mehrfach den Knüppel aus der Hand. Die Wölbklappen schienen nicht gut zu wirken. Auch die Bremsklappen zeigten unerklärliche Auswirkungen und führten zu einigen harten Landungen. Obwohl niemand einen Bruch der Flügel für möglich hielt, bogen diese sich bei steilen Kurven erschreckend durch. Trotz allem erflog Hanna Reitsch einen neuen Streckenrekord für Frauen und erreichte schließlich den sechsten Platz. Auf den vorderen Rängen lagen einige ältere und leistungsschwächere Muster, wie die einfache Mü 13 von Kurt Schmidt oder die kleine Moswey des Schweizers Sandmeir. Jacobs zog aus diesem wenig überzeugenden Debüt die Konsequenz und beschloss zahlreiche Änderungen: der Flügel sollte durch eine stärkere Zuspitzung an Festigkeit gewinnen. Die Klappen entfielen, die Sturzflugbremsen wurden überarbeitet, die Querruder erhielten einen Massenausgleich, der Rumpf eine strömungsgünstigere Form und die Seitenflosse wurde vergrößert. Das Resultat, der Reiher 2, stellte einen großen Fortschritt dar und ging in eine kleine Serienproduktion. Weitere Verbesserungen führten schließlich zum Reiher 3, der als das beste fabrikgefertigte Segelflugzeug seiner Zeit galt.

1938 flog Wolfgang Späte, der erstmals Überlandfluggeschwindigkeiten mathematisch errechnete, einen Reiher mit struktureller Verstärkung und mehr als 90 kg zusätzlichem Gewicht. Mit diesem gewann er

DFS Reiher - II

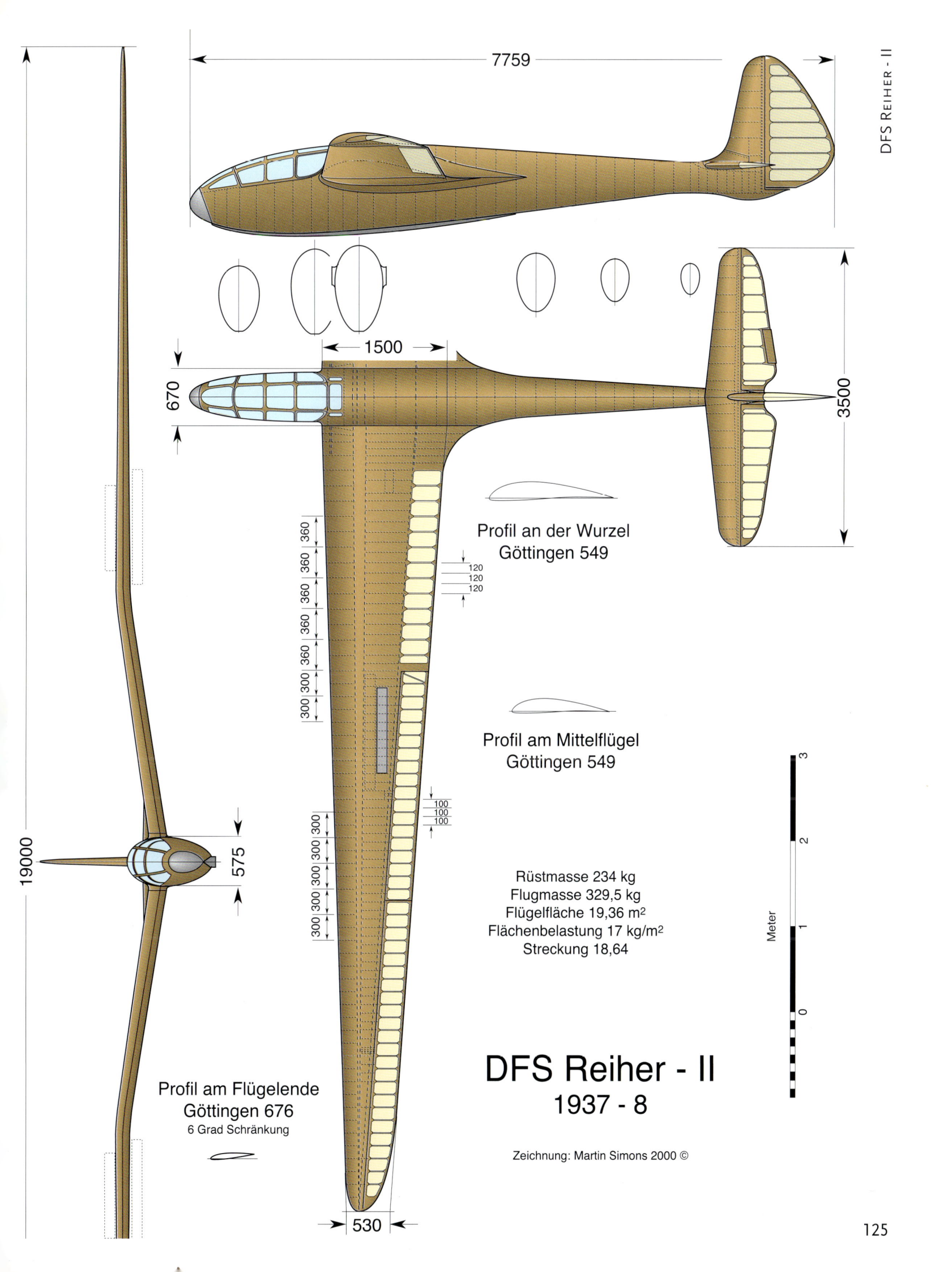

7759

1500
670
3500

360 360 360 360 360 360 300 300 300 300 300 300 300 300 300
120 120 120

Profil an der Wurzel
Göttingen 549

Profil am Mittelflügel
Göttingen 549

100 100 100

19000
575
530

Profil am Flügelende
Göttingen 676
6 Grad Schränkung

Rüstmasse 234 kg
Flugmasse 329,5 kg
Flügelfläche 19,36 m²
Flächenbelastung 17 kg/m²
Streckung 18,64

DFS Reiher - II
1937 - 8

Zeichnung: Martin Simons 2000 ©

KAPITEL 10

den Rhön-Wettbewerb und lieferte damit den Beweis für die Richtigkeit seiner Theorien. Den Wettbewerb des Folgejahres gewann Erwin Kraft mit einem Reiher 3.

Kein Reiher überstand den Zweiten Weltkrieg, obwohl behauptet wird, dass ein Exemplar zu Untersuchungszwecken ins englische Farnborough gebracht worden sei. Tatsächlich ist dort nie etwas ähnliches geschehen und vermutlich wurde das Flugzeug verschrottet. In den letzten Jahren baute der Oldtimersegelflug-Club Wasserkuppe unter Leitung von Josef Kurz einen komplett neuen Reiher. Alle Berechnungen und Pläne mussten neu erstellt werden, da die Originalunterlagen nicht mehr verfügbar waren. Das Flugzeug ist ein perfekter Nachbau des berühmten Entwurfs von Jacobs. Im Herbst 2000 konnte Josef Kurz den ersten kurzen Flug im Flugzeugschlepp durchführen. Inzwischen hat das Flugzeug zahlreiche Flüge absolviert.

Oben: Diese Weihe gehörte dem Surrey Gliding Club in England in den ersten Jahren nach dem Krieg.
Rechts: Typisch für diese Zeit, die Federung der Kufe übernahmen Gummibälle, der Zwischenraum wurde üblicherweise mit Segeltuch bespannt.
Unten: Hans Jacobs' Weihe dominierte die Wettbewerbe kurz nach dem Zweiten Weltkrieg.

Weihe

Jacobs stellte bald fest, dass der Reiher für den normalen Segelflugbetrieb zu teuer war. Außerdem benötigten die NSFK-Segelfluggruppen kein derartiges Hochleistungs-Segelflugzeuge für ihre Überland- und Zielflüge. So entwarf er ein für diese Zwecke ausreichendes, einfacher strukturiertes 18-Meter-Segelflugzeug mit kaum eingeschränkten Leistungen. Das neue Flugzeug erhielt an der Flügelwurzel ein Gö 549, das nach außen hin allmählich dünner wurde. Jacobs hatte auch erkannt, dass ein Mitteldecker stabile Strukturen zur Aufnahme der Biegebelastungen des Flügels durch den Rumpf benötigte. Beim Reiher und schon beim Rhönsperber hatte dies zu strukturellen Komplikationen geführt und auch die Strömung in diesem wichtigen Bereich war dadurch nicht unbedingt begünstigt worden. Die Montage des Flügels auf einem kleinen Aufsatz an der Rumpfoberseite war

JACOBS - SCHEYER WEIHE

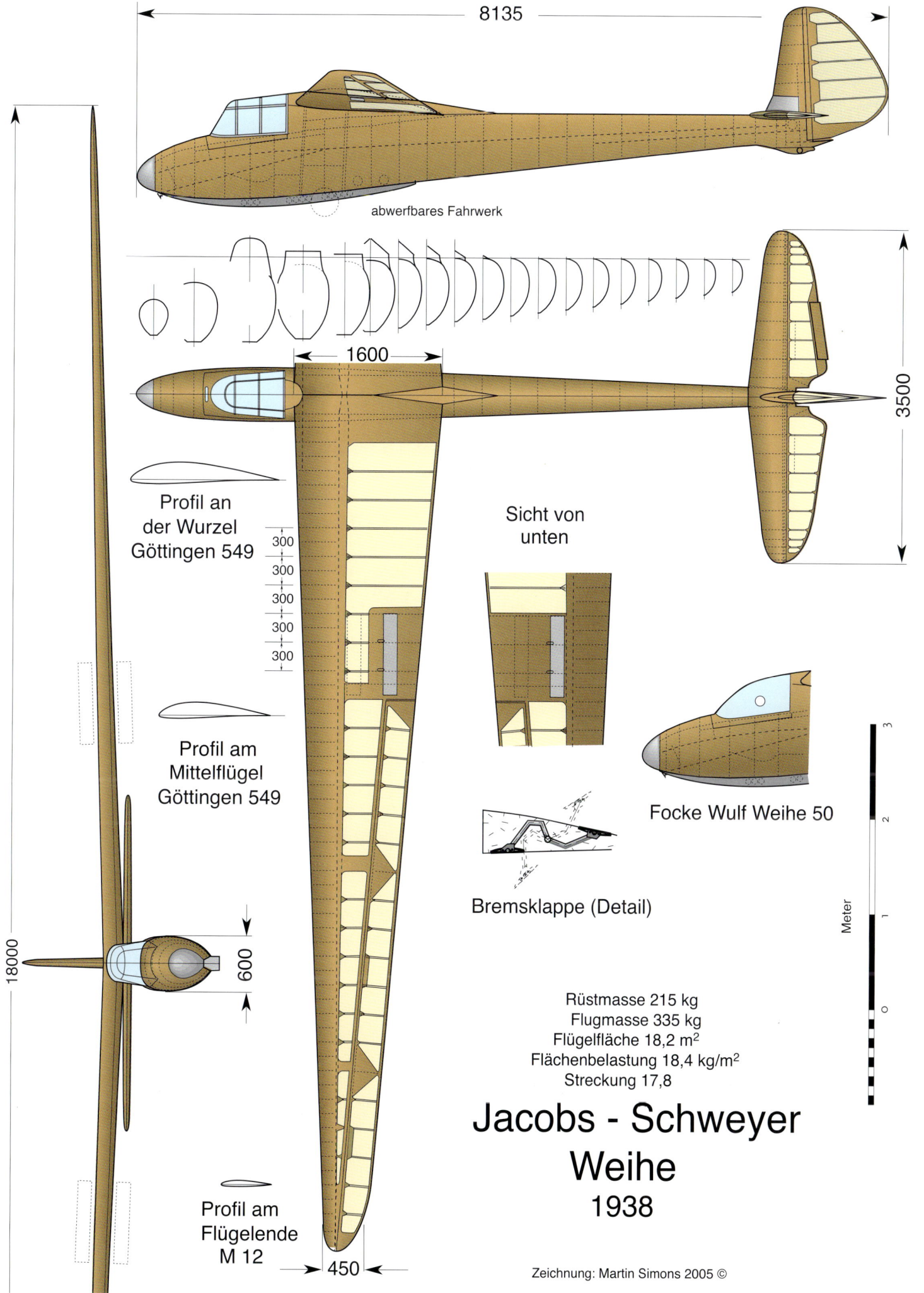

8135

abwerfbares Fahrwerk

1600

3500

Profil an
der Wurzel
Göttingen 549

300
300
300
300
300

Sicht von
unten

Profil am
Mittelflügel
Göttingen 549

Focke Wulf Weihe 50

Bremsklappe (Detail)

18000

600

Profil am
Flügelende
M 12

450

Rüstmasse 215 kg
Flugmasse 335 kg
Flügelfläche 18,2 m²
Flächenbelastung 18,4 kg/m²
Streckung 17,8

Jacobs - Schweyer Weihe
1938

Zeichnung: Martin Simons 2005 ©

Meter

Kapitel 10

aerodynamisch nicht ideal, sparte aber Kosten. Bei dieser Anordnung der Flügel gab es zudem im Kurvenflug sowie im leichten Schiebeflug keine größere Beeinflussung der Strömung über dem Flügel. Die DFS-Bremsklappen wurden auf dem Flügel deutlich nach hinten verlegt und erwiesen sich als weniger wirkungsvoll als erwartet. Aufgrund der Geometrie der Antriebe war es nicht möglich, die Klappen so weit zu öffnen, dass die umströmende Luft in einem rechten Winkel auf die Klappen auftraf. Um kurz zu landen, war der Seitengleitflug erforderlich. Ansonsten ließ sich die Weihe gut bedienen, stabil und relativ einfach fliegen, sowohl im Normal- als auch im Wolkenflug.

Besondere Aufmerksamkeit widmete Jacobs dem System des Auf- und Abrüstens. Jeder Flügel wurde am Rumpf mittels je zwei Stahlbolzen an Haupt- und Hilfsholm in der Nähe der Nasenleiste befestigt. Die beiden Bolzen lagen in einer Achse und wurden gleichzeitig mittels eines Hebels eingeführt. Hinter dem Holm gab es keine weitere Verbindung zwischen Flügel und Rumpf. Wenn beide Flügel in dieser Art montiert waren, konnte ein Flügel abgelegt werden, ohne die Beschläge zu überlasten. Das Aufrüsten wurde abgeschlossen, indem der Hauptbolzen die beiden oberen Flanken des Hauptholms verband. Es ließ sich in wenigen Minuten von zwei oder drei Personen erledigen. Die Schlitze zwischen Flügel und Rumpf wurde normalerweise mit Klebeband abgedeckt.

Der Erstflug der Weihe fand im Jahr 1938 statt und verlief zufriedenstellend. Otto Bräutigam und Ludwig Hofmann erzielten damit einen vierten und einen sechsten Platz. Das Flugzeug wurde vom NSFK in großen Stückzahlen übernommen. Etwa 280 Exemplare entstanden in den Jacobs-Schweyer-Werken, viele andere als Lizenzbau. Um die Produktion zu beschleunigen, wurde eine Reihe von Vereinfachungen vorgenommen. In manchen Fabriken wurden die Sperrholzverbindungen lediglich überlappt, gespachtelt und lackiert, anstatt diese wie üblich ordentlich zu schäften.

Nach dem Ende des Zweiten Weltkriegs waren Weihen, zum Teil Beutestücke aus Deutschland, zum Teil in Schweden, Frankreich (dort als VMA 200 Milan) und Spanien gebaut, weit verbreitet und beeinflussten Segelflugkonstrukteure für mindestens weitere 10 Jahre. Das Flugzeug beherrschte die Wettbewerbe. Per Axel Persson aus Schweden gewann hiermit die Weltmeisterschaft 1948, zwei weitere Flugzeuge dieses Typs kamen unter die ersten Fünf. Im Jahr 1950 siegte der Schwede Billy Nilsson mit Weihe, gefolgt vom Amerikaner Paul MacCready, ebenfalls auf Weihe. Hier demonstrierte MacCready in der Praxis seine Theorie über die Geschwindigkeiten beim Überlandflug, die schon Späte im Jahr 1938 in ähnlicher Art angewandt hatte. MacCready erfand den nach ihm benannten MacCready-Ring. Am Variometer angebracht, zeigt er dem Piloten die optimale Geschwindigkeit zwischen den Aufwinden an, sodass umständliche Berechnungen oder Zeichnungen im Cockpit entfielen. Im Wettbewerb gelangten sieben Flugzeuge vom Typ Weihe schließlich unter die ersten Zehn. Auch 1954, 16 Jahre nach ihrem Erstflug, nahm die Weihe an Weltmeisterschaften teil. Diesmal kamen drei unter die ersten Zehn. Anfang der 50er-Jahre begann Focke Wulf mit der Produktion einer kleinen Serie der überarbeiteten Version, Weihe 50 genannt. Die Weihe 50 besaß ein Rad, eine geblasene Haube und – bei einigen Exemplaren – verkürzte Querruder. Mit der Weihe gelangen zahlreiche Rekordflüge, so 1942 ein Dauerflug von 45 Stunden und 28 Minuten durch Vergens in Österreich sowie 1943 an den Ostseedünen ein Flug von 55 Stunden und 51 Minuten durch Ernst Jachtmann. Diese Rekorde wurden von der FAI (Fédération Aeronautique Internationale) wegen des Krieges nicht anerkannt. Im Höhenflug stellte Axel Persson 1947 einen neuen Weltrekord mit einem Höhengewinn von 8050 m auf, der 1959 von Karl Bauer mit 9665 m überboten wurde. Alle nationalen und internationalen Rekorde mit Weihe aufzuführen, würde mehrere Seiten füllen.

Den nachhaltigen Einfluss der Weihe auf weitere Segelflugkonstruktionen veranschaulichen unter anderem Typen wie die italienische CVV 6 Canguro, die französische Air 100 oder die britischen Modelle Slingsby Gull 4 und Sky. Als Jacobs den Nachkriegs-Doppelsitzer Kranich 3 entwarf, übernahm er den Flügel der Weihe. Die bedeutendste Weiterentwicklung dieses Flugzeugs stellte zweifelsohne die Meise dar, die 1939 entstand.

Meise/Olympia

Auf Veranlassung von Professor Walter Georgii und mit Unterstützung der ISTUS (Internationale Studienkommission für Segelflug) gab es Bestrebungen, den Segelflug als olympische Sportart anerkennen zu lassen. Die ISTUS veranstaltete eine Reihe von internationalen Treffen: Ein Wettbewerb fand zeitgleich mit den Olympischen Spielen 1936 in Berlin, ein weiteres Treffen im Mai 1937 in Salzburg statt. Bereits im Juli folgte der erste internationale Wettbewerb auf der Wasserkuppe. Das Olympische Komitee reagierte und nahm schließlich den Segelflug in die Reihe der anerkannten Disziplinen auf. Dies war jedoch an folgende Bedingung geknüpft: keinem der Piloten sollte es möglich sein, Vorteile aus dem verwendeten Material zu ziehen, das hieß, alle Piloten mussten das gleiche Flugzeug fliegen. Die Pläne dieses Standardflugzeugs sollten allen teilnehmenden Nationen frühzeitig zur Verfügung gestellt werden, sodass die jeweiligen Nationen ihre Flugzeuge termingerecht bauen konnten.

Nun galt es, für die anstehenden Olympischen Spiele 1940 ein Einheitsflugzeug zu entwerfen, das weder aufwendig zu bauen noch zu kostspielig war. Hierzu wurde ein Wettbewerb ausgeschrieben. Die Vorgaben

Gegenüber: Gewinnerflugzeug des Konstruktionswettbewerbs 1939: die Meise. Das abgebildete Exemplar flog in Ungarn.

Oben: Olympia im Einsatz bei der „British Empire Test Pilots' School"

Links: Der Prototyp der British Olympia, gebaut von Chilton Aircraft

Kapitel 10

Berühmtes Foto der Olympia aus dem Werbeprospekt von Elliotts of Newbury. Foto: Charles E. Brown

waren einfach: Spannweite unter 15 Meter, Rüstgewicht unter 160 kg, Zuladung 102 kg, Baumaterial Fichte oder Kiefer, Sperrholz und unlegierter Stahl, maximale Geschwindigkeit 220 km/h, Lastvielfaches 10g, einfache Beschläge, keine Wölbklappen, Landekufe statt Rad. Eine sechsköpfige internationale Jury, in der Frankreich, Deutschland, Großbritannien, die Niederlande, Italien und Polen vertreten waren, sollte darüber entscheiden. Die fertigen Prototypen sollten im Februar 1939 im italienischen Sezze bewertet und probegeflogen werden. Die DFS bewarb sich mit der Meise. Diese stellte im Wesentlichen eine kleinere Ausführung der Weihe dar. Der nicht gepfeilte Flügel mit einfacher Verjüngung war dem der Weihe sehr ähnlich, er war lediglich im Wurzelbereich zur Aufnahme eines verstärkten Holmes leicht dicker ausgeführt. Große Schempp-Hirth-Klappen mit guter Wirkung verbesserten die Landeeigenschaften. Der Rumpf besaß hinter dem Flügel einen elliptischen Grundriss, was die Beplankung mit Sperrholz erleichterte. Der Pilotensitz befand sich aus Gründen der Schwerpunktlage dicht vor dem Hauptholm. Dies erwies sich als etwas ungünstig für die Gestaltung des Cockpits im Bereich des Flügels sowie die Sicht des Piloten nach oben und zu den Seiten. Das einfache Montagesystem der Weihe konnte nicht übernommen werden, statt dessen gab es einen konventionellen hinteren Befestigungspunkt mit einer kurzen Diagonale zur Aufnahme der Torsionskräfte. Der Einfachheit halber verzichtete man auf Verkleidungen im Bereich der Flügelwurzeln. Die Auslegung und vielleicht auch ein wenig Glück machten die Meise zu einem Flugzeug mit ausgezeichneten Eigenschaften. Der englische Segelflugmeister Philip Wills nannte die Meise ein „Gedicht", in jeder Hinsicht perfekt und ausgewogen und schwärmte von dem Genuss, sie zu fliegen. In Sezze wurde die Meise als bestes von fünf Segelflugzeugen ausgewählt. Den Regeln entsprechend veröffentlichte die DFS die Pläne, die weltweit Verbreitung fanden. Der Flugzeugname wurde um den Zusatz „Olympia" ergänzt. Die Olympischen Spiele 1940 fanden nicht mehr statt. Deutschland, Großbritannien und Frankreich befanden sich im Krieg und das Gastgeberland Finnland, wo die Spiele stattfinden sollten, führte den sogenannten „Winterkrieg" gegen die UdSSR. Die Meise wurde allerdings im NSFK eingesetzt und in großen Stückzahlen in Deutschland produziert.

Auch nach dem Krieg standen die Pläne zur Verfügung. Einige Exemplare der Meise wurden als Amateurbauten gefertigt, mindestens eine in den USA und eine weitere, bekannt als Yellow Witch, in Australien. Größere Stückzahlen entstanden in Frankreich unter dem Namen Nord 2000, aber auch in den Niederlanden, der Schweiz und schließlich in Deutschland als Olympia Meise 51. In Großbritannien gingen nach einigen vermutlich unnötigen Verstärkungen etwa 150 Exemplare bei Elliotts of Newbury als EON Olympia 2B in Serie. Dieses Flugzeug mit geblasener Haube und Rad bildete ab 1947 den Grundstock der britischen Segelflugzeugflotte. Einige Exemplare wurden exportiert, viele sind weiterhin in Gebrauch.

Die Meise war Hans Jacobs' vorletzter Segelflugzeugentwurf. Nach dem Krieg folgte nur noch ein Modell, der zweisitzige Kranich 3. Sein bereits 1932 erschienenes Buch „Werkstatt-Praxis für den Bau von Gleit- und Segelflugzeugen" erlebte, vielfach erweitert und aktualisiert, zahlreiche Auflagen. Noch heute ist es das Standardwerk für den Bau und die Reparatur von Segelflugzeugen in Holzbauweise.

DFS MEISE (OLYMPIA)

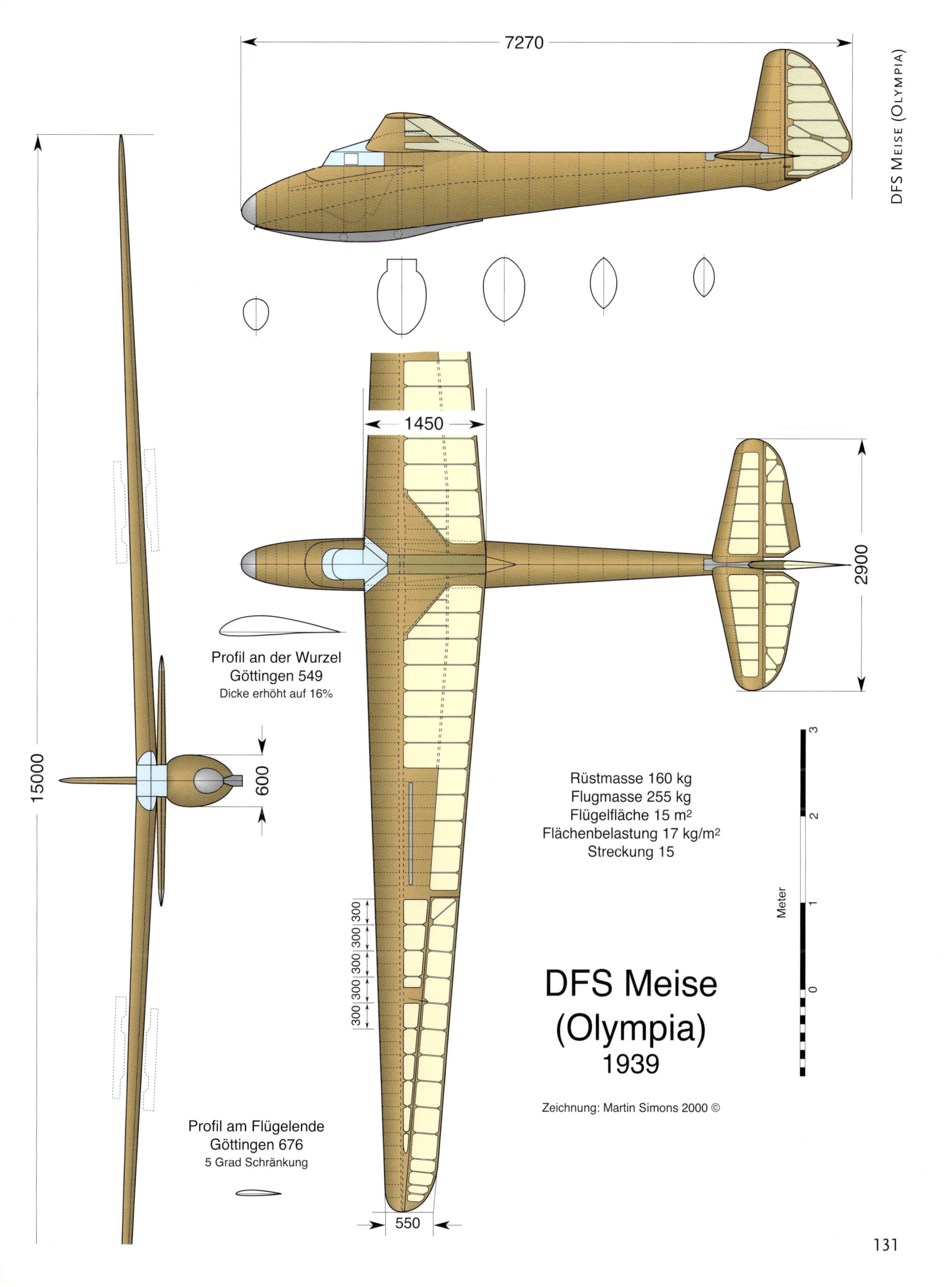

Profil an der Wurzel
Göttingen 549
Dicke erhöht auf 16%

Rüstmasse 160 kg
Flugmasse 255 kg
Flügelfläche 15 m²
Flächenbelastung 17 kg/m²
Streckung 15

DFS Meise
(Olympia)
1939

Zeichnung: Martin Simons 2000 ©

Profil am Flügelende
Göttingen 676
5 Grad Schränkung

KAPITEL 11 Stahlrohr und Stoff

Mü 10 Milan

Die akademische Fliegergruppe München wurde schon 1924 gegründet. Unter ihrem Leiter Egon Scheibe beschloss die Gruppe 1933 den Entwurf und Bau eines doppelsitzigen Segelflugzeugs. Die Mü 10 Milan war ein außergewöhnlicher Entwurf. Stoffbespannte Stahlrohrrümpfe gehörten im Motorflug durchaus zum Standard. Im Segelflugzeugbau dagegen stellten sie ein Novum dar, sieht man einmal von Lippischs gigantischer Obs ab. Der hintere Pilot saß in einer unterhalb des Flügels gelegenen Kabine mit Tür und Fenstern zu den Seiten und nach oben. Die vordere geschlossene Cockpithaube besaß Bullaugen. Diese wurde jedoch bald durch eine transparente Ausführung ersetzt. Der Flügel war eine konventionelle Holzkonstruktion. Das von Scheibe entwickele Profil besaß die größte Wölbung nahe der Nasenleiste und verlief hinter

Oben und unten: Mü 10 „Milan" D-14-12 1937 in Salzburg. Im Hintergrund: Condor 2A, Rheinland, Spyr 3 und Avia 41P

Rüstmasse 180 kg
Flugmasse 335 kg
Flügelfläche 20 m²
Flächenbelastung 16,75 kg/m²
Streckung 19,4

Scheibe Flügelprofile

Spätere Modifikationen

Mü - 10 Milan
1934

Zeichnung: Martin Simons 2000 ©

MÜ - 10 MILAN

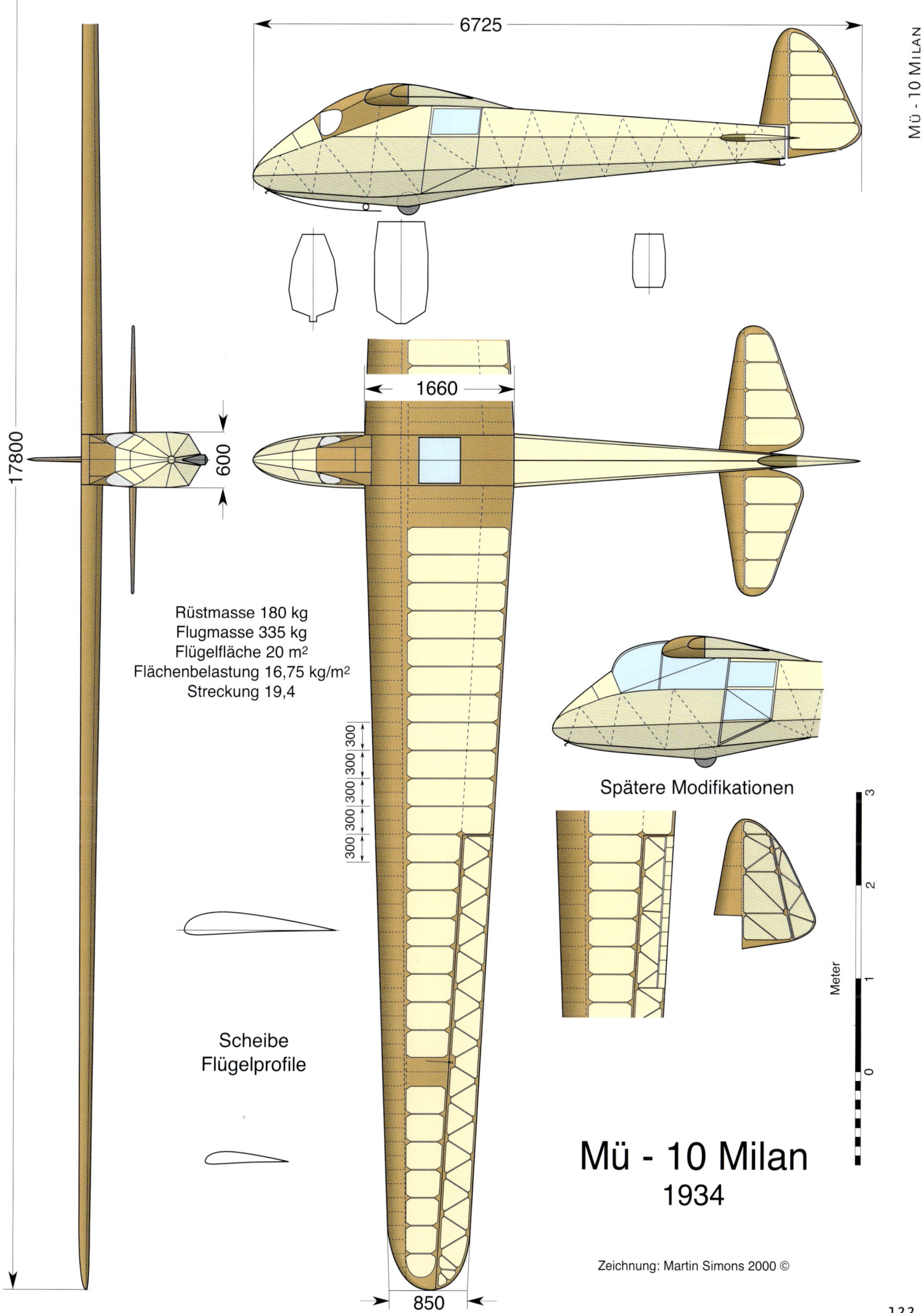

Kapitel 11

dem Punkt der größten Flügeldicke nahezu flach. Die gleichzeitig in den USA erprobten NACA-Profile der fünfstelligen Serie gingen von ähnlichen Anforderungen aus: Geringe Drehkräfte und Nickmomente sowie große maximale Auftriebsbeiwerte. Die Quer- und Seitenruder erhielten Ausgleichsruder, um die Steuerkräfte zu verringern.

Der Erstflug des Prototyps fand 1934 statt und verlief sehr erfolgreich. Im darauf folgenden Jahr erzielte die Mü 10 mit 180 Kilometern einen Streckenweltrekord für Doppelsitzer. Ihre guten Leistungen bewies sie auch bei einer Segelflugtour über 700 Kilometer durch ganz Deutschland. Während des internationalen ISTUS-Treffen in Salzburg im Jahr 1937 gelang Ludwig Karch mit der Mü 10 ein hervorragender Flug über die Alpen. Mit der Strecke von 195 Kilometern und einen Höhengewinn von 2980 Metern stellte er einen neuen Weltrekord für Doppelsitzer auf.

Nachdem sie stillgelegt wurde, stand die Mü 10 für einige Jahre im Deutschen Museum in München, Schließlich wurde sie vor wenigen Jahren reaktiviert und geflogen. Inzwischen ist sie in perfekt restauriertem Zustand im Museum in Oberschleißheim zu besichtigen.

Oben: Haube und Sichtfenster der Atalante

Mü 13

Kurt Schmidt, Toni Troeger und Egon Scheibe, verantwortlich für den Mü 10 Milan Doppelsitzer, beschlossen 1935, zwei leichte einsitzige Segelflugzeuge mit den gleichen Konstruktionsmerkmalen zu bauen: stoffbespannter Stahlrohrrumpf und Tragwerk aus Holz. Troeger verfolgte die Idee eines Motorseglers. Seine Merlin war so konstruiert, dass sie an der Rumpfspitze einen Motor aufnehmen konnte. Darüber hinaus besaß sie ein einziehbares Fahrwerk. Schmidt dagegen baute ein reines Segelflugzeug, die Atalante. Sowohl er, als auch Troeger nutzten das Scheibe-Profil der Mü 10. Aufgrund des leichten und kurzen Rumpfes befand sich der Sitz des Piloten unterhalb der Nasenleiste

Rechts: Kurt Schmidt in der Atalante, die Sicht zu den Seiten war sehr eingeschränkt.

Unten: Mü 13 Atalante

Mü 13 D

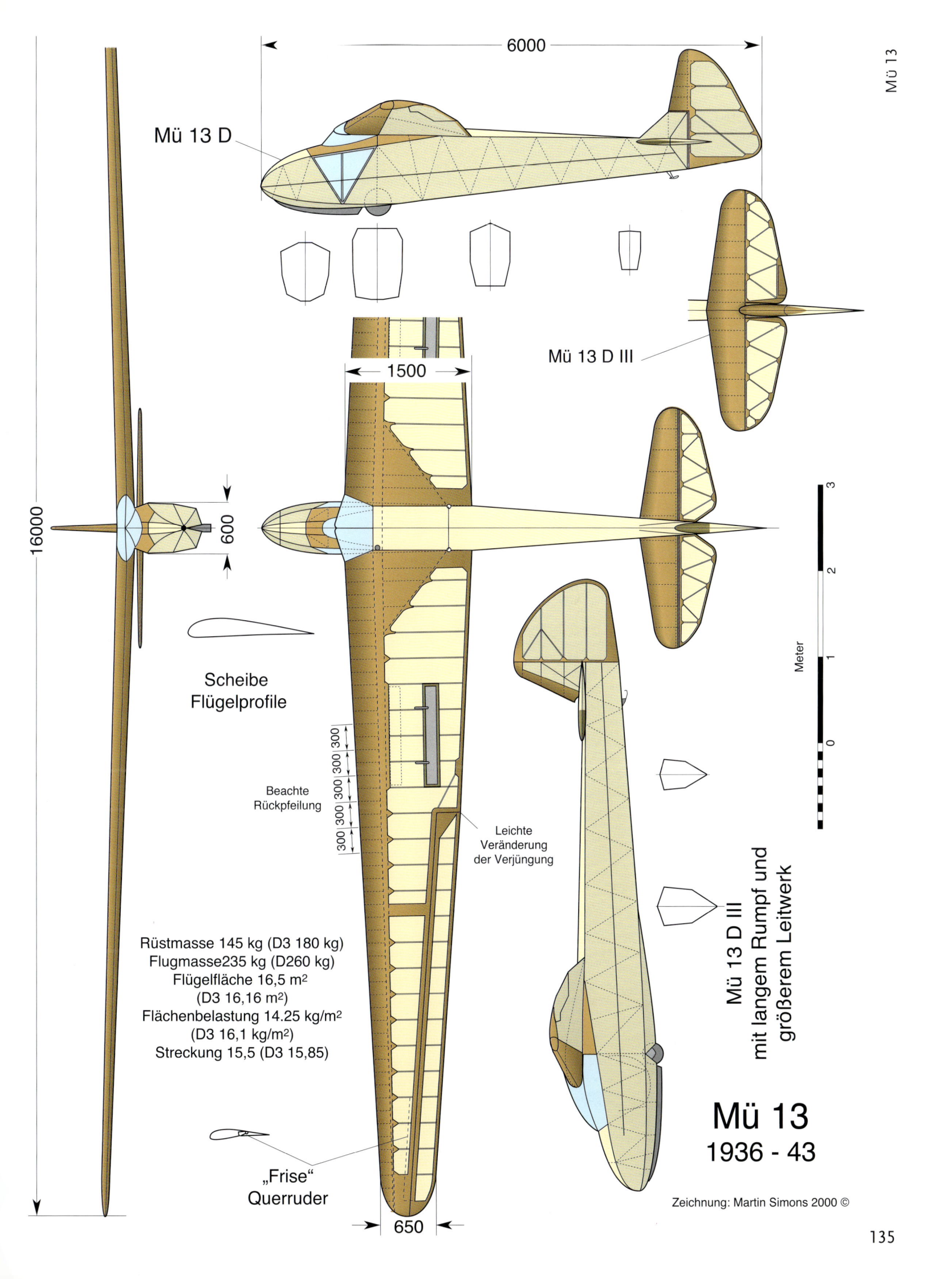

Mü 13 D III

Scheibe Flügelprofile

Beachte Rückpfeilung

Leichte Veränderung der Verjüngung

Mü 13 D III mit langem Rumpf und größerem Leitwerk

Rüstmasse 145 kg (D3 180 kg)
Flugmasse 235 kg (D260 kg)
Flügelfläche 16,5 m² (D3 16,16 m²)
Flächenbelastung 14.25 kg/m² (D3 16,1 kg/m²)
Streckung 15,5 (D3 15,85)

„Frise" Querruder

Mü 13
1936 - 43

Zeichnung: Martin Simons 2000 ©

Kapitel 11

Oben: Mü 17 Merle, ein deutscher Beitrag für den olympischen Konstruktionswettbewerb, hier eine Aufnahme aus den fünfziger Jahren

Gegenüber, oben: Cockpit und Haube der Mü 17. In Gegensatz zu früheren Exemplaren waren hier die Flügel in der Mitte des Rumpfs verbunden.

Gegenüber, kleines Foto: Reiner Karch war Testpilot der Mü 17.

Unten und gegenüberliegende Seite: Helios

des Flügels. Weil dies zur Beeinträchtigung der Sicht führte, wurden an den Seiten große Fenster eingesetzt. Die Flügel verfügten über Landeklappen.

Beim Rhön-Wettbewerb 1936 profitierte Schmidt von den sehr schwachen thermischen Bedingungen und gewann gegen alle anderen erheblich teureren und ausgefeilteren Segelflugzeuge. Im darauf folgenden Jahr wurde das Flugzeug zur Mü 13D modifiziert. Die Klappen wurden durch Bremsklappen ersetzt, der Flügel leicht nach hinten gepfeilt und das Höhenruder nicht mehr als Pendelruder ausgeführt. Die Mü 13D ging in der Schwarzwald Flugzeugfabrik in Produktion, insgesamt wurden etwa 150 Flugzeuge dieses Typs hergestellt. 1939 nahmen 15 von ihnen am Rhön-Wettbewerb teil.

Die Mü 13D ließ sich nicht einfach fliegen, da die Quersteuerung trotz der eingesetzten Spalt-Querruder sehr träge reagierte. Nach weiteren Testflügen entstand im Jahre 1943 die Mü 13D-3. Sie besaß einen längeren Rumpf, mit annähernd dreieckigem Querschnitt hinter dem Flügel und ein größeres Seitenruder. Die Steuerung war optimiert worden. Von beiden Ausführungen sind noch einige Exemplare im Betrieb.

Mü 17

Mit diesem Typ nahmen die Münchner Konstrukteure am Konstruktionswettbewerb für das olympische Segelflugzeug teil, den schließlich die DFS Meise gewann. Obwohl das Flugzeug die Jury nicht vollends zu überzeugen vermochte, hatte es dennoch Erfolg und wurde nach dem Zweiten Weltkrieg in insgesamt etwa 25 Exemplaren gebaut.

Helios

Die kleine und preiswerte Helios wurde von einer Gruppe junger Berliner in großer Eile entworfen und gebaut, um hiermit 1934 am Rhön-Wettbewerb teilzunehmen. Der Entwurf wies einige Innovationen auf. Der zurückgepfeilte Knickflügel bestand aus Holz, die Querruder dagegen verfügten über einen neuartigen Duraluminium-Rahmen. Stör- oder Bremsklappen besaß das Flugzeug nicht. Der Stahlrohrrumpf war mit Stoff bespannt. Unmittelbar vor dem Hauptholm lag der Sitz. Der Kopf des Piloten befand sich also hinter der Nasenleiste des Flügels. Die geschlossene transparente Haube bestand aus Kunststoffscheiben, die mit Lederstreifen auf einen Rahmen genäht waren. So konnte der Rumpf-Flügel-Übergang einigermaßen widerstandsarm gestaltet werden. Die Sicht des Piloten blieb allerdings extrem eingeschränkt.

Beim Wettbewerb flog Heinz Kensche, einer ihrer Konstrukteure, die Helios in der Juniorwertung. Die meisten Piloten dieser Klasse flogen das Grunau Baby, andere den Rhönbussard oder Condor. Außerdem nahm erstmals ein Nurflügler vom Typ Horten H I am Wettbewerb teil, der allerdings nur einen Wertungsflug absolvierte. Die Berliner Flieger waren mit den Ergebnissen sehr zufrieden. Mit ihrem kleinen, preiswerten, in kürzester Zeit gebauten Flugzeug hatten sie Überlandflüge absolviert. Heinz Kensche vertrat im übrigen 1937 Deutschland in der Jury zur Auswahl des olympischen Segelflugzeugs.

Helios

1150
14000

Rü
Flu
Flü
Flächenb

137

KAPITEL 12
Weitere Experimente

Rheinland

Die FVA 10 Rheinland wurde 1935 von der Akaflieg Aachen entwickelt. Die voran gegangenen Windkanalversuche zur Rumpfgestaltung hatten ergeben, diesen ähnlich eines Flügelprofils zu formen, um den Widerstand so gering wie möglich zu halten. Von der Seite betrachtet, wirkte der Rumpf sehr flach, was bei Starts und Landungen auf unebenem Gelände sicherlich Schäden hervorgerufen hätte. Unter Leitung von Felix Kracht konstruierte man deshalb ein teilweise einziehbares Rad, das zudem den Vorteil eines höheren Anstellwinkels bei Starts und Landungen bot. Der Prototyp wurde zu Ehren des ersten Leiters der Akaflieg Aachen Theo Bienen genannt. Dieser war der Pilot der frühen Aachener Konstruktionen Schwatzer Düvel und Blaue Maus gewesen. Die FVA 10 wurde in den Werkstätten von Ferdinand Schmetz gebaut und flog erstmals im Jahre 1936.

Ihre Leistungen im Flug waren ausgezeichnet, aber die Handhabung ließ noch zu wünschen übrig. Das stelzige Fahrwerk erwies sich als zu empfindlich bei der Landung. Mit einigen Änderungen präsentierte sich die FVA 10A beim ISTUS-Treffen im Jahr 1937 in Salzburg, wo sie gute Leistungen erbrachte. Beim Rhön-Wettbewerb 1937 erreichte das Flugzeug den zweiten Platz und gewann den Preis für die beste Konstruktion.

Ferdinand Schmetz und Felix Kracht gründeten eine kleine Firma zur Produktion der Rheinland. Von ihrer außergewöhnlichen Rumpfform rückte man allerdings ab. Die FVA 10B besaß ein größeres Cockpit und einen weniger stromli-

Oben: Rheinland D-12-99 in Salzburg

Mitte: FVA 10B Rheinland einer Luftwaffen-Segelfluggruppe

Unten: Rheinland D-12-99

FVA 10A RHEINLAND

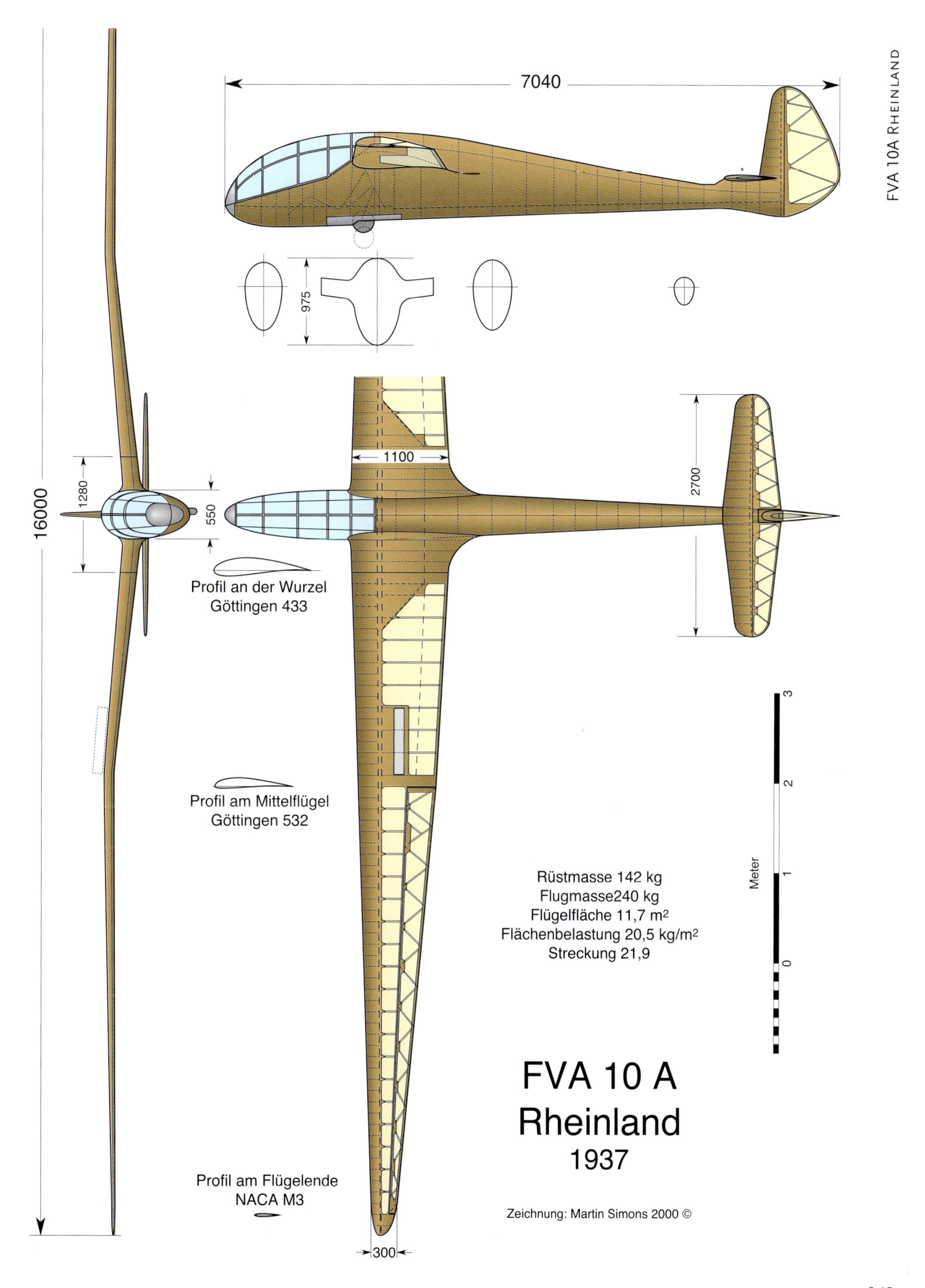

7040

975

1100

2700

16000

1280

550

Profil an der Wurzel
Göttingen 433

Profil am Mittelflügel
Göttingen 532

Profil am Flügelende
NACA M3

300

Rüstmasse 142 kg
Flugmasse 240 kg
Flügelfläche 11,7 m²
Flächenbelastung 20,5 kg/m²
Streckung 21,9

Meter

FVA 10 A
Rheinland
1937

Zeichnung: Martin Simons 2000 ©

FVA 10 B RHEINLAND

Profil an der Wurzel
Joukowski
Göttingen 433

Bremsklappen
Typ DFS

Profil am Mittelflügel
Göttingen 532

Rüstmasse 165 kg
Flugmasse 265 kg
Flügelfläche 11,7 m²
Flächenbelastung 22,6 kg/m²
Streckung 21,9

Profil am
Flügelende
NACA M3

FVA 10 B
Rheinland
1937 - 39

Zeichnung: Martin Simons 2000 ©

Oben: Zwei Horten III beim Rhön-Wettbewerb 1938. Links: Horten IIIf (Pilot liegend)

nienförmigen Rumpf. Etwa 30 Flugzeuge wurden gebaut, von denen eines überlebte. Ein einziges Exemplar der frühen Ausführung mit flachem Rumpf befindet sich heute in einem Museum im polnischen Krakau.

Die Horten-Flugzeuge

Die Lippisch-Konstruktionen Storch und Delta weckten bei den Brüdern Walter und Reimar Horten das Interesse an Nurflügel-Flugzeugen. Wie Lippisch bauten und flogen sie zunächst Modelle, bevor sie mit dem Bau eines Flugzeuges begannen. Mit ihrer Horten I nahmen sie am Rhön-Wettbewerb 1934 teil. Obwohl sie insgesamt mehr als sieben Stunden flog, nahm die Horten I nur an einem offiziellen Wettbewerbsflug teil. Die enttäuschten Konstrukteure gaben auf und verbrannten das Flugzeug auf der Wasserkuppe mangels Geld für den Rücktransport. Nach ihrer Heimkehr bauten sie die Horten II, die 1935 erheblich bessere Leistungen erbrachte. Zu Versuchszwecken wurde dieses Flugzeug mit einem Motor ausgestattet. In der Folgezeit fertigten sie drei weitere H II Segelflugzeuge, von denen zwei 1937 am Wettbewerb teilnahmen.

Die Brüder Horten waren inzwischen in die Luftwaffe eingetreten und erhielten von dieser Seite Unterstützung für ihre Arbeit. Im Jahr 1938 bauten sie ihre Horten III. Dieses außergewöhnlich große Segelflugzeug beeindruckte im Flug. Die Seitensteuerung erfolgte über Bremsklappen an den Flügelenden. Das Cockpit befand sich in der Mitte des Flügels

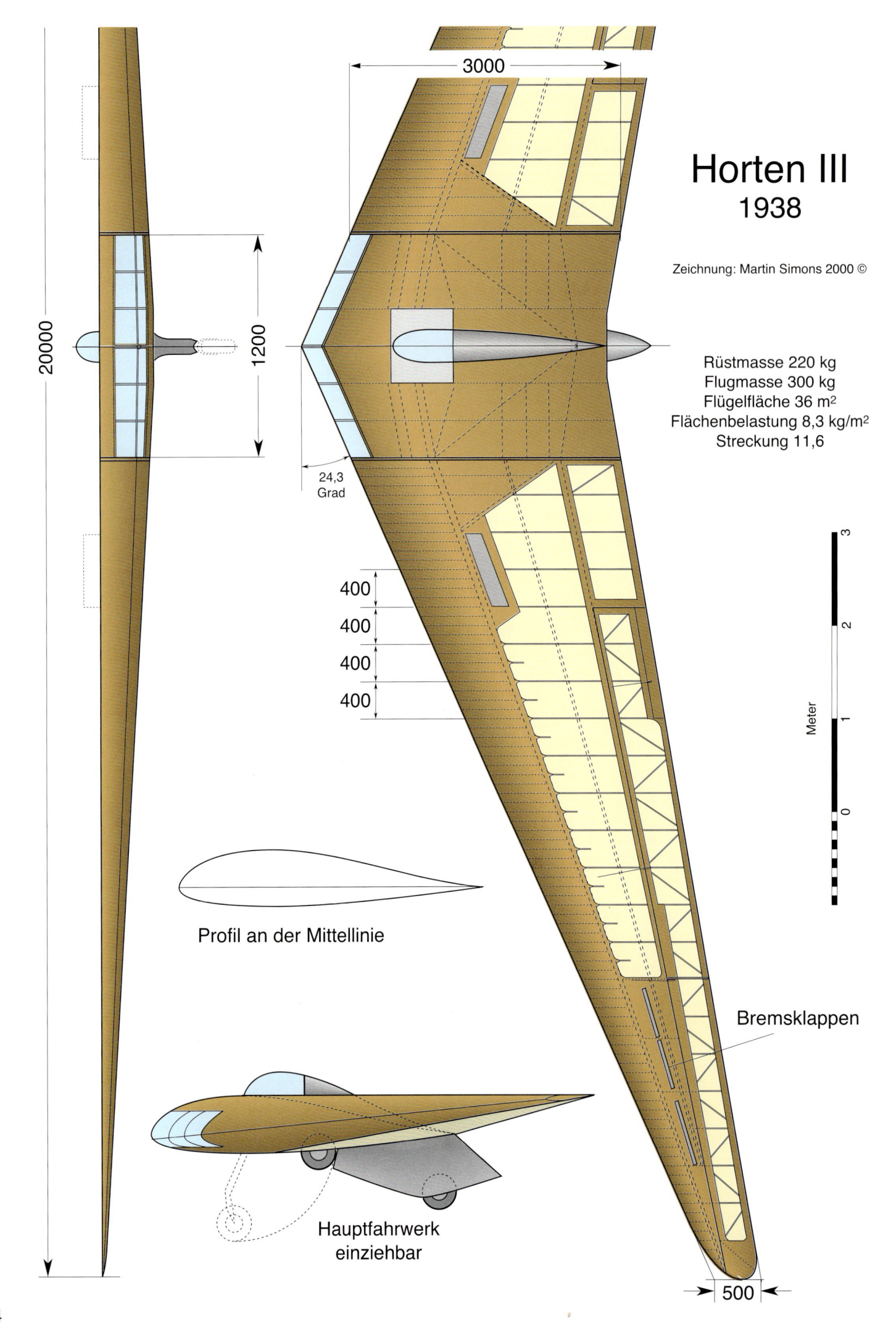

Horten III

Horten III
1938

Zeichnung: Martin Simons 2000 ©

Rüstmasse 220 kg
Flugmasse 300 kg
Flügelfläche 36 m²
Flächenbelastung 8,3 kg/m²
Streckung 11,6

24,3 Grad

Profil an der Mittellinie

Bremsklappen

Hauptfahrwerk einziehbar

Oben: Einziges bekanntes Foto, das die Horten II, III und IV zusammen zeigt

Mitte: Liegende Position des Piloten in der Horten IV

Links: Horten IV im Flug

Unten: Flügelmittelteil der Horten IV im Bau

und besaß eine stromlinienförmige Haube. Zusätzlich waren Scheiben in der Flügelnase angebracht, die eine Sicht nach unten gewährten. Das Fahrwerk war teilweise einziehbar. Zwei Exemplare nahmen am Rhön-Wettbewerb 1938 teil. Eines davon, Horten III C genannt, besaß einen kleinen Hilfsflügel genau vor dem Cockpit. Mit diesem Flugzeug kam es zu einem tragischen Unfall: in einer Wolke mit Hagelschlag stieg der Pilot Blech mit dem Fallschirm aus, wurde aber dennoch getötet. Die Horten III D war mit einem Motor und Faltpropeller ausgestattet. Beim Wettbewerb im Folgejahr flogen vier Piloten die Horten III ohne besonderen Erfolg. Sie erwies sich als zu langsam bei zu geringer Flächenbelastung. Der Überlandflug erforderte jedoch höhere Flächenbelastungen bei größerer Streckung. Man nutzte das Muster für ausgiebige Versuche mit eingebautem Motor. Zwei Exemplare wurden umgebaut, eines zur Erprobung der Bauchlage des Piloten, ein weiteres zum Doppelsitzer. Insgesamt befanden sich 16 Exemplare der Horten III im Einsatz. In das Folgemodell Horten IV aus dem Jahre 1941 flossen schließlich alle Erfahrungen der früheren Typen ein. Der Flügel hatte nun eine hohe Streckung, der Pilot befand sich in einer halb liegend, halb knienden Position unter einer leicht gewölbten Haube. Um längere Zeit in dieser Position ausharren und nach vorn blicken zu können, ruhte das Kinn des Piloten auf einer gepolsterten Auflage. Das Fahrwerk war einziehbar, um möglichst alle Quellen schädlichen Widerstandes zu vermeiden. Die dünnen und schmalen Flügelspitzen bestanden aus Leichtmetall. Bei der Flugerprobung zeigte sich, dass das Flugzeug zwar gut steuerbar, offensichtlich aber schwierig zu fliegen war. Die Schwerpunktlage erforderte – wie bei Nurflüglern üblich – große Aufmerksamkeit. Die Leistungen erwiesen sich insgesamt nicht so gut wie erwartet.

Eine Horten IV B mit Laminarprofil, das im amerikanischen Jäger P 51 übernommen wurde, erwies sich als gefährlich und neigte zum Flattern. Bei ihrem Absturz wurde der Pilot getötet.

Horten IV & VI

Horten VI 1945
Rüstmasse 330 kg
Flugmasse 410 kg
Flügelfläche 17,8 m²
Flächenbelastung 23 kg/m²
Streckung 32,4

Horten IV 1939
Rüstmasse 250 kg
Flugmasse 330 kg
Flügelfläche 18,9 m²
Flächenbelastung 17,5 kg/m²
Streckung 21,8

Horten IV und VI

24250
20000

1500
2330
1600

250 (×6)

Bremsklappen
Profile an der Wurzel
Flügelende in Holzbauweise
Flügelende in Metallbauweise
Frise Querruder
Sicht von unten
Bremsklappe
Sicht von unten
Horten IV
Seitenansicht
Fahrwerk einziehbar

300
146

Meter 0 1 2 3

Zeichnung: Martin Simons 2000 ©

Die Horten V war ein Motorflugzeug, mit parabolischem Flügelgrundriss. Sie kam über die anfängliche Entwicklungsphase nicht hinaus und konnte nie geflogen werden. Von der Horten VI wurden gegen Kriegsende zwei Exemplare gebaut. Sie verfügten über eine Spannweite von 24,25 m. Dadurch erhoffte man sich eine Verbesserung der Flugleistung mit einem erwarteten Gleitverhältnis von 43:1. Die Arbeiten wurden eingestellt, als die amerikanischen Truppen in Göttingen einmarschierten, wo die Erprobung stattfand. Eine Horten VI wurde nach Amerika gebracht, dort von Northrop untersucht, allerdings nicht mehr geflogen. Die Gebrüder Horten widmeten sich auch nach dem Krieg dem Bau von Nurflüglern, die sowohl im Segelflug als auch im Motorflug zum Einsatz kamen.

Ein Exemplar der Horten IV, das den Krieg in Deutschland überstanden hatte, wurde bei der britischen Luftwaffe eingesetzt, bis es schließlich bei einem Landeunfall schwer beschädigt wurde. Bei diesem Flugzeug waren die ursprünglich aus Metall gefertigten Flügelspitzen irgendwann durch Holz ersetzt worden. Mit einer weiteren Horten IV unternahm man 1959 im Rahmen eines Forschungsprojekts der Mississippi State University ausführliche Flugversuche. Die Ergebnisse, die weniger gut als erwartet ausfielen, wurden 1960 beim OSTIV-Kongress vorgelegt. Eines der verbliebenen Exemplare der Horten IV – vermutlich die von den Engländern geflogene Maschine – wurde inzwischen vollständig restauriert und befindet sich nun in der Außenstelle Oberschleißheim des Deutschen Museums.

Oben: Horten IV und D-30 im Vergleichsflug

Unten: D-30 in der Originalversion mit Bernhard Flinsch

D-30 Cirrus

Im Jahr 1933 begann man bei der Akaflieg Darmstadt mit den ersten Entwürfen für die D-30. In diese Konstruktion sollten die neuesten Forschungsergebnisse einfließen, um bestmögliche Segelflugleistungen zu erzielen. Das Ergebnis der Bemühungen brach alle Rekorde. Der Flügel wies eine bis dahin nie erreichte Streckung von 33,6 auf und konnte

Kapitel 12

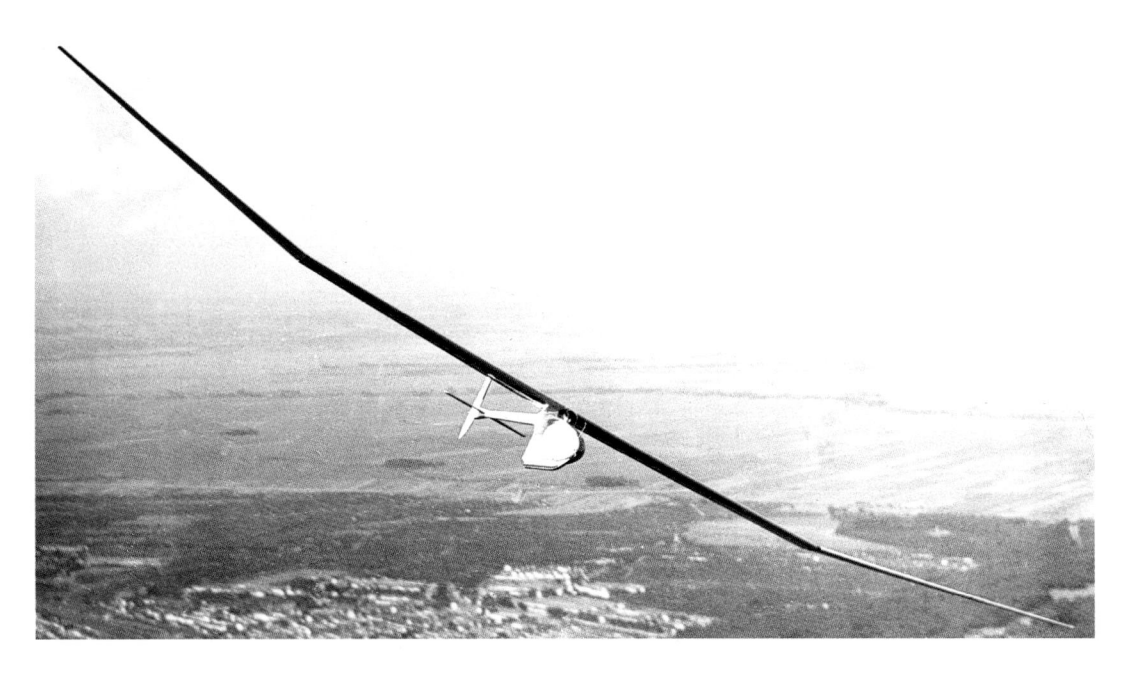

Oben: Die erste Version der D-30 mit positiver V-Form

Unten: D-30, nach der Reparatur mit neuem Kennzeichen D-11-880. Man beachte die verbesserte Haube.

deshalb nicht in Holz gebaut werden. Der breite Leichtmetallholm bestand aus gewellten Blechen, die bündig miteinander vernietet waren und der Form des Tragflügelprofils folgten. Vorne und hinten am Holm angebrachte Holzrippen waren mit Sperrholz beplankt. Alle Übergänge zwischen Holz und Metall waren sorgfältig verspachtelt, um eine möglichst glatte Lackoberfläche zu erzielen. Der Flügel verfügte über Querruder, Wölb- und Landeklappen.

Als Flügelprofile wählte man die gerade veröffentlichten NACA-Profile der „vierstelligen" Serie. Das an der Wurzel verwendete NACA 2412 (12 % dick, 2 % gewölbt) ging in ein NACA 4412 (4 % gewölbt, 12 % dick) an der Spitze über. Die größere Wölbung an den Flügelenden verringerte das Risiko des Strömungsabrisses am Außenflügel, da an einem stärker gewölbten Profil die Strömung erst bei größeren Anstellwinkeln und höheren Auftriebsbeiwerten abreißt. Diese für damalige Zeiten neue Auslegung wird auch heute bei modernen Flugzeugen angewandt. Der gepfeilte Flügel war im Rumpfbereich positiv, am Außenflügel negativ geometrisch geschränkt. So erreichte man eine annähernd ideale elliptische Auftriebsverteilung über dem Flügel.

Das ungewöhnlichste Ausstattungsmerkmal bestand in der verstellbaren Anbringung des Flügels am Rumpf, die es ermöglichte, die V-Form im Flug zu variieren. So sollte das Flugverhalten bei unterschiedlichen V-Stellungen erforscht werden. Entwurf und Bau dieses Verstellmechanismus in nur 72 mm Flügeldicke erwiesen sich als ausgesprochen schwierig.

Der Rumpf bestand aus einer kleinen stromlinienförmigem Sperrholzkanzel, an der ein Leitwerksträger aus Leichtmetallrohr befestigt war. Durch einen geringen Rumpfquerschnitt und die möglichst wenig umströmte Oberfläche wollte man den Widerstand minimieren. Das Höhenleitwerk war klein, die Stabilität um die Querachse erreichte man durch vordere Schwerpunktlagen. Das Seitenruder musste allerdings groß sein, um bei einer solchen Spannweite ausreichend Giermomente erzeugen zu können. Es wurde daher bereits nach ersten Testflügen vergrößert. Der Start erfolgte auf einem abwerfbaren Fahrwerk, die Landung auf einer Kufe.

Das Flugzeug wurde erst 1938 fertiggestellt. Bernhard Flinsch brach damit auf der 305,6 Kilometer langen Strecke von Bremen nach Lübeck und zurück einen neuen Rekord. Dieser Zielrückkehrflug musste vorher angemeldet werden. Die Leistungen des Flugzeuges wurden sorgfältig vermessen. Das beste Gleitverhältnis betrug 1:37,6. Dieser Wert konnte bis zur Einführung neuer, widerstandsarmer Profile nicht überboten werden.

Die D-30 war als sogenannte „Superorchidee" kein leicht zu handhabendes Flugzeug. Dies galt insbesondere auf dem schwierigen Gelände der Wasserkuppe. Es sollte auch nicht im rauhen Wettbewerbsbetrieb eingesetzt werden. Während eines Gummiseilstarts auf der Wasserkuppe wurde die D-30 stark beschädigt, Flinsch überstand den Bruch jedoch ohne ernsthafte Verletzungen.

Man baute das Flugzeug mit einer verbesserten Rumpfschale wieder auf. Mit dieser Version gelang Flinsch 1939 ein Flug über 406 km Entfernung. Über das weitere Schicksal der D-30 gibt es nur Vermutungen. Wahrscheinlich wurde sie auf Befehl „von oben" zerstört, als die Alliierten 1945 in Deutschland einmarschierten. Eine doppelsitzige Version war geplant, konnte aber nie fertiggestellt werden.

Profil an der Wurzel
NACA 2414

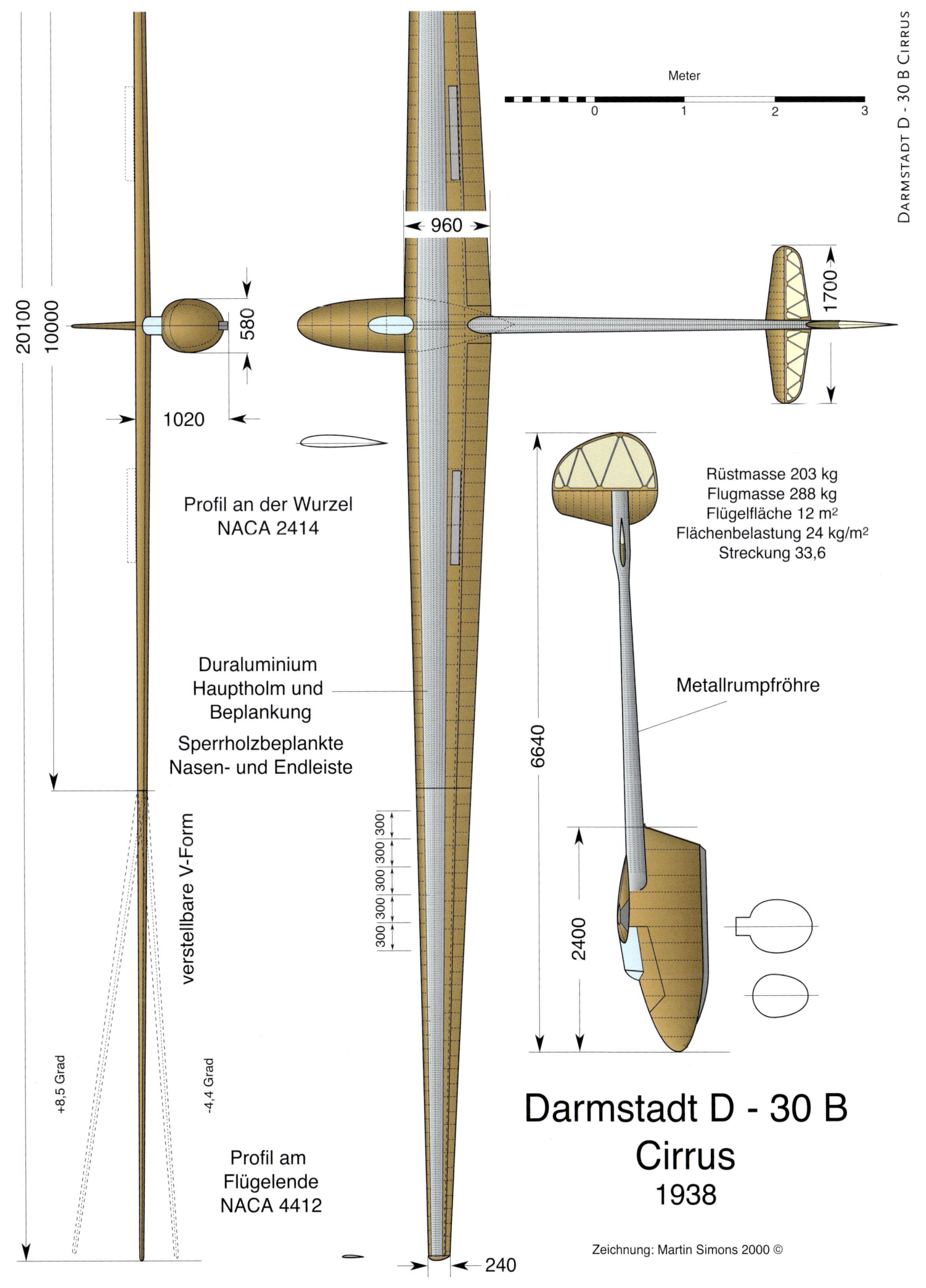

Duraluminium
Hauptholm und
Beplankung

Sperrholzbeplankte
Nasen- und Endleiste

verstellbare V-Form

+8,5 Grad
−4,4 Grad

Profil am
Flügelende
NACA 4412

Metallrumpfröhre

Rüstmasse 203 kg
Flugmasse 288 kg
Flügelfläche 12 m²
Flächenbelastung 24 kg/m²
Streckung 33,6

Darmstadt D - 30 B
Cirrus
1938

Zeichnung: Martin Simons 2000 ©

KAPITEL 13
Australien

Golden Eagle

In den 30er Jahren waren auch in Australien bereits einige Segelflugvereine aktiv. Über die Entwicklungen, die sich im Segelflug in anderen Kontinenten vollzogen, erfuhr man gelegentlich aus Zeitschriften oder Büchern.

Geoff Richardson, ein junger Mann aus Melbourne, begann im Jahr 1934 mit dem Entwurf eines Segelflugzeuges. Nachdem er ein Treffen in New South Wales besucht und sich weiteres Wissen angelesen hatte, verwarf er seine ursprünglichen Pläne und begab sich an eine neue Konstruktion. Beim Bau seiner Golden Eagle verwendete er Kasein-Kleber, den er nach einem Schweizer Rezept aus Milchprodukten selbst herstellte. Das Flugzeug startete erstmals im September 1937, zufälligerweise am gleichen Tag und Ort wie das erste nach Australien importierte Grunau Baby 2. Obwohl der Entwurf in mancher Hinsicht an den Prototyp des Grunau Babys erinnert, stellt die Golden Eagle doch ein völlig eigenständiges Flugzeug dar, das allerdings vergleichbare Leistungen aufweist. Im Jahr 1950 wurde das Rumpfvorderteil neu aufgebaut und mit einer geschlossenen Haube sowie einem Fahrwerk versehen. Außerdem erhielt das Flugzeug Störklappen sowie eine Höhenrudertrimmung. So ist die Golden Eagle bis heute im Einsatz, immer noch sicher zusammengehalten durch den 1937 hergestellten „Käse"-Kleber.

Oben: Das Original der Golden Eagle war ein Schulterdecker mit offenem Cockpit.

Unten: Die Golden Eagle wurde in Australien von Geoff Richardson im Jahr 1937 gebaut. Als Anregung dienten Berichte in deutschen Segelflugzeitschriften.

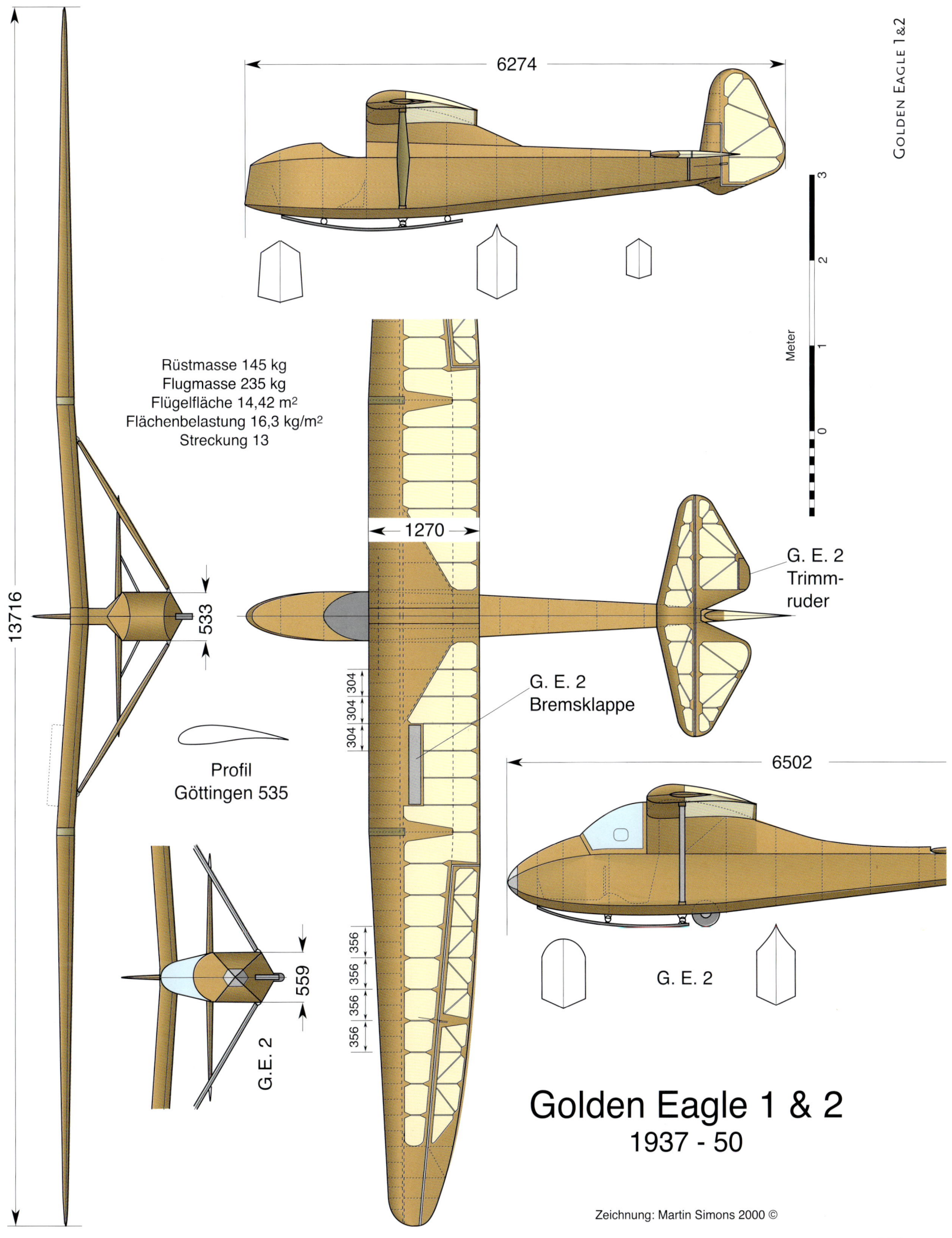

Rüstmasse 145 kg
Flugmasse 235 kg
Flügelfläche 14,42 m²
Flächenbelastung 16,3 kg/m²
Streckung 13

Profil Göttingen 535

G. E. 2 Trimmruder

G. E. 2 Bremsklappe

G. E. 2

Golden Eagle 1 & 2
1937 - 50

Zeichnung: Martin Simons 2000 ©

KAPITEL 14
Österreich

Robert Kronfelds Austria 2 mit Passagiertür unter dem Flügel

Austria 2 und 3

Für den Entwurf der riesigen doppelsitzigen Austria 2 war Dr. Kupper aus München verantwortlich, der hierbei die Ideen Kronfelds umsetzte. Das auf den Plänen stehende Kürzel Kr 1 stand vermutlich für Kronfeld 1. Während des Rhön-Wettbewerbs 1932 konnten Teile des Flugzeugs besichtigt werden und im Herbst des gleichen Jahres fanden erste Testflüge statt. Wahrscheinlich war das Flugzeug zunächst zur Mitnahme von Fluggästen konzipiert worden. Hinter dem geschlossenen Cockpit befand sich eine Kabine mit einer Tür, die ein ovales Fenster aufwies. Ein Beobachter aus England bezeichnete die hintere Kabine als düster. Das konventionell ausgelegte Flugzeug besaß keine Doppelsteuerung. Neben der Größe wies das Flugzeug ein für damalige Zeiten ungewöhnliches Konstruktionsmerkmal auf. Die jeweils 4 m langen Außenflügel konnten entfernt werden, was zu einer Spannweite von nur noch 14 m führte. Noch ungewöhnlicher war, dass diese Außenflügel bei Bedarf vollständig im Innenflügel verschwanden. Vor dem Hauptholm gab es einen gepolsterten Tunnel, in dem sich die äußeren Querruder unterbringen ließen. Hinter dem Holm lag ein weiterer Stauraum, der den restlichen Flügel aufnahm. Es war problemlos möglich, das Flugzeug aus der 14-Meter-Konfiguration wieder zu normaler Größe zu montieren.

Der Grund für diese ungewöhnliche Bauweise war, dass Kronfeld das Flugzeug sowohl für Vorführungen als auch für Passagierflüge verwenden wollte. Im Flugzeugschlepp wurde die Austria 2 mit verkürzter Spannweite von Stadt zu Stadt geflogen und dort zunächst im Kunstflug vorgeführt. Dann nahm Kronfeld – diesmal mit großer Spannweite – einflussreiche Persönlichkeiten als Passagiere mit. Nachdem die Flügel wieder „eingefahren" waren, ging es weiter zum nächsten Ort. Im Januar 1933 wurde die Austria 2 auf dem Flugplatz von Semmering in einem Sturm schwer beschädigt, anschließend aber wieder aufgebaut. Kronfeld führte das Flugzeug im Jahr 1933 in ganz Europa vor. Er besuchte Wien, Neapel, wo er am Vesuv flog, desweiteren Rom, Mailand, Turin, St. Quentin, Frankfurt, Budapest, Graz, Salzburg, Paris, Straßburg, Rennes und andere Orte. Schließlich brachte man die Austria 2 nach Kairo zum FAI-Kongress. Dort wurde sie verkauft und in Fasold umbenannt.

In der Zwischenzeit hatte Kronfeld die Kr 1a, Austria 3, erworben, die der Austria 2 in vieler Hinsicht ähnelte und nur wenige kleine Verbesserungen aufwies. Mit diesem Flugzeug nahm er an verschiedenen Veranstaltungen in Frankreich teil, so in Bannes d'Ordanche, am Wettbewerb in Vincennes sowie an einer Kunstflugvorführung in Le Bourget. Bei ei-

weitere technische Angaben
unbekannt

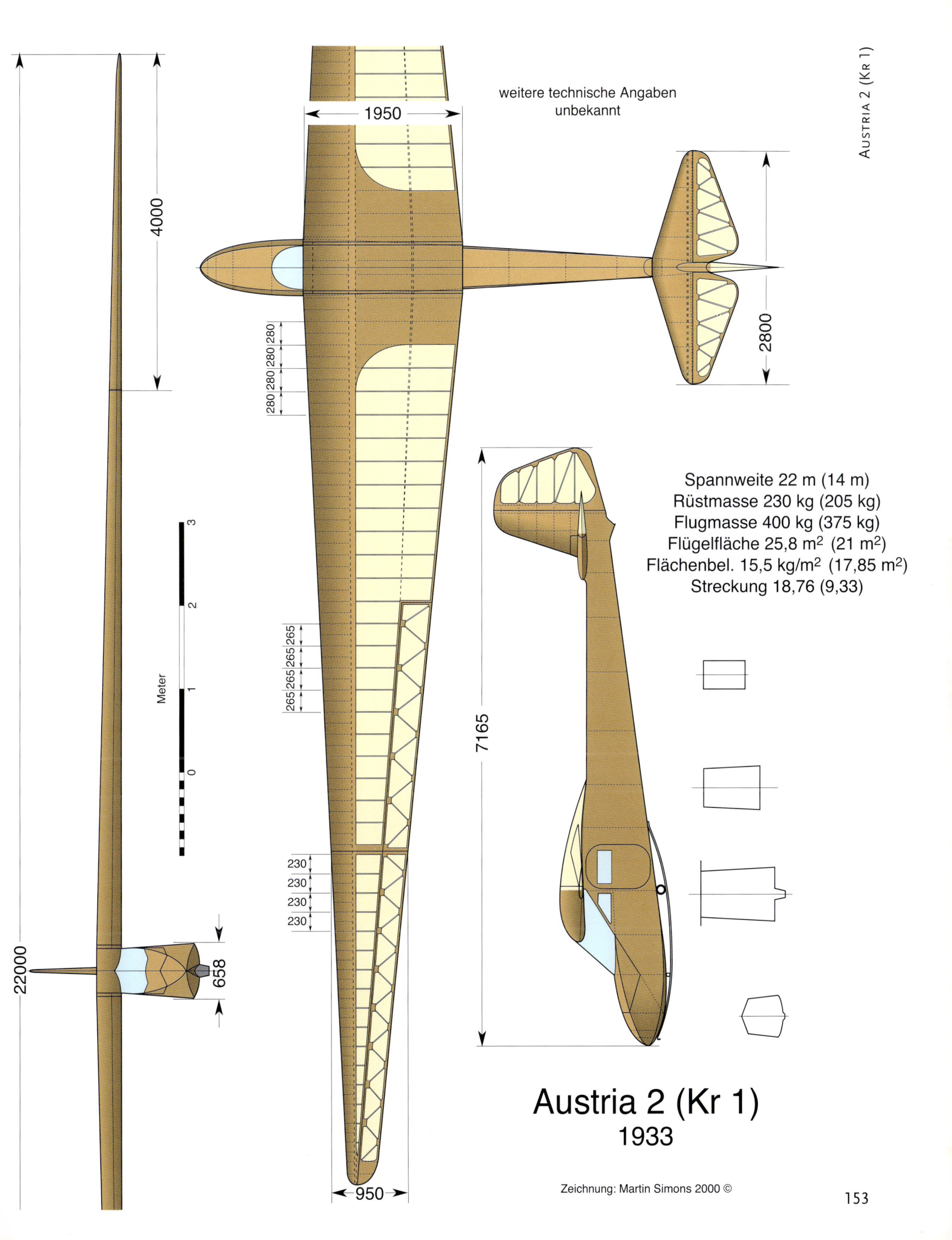

Spannweite 22 m (14 m)
Rüstmasse 230 kg (205 kg)
Flugmasse 400 kg (375 kg)
Flügelfläche 25,8 m² (21 m²)
Flächenbel. 15,5 kg/m² (17,85 m²)
Streckung 18,76 (9,33)

Austria 2 (Kr 1)
1933

Zeichnung: Martin Simons 2000 ©

Kapitel 14

nem Flugzeugschlepp in Limoges am 11. Juli fing das Schleppflugzeug Feuer. Nach dem Ausklinken landeten beide Flugzeuge sicher. Als der Schlepppilot ausgestiegen war, explodierte sein Flugzeug. Im Juli 1934 errang Kronfeld in Frankreich den „Grand Prix du Puy-de-Dome". Danach siedelte er nach England über, nahm sein Flugzeug mit und flog dort im Southdown Gliding Club am Flugplatz Itford Hill. Was danach damit geschah, ist nicht bekannt.

Musger MG-9

Der Ingenieur Erwin Musger entwarf sein erstes Leistungssegelflugzeug, die MG-1, im Jahr 1932. In der Folgezeit entwickelte Musger sowohl Segelflugzeuge als auch leichte Motorflugzeuge. 1936 entstand das zweisitzige mit Doppelsteuerung versehene Segelflugzeug MG-9. Auf den Namen OE-Kamerad getauft, sollte es als Ausbildungs- und Leistungssegelflugzeug dienen und war zudem für den Kunstflug ausgelegt.

Der hintere Sitz befand sich unter dem hohen Flügel. Dieser war als Knickflügel ausgelegt und besaß einfache Streben. Die Landung erfolgte auf einer einfachen Kufe. Der erfolgreiche Entwurf wurde schließlich zur MG-9a weiterentwickelt. Hier gab es ein größeres Cockpit und ein Fahrwerk. Die Streben, in umgekehrter V-Form, verbanden den Rumpf vor und hinter dem Fahrwerk an nur einem Punkt mit dem Hauptholm des Flügels. Zehn Exemplare der MG-9a wurden gebaut, von denen die meisten ein OE-Kennzeichen mit dem Namen eines Planeten erhielten, wie OE-Merkur, Mars, Venus und so fort. Auch später stellte man weitere Flugzeuge des Typs her.

In der MG-9a brach Toni Kahlbacher viele österreichische Rekorde. Mit den Copiloten Tauschegg und Führinger gelangen ihm im Jahr

Austria 3 mit kurzer Spannweite bei Flügen in England

Musger MG 9 beim ISTUS-Treffen 1936

Musger Mg 9 & 9a
1935 - 38

Profil Göttingen 535

Rüstmasse 245 kg, (a) 265 kg
Flugmasse 415 kg, (a) 415 kg
Flügelfläche 20,8 sq m, (a) 20,7 m²
Flächenbelastung 19,4 kg/sq m, (a) 19,8 kg/m²
Streckung 14,6, (a) 14,6

Zeichnung: Martin Simons 2000 ©

1938 gleich zwei doppelsitzige Dauerrekorde über 23 und 40 Stunden. Mit dem Prototypen MG-9 und mit der MG-9a OE-Duo nahm man 1937 am ISTUS-Kongress in Salzburg teil. Beim Rhön-Wettbewerb 1938 erreichten Kahlbacher und Tauschegg mit der MG-9a in einem vom Kranich beherrschten Feld einen hervorragenden dritten Platz. In der Folge entwickelte Musger weitere Segelflugzeuge. Hierzu gehören die erfolgreichen Muster MG-19, 19a, 19b, 19c sowie eine Serie von Doppelsitzern des Typs MG-23, die 1951 begann und bis 1966 in Produktion blieb.

Oben: MG 9 mit Rad und umgekehrten V-Streben

Unten: Hütter 17 in Dunstable

Hütter

Speziell für den Alpensegelflug entwarfen die Brüder Wolfgang und Ulrich Hütter aus Salzburg ein kleines Segelflugzeug mit 10 m Spannweite, das ein Gleitverhältnis von 17:1 erreichen sollte. Deshalb nannte man es Hütter 17 oder H-17. Das Flugzeug sah aus wie ein kleines Grunau Baby, ein Hochdecker mit Gö 535-Profil, abgestrebt mit sechseckigem Rumpfquerschnitt und offenem Cockpit. Zur besseren Wirkung verwendete man Spaltquerruder und unternahm alles, um das Flugzeug im Hinblick auf die Herstellung zu vereinfachen.

Gleich nachdem der Prototyp zufriedenstellend geflogen war, veröffentlichte man Pläne und etwa ein Dutzend Flugzeuge konnten bald verkauft werden. Im Anschluss gingen die Gebrüder Hütter als Konstrukteure zu Schempp-Hirth nach Göppingen. Aus der H-17 entstand so die Göppingen 5, die ein Fahrwerk sowie eine Haube mit Windschutzscheibe erhielt. Einige Flugzeuge dieses Musters, dessen Pläne große Verbreitung fanden, wurden in der Fabrik gebaut.

Nach dem Zweiten Weltkrieg nahm man die Produktion in Göppingen wieder auf und es entstand die H-17B, die eine geschlossene Haube, einen längeren Rumpf, Landeklappen und einige weitere Modifikationen erhielt. Auch von diesem Flugzeug wurden Pläne vertrieben.

Wie viele Exemplare der H-17 letztendlich gebaut und geflogen wurden, ist nicht bekannt. In England existieren noch mindestens zwei Flugzeuge und weltweit befinden sich weitere in Betrieb. Die H-17 steigt hervorragend in der Thermik, es erweist sich allerdings als nicht so einfach, den nächsten Bart zu erreichen, denn das Gleitverhältnis ist offensichtlich schlechter als 17:1.

Auch später zeigten sich die Gebrüder Hütter von der Idee kleiner Segelflugzeuge überzeugt. Weil die Piloten bessere Leistungen erwarteten, konzipierten sie ein Flugzeug, das ein Gleitverhältnis von 28:1 aufweisen sollte. Diesen Entwurf nannten sie deshalb H-28. Das Flugzeug mit 12 m Spannweite stellte einen außergewöhnlichen Entwurf dar. Eine Besonderheit bestand in der großen, einteiligen, gewölbten und transparenten Haube, die an der Darmstädter Universität im Rahmen von Forschungen an Kunststoffen entwickelt worden war. Der Prototyp erhielt gerade Flügel, obwohl man ursprünglich einen Knickflügel vorgesehen hatte. Die Erprobung verlief erfolgreich, das gemessene Gleitverhältnis von 23,4:1 enttäuschte jedoch.

Die H-28 II besaß Knickflügel sowie eine aus mehreren Kunststoffteilen bestehende Haube. Ein weiteres Exemplar, die H-28 III, entstand in Dänemark und konnte mit 27,2:1 ein besseres Gleitverhältnis aufweisen. Earle Duffin baute später in England einen Nachbau der H-28, der allerdings nicht den Originalplänen entsprach.

Oben: Nachbau einer Hütter 28 von Earle Duffin

Mitte: Hütter 28, 1974 geflogen von Herrn Aeberle aus der Schweiz

Unten: Die Flügelwurzeln boten dem Piloten ein wenig Elbogenfreiheit.

HÜTTER H - 17

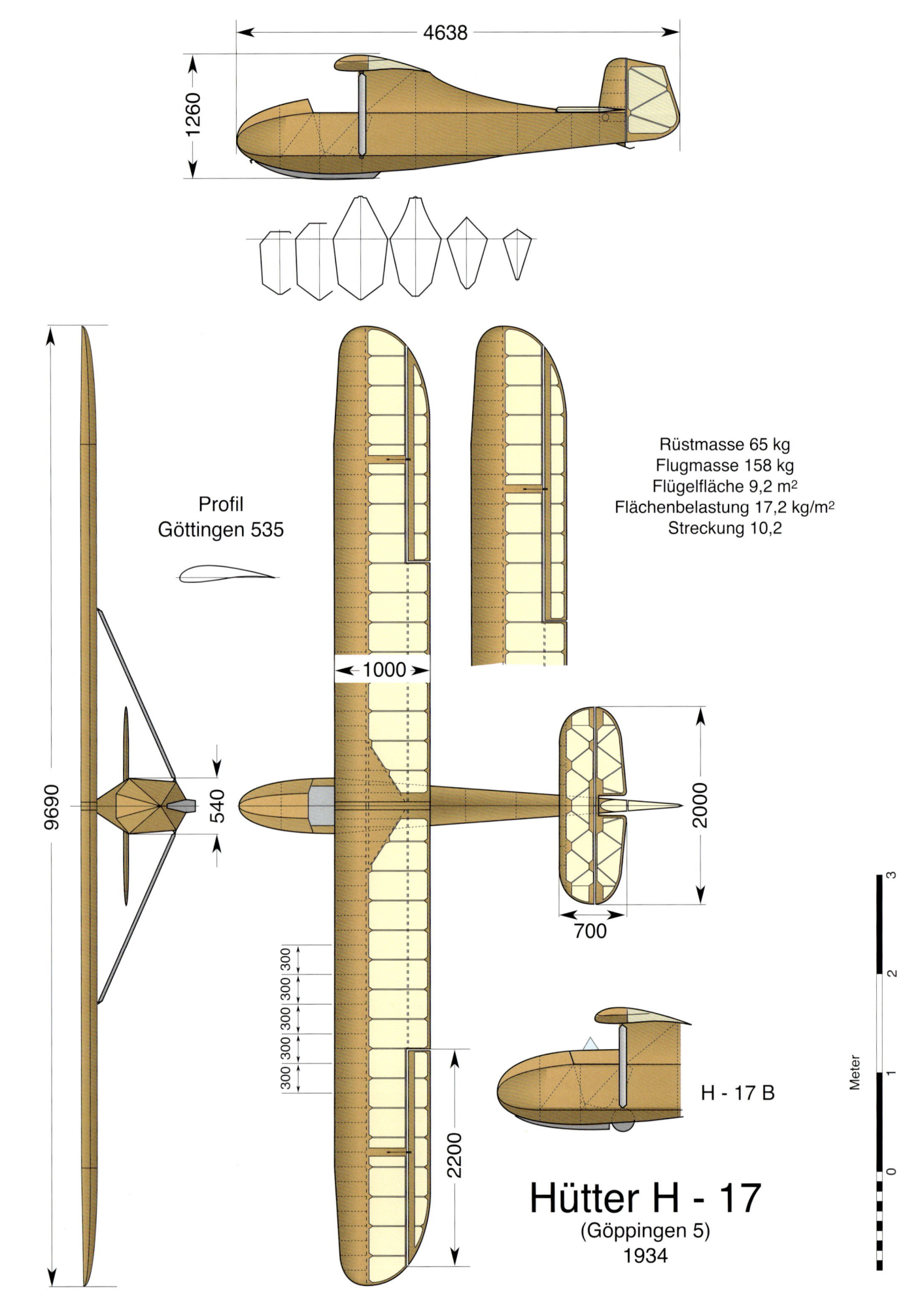

Profil
Göttingen 535

Rüstmasse 65 kg
Flugmasse 158 kg
Flügelfläche 9,2 m²
Flächenbelastung 17,2 kg/m²
Streckung 10,2

H - 17 B

Hütter H - 17
(Göppingen 5)
1934

Zeichnung: Martin Simons 2000 ©

Wurzelbereich
Profile
Mittelflügel

Rüstmasse 88 kg
Flugmasse 178 kg
Flügelfläche 7,6 m²
Flächenbelastung 23 kg/m²
Streckung 18,46

Hütter 28 - II
1936

Zeichnung: Martin Simons 2000 ©

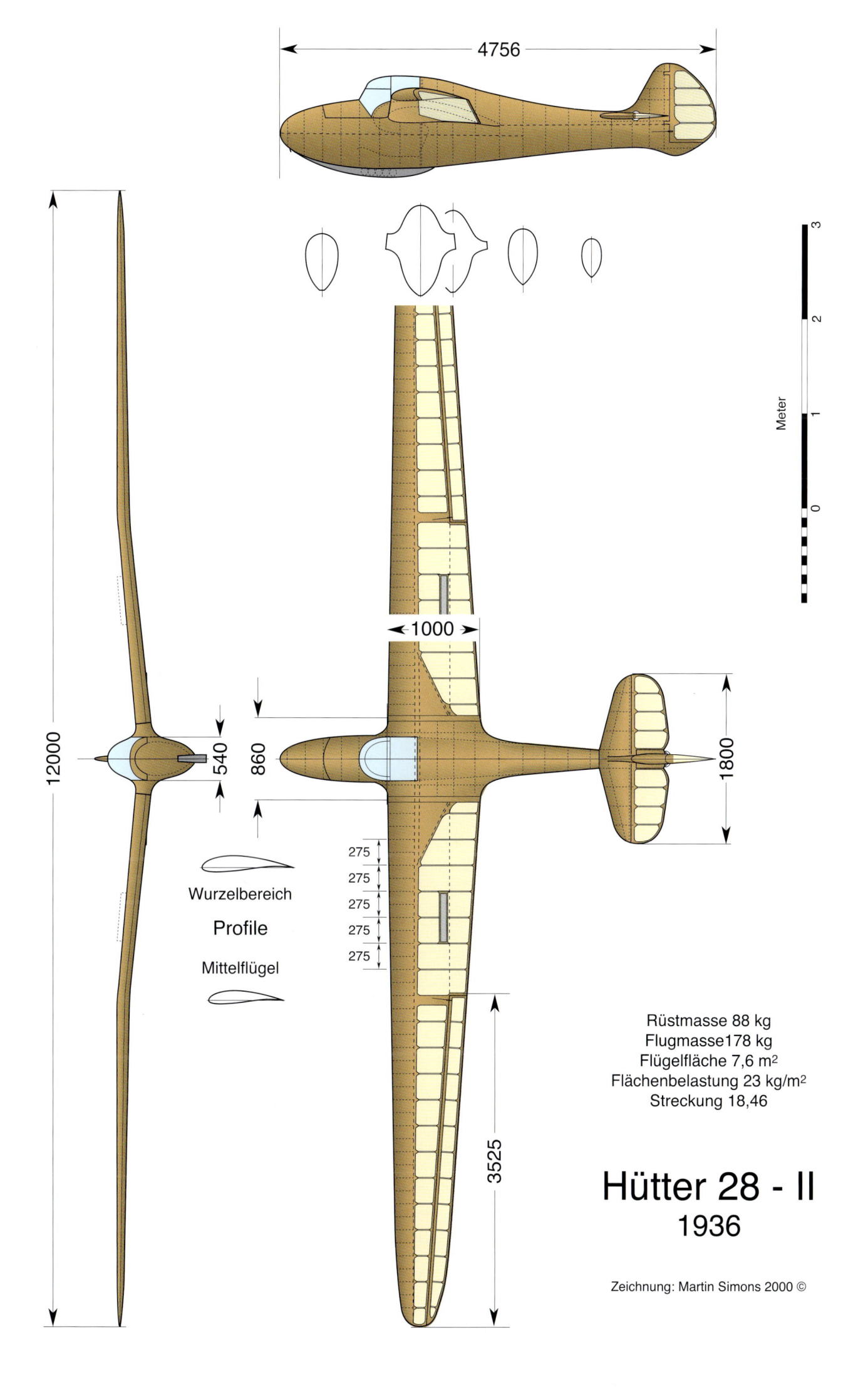

KAPITEL 15
Groß-britannien

Rechts: Tern im Flug
Unten: Tern mit Pilot Major Petre 1931 in Balsdean on the South Downs

Die Segelflugentwicklung auf der Britischen Insel begann erst im Jahr 1929, im Nachgang zu einem vorbereitenden Treffen, aus dem die British Gliding Association (BGA) hervorging. Dass sich das Treffen von Itford 1922 als „Fehlstart" erwiesen hatte, lag größtenteils am fehlenden Interesse des Staates und der Universitäten an einer Bewegung, die den deutschen Akafliegs entsprach. Wo es in Großbritannien ähnliche Gruppen gab, wie an der De Havilland Technical School, beschäftigte man sich mit Motorflugzeugen. Der britische Segelflug musste sich deshalb selbst finanzieren. Im Jahr 1935 gab es dann eine Unterstützung für die BGA, allerdings lediglich in Höhe von 5000 Pfund pro Jahr.

Airspeed Tern

Die Firma Airspeed wurde im Jahr 1930 von Hessell Tiltman und Neville Shute Norway (später ein berühmter Romanschriftsteller) gegründet. Das plötzliche Interesse am Segelflug, ausgelöst durch die Berichte aus Deutschland, ließ vermuten, dass sich preisgünstige Segelflugzeuge gut verkaufen ließen. Tiltman war ein Flugzeugkonstrukteur, der sich gerade dem Segelflug zugewandt hatte. Die von ihm entwickelte Airspeed Tern flog erstmals im Jahr 1931. Sie besaß einen zweiholmigen, stoffbespannten, sich verjüngenden freitragenden Flügel ohne V-Form. Die Sperrholzbeplankung der Flügelnase war lediglich formgebend und übernahm keine tragende Funktion. Der Rumpf war von drei Seiten mit Sperrholz beplankt und im oberen Bereich, wie bei Flugzeugen jener Zeit üblich,

Airspeed Tern
1931

Rüstmasse 101 kg
Flugmasse 181 kg
Flügelfläche 18,7 m²
Flächenbelastung 9,8 kg/m²
Streckung 12,44

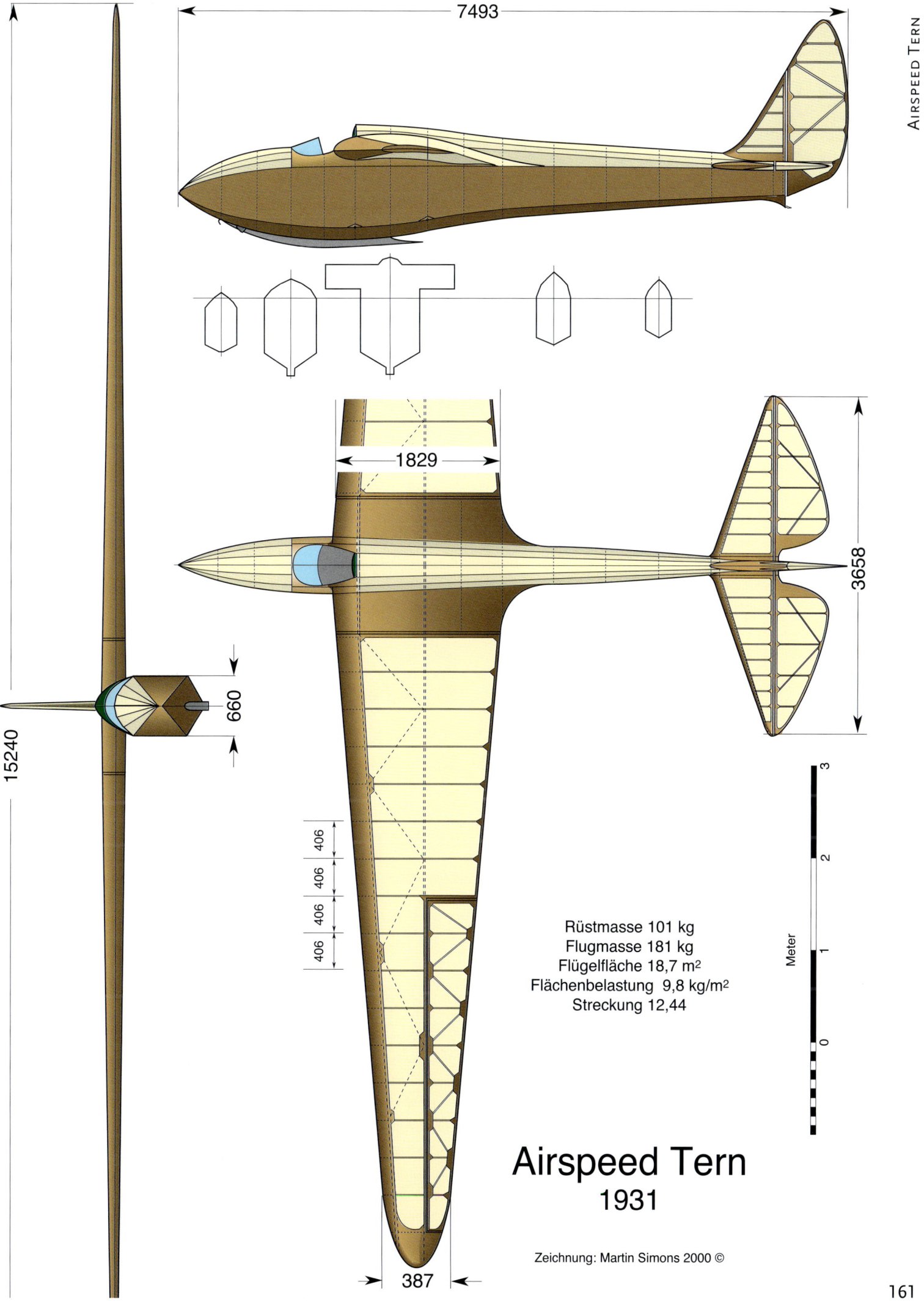

Zeichnung: Martin Simons 2000 ©

Kapitel 15

stoffbespannt. Das Cockpit präsentierte sich geräumig und komfortabel, was jedoch den Widerstand erhöhte. Zu dieser Zeit gab es in England nichts vergleichbares zu kaufen. Obwohl der Entwurf der Tern vielversprechend war, wurde bei Airspeed nur ein Exemplar fertiggestellt. Das zweite Exemplar wurde zwar begonnen aber nicht fertiggestellt. Nach dem Krieg entstand aus Teilen der beiden Vorkriegsmodelle eine flugfähige Tern. Dieses Flugzeug wurde aber in der Folgezeit kaum geflogen.

Scud-Flugzeuge

L. E. Jeffrey-Baynes war ein begabter Ingenieur, der seit 1916 in der Flugzeugindustrie arbeitete. Sein Entwurf des Scud erschien überaus konsequent. Es sollte ein preiswert zu produzierendes Segelflugzeug entstehen, das zwar nicht die höchstmöglichen Leistungen aber doch größtmöglichen Spaß und Sicherheit bot. Der Scud mit 7,7 m Spannweite wurde 1931 vorgestellt und fand sofort fünf Käufer. Außerdem vertrieb man Pläne an Amateurbauer. Der Rumpf mit diamantförmigem Querschnitt war unterhalb des kleinen einteiligen Flügels verstrebt angebracht. Nicht ganz einfach gestaltete sich für den Piloten der Einstieg ins Cockpit. Der nahezu rechteckige Flügel geringer Streckung besaß nur am Flügelende eine Verjüngung zur Reduzierung des induzierten Widerstandes. Die beplankte Flügelnase war für die Aufnahme von Torsionskräften ausgelegt. Höhen- und Seitenleitwerke waren untereinander austauschbar. Das Seitenruder konnte als Höhenruder eingebaut werden und umgekehrt. Im Flug erwies sich die Scud als sehr empfindlich und erforderte daher viel Gefühl beim Fliegen. Edward Mole, einem RAF-Offizier, gelang es, den Scud eine Stunde zu fliegen. Unerfahrene Piloten neigten dazu, ihn zu übersteuern und es ereigneten sich einige Unfälle. In Australien wurde ein Scud nach wenigen Testflügen verbrannt, nachdem der Besitzer entschieden hatte, dass dieses Flugzeug zu gefährlich wäre.

Baynes entwarf bald die Scud 2, die sich als wesentlich erfolgreicher erwies. Der Rumpf wurde leicht verlängert, ohne den Querschnitt zu vergrößern. Die Spannweite lag nun bei 12 m. Man setzte das bewährte Profil Gö 652 ein. Der Flügel war im Mittelteil rechteckig, die Außenflügel konnten für den Transport leicht abgenommen werden. Das Rüstgewicht betrug nur etwa 30 kg mehr als beim ersten Scud. Zwar blieb der Einstieg in das Cockpit nach wie vor beschwerlich, aber die Sicht nach oben verbesserte sich dank zweier transparenter Flächen in der hinteren Flügelabdeckung. Das Flugzeug verfügte über ein Gleitverhältnis von 1:16.

Vier Exemplare der Scud 2 konnten gebaut und verkauft werden. Eines davon besaß einen verlängerten Rumpf, um den großen Piloten Philip Wills aufzunehmen. Mungo Buxton, ein RAF-Offizier, brach mit diesem Flugzeug den britischen Höhenrekord bei einem Wolkenflug bis zu einer Höhe von 2537 m. Ein Exemplar der Scud 2 überstand den Krieg. Dieses Flugzeug ist – inzwischen restauriert – noch in Gebrauch und flugfähig.

Oben: Die Scud 2, leicht und kompakt, wurde erstmals 1932 angeboten.
Unten: Der Autor hat – nach mühsamem Einstieg – in einer Scud 2 Platz genommen.

Carden Baynes Auxiliary oder Scud 3

Baynes sah voraus, dass irgendwann Segelflugzeuge mit Motoren ausgestattet werden müssten, wie dies bei Segelschiffen geschah. So konnten sie ohne Hilfe starten und nach einem Überlandflug aus eigener Kraft zurückkehren. Beauftragt und finanziell unterstützt von Sir John Carden entwarf er den Scud 3 oder Carden Baynes Auxiliary. Der sich verjüngende Flügel ähnelte dem des Scud 2, verfügte allerdings über etwas mehr Spannweite. Der Wurzelbereich war vereinfacht, das Profil ging von einem Gö 652 in ein symmetrisches Profil am Flügelende über. Der rechteckige Rumpfquerschnitt mit abgerundeten Ecken stellte einen guten Kompromiss zwischen einfacher Bauweise und aerodynamisch günstiger runder Form dar. Der Flügel war auf einem hohen stromlinienförmigen Pylon hinter dem Cockpit angebracht. Das Triebwerk fand Platz in einem speziellen Raum hinter dem Hauptspant im Rumpf. Der

Scud 2

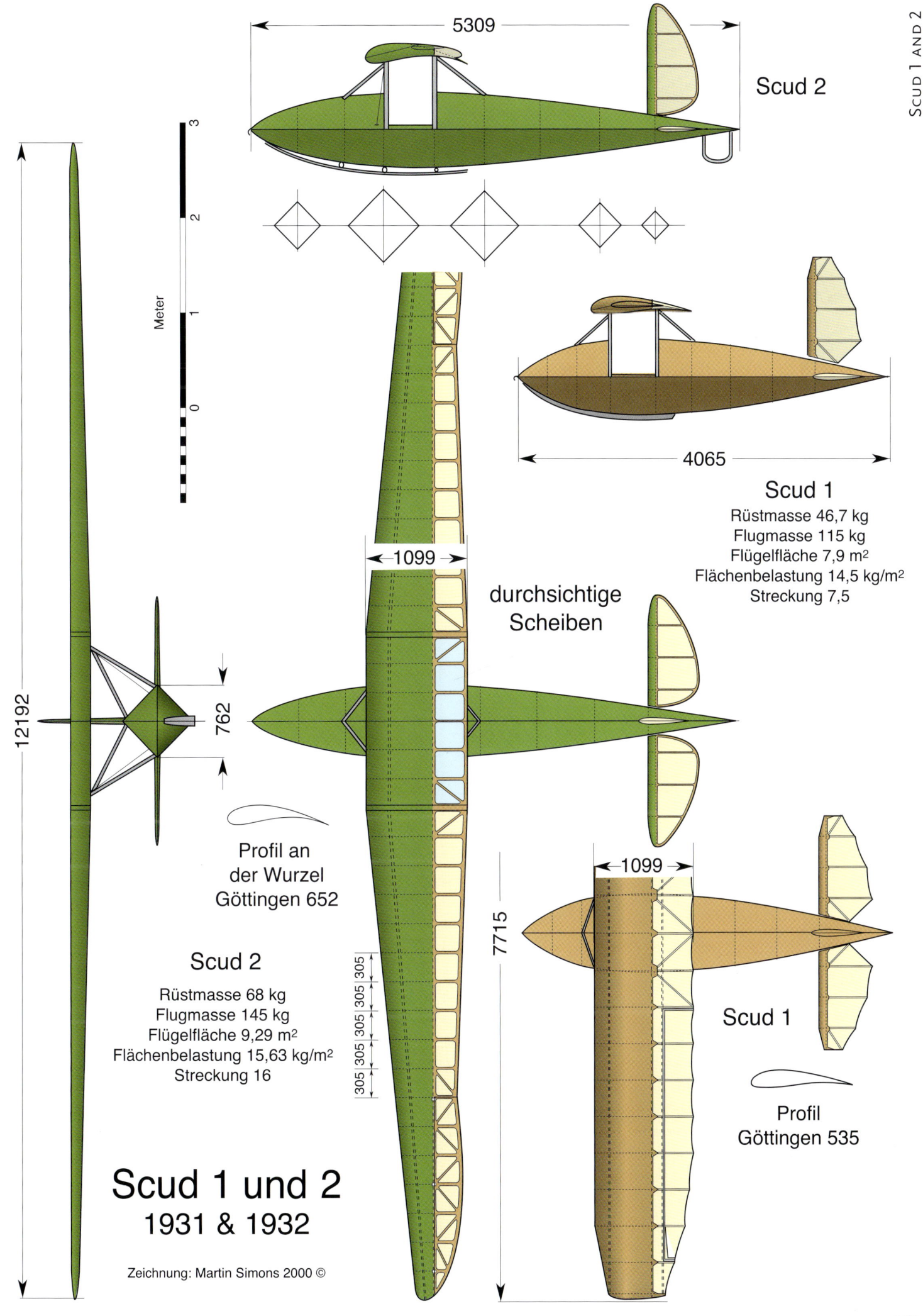

Scud 1
- Rüstmasse 46,7 kg
- Flugmasse 115 kg
- Flügelfläche 7,9 m²
- Flächenbelastung 14,5 kg/m²
- Streckung 7,5

durchsichtige Scheiben

Profil an der Wurzel Göttingen 652

Scud 2
- Rüstmasse 68 kg
- Flugmasse 145 kg
- Flügelfläche 9,29 m²
- Flächenbelastung 15,63 kg/m²
- Streckung 16

Scud 1

Profil Göttingen 535

Scud 1 und 2
1931 & 1932

Zeichnung: Martin Simons 2000 ©

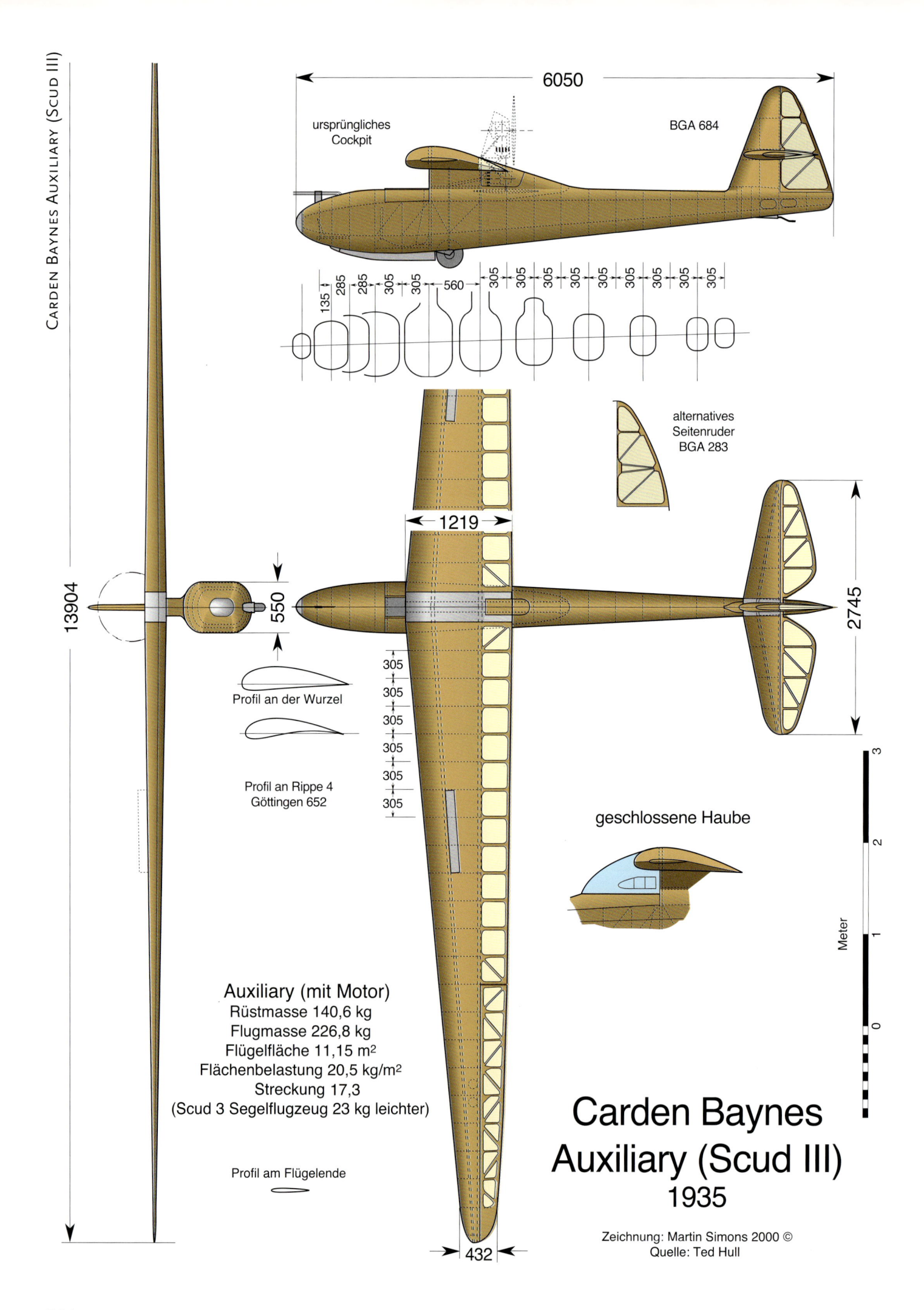

Carden Baynes Auxiliary (Scud III)

ursprüngliches Cockpit
BGA 684

6050

alternatives Seitenruder BGA 283

1219

2745

13904

550

305
305
305
305
305
305

135 · 285 · 285 · 305 · 305 · 560 · 305 · 305 · 305 · 305 · 305 · 305 · 305 · 305 · 305

Profil an der Wurzel

Profil an Rippe 4
Göttingen 652

geschlossene Haube

Auxiliary (mit Motor)
Rüstmasse 140,6 kg
Flugmasse 226,8 kg
Flügelfläche 11,15 m²
Flächenbelastung 20,5 kg/m²
Streckung 17,3
(Scud 3 Segelflugzeug 23 kg leichter)

Profil am Flügelende

432

Carden Baynes Auxiliary (Scud III)
1935

Zeichnung: Martin Simons 2000 ©
Quelle: Ted Hull

kleine Motor leistete bei 250 ccm 9 PS und konnte zusammen mit dem Propeller bis über den Flügel ausgeklappt werden. Die Scud 3 war eigenstartfähig. Nach dem Start konnten Triebwerk und Propeller komplett eingefahren wurden. An Bord befand sich Treibstoff für 30 Minuten Motorlaufzeit. Um die Handhabung so einfach wie möglich zu gestalten, gab es an der Flügelspitze einen Gaszug. So konnte der Pilot, nachdem er den Motor am Propeller per Hand angeworfen hatte, zum Flügelende gehen, um von dort aus das Gas zu bedienen, dann das Flugzeug zu jedem beliebigen Punkt rollen, dort ins Cockpit einsteigen und starten.

Alles funktionierte reibungslos. Der Auxiliary ließ sich von einigermaßen ebenen Flugplätzen starten und stieg ohne Probleme, wenn auch langsam. Der Betrieb auf unebenen Oberflächen erwies sich dagegen als weniger einfach. Der Motor war, was sich nach einigen Testflügen sowie einem Startunfall in turbulenter Luft gezeigt hatte, für den praktischen Betrieb zu klein ausgelegt. Bedauerlicherweise starb Sir Carden beim Absturz eines Linienflugzeugs und erlebte die Auslieferung des Auxiliary nicht mehr. Baynes demontierte den Motor und verkaufte den Scud 3 als reines Segelflugzeug. Ein weiteres unmotorisiertes Exemplar wurde anschließend noch gebaut.

Baynes war mit seinen Ideen der Zeit voraus, überschätzte aber – wie viele andere – den Bedarf an Segelflugzeugen im Großbritannien der 30er Jahre. Wenn es einen größeren Markt gegeben hätte und das Flugzeug mit einem stärkeren Motor und wenigen kleineren Änderungen versehen worden wäre, hätte die Auxiliary ein äußerst erfolgreiches selbststartendes Segelflugzeug werden können. Der Originalmotor war noch jahrelang als kleinstes start- und flugtaugliches Triebwerk im Londoner Science Museum ausgestellt. Beide Scud 3 existieren noch heute. Sie sind überaus bekannte historische Segelflugzeuge und werden weiterhin regelmäßig eingesetzt. Im Jahr 1934 gebaut, gehören sie wahrscheinlich mit zu den ältesten noch flugfähigen Segelflugzeugen der Welt.

Oben: Zwei Exemplare der Scud 3, beide noch flugfähig und in Betrieb

Unten links: Eine Willow Wren 1932 in England. Dieses Muster wurde von Amateuren in England, Australien und Neuseeland gebaut.

Rechts unten: Eine restaurierte Willow Wren

Die Wren-Flugzeuge

Bill Manuel war Unteroffizier in der RAF und entdeckte 1930 seine Begeisterung für den Segelflug. Er entschloss sich, ein eigenes Segelflugzeug zu konzipieren und zu bauen. Mit einfachsten Werkzeugen, wenig Geld und Platz erstellte er die Crested Wren mit 12,2 m Spannweite. Obwohl Entwurf und Konstruktion nicht einfacher hätten sein können, flog das Flugzeug gut. Manuel beschloss, das Flugzeug weiterzuentwickeln und die Pläne zu verkaufen. Seine Willow Wren entstand im Jahr 1932. Sie besaß einen breiteren Rumpf mit verbessertem Leitwerk, Verstärkungen an Rumpf und Flügel sowie anderen kleineren Neuerungen. Die Blue Wren, 1934 fertiggestellt, wies Veränderungen am Flügel auf, die den Strömungsabriss am Flügelende bei geringen Geschwindigkeiten verhinderten. In der Zwischenzeit waren Pläne an Fliegergruppen in England verkauft worden. Die in England gebaute Golden Wren besaß ein geschlossenes Cockpit. Weitere Exemplare entstanden in Australien und Neuseeland. Mindestens sieben Flugzeuge des Typs Willow Wren waren in Betrieb, alle sehr erfolgreich. Die Golden Wren bewies ihre

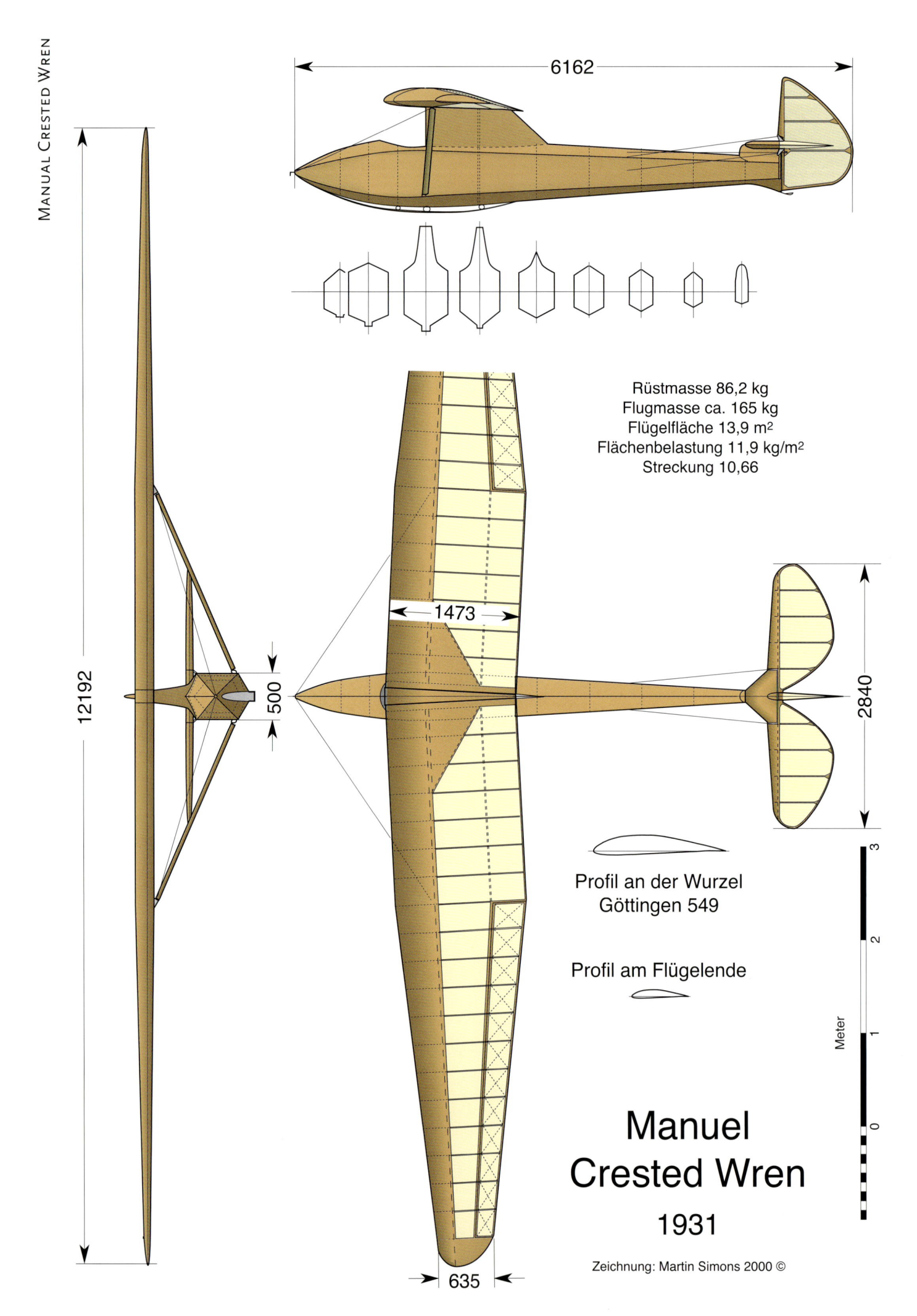

Rüstmasse 86,2 kg
Flugmasse ca. 165 kg
Flügelfläche 13,9 m²
Flächenbelastung 11,9 kg/m²
Streckung 10,66

Profil an der Wurzel
Göttingen 549

Profil am Flügelende

Manuel Crested Wren

1931

Zeichnung: Martin Simons 2000 ©

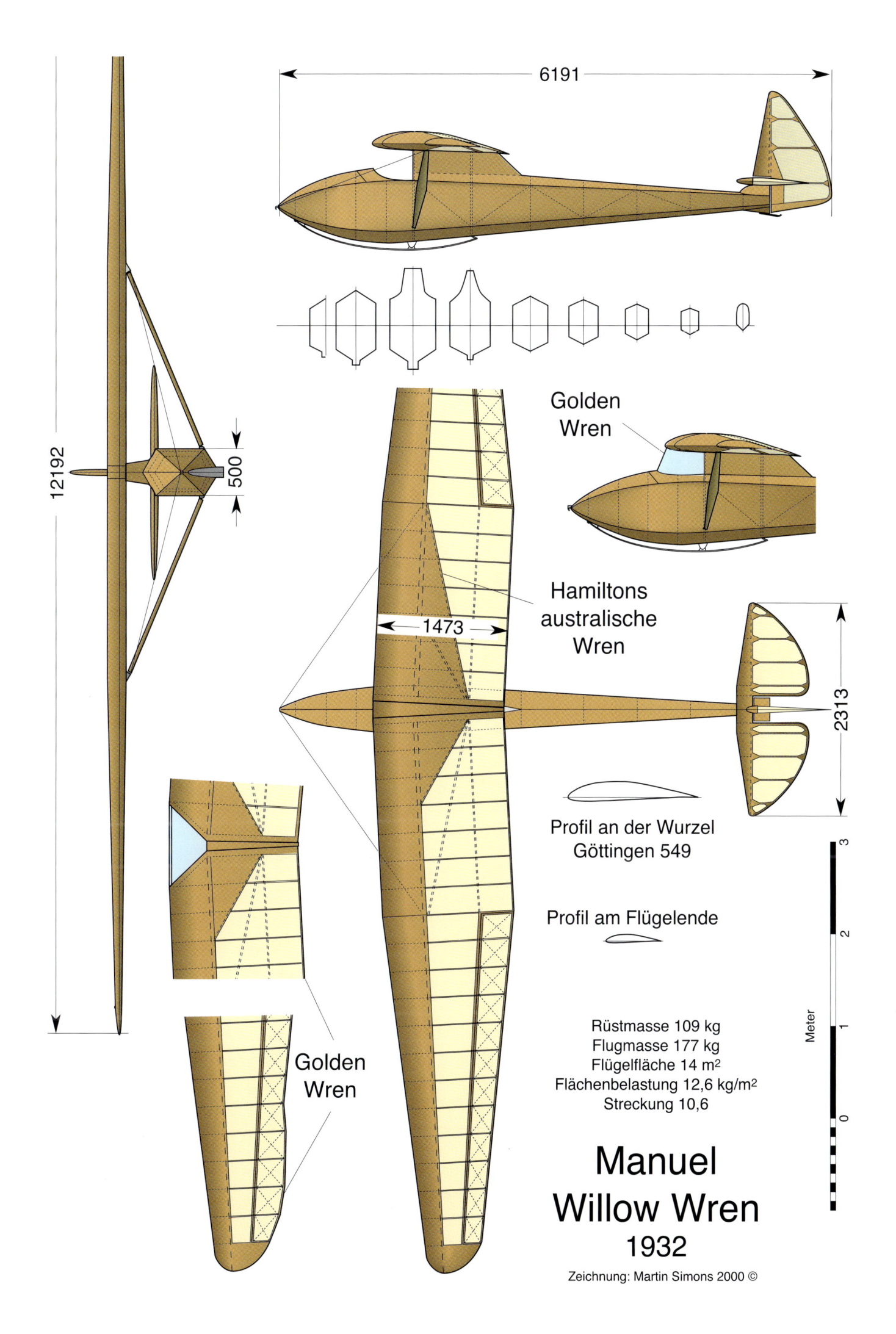

Golden Wren

Hamiltons australische Wren

Profil an der Wurzel Göttingen 549

Profil am Flügelende

Rüstmasse 109 kg
Flugmasse 177 kg
Flügelfläche 14 m²
Flächenbelastung 12,6 kg/m²
Streckung 10,6

Manuel Willow Wren
1932

Zeichnung: Martin Simons 2000 ©

Kapitel 15

Murray und Fox 1937, nach ihrem Dauerrekord mit der Falcon III auf der Wasserkuppe

Slingsby Falcon 3

Bei den meisten Doppelsitzern jener Zeit waren die Sitze hintereinander angeordnet. Nebeneinander liegende Sitze bieten jedoch in der Ausbildung einige Vorteile: Fluglehrer und Flugschüler können sich besser verständigen, der Lehrer sieht den Gesichtsausdruck des Schülers, kann auf Dinge in oder außerhalb des Cockpits zeigen und beide Piloten verfügen über eine angemessen gute Sicht. Zu den Nachteilen gehören die Leistungseinbußen bedingt durch den größeren Rumpfquerschnitt sowie die Tatsache, dass bei Alleinflügen Ballast mitgenommen werden muss, um den Schwerpunkt im zulässigen Bereich zu halten.

Slingsbys Falcon 3 wurde im Auftrag des Börsenmaklers Espin Hardwick als doppelsitzige Version des Lippisch Falke gebaut. Insgesamt entstanden neun Exemplare dieses bei den Engländern überaus beliebten Flugzeuges. Während des Zweiten Weltkriegs führte man hiermit Pilotentraining durch. Nur ein Falcon 3 erlebte das Ende des Krieges. Dieses Flugzeug wurde bei einem Überschlag am Boden im Jahr 1947 zerstört.

Oben: Falcon III

Hjordis

Der RAF-Offizier Mungo Buxten entwarf die Hjordis in Eigeninitiative, von Anfang an zusammen mit seinem Freund Philip Wills. Buxton kannte die deutschen Entwicklungen, wollte aber nicht einfach ein vorhandenes Flugzeug kopieren. Für den Flügel wählte er im Wurzelbereich das sehr dicke und stark gewölbte Göttingen 652, das zum Flügelende allmählich in ein RAF 32 überging. Der Flügel war so konzipiert, dass er ohne aufwendige Helling auf einer ebenen Fläche gebaut werden konnte. Die Sperrholzbeplankung reichte bis zum leichten hinteren Holm, der Rest war stoffbespannt. Der zigarrenförmige Rumpf war für minimalen Querschnitt ausgelegt und besaß einen hohen, schmalen Pylon zur Aufnahme des Flügels. Die beiden stabilen Hauptspanten waren in der Lage, einen Überschlag am Boden zu überstehen. Es gab weder Stör- noch Bremsklappen.

Leistungsfähigkeit bei einem „Silber-C-Flug" und diversen Höhenflügen. Dieses Exemplar flog auch noch nach dem Krieg, bis man es im Jahr 1947 aufgrund von Leimschwächen stilllegte. Auch die ursprüngliche Willow Wren existiert noch, wenn auch nicht mehr flugfähig.

Gemeinsam mit der Dunstable Sailplane Company entwickelte Manuel die Kestrel, eine Willow Wren mit Verbesserungen, wie einem größeren Cockpit und einer stabileren Konstruktion. Die Gesellschaft selbst stellte nur ein Exemplar her, verkaufte aber einige Pläne davon. Eine Kestrel, die in England gebaut wurde, stürzte 1939 bei einem tragischen Trudelunfall ab. In Australien entstanden drei weitere Flugzeuge dieses Typs, die einige Jahre in Betrieb waren und bis heute – wenn auch nicht flugfähig – erhalten sind. Die Geschichte eines in den USA gebauten Flugzeuges dieses Typs liegt im Dunkeln. Im Jahr 1986 baute Manuel nach einer jahrzehntelangen Schaffenspause aus dem Gedächtnis ein nicht flugfähiges Replikat der Crested Wren.

Fred Slingsby, der gerade seinen Betrieb zur Herstellung von Segelflugzeugen eröffnet hatte, baute das Flugzeug. Philip Wills flog es bei

Slingsby Type 4 Falcon 3
1935

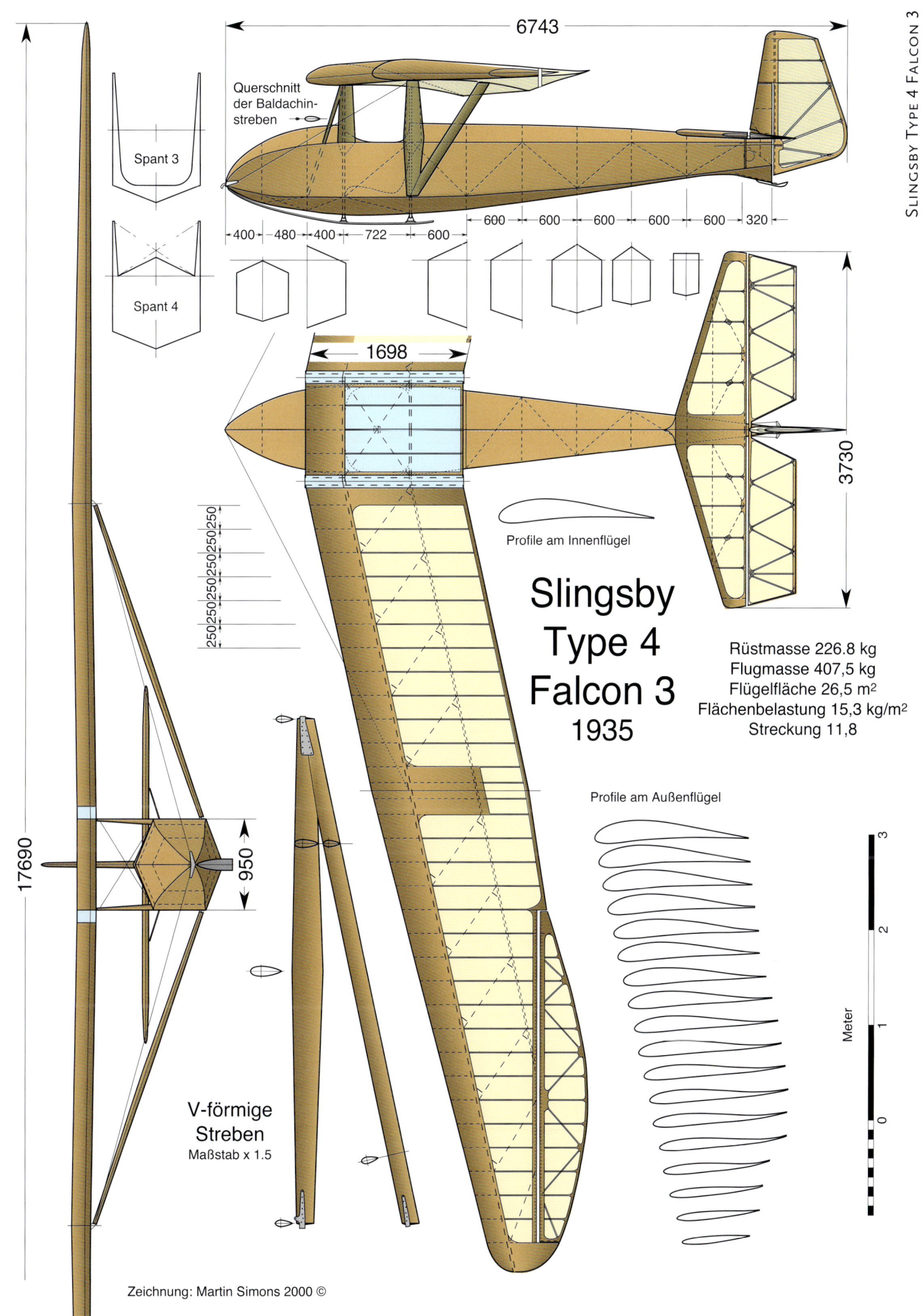

Rüstmasse 226,8 kg
Flugmasse 407,5 kg
Flügelfläche 26,5 m²
Flächenbelastung 15,3 kg/m²
Streckung 11,8

Querschnitt der Baldachinstreben

Spant 3
Spant 4

Profile am Innenflügel
Profile am Außenflügel

V-förmige Streben
Maßstab x 1.5

Zeichnung: Martin Simons 2000 ©

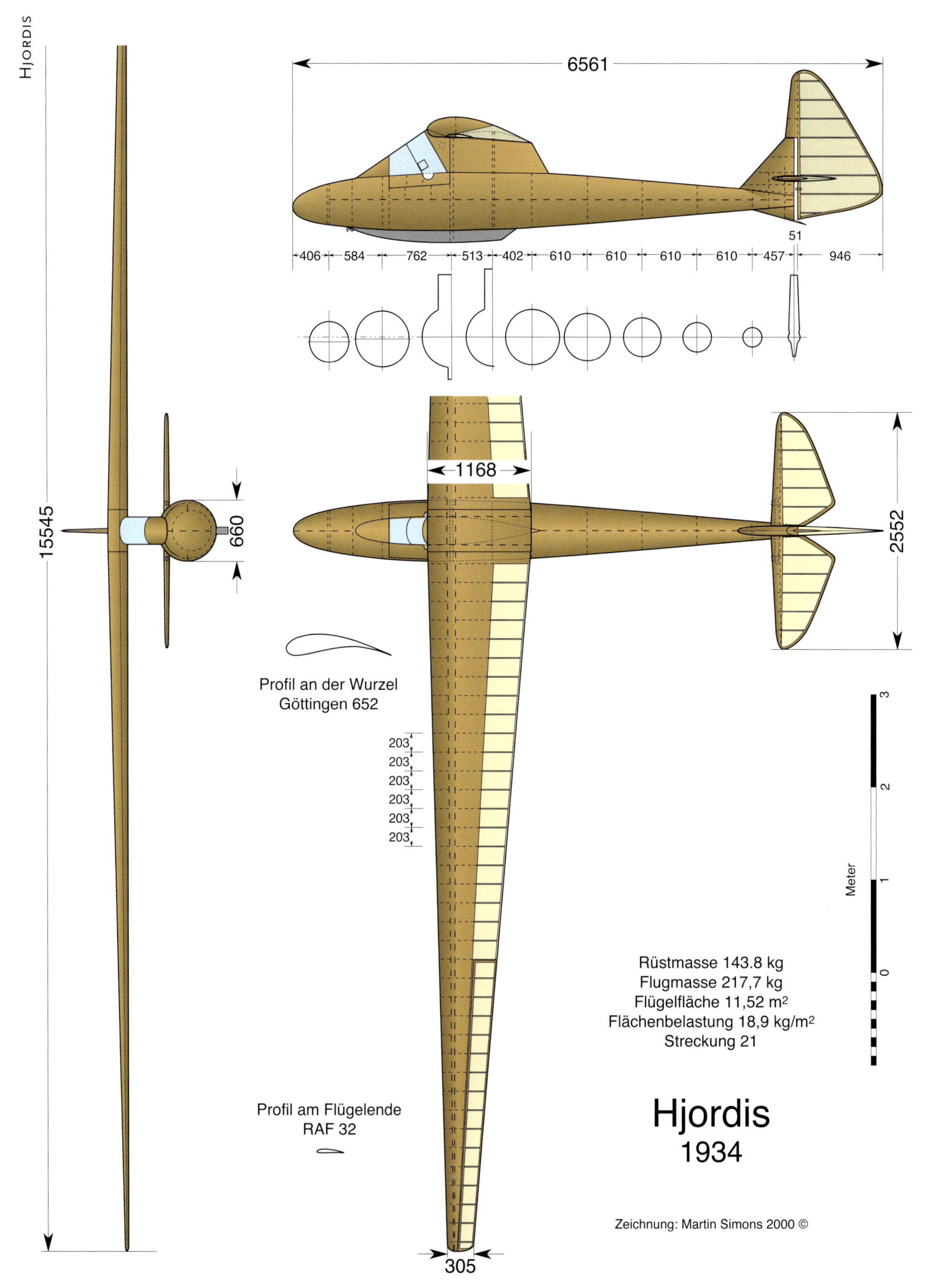

Profil an der Wurzel
Göttingen 652

Profil am Flügelende
RAF 32

Rüstmasse 143.8 kg
Flugmasse 217,7 kg
Flügelfläche 11,52 m²
Flächenbelastung 18,9 kg/m²
Streckung 21

Hjordis
1934

Zeichnung: Martin Simons 2000 ©

den Britischen Meisterschaften im Jahr 1935 und erzielte mehrere britische Strecken- und Höhenrekorde. Das Flugzeug besaß einige kleinere Nachteile: Für einen großen Piloten war es höchst unbequem und so musste Wills Löcher in die Haube sägen, damit seine Schultern Platz hatten. Die Belüftung war unzureichend. Darüber hinaus verursachten die fehlenden Landehilfen viele Außenlandeschäden, sodass Reparaturen an der Tagesordnung waren.

Als 1937 der erste internationale Wettbewerb ausgeschrieben wurde, entschied sich Wills für die Hjordis anstelle der King Kite, ebenfalls ein Entwurf von Buxton. Er landete im Mittelfeld, sammelte viele Erfahrungen und verkaufte 1938 die Hjordis, um eine Minimoa zu erwerben.

Oben: Hjordis beim Start 1937 während des Internationalen Wettbewerbs auf der Wasserkuppe
Links: Das Cockpit der Hjordis; um den Schultern des Piloten Philip Wills Platz zu bieten, musste es mit Löchern versehen werden.
Unten: Die Slingsby Kirby Kite kann als Grunau Baby 2 mit leicht vergrößertem Knickflügel und stromlinienförmigem Rumpf bezeichnet werden.

Kirby Kite

Zunächst baute Fred Slingsby fünfzehn Grunau Baby 2 in Lizenz. Aus einer verbesserten Version entstand schließlich die Kirby Kite. Der Flügel war nahezu identisch mit dem des Grunau Babys, verfügte allerdings über 70 cm mehr Spannweite und einen Knick. Der eckige Baby-Rumpf wurde durch einen Rumpf mit stromlinienförmigem Querschnitt ersetzt und auch das Leitwerk gestaltete man eleganter. Die Kite wurde zum Erfolg und es entstanden insgesamt 25 Exemplare, eines hiervon in den USA. Bei Wettbewerben und Überlandflügen bewies die Kite ihre Leistungsfähigkeit. Vier oder fünf Flugzeuge dieses Typs sind bis heute im Einsatz. Eine Weiterentwicklung, die Slingsby Type 23 Kite 1A, er-

Kirby Kite

6212

Rüstmasse 137,8 kg
Flugmasse 230,8 kg
Flügelfläche 14,5 m²
Flächenbelastung 15,9 kg/m²
Streckung 13,8

515   492   511   447.5

1200

Type 23
Hauptspanten

14200

588

2960

300 300 300 300

Band versteift Rippen

Typische Modifikation der Klappen

Strebe
Maßstab x2

Profil am Mittelflügel
Göttingen 535

Profile am Außenflügel

Type 23

Kirby Kite
1935

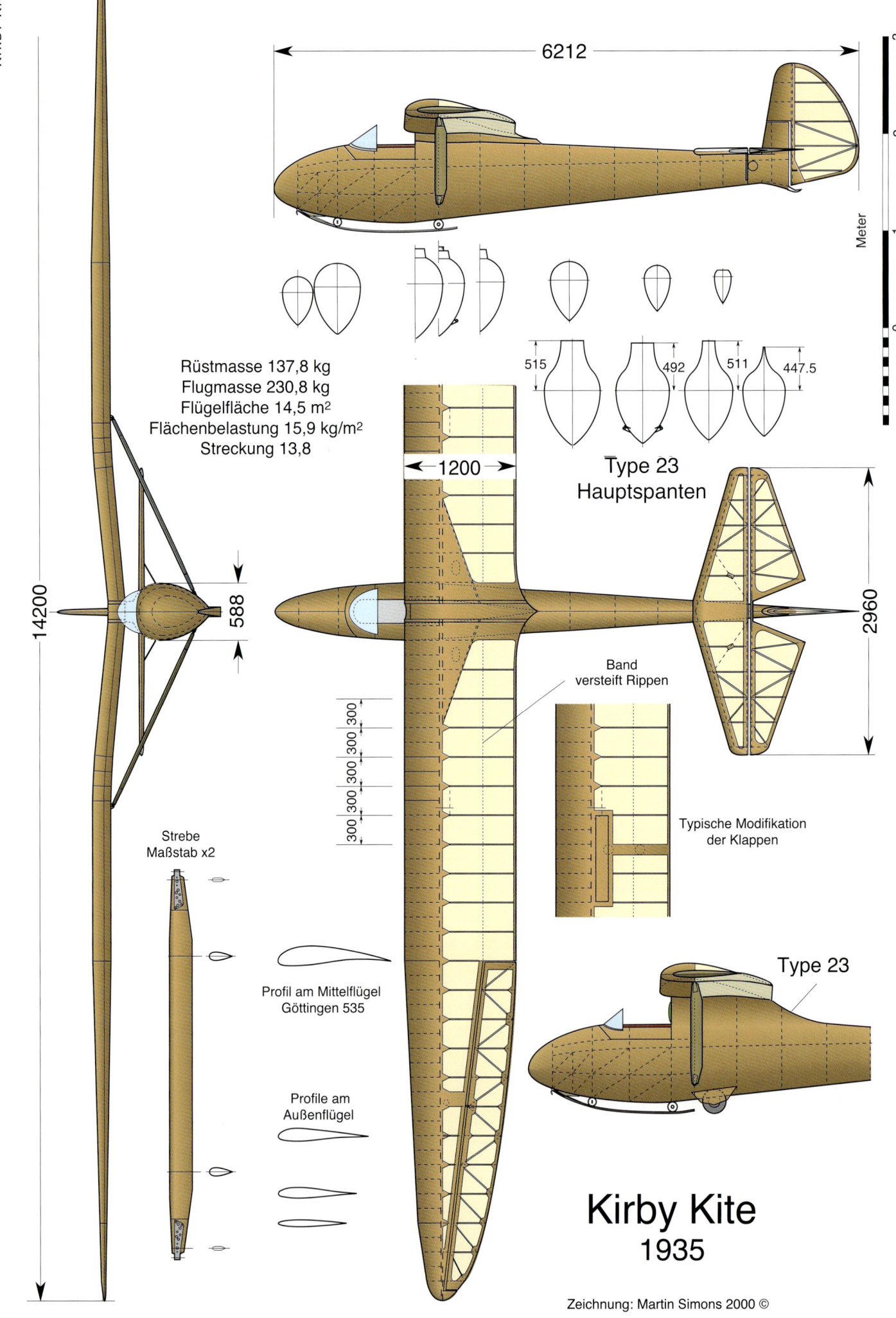

Zeichnung: Martin Simons 2000 ©

Links: Die Kite war in England sehr beliebt und nahm an vielen Britischen Meisterschaften der späten 30er Jahre teil.

Mitte rechts: Aus der Kadet entstand nach Verkürzung der Spannweite die Kirby Tutor.

Ganz unten: Die Slingsby Kadet wurde in England in großen Stückzahlen hergestellt. Flugschüler nutzten sie als Übungsflugzeug nach dem Dagling-Schulgleiter. Das Flugzeug erinnerte eher an einen Prüfling oder Hol's der Teufel als an ein Grunau Baby.

schien im Jahr 1945, es wurde allerdings nur ein Exemplar gebaut. Die Type 26 Kite 2 von 1946 besaß einen komplett neuen Flügel, erwies sich aber im Vergleich zur neuen EON Olympia als enttäuschend.

Kirby Kadet

Dieses Flugzeug wurde von Slingsby als Übungsflugzeug etwas leistungsfähiger als der Schulgleiter Dagling konzipiert. Hiermit sollten erste längere Flüge und die C-Prüfung möglich sein. Der Entwurf stammte von Stanley Sproule. Die Kadet erfüllte die in sie gesetzten Erwartungen. Einige Exemplare gingen an englische Vereine, ein Bausatz nach Australien. Während des Krieges wurde auch dieses Flugzeug für die Pilotenschulung eingesetzt und – nun Cadet genannt – mit einigen Verbesserungen und Verstärkungen ausgestattet. Ein Flugzeug ging für militärische Untersuchungen in die USA. Mehr als 430 Exemplare wurden insgesamt gebaut, womit die Kirby Cadet zum meist gebauten britischen Segelflugzeug avancierte. Die australische Kadet fliegt weiterhin und ist wahrscheinlich das älteste noch existierende Flugzeug dieses Typs. Wie die allerersten Modelle, hat es kein Rad und wiegt weniger als die später verwendeten Militärversionen. Um die Leistungen zu verbessern, entwarf man schließlich größere Flügel, die ausgetauscht werden konnten. So entstand die Kirby Tutor, beim Militär Cadet Mark 3 genannt. Viele Cadets wurden so zu Tutors umgerüstet. Nach dem Krieg benutzte man das Flugzeug als erstes Alleinflugmuster nach der doppelsitzigen Schulung.

Kirby Kadet (Cadet)

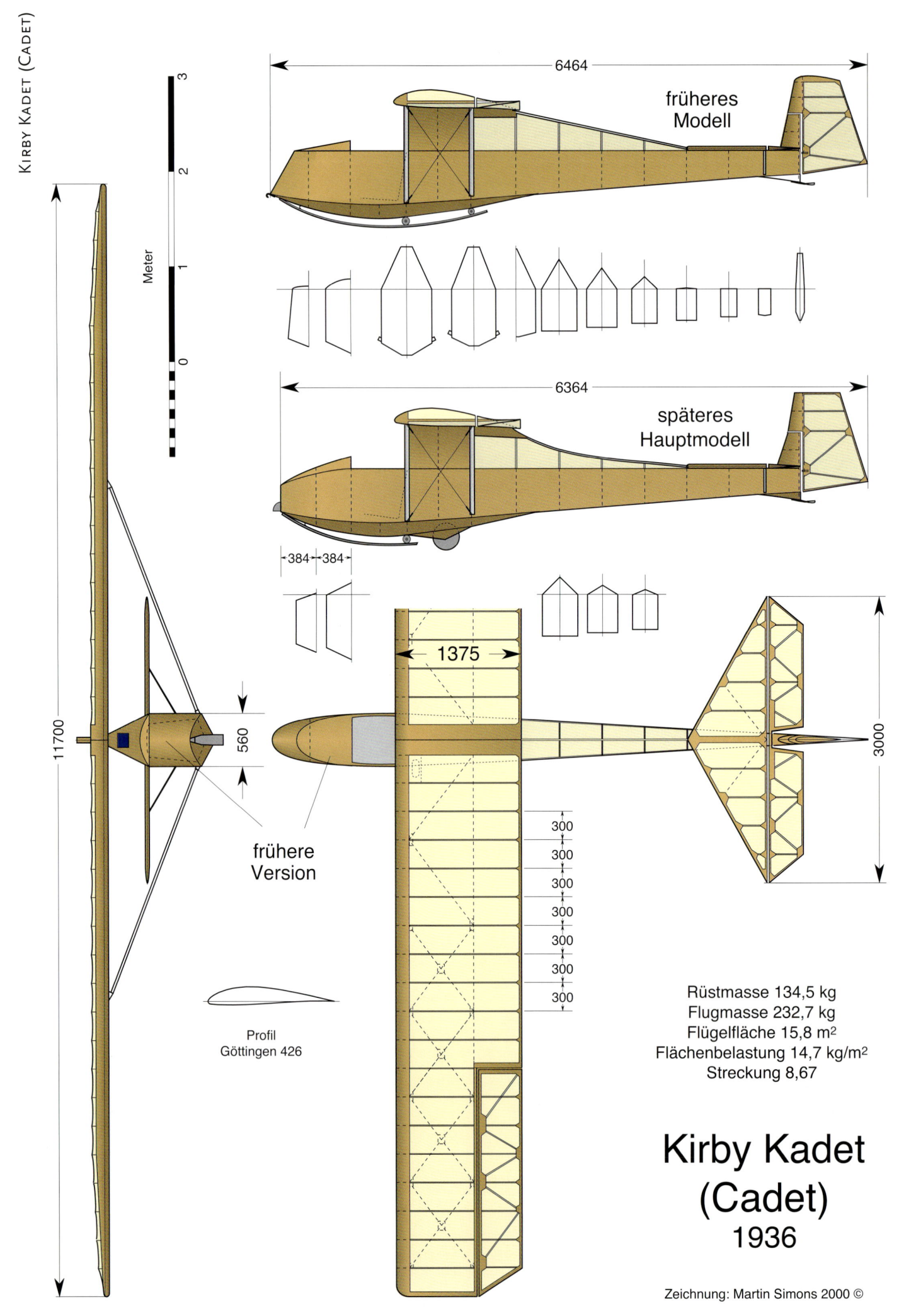

früheres Modell

späteres Hauptmodell

Profil Göttingen 426

frühere Version

Rüstmasse 134,5 kg
Flugmasse 232,7 kg
Flügelfläche 15,8 m²
Flächenbelastung 14,7 kg/m²
Streckung 8,67

Kirby Kadet (Cadet)
1936

Zeichnung: Martin Simons 2000 ©

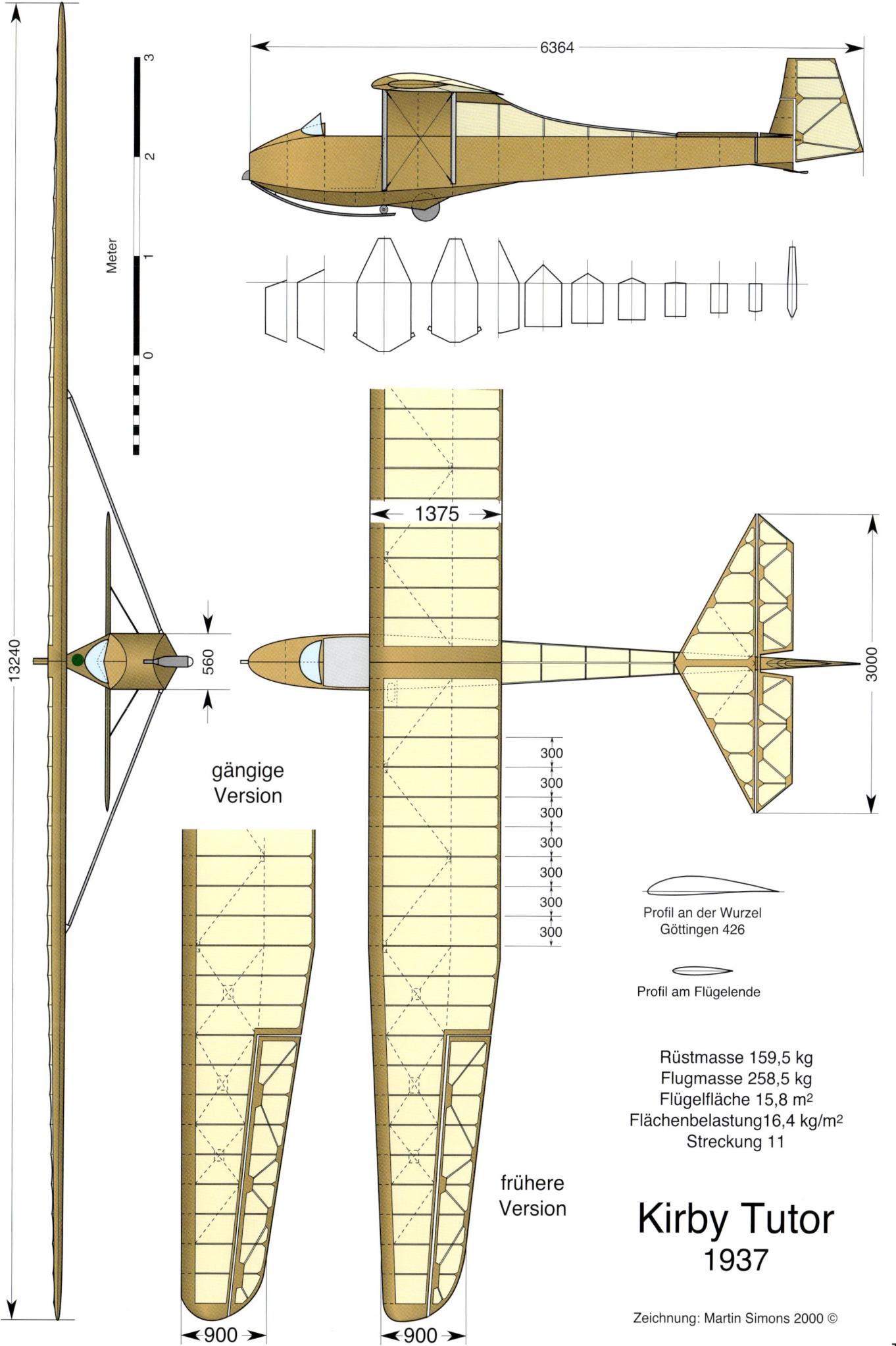

Kirby Tutor

gängige Version

frühere Version

Profil an der Wurzel
Göttingen 426

Profil am Flügelende

Rüstmasse 159,5 kg
Flugmasse 258,5 kg
Flügelfläche 15,8 m²
Flächenbelastung 16,4 kg/m²
Streckung 11

Kirby Tutor
1937

Zeichnung: Martin Simons 2000 ©

Kapitel 15

Oben rechts: Die neue King Kite, ausgestattet mit einem modernen Flügelprofil.

Darunter: Die King Kite war ein vielversprechender Entwurf, litt aber unter Fertigungsmängeln.

Obwohl die Leistungen nicht denen des Grunau Baby entsprachen, konnten mit dem Tutor gute Segelflugleistungen erzielt werden. Eines der wenigen, noch existierenden Exemplare hat noch vor kurzem ausgedehnte Überlandflüge absolviert.

King Kite

Die King Kite war ein vielversprechender, aber glückloser Entwurf. Mungo Buxton berücksichtigte hierbei die Tatsache, dass Piloten nur die stärkeren Aufwinde kreisend nutzten, um dann schnell durch die sinkende Luft zum nächsten Aufwind zu gelangen. Die alten stark gewölbten Profile, die man bis dahin verwendet hatte, sollten deshalb durch moderne ersetzt werden. Die neuen Profile der „fünfstelligen" NACA-Serie schienen hier Vorteile zu bieten. Außerdem sollte ein modernes Segelflugzeug nach Buxtons Auffasung über Wölbklappen verfügen, die das Profil für den Langsam- oder Schnellflug variierten. Zudem setzte er Kreiselinstrumente ein, die Wolkenflug und bessere Navigation zu vorher festgelegten Zielen ermöglichten.

Genau zu der Zeit, als die British Gliding Association beschloss, ein Team zum internationalen Rhönwettbewerb auf die Wasserkuppe zu entsenden, kündigte Buxton seinen neuen Entwurf an. Die Hjordis 2, später dann King Kite genannt, war das einzige britische Segelflugzeug, das geeignet schien, mit den deutschen und polnischen Konstruktionen mithalten zu können. Allerdings existierte es bislang nur auf dem Papier.

Die Arbeiten daran wurden beschleunigt und Slingsby erhielt den Auftrag, drei Exemplare zu bauen. Philip Wills testete den Prototypen und war beeindruckt, obwohl er bei einem Trudelversuch beinahe umgekommen wäre. Als er das Trudeln nicht beenden konnte, versuchte er mit dem Fallschrim auszusteigen, doch die hohen Zentrifugalkräfte hinderten ihn daran. Glücklicherweise stoppten seine letzten heftigen Ausstiegsversuche schließlich die Trudelbewegung der King Kite, sodass Wills sicher landen konnte. Beim Rhönwettbewerb bevorzugte er die Hjordis, obwohl die drei fertig gestellten King Kites bereits nach Deutschland gebracht worden waren. Eine King Kite geriet unmittelbar nach dem Gummiseilstart ins Trudeln. Der Pilot blieb glücklicherweise unverletzt. Die beiden anderen Flugzeuge überstanden den Wettbewerb unbeschadet.

Slingsby selbst entdeckte erst Jahre später, dass beim Bau der Helling ein gravierender, unglaublicher Fehler unterlaufen war. Die Schränkung am Flügelende der King Kite verlief genau umgekehrt. Dies konnte zu heftigen Strömungsabrissen am Flügelende führen und insbesondere ungeübte Piloten in große Gefahr bringen. Nach dem Wettbewerb kehrten beide King Kites nach England zurück und flogen dort für einige Jahre. Die erste wurde während eines Flugs infolge von Leimermüdung beschädigt, die zweite im Jahr 1950 stillgelegt. David Jones baute und flog 1988 ein Replikat der King Kite mit überarbeitetem Flügel.

Kirby Gull

Die Gull war Slingsbys Weiterentwicklung der früheren, erfolgreichen Kite. Er setzte modernere Profile ein und vergrößerte die Spannweite, behielt aber die Verstrebungen bei. 1937 hatte er die Wasserkuppe besucht und dort den Reiher gesehen. Dessen Haube hatte ihn beeindruckt und so entwarf er eine ähnliche Konstruktion für die Gull.

Bereits bei den ersten Flüge erfüllte die Gull die Anforderungen. So begann man mit der Produktion. Nach dem Verkauf der ersten Exemplare vergrößerte Slingsby die Schränkung am Flügelende, weil sich die

Die Kirby Gull von Slingsby über Dunstable

Buxton King Kite

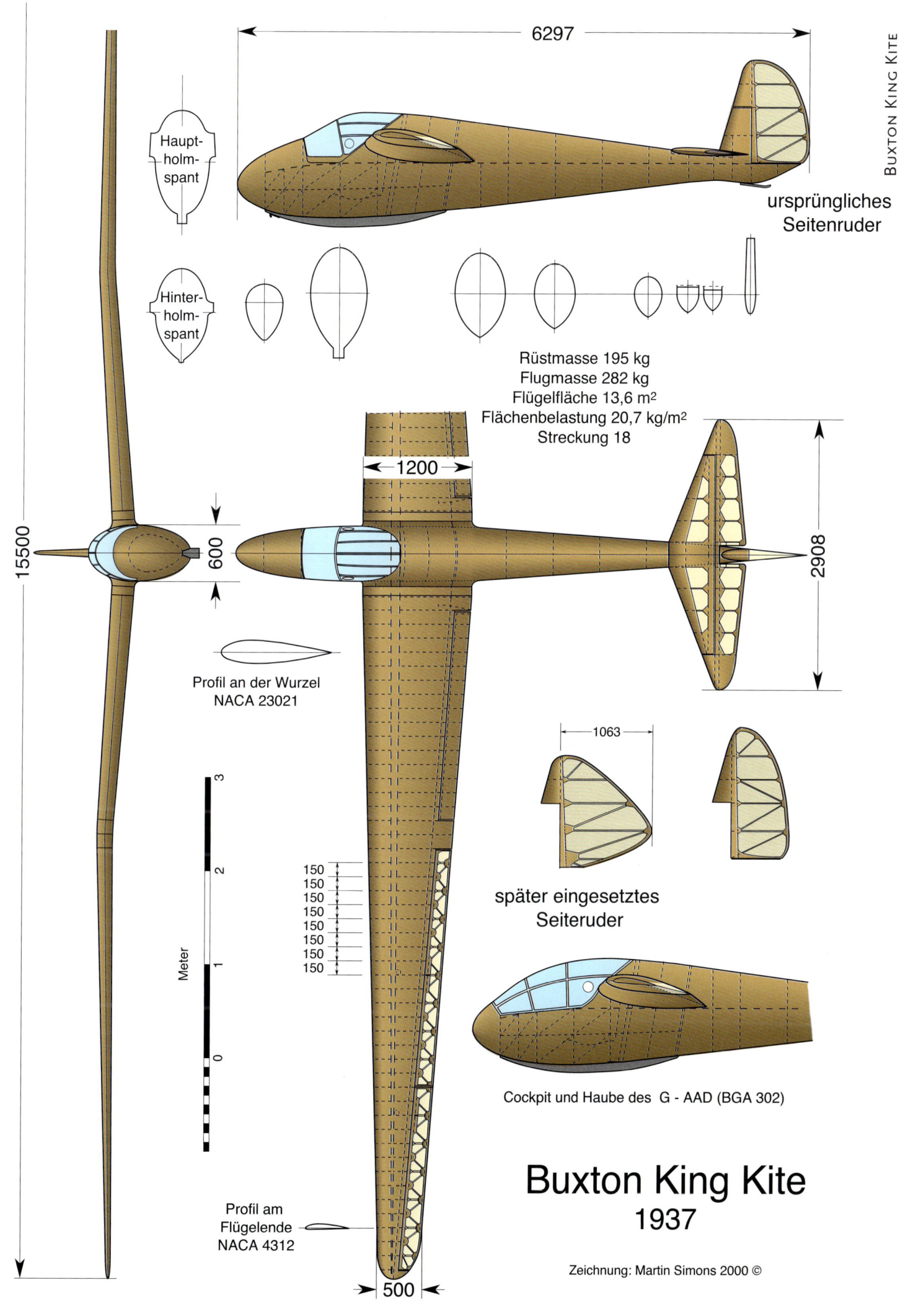

ursprüngliches Seitenruder

Haupt-holm-spant

Hinter-holm-spant

Rüstmasse 195 kg
Flugmasse 282 kg
Flügelfläche 13,6 m²
Flächenbelastung 20,7 kg/m²
Streckung 18

Profil an der Wurzel
NACA 23021

später eingesetztes Seiteruder

Profil am Flügelende
NACA 4312

Cockpit und Haube des G - AAD (BGA 302)

Buxton King Kite
1937

Zeichnung: Martin Simons 2000 ©

Kapitel 15

ein Museum kam. Eine Gull 3 baute Slingsby im Jahr 1940. Dieses Flugzeug, auch Slingsby Type 15 genannt, befindet sich in einem gut restaurierten und flugfähigen Zustand.

Kirby Petrel

Slingsby baute die Kirby Petrel im Auftrag des englischen Rennfahrers und Piloten Frank Charles, der sich eine Knickflügel-Version des deutschen Rhönadlers wünschte. Slingsby orientierte sich an den Rhönadler-Zeichnungen, veränderte jedoch geringfügig die Flügelkonstruktion und verbesserte gleichzeitig den Flügel-Rumpf-Übergang. Frank Charles wünschte sich darüberhinaus eine Haube aus Holz mit Bullaugen. Zwei weitere Petrels entstanden, beide mit durchsichtigen Hauben, eine jedoch mit konventionellem Höhenruder anstelle des vorher verwendeten Pendelruders. Bei einem Windenunfall in Camphill kam Charles 1939 in seinem Flugzeug ums Leben. Der Autor war – wie im Vorwort beschrieben – Augenzeuge dieses tragischen Unfalls. Die beiden übrigen Exemplare der Kirby Petrel sind weiterhin in Betrieb.

Gull für Strömungsabrisse am Flügelende als anfällig erwiesen hatte. Von diesem beliebten Flugzeug wurden 9 Exemplare gebaut, ein weiteres entstand nach Originalplänen in den USA.

Großen Ruhm erlangte die Gull im April 1939, als Geoffrey Stephenson nach einem Windenstart in Dunstable den Kanal überquerte und in Le Wast in Frankreich landete. Dies stellte die erste Kanalüberquerung im echten Segelflug dar. Die früheren Flüge von Kronfeld waren lediglich Gleitflüge nach hohen Flugzeugschlepps gewesen.

Der Prototyp dieses Musters ging nach Australien, wo er ausgiebig – auch bei einigen guten Überlandflügen – eingesetzt wurde, bevor er in

Links oben: Kirby Gull bei den Britischen Meisterschaften 1939

Rechts und unten: Machmal auch als Rhönalder mit Knickflügel bezeichnet, die Slingsby Petrel

Profil an
der Wurzel
NACA 4416

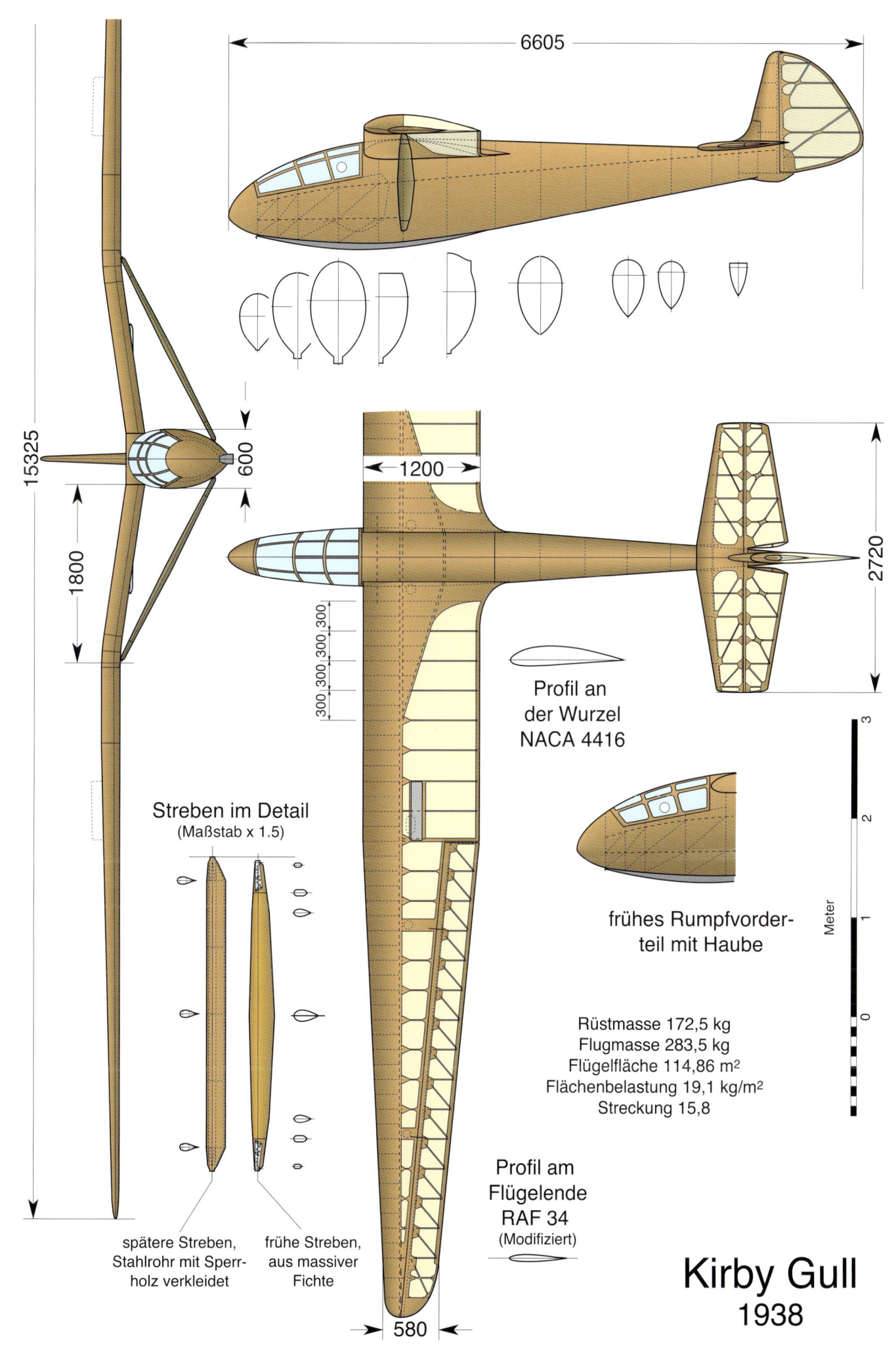

Streben im Detail
(Maßstab x 1.5)

frühes Rumpfvorderteil mit Haube

spätere Streben,
Stahlrohr mit Sperrholz verkleidet

frühe Streben,
aus massiver
Fichte

Profil am
Flügelende
RAF 34
(Modifiziert)

Rüstmasse 172,5 kg
Flugmasse 283,5 kg
Flügelfläche 114,86 m²
Flächenbelastung 19,1 kg/m²
Streckung 15,8

Kirby Gull
1938

Zeichnung: Martin Simons 2000 ©

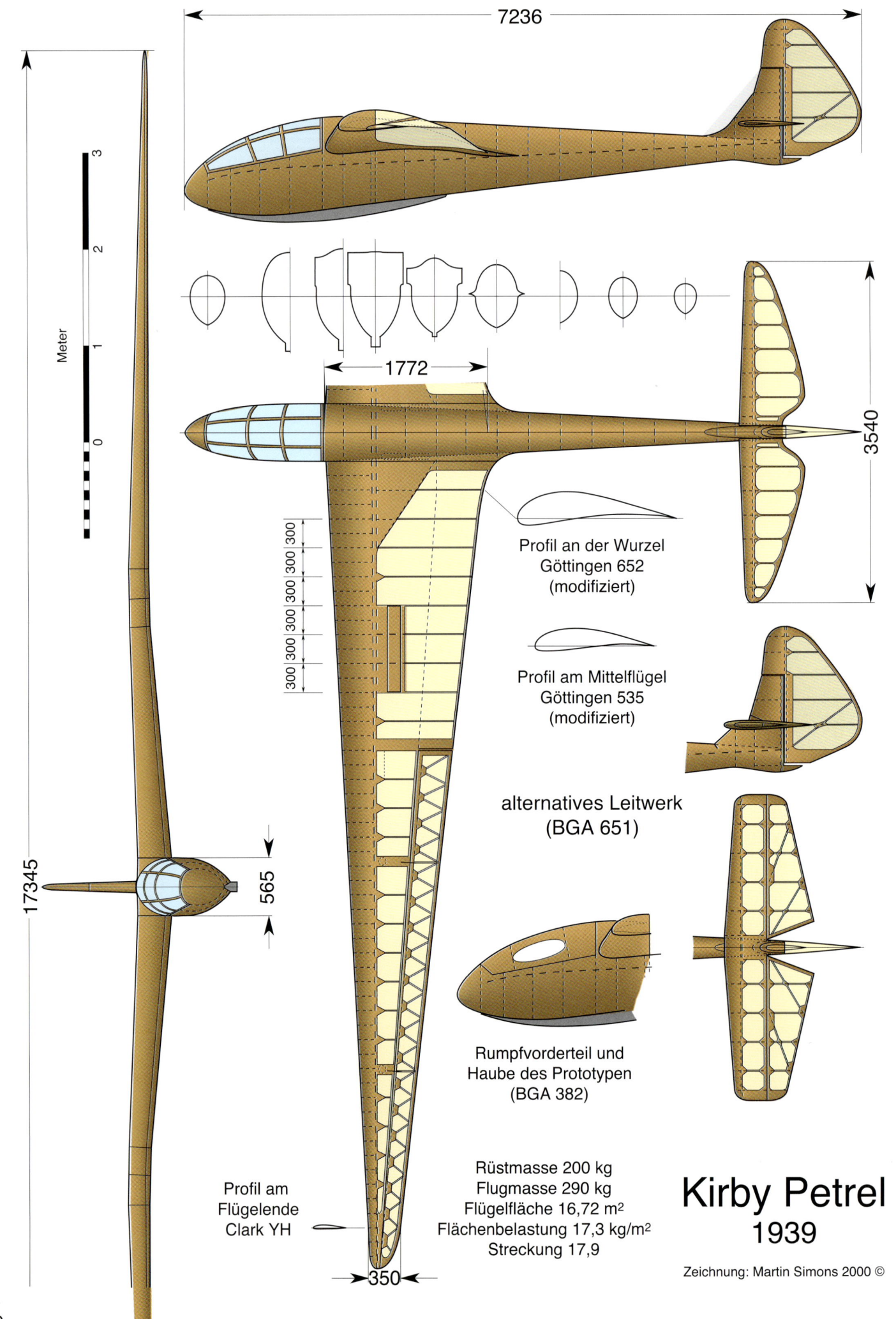

Profil an der Wurzel
Göttingen 652
(modifiziert)

Profil am Mittelflügel
Göttingen 535
(modifiziert)

alternatives Leitwerk
(BGA 651)

Rumpfvorderteil und
Haube des Prototypen
(BGA 382)

Profil am
Flügelende
Clark YH

Rüstmasse 200 kg
Flugmasse 290 kg
Flügelfläche 16,72 m²
Flächenbelastung 17,3 kg/m²
Streckung 17,9

Kirby Petrel
1939

Zeichnung: Martin Simons 2000 ©

6502

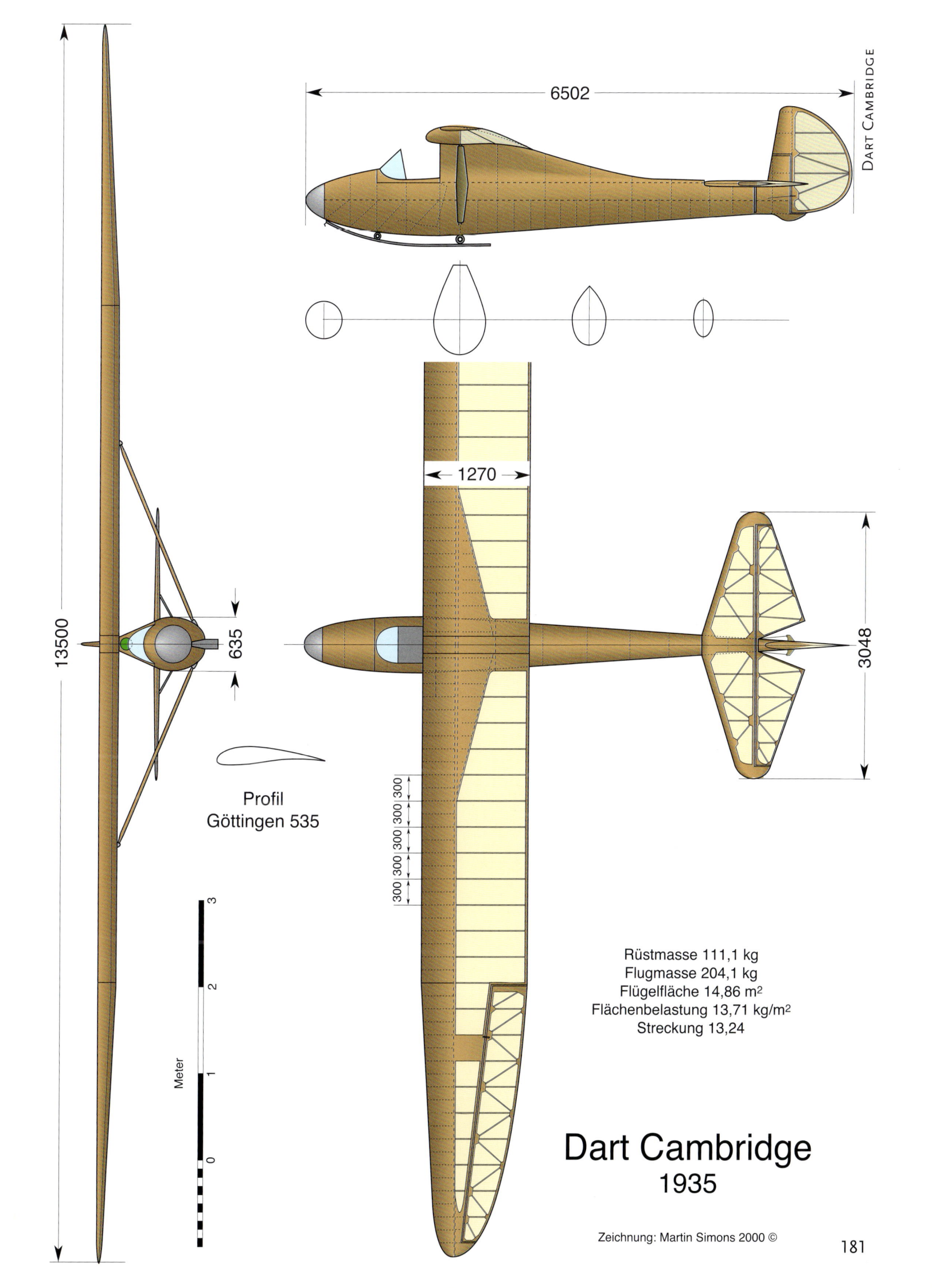

1270

13500

635

3048

300 300 300 300 300

Profil
Göttingen 535

Meter

Rüstmasse 111,1 kg
Flugmasse 204,1 kg
Flügelfläche 14,86 m²
Flächenbelastung 13,71 kg/m²
Streckung 13,24

Dart Cambridge
1935

Dart Cambridge

Zeichnung: Martin Simons 2000 ©

Chapter 15

Cambridge

Die Dart Aircraft Company in Dunstable kam 1935 auf die Idee, das Grunau Baby zu verbessern, in dem man es mit einem stromlinienförmigen Rumpf ausstattete. Man verfolgte also die gleichen Ziele wie Slingsby mit seiner Kite. Zwei Exemplare wurden fertig gestellt. Sie waren bei den Mitgliedern des Cambridge University Gliding Club sehr beliebt. Aus unerfindlichen Gründen erhielt eine Cambridge den Spitznamen Pons.

Scott Viking

Die Viking, ein Entwurf von Roy Scott, war für den gleichen kleinen Markt gedacht wie die Slingsby Gull. Vier Exemplare wurden 1938 gebaut, eines davon ging nach Argentinien. Die drei in England verbliebenen Flugzeuge flogen bis zum Ausbruch des Krieges sehr ausgiebig. Nur eines erlebte das Ende des Krieges und wurde in der Folgezeit von einer Gruppe Privathalter weiterbetrieben. Mit der Viking, die sich noch heute in Betrieb befindet, gelang im Wellenaufwind ein aufsehenerregender Flug auf 4721 m Höhe.

Links oben: Wie die Kirby Kite war auch die Cambridge stark an das Grunau Baby angelehnt und besaß einen stromlinienförmigen Rumpf.

Rechts, Mitte und unten: Viking von Roy Scott im Jahr 1938

Profil an der Wurzel
Göttingen 535

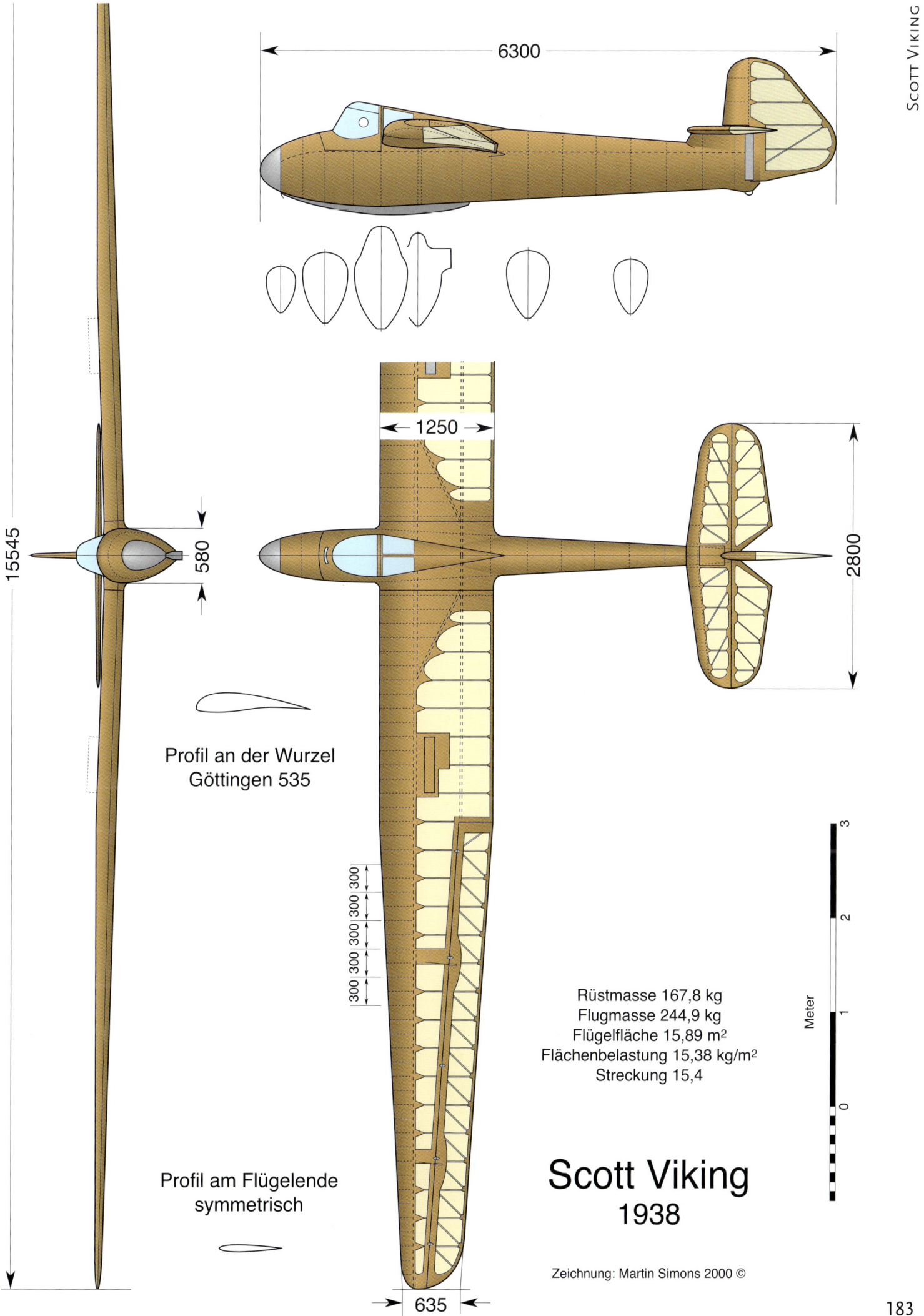

Profil am Flügelende
symmetrisch

Rüstmasse 167,8 kg
Flugmasse 244,9 kg
Flügelfläche 15,89 m²
Flächenbelastung 15,38 kg/m²
Streckung 15,4

Scott Viking
1938

Zeichnung: Martin Simons 2000 ©

KAPITEL 16
Tschechoslowakei

In der Tschechoslowakei setzte der Segelflug bereits in den frühen 20er Jahren ein. Bis 1925 hatte man dort bereits mehr als 24 unterschiedliche Flugzeugtypen entworfen und gebaut. Wie überall flaute auch dort das Interesse am Segelflug wieder ab, insbesondere nachdem 1925 ein heftiger Sturm bei den Nationalen Meisterschaften viele der am Boden stehenden Flugzeuge zerstört oder schwer beschädigt hatte.

Nach 1930 blühte der Segelflug wieder auf und im Jahr 1936 flogen in der Tschechoslowakei etwa 60 verschiedene Segelflugzeuge. Darunter gab es einige vielversprechende Entwürfe, wie zum Beispiel die Racek mit 15,2 m Spannweite und einem Gleitverhältnis von 22:1. Im Zuge der wachsenden innereuropäischen Spannungen und des drohenden Krieges ließen die Segelflugaktivitäten nach. Im Jahr vor der deutschen Besetzung entsendete man noch ein fünfköpfiges Team zum Internationalen Wettbewerb auf die Wasserkuppe. Alle flogen tschechische Konstruktionen, so die Tulak 37, die VSB-35 und die CH-2 Duha. Das letztendlich schlechte Abschneiden der Mannschaft lag sicher auch an der Unerfahrenheit der Piloten, von denen keiner vor Beginn des Wettbewerbes die Silber-C besaß.

Oben rechts: Die Tulak besaß große Fowler-Klappen
Unten: Die tschechoslowakische Tulak

Tulak 37

Die Tulak fiel vor allem durch ihre großen Klappen zur Verbesserung der Landeeigenschaften auf. Als Profil wählte man im Wurzelbereich das Gö 549. Die Flügel waren an einem breiten, in die Rumpfkontur integrierten Flügelmittelteil befestigt. Gegen die deutsche und polnische Konkurrenz hatte die Tulak jedoch keine Chancen. Kein einziger Wertungsflug gelang im Verlauf des Wettbewerbs.

Duha 2

Die Duha 2, Kennzeichen OK - Mario, wurde beim Wettbewerb von J. Chlup geflogen. Der Entwurf, eine Weiterentwicklung der Duha 1 verfügte über einen Knickflügel, 15 m Spannweite und eine gewölbte,

Profil
Göttingen 549

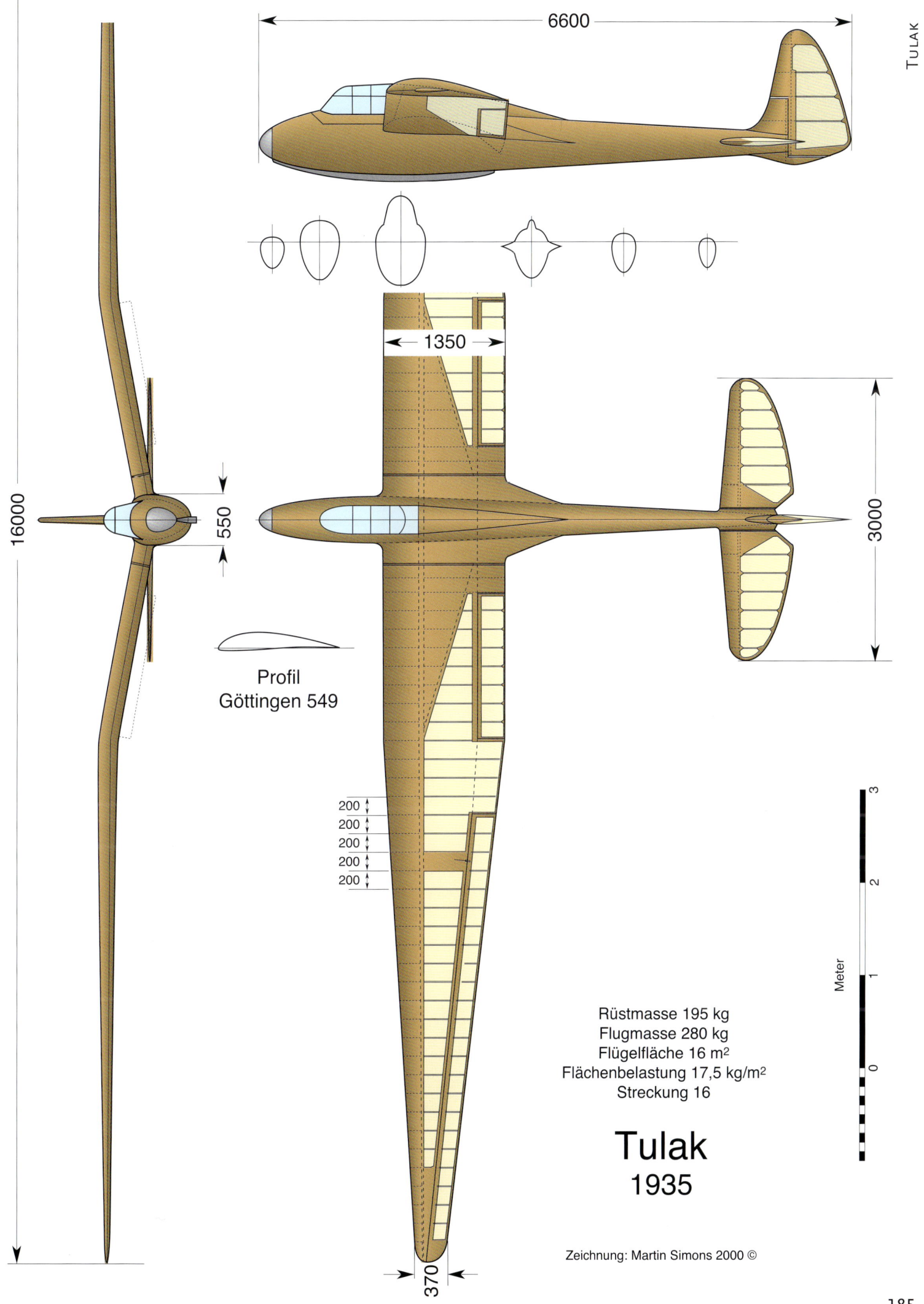

Rüstmasse 195 kg
Flugmasse 280 kg
Flügelfläche 16 m²
Flächenbelastung 17,5 kg/m²
Streckung 16

Tulak
1935

Zeichnung: Martin Simons 2000 ©

Kapitel 16

Oben und rechts: Duha 2, OK-Mario, eine Konstruktion von J. Chlup, wurde von diesem bei den Internationalen Meisterschaften geflogen. Das Flugzeug war eine Weiterentwicklung der Duha 1, besaß 15 Meter Spannweite sowie einen ausgeprägten Knickflügel. Chlup kam nicht in die Wertung.

durchsichtige Haube. Auch Chlup konnte beim Wettbewerb keine Wertung erzielen. Von diesem Flugzeug konnte wegen fehlender Daten und Informationen keine Zeichnung angefertigt werden.

Links: Razek

Unten: Die VSb 35, von Karel Prachar bei der Internationalen Rhön geflogen.

VSB 35

Die beiden Exemplare der VSB 35 wurden von den Piloten Prachar und Steyskal geflogen. Mit diesem Flugzeug gelangen die einzigen tschechischen Wertungsflüge beim Internationalen Wettbewerb. Prachar glückte ein Überlandflug von 91 Kilometern sowie ein Dauerflug über 4 Stunden, was zumindest ihm die Silber-C einbrachte. Steyskal verfehlte mit 40 zurückgelegten Kilometern nur knapp die Bedingung. Dieses Flugzeugs verfügte über ein interessantes Detail: durch Austausch der Flügelenden konnte eine Spannweite von 14 oder 18 m gewählt werden. Das Höhenruder war auf einem kleinen Pylon oberhalb des Rumpfes montiert, ähnlich wie bei der polnischen CW 5. Leider existieren auch von diesem Flugzeug keine Unterlagen mehr.

KAPITEL 17 # Frankreich

Nach den zahlreichen Erfolgen französischer Segelflugzeuge und Piloten in den frühen 20er Jahren gründete man in Frankreich das Segelflugzentrum in Combegrasse. Aber genau wie in England ebbten auch hier die Aktivitäten nach einem ersten Sturm der Begeisterung deutlich ab. Einige wenige Pioniere, wie Georges Abrial bauten weiterhin Segelflugzeuge und besuchten Deutschland, um die dortigen Entwicklungen zu beobachten. Der Wettbewerbssegelflug lebte erst 1928 in Vauville wieder auf. Wolf Hirth demonstrierte dort mit seiner Württemberg, wie weit die Entwicklungen inzwischen fortgeschritten waren. Das wiederbelebte Interesse in Frankreich äußerte sich unter anderem in der Gründung des Segelflugzeugherstellers Avia im Jahr 1930. Dessen Entwürfe bestanden zunächst in verschiedenen Schulflugzeugen, darunter ein nützlicher doppelsitziger Schulgleiter, die Avia 10a.

Perfekt restaurierte Avia 40 P in St. Auban, Frankreich

Avia 41P

Im Jahr 1931 veranstaltete man am Küstenflugplatz Vauville einen Segelflugwettbewerb. Dorthin kam auch Kronfeld mit seiner Wien. Die Konstrukteure der Firma Avia, unter ihrem Leiter Raymond Jarlaud, zeigten sich von dem Flugzeug beeindruckt und beschlossen, ein ähnliches Hochleistungs-Segelflugzeug zu bauen. Eric Nessler, einer der Firmengründer, bereits als Pilot und Konstrukteur bekannt, entwarf den Rumpf, für alles übrige war Jarlaud verantwortlich.

Der Entwurf lehnte sich stark an die Wien an, dennoch wies das französische Flugzeug einige wesentliche Veränderungen auf. Es war etwas kleiner, allerdings nicht leichter. Der Flügel war nur noch zweiteilig und mittels Leichtmetall-Streben gegen den stromlinienförmigen Rumpf abgestrebt. Jarlaud glaubte, mit dieser Konstruktion die Biegekräfte am Flügel besser und mit weniger aufwendigen Beschlägen aufnehmen zu können, als dies bei der Wien der Fall war.

Der Flügel erhielt zwei verschiedene Profile. Das im Mittelteil verwendete Göttingen 535 ging zu den Enden in ein Gö 527 über. Am Außenflügel vereinfachte ein Abschnitt gleicher Flügeldicke mit geringer Wölbung an der Unterseite die Konstruktion. Die stoffbespannten Querruder waren zweigeteilt, um ein Verwinden unter Last zu reduzieren, die Rippen waren mit zahlreichen Diagonalen versteift. Das enge Cockpit schränkte Bewegungen der Arme zu den Seiten hin stark ein. Zur Steuerung diente – wie im Motorflug üblich – eine Art Steuerhorn mit Handgriffen für die Querruder. Bewegte man das Ganze vorwärts und zurück, bediente man das Höhensteuer.

Der Pylon zur Aufnahme des Flügels war niedriger als bei der Wien, sodass der Pilot sehr viel dichter am Flügel saß. Das Rumpfhinterteil war weniger schlank, das Leitwerk verwendete Flossen und Ruder, das Cockpit war offen und ohne Windschutzscheibe. Der Erstflug des Prototypen fand spät im Jahr 1932 statt, weitere Testflüge erfolgten Anfang 1933. Im Anschluss reiste das Flugzeug zu Vorführungen durch ganz Frankreich. Zunächst flog es nur Georges Bouvier. Später übernahm es Eric Nessler. Ihm gelangen einige Dauer- und Langstreckenflüge, durch die er der erste französische „Silber-C"-Pilot wurde.

Ein weiteres Exemplar der Avia 41P wurde im Jahr 1935 fertiggestellt. Die Querruder waren jetzt sperrholzbeplankt. Weitere kleinere Modifikationen, insbesondere an der Haube, die nun komplett geschlossen war, flossen ein. Nessler avancierte zum Leiter der Segelflugschule in Banne

Avia 41P
1933

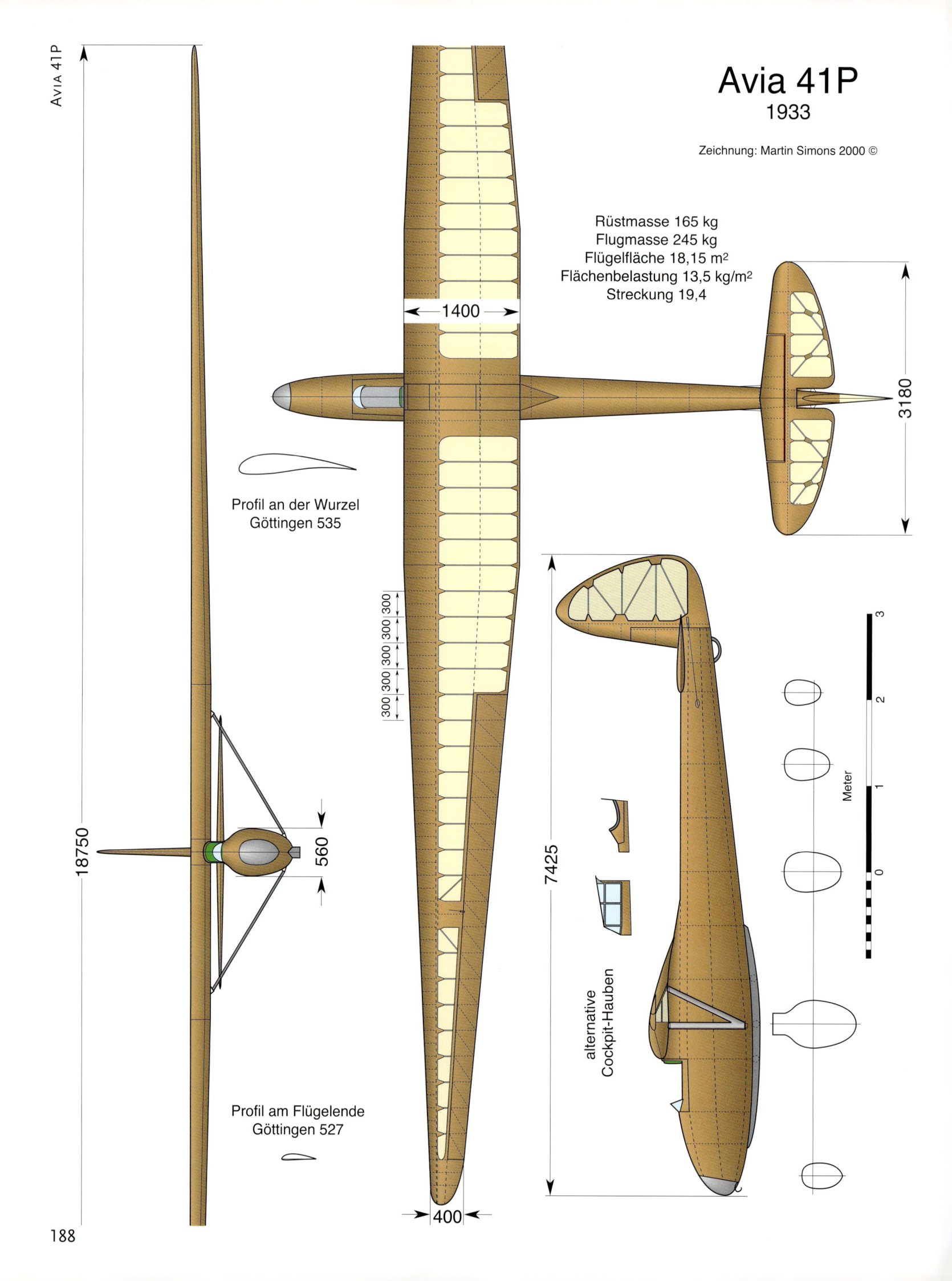

Zeichnung: Martin Simons 2000 ©

Rüstmasse 165 kg
Flugmasse 245 kg
Flügelfläche 18,15 m²
Flächenbelastung 13,5 kg/m²
Streckung 19,4

Profil an der Wurzel
Göttingen 535

Profil am Flügelende
Göttingen 527

alternative Cockpit-Hauben

Avia 41P

Profil an der Wurzel

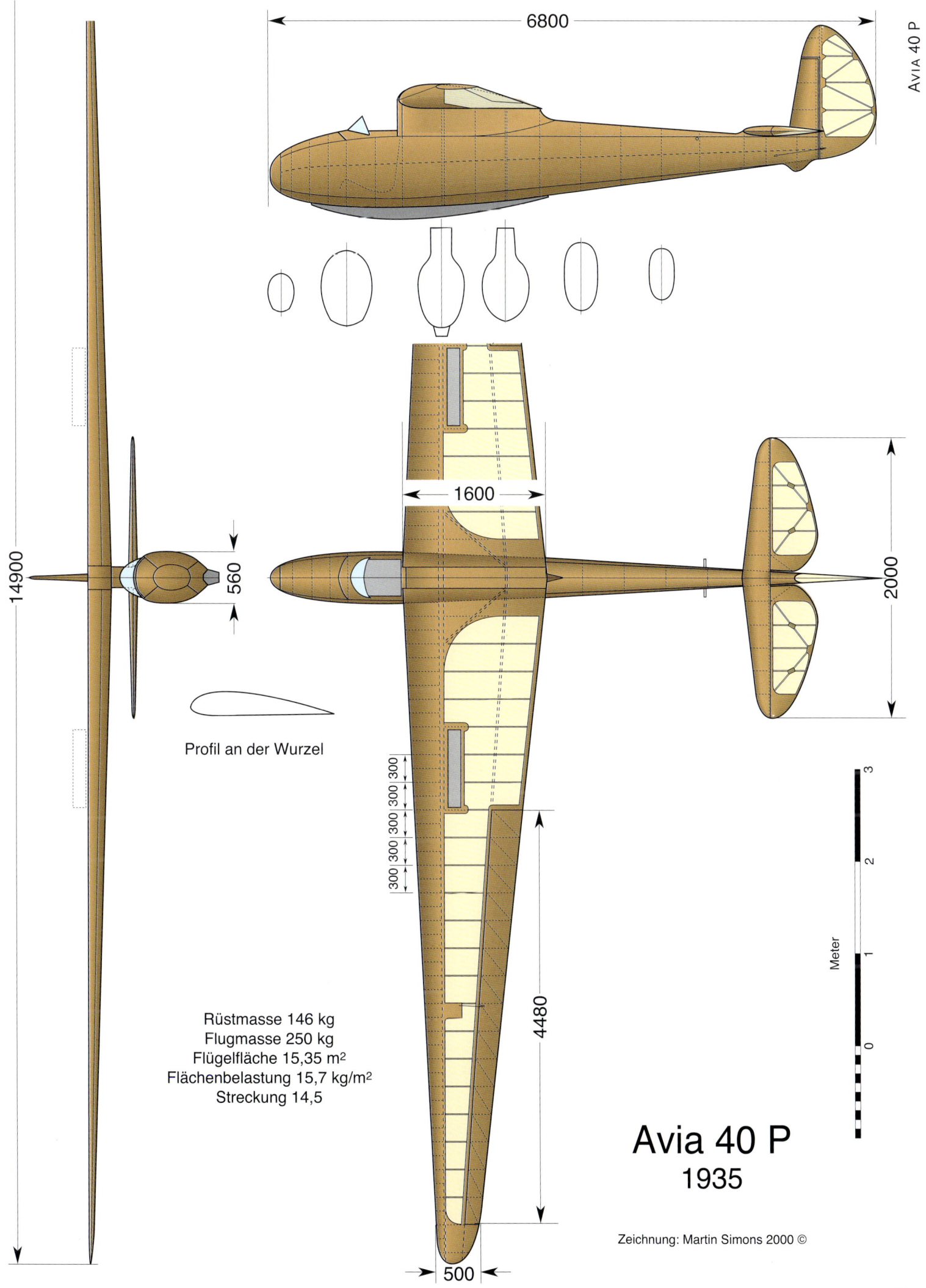

Rüstmasse 146 kg
Flugmasse 250 kg
Flügelfläche 15,35 m²
Flächenbelastung 15,7 kg/m²
Streckung 14,5

Avia 40 P
1935

Zeichnung: Martin Simons 2000 ©

Profile
SNCASO special
Dicke erhöht um 10%

160 kg
250 kg
14,2
17,6 kg/m²
13

Rüstmasse 250 kg
Flugmasse 341 kg
Flügelfläche 16 m²
Flächenbelastung 21.3 kg/m²
Streckung 16

SO - P 1
1941

Zeichnung: Martin Simons 2000 ©

d'Ordanche. Das Flugzeug gehörte nun praktisch ihm und es wurde L'Aigle de la Banne (Adler von la Banne) bekannt. Nessler erzielte in der Folgezeit die meisten nationalen französischen Rekorde, darunter einen Streckenflug von 382,4 Kilometern im Jahr 1938. Bei den internationalen Treffen 1937 in Salzburg und 1938 in Bern vertrat er Frankreich.

Obwohl man das Flugzeug für eine Produktion im größeren Stil als zu komplex und zu kostspielig erachtete, entstanden in der Zeit von 1935 bis 1939 doch einige Exemplare, die meisten für die Luftwaffe. Die Gesamtzahl ist nicht bekannt, wahrscheinlich belief sie sich auf sieben. Kleinere Verbesserungen wurden vorgenommen. Manche Flugzeuge besaßen eine geringfügige V-Stellung, wie an einem im Jahre 1950 gefundenen und inzwischen in einem Museum ausgestellten Exemplar ersichtlich wird. Nesslers Adler wurde 1942 nach Deutschland gebracht und dort vermutlich zerstört.

Avia 40P

Die Avia 40P flog, obwohl die Nummer anderes vermuten lässt, erst einige Jahre später als die Avia 41P, nämlich im Jahr 1935. Man hatte erkannt, dass der Vorgänger für die Segelflugvereine in der Tat zu kompliziert und teuer war. Die Avia 40P präsentierte sich dementsprechend als kleiner, billiger und für weniger erfahrene Piloten besser geeignet. Sie stellte einen konventionellen und einfachen Entwurf dar, der sich als gelungen erwies. Für etwa ein Jahrzehnt war sie das beliebteste Segelflugzeug in Frankreich. Mit ihm gelangen zahlreiche Überland- und Höhenflüge, darunter der Streckenrekord für Frauen über 139,24 Kilometer durch Marcelle Choisnet im Juni 1944 und der Dauerrekord über 16 Stunden und 44 Minuten durch Suzanne Melk im Oktober 1946. Die Produktion belief sich etwa auf 40 Exemplare. Der Bau der Avia 40P ging auch im Zweiten Weltkrieg weiter und mindestens 10 Exemplare wurden in Algerien hergestellt und dort eingesetzt. 14 Exemplare des Typs gingen während der Besatzung nach Deutschland. Eine Avia 40 P überlebte den Krieg und fliegt nun in St. Auban sur Garonne.

SO - P 1

Trotz der deutschen Besetzung von großen Teilen Frankreichs beschloss eine Gruppe von Ingenieuren der SNCASO-Flugzeugwerke im Jahr 1941 – in Ermangelung anderer Arbeit – ein Hochleistungs-Segelflugzeug zu entwerfen. Man stellte es in Leichtmetallbauweise her. Die fertig gestellte SO - P 1 flog erstmals im Juni 1941. Das Material gestattete es, einen sehr festen, aber leichten Knickflügel mit nur 10 % Flügeldicke zu bauen. Er besaß einen Kastenholm aus Leichtmetall, die Flügelnase war torsionsfest mit Metall beplankt, hinter dem Holm befanden sich leichte Rippen. Ein kleiner Hilfsholm trug die massenausgeglichenen Spaltquerruder. Bremsklappen erleichterten die Landung. Die Rumpfkontur passte sich der Strömung um die Flügel an und zeigte daher von der Seite betrachtet eine gewölbte Form. Das Höhenleitwerk war tief montiert. Um Berührung mit dem Boden zu vermeiden, wies es eine leichte V-Stellung auf.

Das Flugzeug wurde versteckt, als die Deutschen schließlich ganz Frankreich besetzten. Es wurde erst wieder nach dem Krieg geflogen. Mit ihm nahm ein französisches Team 1947 an den nationalen US-Meisterschaften in Texas teil, wo es neben einigen guten Flügen auch einen neuen französischen Streckenrekord von 354 Kilometern aufstellte. Nach seiner Rückkehr aus den USA wurde das Flugzeug eingelagert und offenbar nie mehr wieder geflogen.

Die französische SOP 1 war ein sehr erfolgreiches Ganzmetall-Segelflugzeug und nahm 1947 an den Amerikanischen Meisterschaften teil.

KAPITEL 18
Ungarn

Links: Gummiseilstart des Karakan im Winter

Unten (beide): Die ungarische Karakan im Jahr 1935

Karakan

Wie die Franzosen Jarlaud und Nessler war auch der ungarische Ingenieur und Pilot Laos Roter von der Wien beeinflusst, als er seinen Karakan entwarf, der erstmals 1933 flog. Auch Rotter schuf mehr als eine bloße Kopie von Kronfelds Segelflugzeug. Der Flügel des Karakan war ebenfalls zweigeteilt, allerdings mit etwas größerer Spannweite, den 15,5 % dicken Original-Flügelprofilen sowie V-förmigen Streben. Auf dem schlanken Rumpf mit elliptischem Querschnitt befand sich ein schmaler Pylon zur Aufnahme des Flügels. Dieses Konstruktionsmerkmal sollte den Interferenzwiderstand von Flügel und Rumpf minimieren. Die beiden Flügelhälften wurden nicht in der Mitte des Rumpfes zusammen montiert. Statt dessen war der obere Rumpfrahmen verbreitert worden und bildete mit dem Flügelmittelteil eine konstruktive Einheit. Dies vereinfachte die strukturellen und aerodynamischen Verkleidungen und Abdichtungen an der Flügelwurzel. Anstelle eines offenen Cockpits besaß der Karakan eine sanft geschwungene Haube aus Klarsichtscheiben, die in einem hölzernen Rahmen eingepasst waren. Der Karakan war das erste Segelflugzeug mit einer solchen Haube. Ansonsten hatte man das Flugzeug konventionell in Holz gebaut.

Mit seinem Karakan avancierte Rotter zum ersten Silber-C-Piloten Ungarns und errang viele nationale Rekorde. Zwei Exemplare entstanden

Zeichnung: Martin Simons 2000 ©

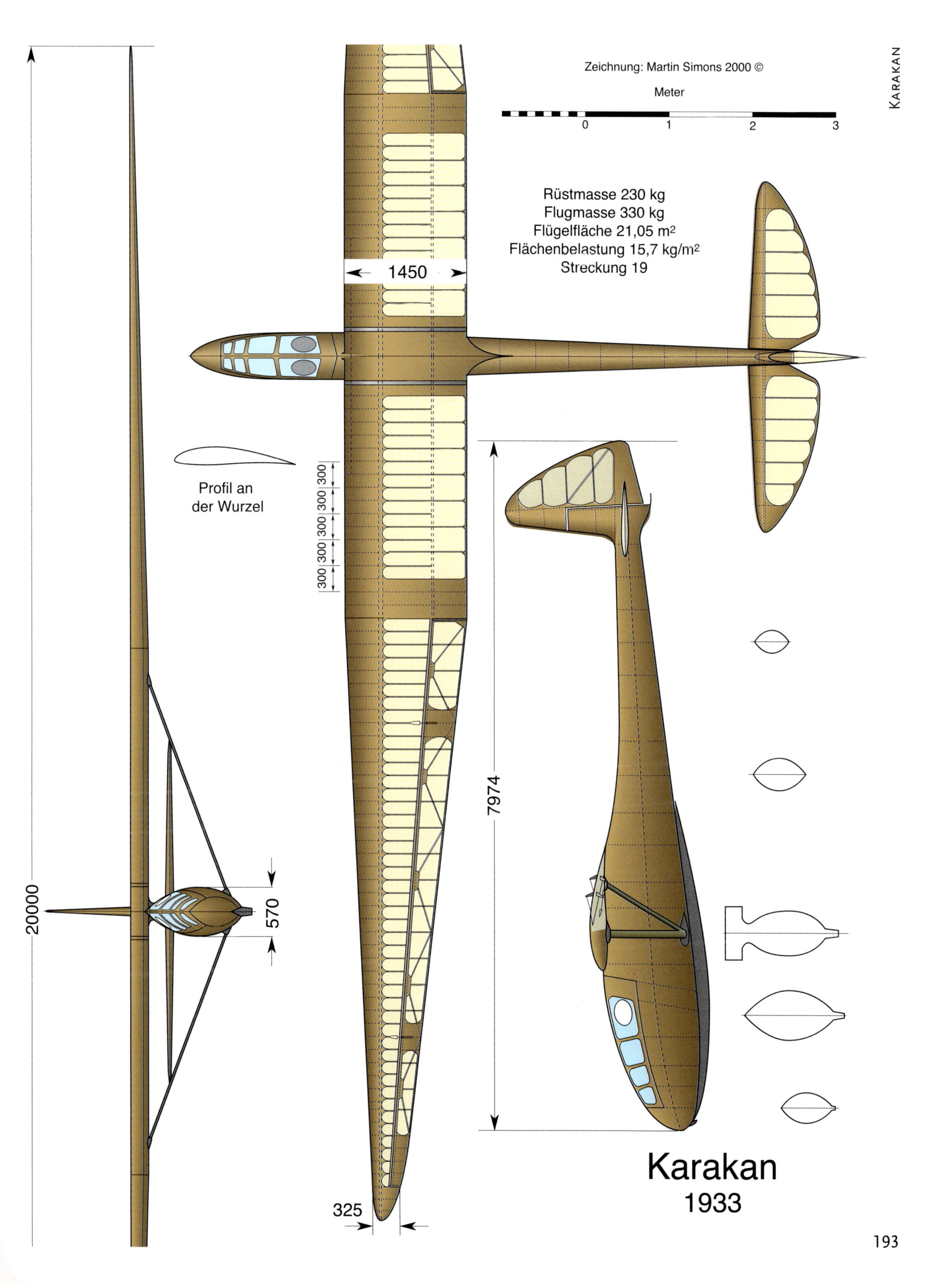

Meter

Rüstmasse 230 kg
Flugmasse 330 kg
Flügelfläche 21,05 m²
Flächenbelastung 15,7 kg/m²
Streckung 19

Profil an der Wurzel

Karakan
1933

Kapitel 18

und blieben viele Jahre im Einsatz. Eines davon verbrannte 1942 bei einem Hallenfeuer. Der Prototyp, zunächst im Nationalen Transportmuseum in Budapest ausgestellt, wurde gegen Ende des Zweiten Weltkriegs zerstört.

Nemere

Mit diesem Entwurf begann Lajos Rotter spät im Jahr 1935, um damit beim Berliner ISTUS-Segelflugwettbewerb von 1936, der parallel zu den Olympischen Spielen stattfand, teilzunehmen. Von seinen Erfahrungen mit dem Karakan profitierend, konstruierte er einen freitragenden Schulterdecker mit 20 m Spannweite. Als Profil verwendete er im Wurzelbereich ein Göttingen 646 mit 19 % Dicke, das im Bereich der Querruder in ein Gö 535 überging und schließlich am Flügelende zu einem dünneren, weniger gewölbten Profil auslief. Für den Start gab es ein abwerfbares Fahrwerk. Die Königlichen Ungarischen Luftfahrtreparaturwerkstätten bauten die Nemere. Erste Probeflüge erfolgten nur wenige Tage, bevor das Flugzeug in Berlin erscheinen sollte. Dort angekommen, unternahm Rotter nochmals einige Flüge, um mit dem Flugzeug vertraut zu werden. Bei guten Bedingungen machte er sich dann zu einem Überlandflug auf, der ihn von Berlin nach Kiel führen sollte, wo die Olympischen Segelwettbewerbe abgehalten wurden. Zum Erstaunen der deutschen Piloten gelang ihm dieser 336 Kilometer Zielflug zwischen den beiden olympischen Stätten. Dies war der beste Flug des Jahres in Europa, und Rotter erhielt daraufhin die ISTUS- Goldmedaille. Bis zum Zweiten Weltkrieg blieb das Flugzeug im Einsatz, wurde dann jedoch schlecht gelagert und verrottete.

Oben: Nemere nach ihrem Flug von Berlin nach Kiel

Links: Rotter im Cockpit der Nemere. Man beachte die olympischen Ringe.

Unten: Zwei Exemplare der Nemere wurden gebaut, hier das zweite Exemplar mit dem Kennzeichen HA-4001.

Detail Querruderhebel

Profil an der Wurzel

Profil am Ende der Bremsklappe

Profil am Flügelende

Zeichnung: Martin Simons 2000 ©

NEMERE

Rüstmasse 340 kg
Flugmasse 440 kg
Flügelfläche 23 m²
Flächenbelastung 19,15 kg/m²
Streckung 17,39

Nemere
1936

Rechts oben: Die M-22 kam mit unterschiedlichsten Hauben zum Einsatz.

Llinks: Die ungarische M-22 wurde zunächst nach dem Vorbild des Rhönbussard konstruiert, nachdem man vom Rhönsperber gehört hatte, allerdings überarbeitet.

M - 22

Die M - 22 entstand aus einem Rhönbussard, der nach deutschen Plänen in der Technischen Universität von Budapest gebaut wurde. Als die ersten Teile, wie Rippen und Rumpfspanten, fertig gestellt waren, hörten die Studenten von Hans Jacobs' neuem Entwurf, dem Rhönsperber. Die Teamleiter András Szokolay und Endre Jancsó beschlossen daraufhin, einen eigenen Entwurf unter Verwendung der bisher gefertigten Teile zu bauen. Der Bussard-Flügel wurde im Wesentlichen beibehalten, wanderte aber in die Mitteldeckerlage und erhielt einen Knick. Die beiden Flügelhälften waren innerhalb des Rumpfes miteinander verbunden. Der Rumpf entsprach im Wesentlichen dem des Bussard, besaß allerdings einige überarbeitete Spanten.

Der Prototyp der M 22 flog gut und so ging das Flugzeug ab 1937 in den Universitätswerkstätten in Produktion. Sehr früh änderte man den Entwurf, indem man Schempp-Hirth-Klappen einbaute. Das Flugzeug konnte wahlweise mit offenem Cockpit oder geschlossener Haube betrieben werden. Etwa 15 Exemplare wurden hergestellt, mit denen viele Überland- und Kunstflüge unternommen wurden. Eine M - 22 brach den ungarischen Streckenrekord mit 335 Kilometern sowie den Höhenrekord mit 3770 Metern. Der Prototyp der M - 22, Turul genannt, wurde nach Ägypten exportiert, wo ihn der englische Hauptmann Edward Mole im Kunstflug vorführte. Er zeigte Rollen und Außenloops und – nach einem Schlepp auf 4700 m 147 hintereinander geflogene Loops.

Unten: Die M-22 entstand in großen Stückzahlen und war ein beliebtes Flugzeug in Ungarn.

5825

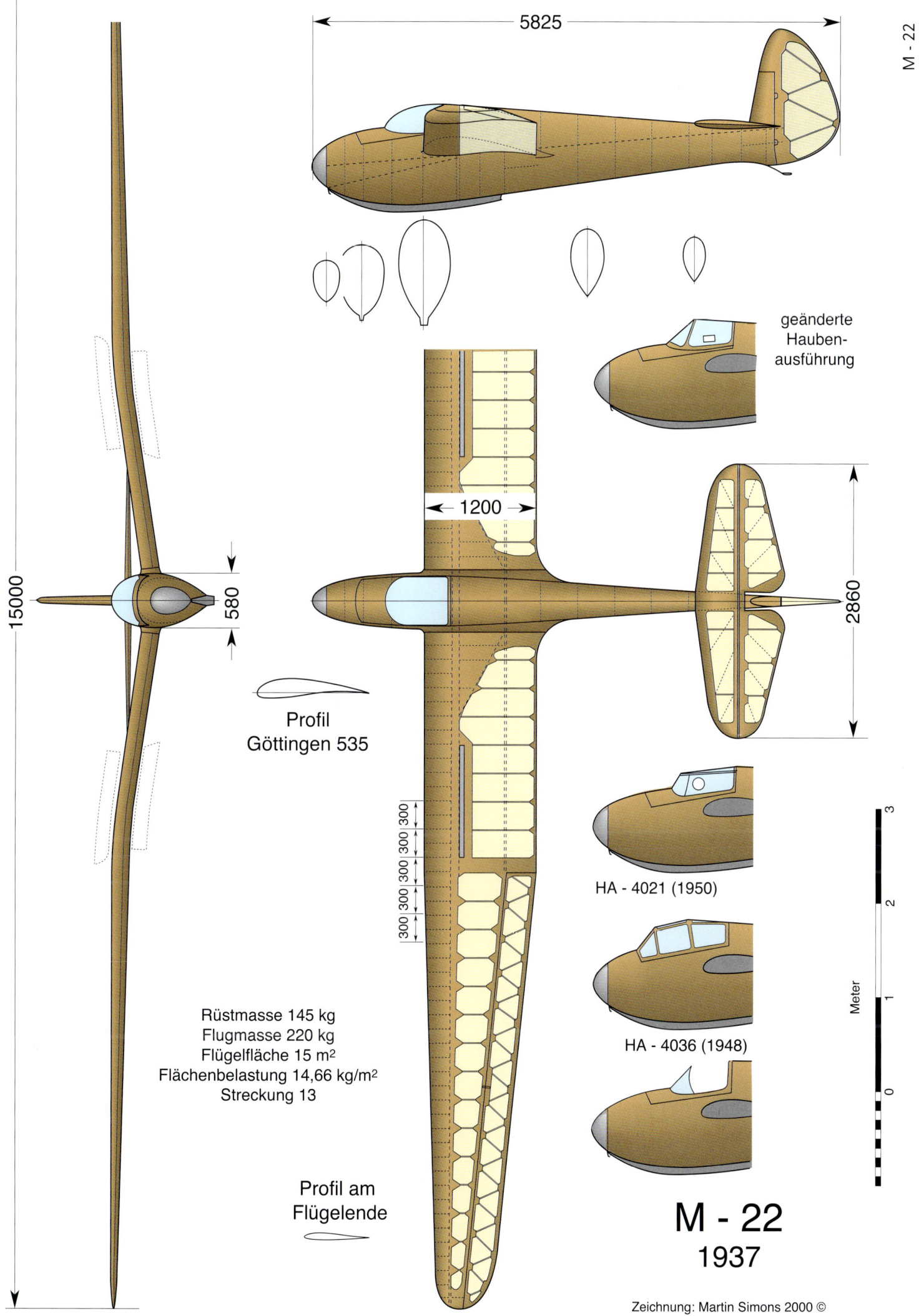

M - 22

geänderte Haubenausführung

1200

2860

15000

580

Profil Göttingen 535

300 300 300 300 300

HA - 4021 (1950)

HA - 4036 (1948)

Rüstmasse 145 kg
Flugmasse 220 kg
Flügelfläche 15 m²
Flächenbelastung 14,66 kg/m²
Streckung 13

Profil am Flügelende

M - 22
1937

Zeichnung: Martin Simons 2000 ©

KAPITEL 19
Italien

Während eines internationalen Segelflugtreffens, das 1924 am Monte Sisemol in der Nähe von Asiago stattfand, führten deutsche Segelflieger Flugzeuge wie den Geheimrat, den Konsul und den Moritz vor. Mit einem Flug über eine Distanz von 21 Kilometer brach Martens den Weltrekord im Streckenflug. Unter den Anwesenden befand sich auch Luigi Frederico Teichfuss, der bereits ein erfolgreiches Segelflugzeug mit dem Namen Condor gebaut hatte. Wie überall, gab es auch in Italien einige Jahre lang eine große Begeisterung für den Segelflug. In Pavullo gründete Teichfuss 1927 eine Flugschule. Er selbst entwickelte sich zu einem bedeutenden Segelflugkonstrukteur. In den folgenden Jahren entstanden einige italienische Konstruktionen.

AL 3

Die AL 3 war einer von zwei italienischen Entwürfen für die Ausschreibung des olympischen Segelflugzeuges im Jahr 1939. Sie bestand, wie es die Ausschreibung erforderte, aus einer unkomplizierten Holzkonstruktion. Der sich stark verjüngende Flügel nutzte das NACA 4514-Profil an der Wurzel sowie ein symmetrisches NACA 0012 am Flügelende. Zur Vermeidung von Strömungsabrissen war das Flügelende stark geschränkt. Der Flügel war auf einem recht hohen Pylon über dem Rumpf angebracht. In vielen anderen Punkten ähnelte das Flugzeug sehr der Meise, die schließlich von der Jury bevorzugt wurde.

CVV - 4 Pelicano

Der CVV, das Centro Studi ed Ezperienze per il Volo a Vela (Forschungszentrum für Segelflug) wurde 1934 am Polytechnikum in Mailand gegründet. Hier entstand eine Reihe ausgezeichneter Segelflugzeugentwürfe wie die CVV - 4 Pelicano. Auch dieses Muster nahm 1939 am

Oben: AL-3

Unten: CVV 4 Pellicano, der italienische Beitrag für den olympischen Konstruktionswettbewerb

Wettbewerb für ein olympisches Segelflugzeug teil. Ihr Chefkonstrukteur war Ermenegildo Preti. Der Pelicano entsprach den Ausschreibungen und war ein zeitgemäßes konventionell gebautes 15-Meter-Segelflugzeug in Holzbauweise. Das einzige Merkmal, das den Entwurf komplizierte und vielleicht die Jury ungünstig beeinflusste, war der Knickflügel. Dieser besaß nicht die damals üblichen Göttingen-Profile, sondern eines aus der „vierstelligen" NACA-Serie, das weniger stark gewölbt und deshalb schneller als der Flügel der Meise war. Der Entwurf des Pelicano wurde jedoch nach 1939 nicht aufgegeben, sondern ging in Produktion. Er wurde ein sehr beliebtes italienisches Segelflugzeug.

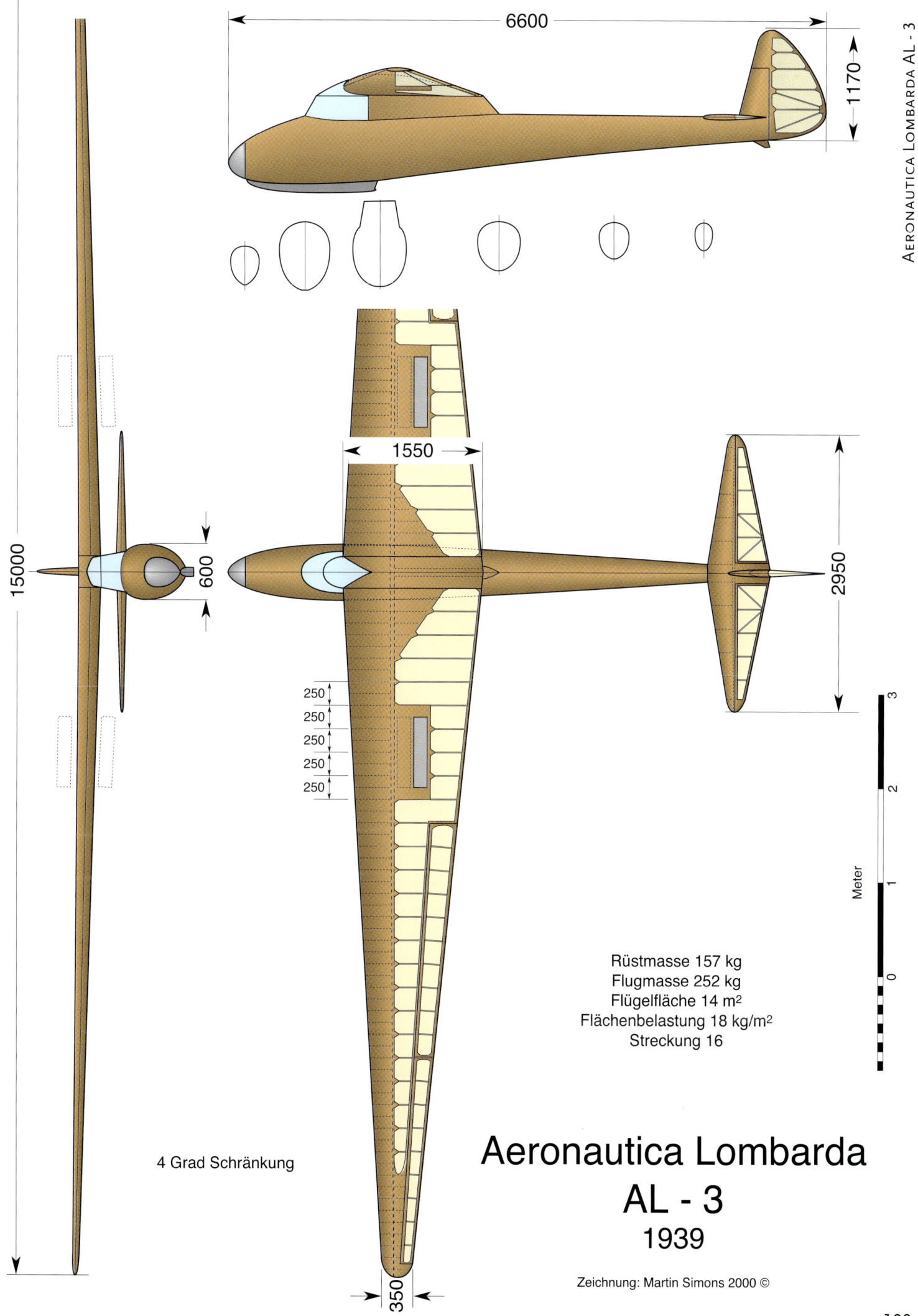

Rüstmasse 157 kg
Flugmasse 252 kg
Flügelfläche 14 m²
Flächenbelastung 18 kg/m²
Streckung 16

4 Grad Schränkung

Aeronautica Lombarda
AL - 3
1939

Zeichnung: Martin Simons 2000 ©

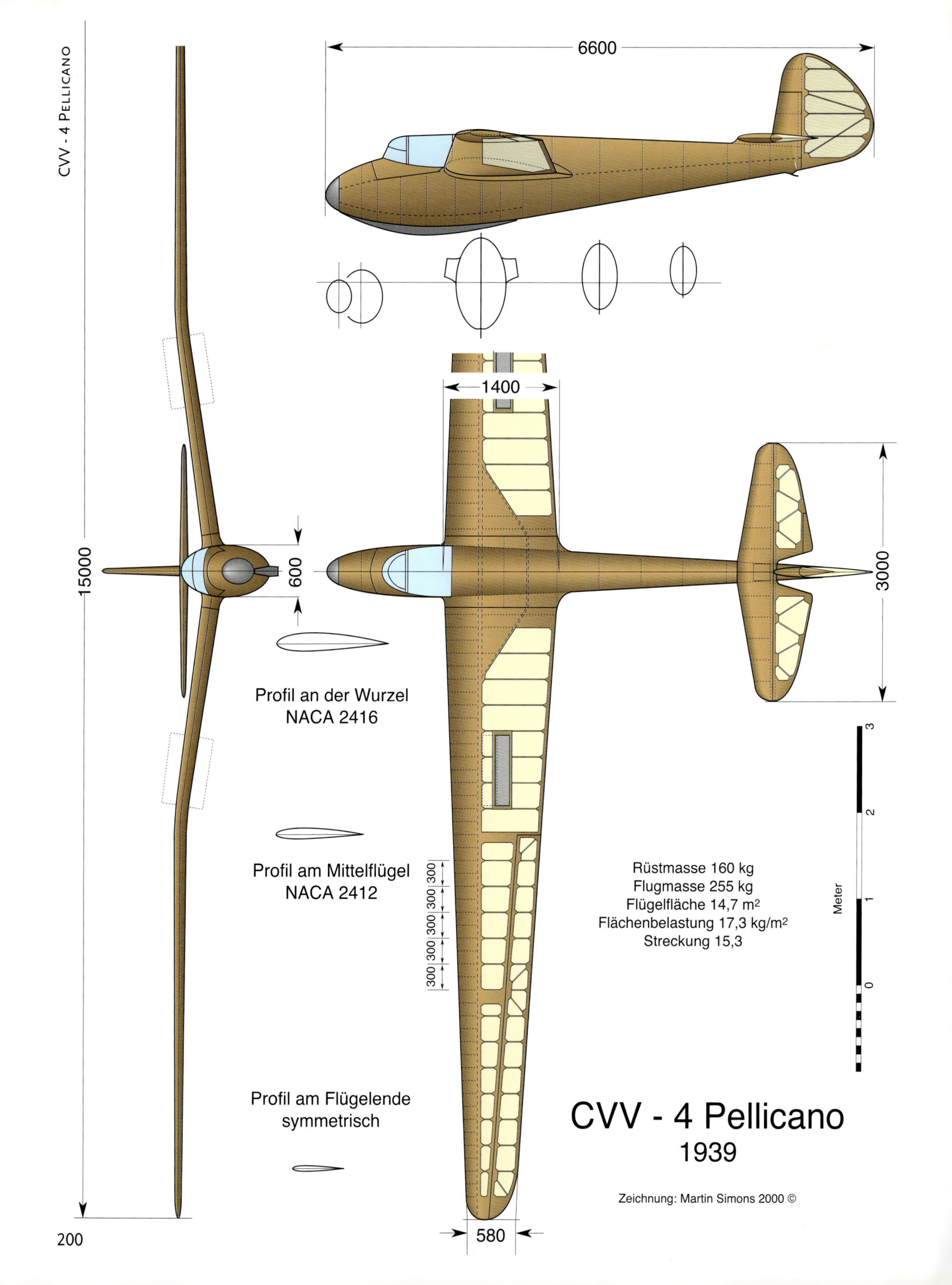

CVV - 4 Pellicano

6600

1400

15000

600

3000

Profil an der Wurzel
NACA 2416

Profil am Mittelflügel
NACA 2412

300 | 300 | 300 | 300

Rüstmasse 160 kg
Flugmasse 255 kg
Flügelfläche 14,7 m²
Flächenbelastung 17,3 kg/m²
Streckung 15,3

Profil am Flügelende
symmetrisch

CVV - 4 Pellicano
1939

Zeichnung: Martin Simons 2000 ©

580

200

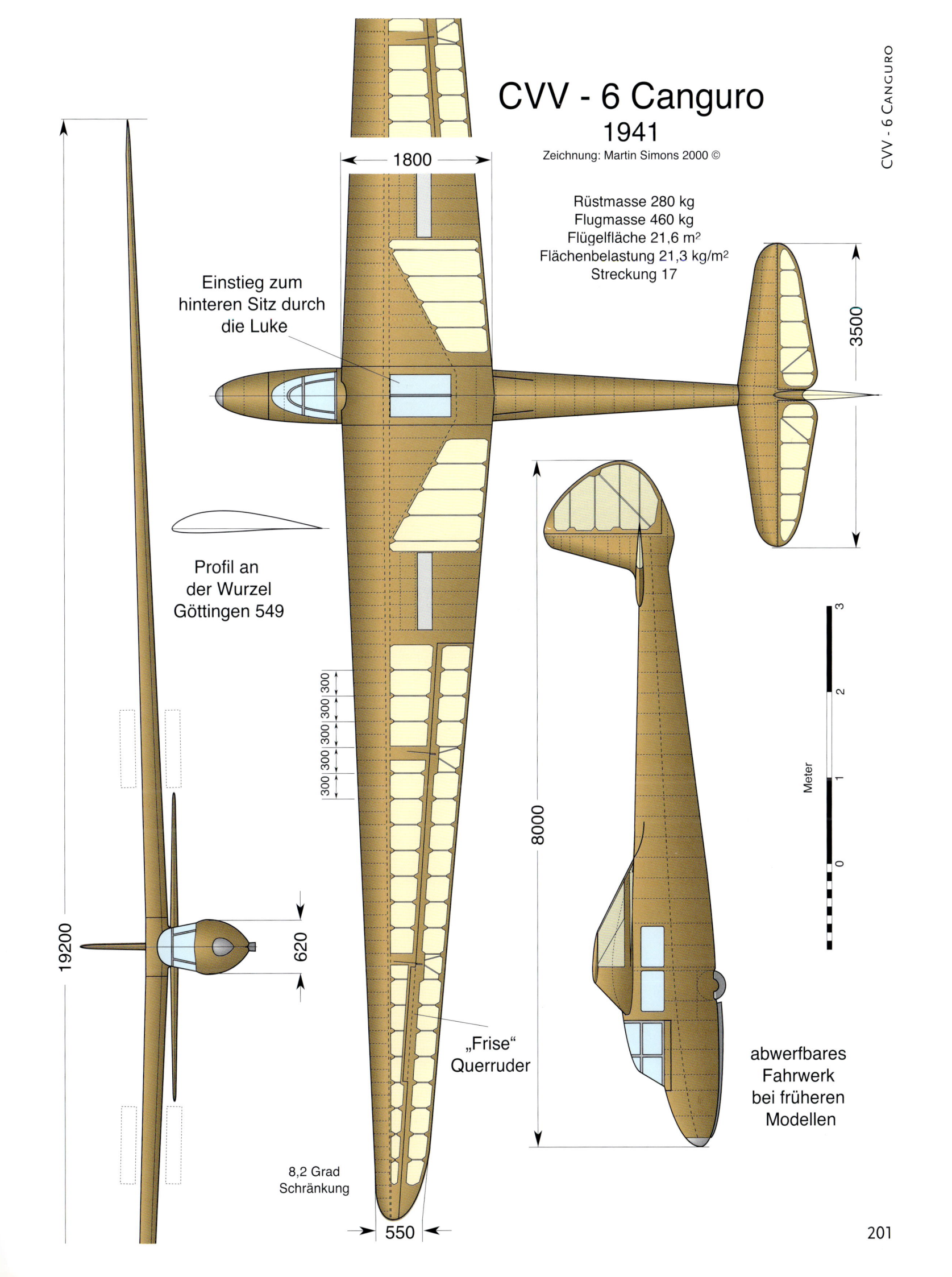

CVV - 6 Canguro
1941

Zeichnung: Martin Simons 2000 ©

Rüstmasse 280 kg
Flugmasse 460 kg
Flügelfläche 21,6 m²
Flächenbelastung 21,3 kg/m²
Streckung 17

Einstieg zum hinteren Sitz durch die Luke

Profil an der Wurzel Göttingen 549

„Frise" Querruder

8,2 Grad Schränkung

abwerfbares Fahrwerk bei früheren Modellen

Kapitel 19

Oben: Die CVV 6 Canguro blieb in Italien bis in die 60er Jahre im Einsatz.

Unten: Canguro im Windenstart während der Weltmeisterschaften 1954 in Camphill

CVV 6 Canguro

Der CVV 6 Canguro flog erstmals im Jahr 1941. Das Flugzeug stellte einen der elegantesten Doppelsitzer seiner Zeit dar. Die Sitze waren hintereinander angeordnet, wobei der zweite Pilot unter dem Flügel saß. Dies führte – wie bei dieser Anordnung üblich – zu eingeschränkten Sichten, insbesondere nach oben. Die Spannweite von 19,2 m und das klare aerodynamische Design verhalfen dem Flugzeug zu ausgezeichneten Leistungen. Außerdem ließ es sich einfach fliegen. Der Flügel mit dem Profil Gö 549 im Wurzelbereich ähnelte dem der deutschen Weihe sehr. Das erwartete beste Gleitverhältnis von 1:30 war vermutlich realistisch. Die Höchstgeschwindigkeit lag bei 220 km/h. Von diesem Flugzeug baute man 33 Exemplare. Auch nach dem Krieg blieb der Canguro noch viele Jahre im Einsatz und nahm an der Weltmeisterschaft 1954 teil. Im Jahr 1955 entstand eine mit einem 22 PS-Motor ausgestattete Version. Der Canguro Palas aus dem Jahr 1964 besaß eine Turbomeca-Palas-Turbine an der Stelle des hinteren Sitzes.

KAPITEL 20
Japan

Rumpf der Maeda 703 im Bau

Der Segelflug in Japan begann in sehr kleinem Umfang im Jahr 1930 und orientierte sich hauptsächlich an dem, was über deutsche Flugzeuge und Methoden veröffentlicht wurde. Nachdem man 1935 einige längere Flüge unternommen hatte, beschloss man, einen deutschen Experten nach Japan zu holen, der moderne Segelflugzeug vorführen und Interesse wecken sollte. Als die Regierung hierfür kein Geld zur Verfügung stellte, bot die Zeitung „Osaka Mainichi" ihre Unterstützung an. So wurde Wolf Hirth eingeladen und erreichte unter dem Beifall der japanischen Flieger am 2. Oktober 1935 Tokio. Mitgebracht hatte er einen Schempp-Hirth Wolf, den Prototypen der Minimoa sowie als Schleppflugzeug eine Klemm L - 25. Außerdem führte er eine Winde sowie Pläne für den Grunau 9 - Schulgleiter mit sich. Während der folgenden drei Monate reiste Hirth durch das Land, stellte den neuen Sport vor und weckte großes Interesse. Etliche japanische Segelflugzeug-Entwürfe und -Konstruktionen wurden hierdurch angeregt. Nach einigen weiteren Importen von Flugzeugen der Typen Minimoa und Wolf baute man diese Modelle in Japan nach und entwarf auch eigene Flugzeuge, die erfolgreich geflogen wurden. In dieser Zeit drangen nahezu keine Nachrichten aus Japan in den Rest der Welt. Wie bei den Militärflugzeugen, erreichten aber auch die japanischen Segelflugzeuge sehr schnell den Standard der restlichen Welt.

Maeda 703

Die Maeda 703 wurde 1940 von Kenichi Maeda zusammen mit seinen Kollegen Kimura und Kurahara in einer kleinen Fabrik in Fukuoka gebaut. Sein erster Entwurf war ein Schulgleiter. Im Anschluss nahm Maeda Kontakt mit Professor Hiroshi Sato auf, der über aktuelle Informationen zu den deutschen Entwicklungen verfügte und am Kyushu Imperial College lehrte. Nachdem er dessen Rat eingeholt und die Pläne der Olympia Meise sorgfältig studiert hatte, beschloss Maeda, zudem angeregt aus den eigenen Reihen, drei Flugzeuge gleichzeitig zu bauen. Zwei sollten über einen Knickflügel, das dritte über einen geraden Flügel verfügen. Wahrscheinlich wollte man so herausfinden,

MAEDA 703

6700

1310

14980

560

3000

Profil
MKK 3
(NACA 64016)

300 300 300
300 300 300

gebaut wurde
eine Version mit
geraden Flügeln

Rüstmasse 152,8 kg
Flugmasse 230 kg
Flügelfläche 14,3 m²
Flächenbelastung 16,1 kg/m²
Streckung 15,7

Meter

Maeda 703
1940

Zeichnung: Martin Simons 2000 ©

Oben: Prototyp der Maeda 703 vor dem Erprobungsflug

Unten: Die Maeda 703 stand in zwei Ausführungen zur Verfügung, mit Knickflügel oder geradem Flügel, hier der Flügel ohne Knick auf seiner Helling.

ob der damals in Europa so beliebte Knickflügel die bessere Lösung darstellte.

Die fertige Maeda 703 war dann deutlich mehr als eine Kopie der Olympia Meise. Sie besaß 15 m Spannweite in Mitteldecker-Anordnung und ein Profil, das die Japaner aus dem amerikanischen „fünfstelligen" NACA 64016 entwickelt hatten. Es wies eine Dicke von 16 % auf, wobei die größte Wölbung in den ersten 10 % der Flügeltiefe vorlag. Wie bei allen Profilen dieser Serie, war das negative Nickmoment gering und der maximale Auftriebsbeiwert groß. Besonderes Augenmerk legte man auf die Gestaltung des Außenflügels, der eine geometrische und aerodynamische Schränkung zur Vermeidung von Strömungsabrissen aufwies.

Testflüge bewiesen die ausgezeichneten Flugeigenschaften und Leistungen der Maeda. Im Februar 1941 flog der Pilot Kawabe einen neuen japanischen Dauerrekord von 13 Stunden und 41 Minuten mit der Maeda 703 und landete auf einem von Scheinwerfern beleuchteten Flugplatz. Der Segelflug wurde im Verlauf des Krieges eingestellt und im Jahr 1945 alle Segelflugzeuge zerstört. Nach dem Krieg produzierten Maeda und Sato neue Entwürfe.

KAPITEL 21
Polen

Auch in Polen begann der Segelflugbetrieb in kleinem Umfang bereits in den frühen 20er Jahren. Mit den ersten thermischen Flügen im Jahr 1928 wurde die Sportart immer bekannter. Ab 1930 unterstützte der Staat den Segelflug. Flugplätze wurden errichtet und man veröffentlichte technische Anforderungen an Ausbildungs- und Leistungsflugzeuge.

Salamandra

Die Ausbildung in Polen folgte dem deutschen Vorbild. Da die Einfuhr deutscher Flugzeuge entmutigend war, startete man bei polnischen Flugzeugherstellern eine Ausschreibung zum Entwurf und Bau von Segelflugzeugen. Die Salamandra der WWS (Wojskowe Warszaty Szybowcowe / Werkstätten für Militärische Luftfahrzeuge) entsprach den Bedingungen der Ausschreibung. Waclaw Czerwinski, einer der führenden polnischen Konstrukteure, hatte das Flugzeug entworfen. Der Erstflug der Salamandra fand im Jahr 1936 statt, die Konzeption des Flugzeuges datierte jedoch erheblich früher. Die Salamandra erinnerte an die verstrebte und verspannte CW-2, einen Schulgleiter mit Boot, den Czerwinski bereits 1929 gebaut hatte. Mit der CW-2 waren damals erste längere Flüge gelungen, sodass man das Modell weiterentwickelte. Die Salamandra verfügte über einen optimierten Flügel, um bessere Segelflugleistungen zu erreichen. Für die Ausbildung erwies sich der Entwurf als sehr gelungen. Etwa 140 Exemplare wurden bis 1939 hergestellt, einige hiervon gingen in das Baltikum, nach Finnland und Jugoslawien.

Nach 1945 war ganz Polen verwüstet und auch die polnische Segelflugbewegung lag in Trümmern. Unzählige Opfer waren zu beklagen, die Hälfte der Bevölkerung vertrieben und die östlichen und westlichen Grenzen des Landes waren 200 Kilometer nach Westen verschoben worden.

Der Segelflug wurde allmählich wieder aufgebaut und erhielt große Unterstützung durch den Staat. Die letzte verbliebene Salamandra diente als Grundlage für neue Zeichnungen. Jetzt entstanden weitere 223 Exemplare, von denen fünf nach China exportiert wurden, wo man dann weitere Flugzeuge in Lizenz herstellte. Inzwischen hatte sich Czerwinski, nachdem er im Krieg Polen verlassen musste, in Kanada niedergelassen. Dort baute er die Muster Sparrow und Robin, die sich kaum von der ursprünglichen Salamandra unterschieden.

Zwar erreichten die Stückzahlen nicht die eines Grunau Baby, dennoch wurden insgesamt mehr als 500 Salamandra gefertigt

Oben: Die Salamandra, 1936 von Waclaw Czerwinski in Polen entwickelt, wurde wie das Grunau Baby eingesetzt, war aber ein ganz eigenständiger Entwurf.

Unten: Die Salamandra wurde vor und nach dem Zweiten Weltkrieg in großen Stückzahlen produziert.

Komar

Die Komar, deren Erstflug 1933 stattfand, stellte das polnische Äquivalent des Professor oder der ESG 31 dar. Der Entwurf stammte von Antoni Kojcan, als Profile wählte er innen das Gö 535 sowie außen das Gö 549. Der Rumpf besaß einen sechseckigen Querschnitt sowie ein offenes Cockpit. Die Leistungen erwiesen sich als gut genug, um überland zu fliegen. Bei hohen Geschwindigkeiten zeigten sich allerdings strukturelle Mängel. Diese wurden durch Verstärkungen behoben, das modifizierte

Unten: Komar über Vrsc im Jahr 1939. Die serbische Beschriftung auf dem Flügel bedeutet „Frohe Weihnachten".

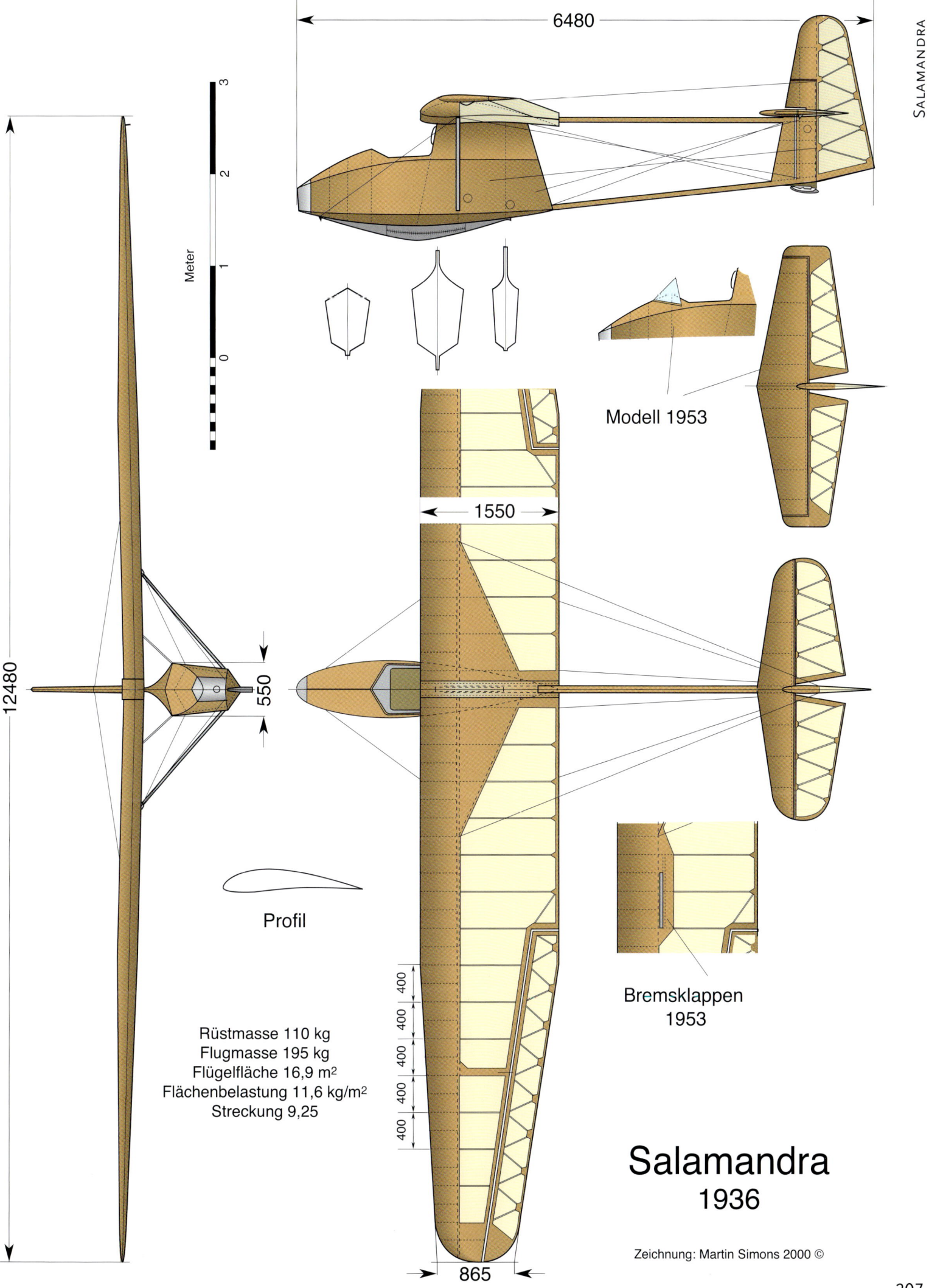

SALAMANDRA

Modell 1953

Profil

Bremsklappen 1953

Rüstmasse 110 kg
Flugmasse 195 kg
Flügelfläche 16,9 m²
Flächenbelastung 11,6 kg/m²
Streckung 9,25

Salamandra
1936

Zeichnung: Martin Simons 2000 ©

KOMAR

5350

Rüstmasse 130 kg
Flugmasse 212 kg
Flügelfläche 17,4 m²
Flächenbelastung 12,2 kg/m²
Streckung 14,4

1500

15800

600

300 | 300
350 | 350 | 350 | 350 | 350

Profil an der Wurzel
Göttingen 535

Profil am Flügelende
Göttingen 549

600

Meter 0 1 2 3

Zeichnung: Martin Simons 2000 ©

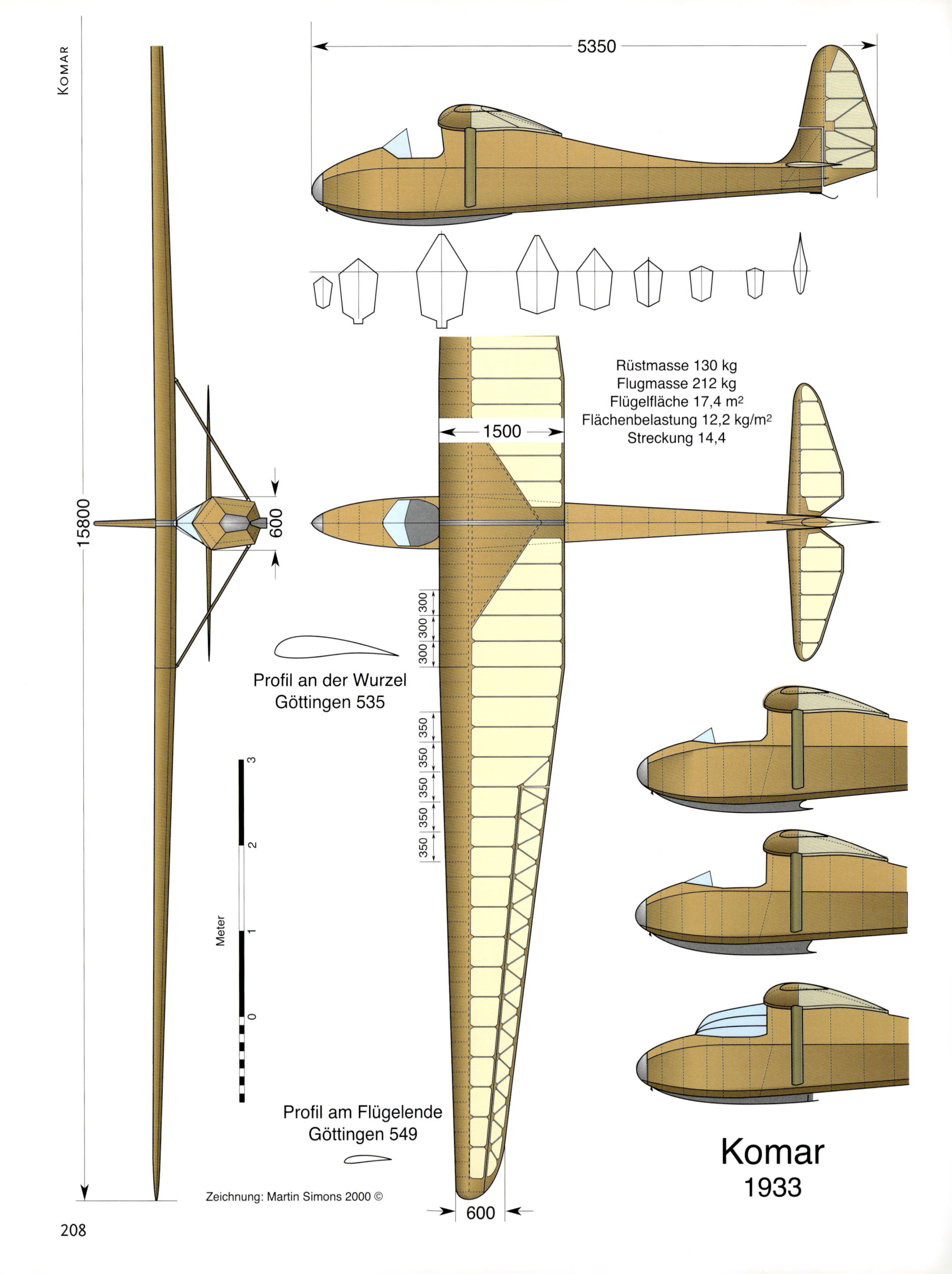

Komar
1933

Flugzeug nun Komar bis genannt. In der Folgezeit avancierte der Komar zum polnischen Standardflugzeug für Überland- und Silber-C-Flüge. Er erzielte auch einige Rekorde. Nach einem hohen Schlepp überquerte ein Komar das finnische Meer von Estland aus und landete nach 60 Kilometern in Helsinki. Einige dieser Flugzeuge wurden nach Estland exportiert und in Jugoslawien entstanden Lizenzbauten. Beim Internationalen Rhön-Wettbewerb 1937 flogen die jugoslawischen Piloten Flugzeuge des Typs Komar. Nach dem Krieg wurde die Produktion des Komar wieder aufgenommen, wobei man in Jugoslawien gefundene Pläne verwendete.

SG 21 Lwow und SG - 3

An der Technischen Universität von Lwow (Lemberg, heute in der Ukraine gelegen) gab es eine Gruppe von Luftfahrtstudenten. Die mit den deutschen Akafliegs vergleichbare Vereinigung trug den Namen ZASPL. Diese konzipierte 1931 unter der Leitung von Stefan Grzeszczyk ein Hochleistungs-Segelflugzeug, die SG - 21 Lwow. Der Entwurf entstand relativ unabhängig von Einflüssen aus dem Ausland. Das Flugzeug brach alle wichtigen nationalen Segelflugrekorde und unternahm einige lange Flugzeugschlepps. Der Prototyp wurde behördlich genehmigt und in der Folgezeit entwickelte man eine verbesserte Version, die SG - 28. Beide Flugzeuge nahmen am Rhön-Wettbewerb 1932 teil. Sie flogen recht gut, obwohl ihre Leistungen von den deutschen Spitzenpiloten weit überboten wurden.

Nach diesen erfolgreichen Entwürfen konzipierte Grzeszczyk die SG - 3 und die SG - 3 bis/6, bald das beliebteste Flugzeug in Polen. Etwa 25 Exemplare wurden hiervon gebaut. Sie flogen auf vielen Wettbewerben und erzielten zahlreiche Rekorde. Diese Flugzeuge blieben bis 1938 im Einsatz. Als auf behördliche Anordnung Verstärkungen an diesem Flugzeug vorgenommen werden mussten, wurden die meisten wegen des erheblichen Aufwands nicht modifiziert sondern verschrottet.

Czerwinski CW 5

Waclaw Czerwinski entsprach einer offiziellen Anfrage nach einem Hochleistungssegelflugzeug und entwickelte die CW 5, die erstmals 1933 flog. Obwohl er die neuesten deutschen Entwürfe kannte, verfolgte er sein eigenes Konzept. Er entschied sich gegen das außergewöhnliche Profil Gö 652, das Lippisch beim Fafnir verwendet hatte. Das von ihm eingesetzte Profil war erheblich dünner, weniger gewölbt und war im Windka-

Links oben: Komar auf dem Flugplatz von Vrsac

Rechts: Die polnischen Flugzeuge SG 28 (oberes Bild) und SG-3 bis /36 (unteres Bild)

Ganz unten: Die polnische CW 5 bis /35

nal des Aerodynamischen Instituts in Warschau getestet worden. Der Knickflügel mit V-Form und elliptischen Flügelspitzen wies mit 18 eine sehr hohe Streckung auf. Da der Flügel auch an der Wurzel sehr dünn war und nur wenig Platz für einen stabilen Hauptholm bot, wurden V-förmige Streben notwendig. Die Querruder liefen nach innen hin sehr spitz zu, um Verwirbelungen und damit verbundenen Widerstand beim Ausschlag zu verringern. Das Leitwerk erschien sehr ungewöhnlich: man hatte das Pendel-Höhenruder auf doppelten Stützen weit über dem Boden vor der Seitenruderflosse montiert. Zur Aufnahme des Flügels besaß der Rumpf einen hohen, schmalen Pylon. Das Cockpit war offen. Die CW 5 erwies sich als gelungen, wurde aber in der Folgezeit modifiziert und zur CW 5bis/35 weiterentwickelt, die einen komplett neuen Rumpf mit elliptischem Querschnitt und geschlossener Haube erhielt. Das Flugzeug wurde in großen Stückzahlen produziert und blieb bis zum

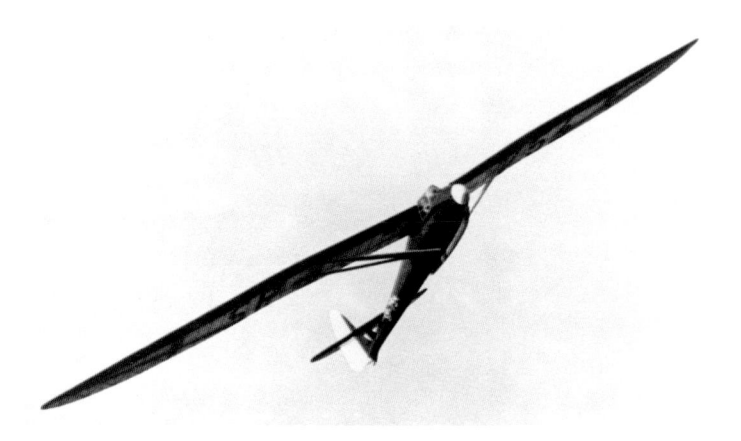

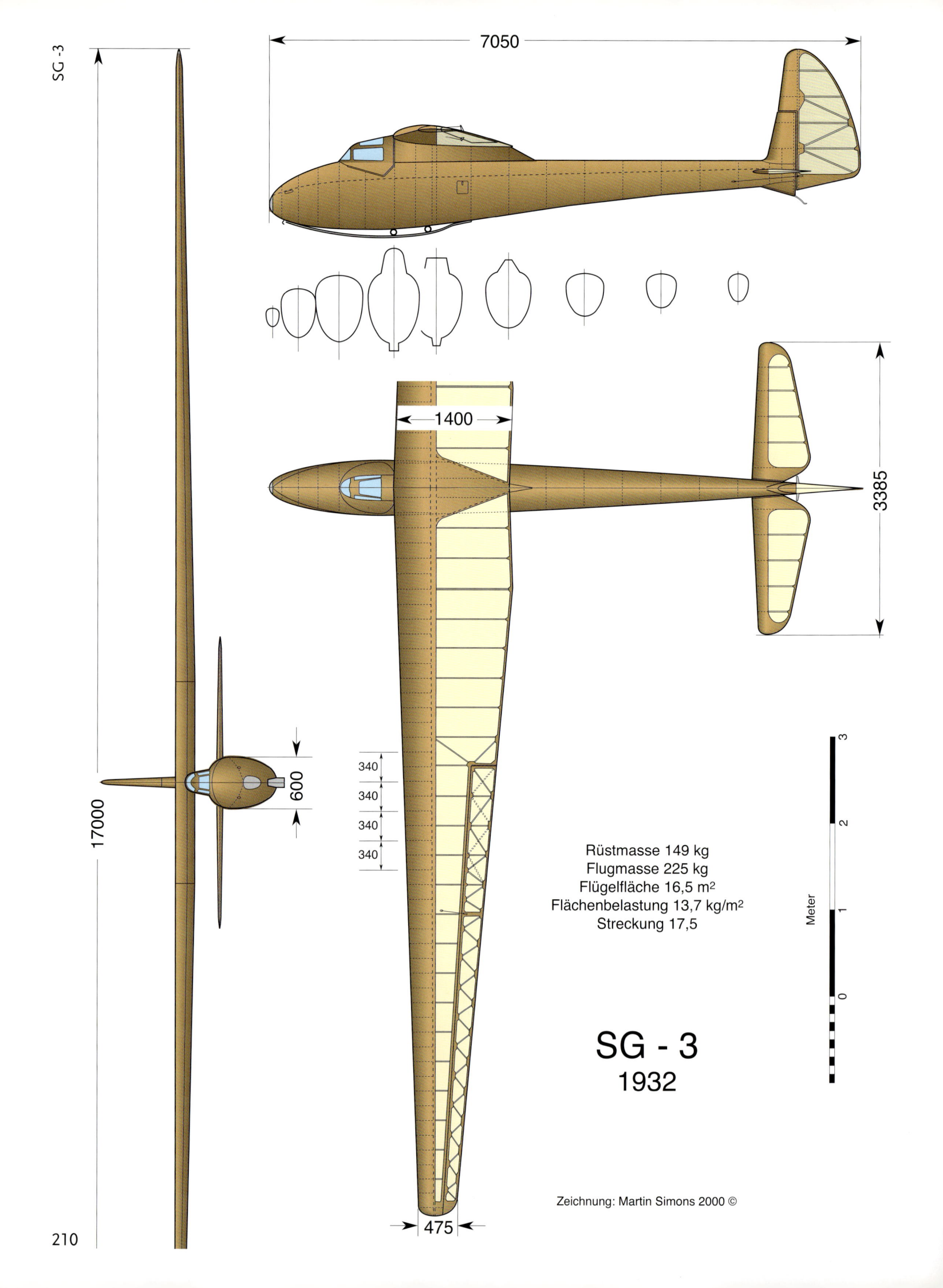

Rüstmasse 149 kg
Flugmasse 225 kg
Flügelfläche 16,5 m²
Flächenbelastung 13,7 kg/m²
Streckung 17,5

SG - 3
1932

Zeichnung: Martin Simons 2000 ©

SG - 3 BIS/36

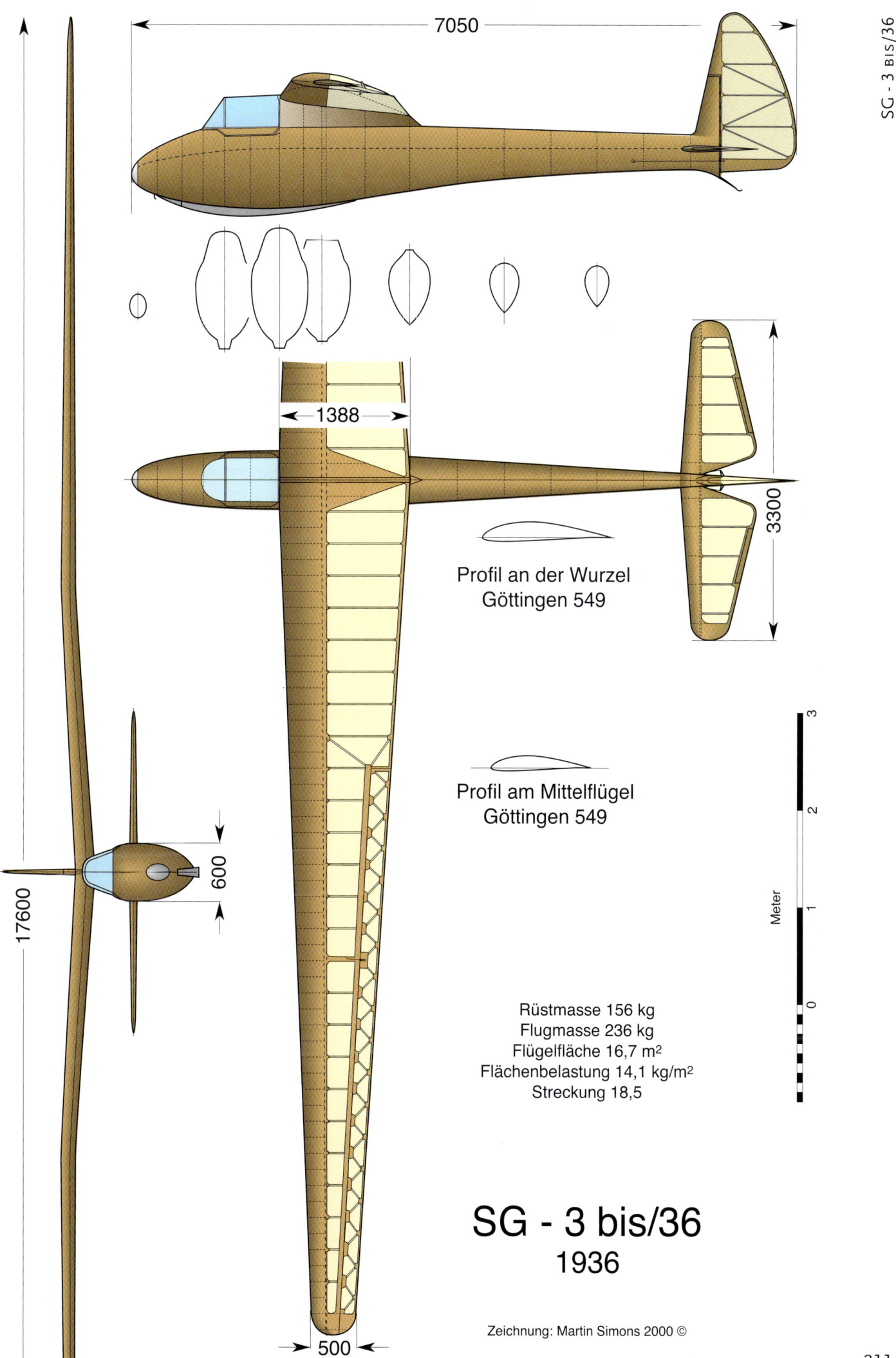

Profil an der Wurzel
Göttingen 549

Profil am Mittelflügel
Göttingen 549

Rüstmasse 156 kg
Flugmasse 236 kg
Flügelfläche 16,7 m²
Flächenbelastung 14,1 kg/m²
Streckung 18,5

SG - 3 bis/36
1936

Zeichnung: Martin Simons 2000 ©

CW - 5 bis

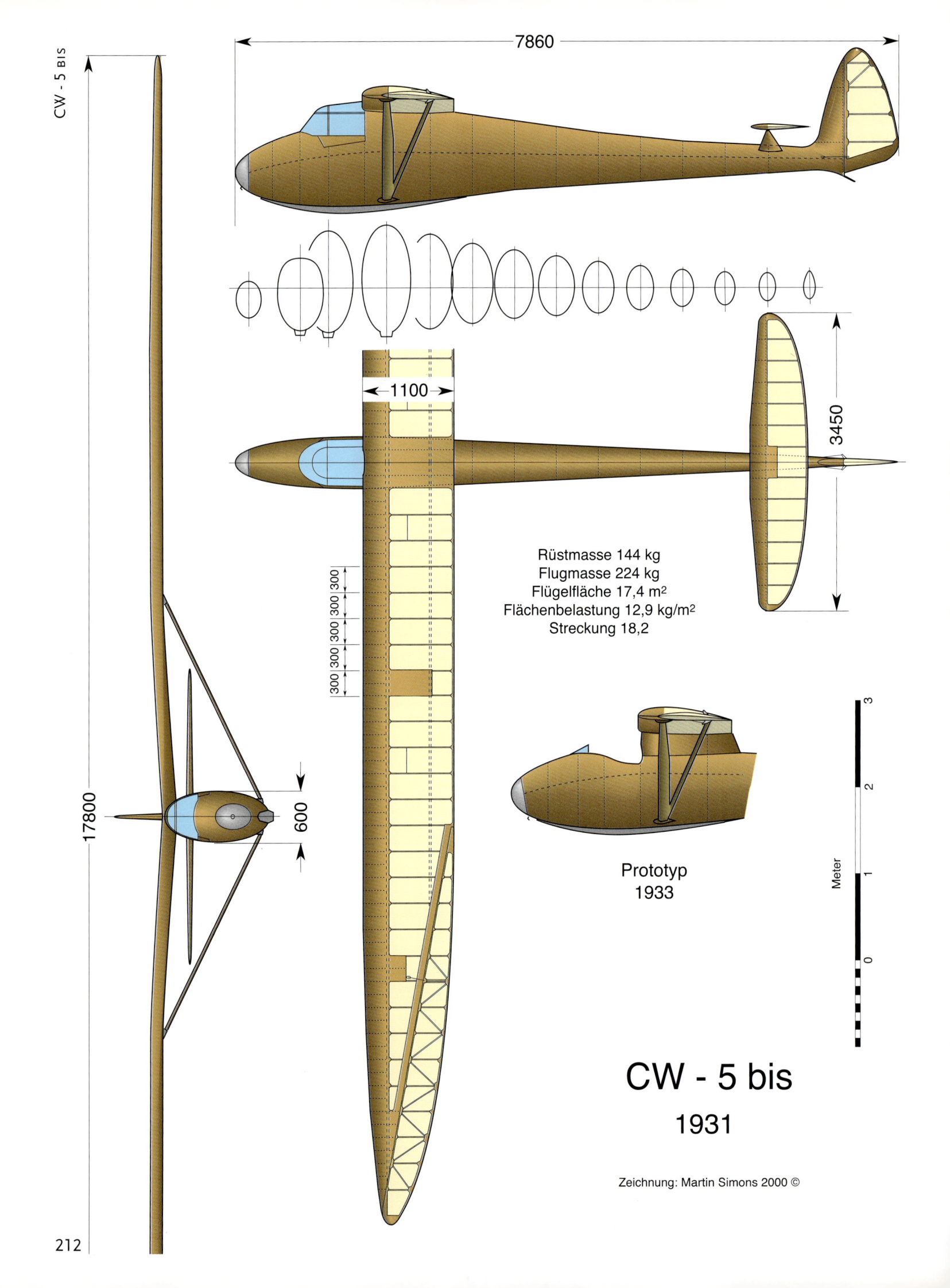

Rüstmasse 144 kg
Flugmasse 224 kg
Flügelfläche 17,4 m²
Flächenbelastung 12,9 kg/m²
Streckung 18,2

Prototyp
1933

CW - 5 bis
1931

Zeichnung: Martin Simons 2000 ©

Oben: Orlik, kurz nach der Ankunft in Amerika

Links: Zwei Exemplare der Orlik (Nummer 1 und 3) sowie eine PWS 101 (Nummer 4) bei der Internationalen Rhön 1937. Im Vordergrund eine Mü 13 (Nummer 20)

Rechts: Die „Olympische Orlik" in Sezze, Italien

Ausbruch des Krieges im Jahr 1939 eines der meist geflogenen Typen für den fortgeschrittenen Segelflug. Beim Internationalen Wettbewerb 1937 gelangen dem Piloten Zbigniew Zabski einige hervorragende Flüge, welche ihm zum Schluss den achten Platz einbrachten.

Orlik

Die von Antoni Kocjan konzipierte Orlik gehörte ebenfalls zu den Entwürfen, die 1939 am Wettbewerb für ein olympisches Segelflugzeug teilnahmen. Im Gegensatz zu den anderen Bewerbern stellte die Orlik keinen neuen Entwurf dar, sondern befand sich bereits in Produktion und hatte ihre Leistungen schon unter Beweis gestellt.

Zwei frühe Versionen mit leicht verkürzter Spannweite von 15 m nahmen am Internationalen Wettbewerb 1937 teil. Die beiden Piloten Baranowski und Brzezina überraschten insbesondere die deutschen Teilnehmer durch ihr gutes Abschneiden. Baranowski legte eine Strecke von 300 Kilometern nach Berlin zurück und erreichte den siebten Platz in der Gesamtwertung.

Die Olympia Orlik oder Orlik 3 verfügte über eine Spannweite von 15 m sowie über eine sorgfältig gewölbte Haube auf einem Leichtmetallrahmen. Das Gleitverhältnis war vermutlich besser als das des Siegerflugzeugs, der Meise von Hans Jacobs. Allerdings stellte die Leistung für die Jury nicht das Hauptkriterium dar. Da alle Piloten das gleiche Muster fliegen sollten, ließen sich ein oder zwei Gleitzahlpunkte durchaus vernachlässigen. Der Bau der Orlik gestaltete sich durch den Knickflügel und die Mitteldecker-Anordnung kompliziert. Außerdem besaß das Flugzeug ungewöhnliche Klappen, die aus der Flügelnase am Innenflügel nach oben und unten ausfuhren.

Eine Orlik 2 ging 1939 zur Weltausstellung nach New York. Während des Kriegs blieb sie in den USA und wurde schließlich an Paul MacCready verkauft. Mit diesem Flugzeug gewann er die nationalen Wettbewerbe 1948 und 1949. Er erzielte damit 1948 eine Rekordhöhe von mehr als 9000 m. Gleich am nächsten Tag überbot John Robinson mit der RS-1 diesen Rekord mit einem Flug auf 10211 m. Diese Orlik 2 existiert weiterhin und wurde 1995 beim Vintage Sailplane Meeting in Elmira/NY gezeigt.

Profil im Bereich der Bremsklappe

Profil im Bereich des Querruders

Rüstmasse 168 kg
Flugmasse 263 kg
Flügelfläche 14,8 m²
Flächenbelastung 17,8 kg/m²
Streckung 15,2

Olympic Orlik
1939

Zeichnung: Martin Simons 2000 ©

PWS 101

Im Jahr 1937 wechselte Waclaw Czerwinski als Chefkonstrukteur zur PWS (Podlaska Wytwornia Samolotow, Podlaska Flugzeugwerke). Obwohl man dort der Produktion von Segelflugzeugen wenig Bedeutung beimaß, baute Czerwinski die PWS 101. Zwei Exemplare waren rechtzeitig zum Internationalen Wettbewerb 1937 fertig gestellt. Diese Flugzeuge konnten es mit den besten deutschen Entwürfen aufnehmen und zeigten hervorragende Leistungen. Am ersten Tag gelang dem Piloten Mynarski zusammen mit zwei weiteren Piloten ein Flug über 351 Kilometer nach Hamburg. Die beiden anderen Piloten waren Hanna Reitsch im neuen Reiher sowie Heini Dittmar im Fafnir 2.

In der Folgezeit entstanden in Polen weitere Exemplare der PWS 101. Ein außergewöhnlicher Überlandflug gelang Tadeusz Gora: mit 577,8 Kilometern stellte er einen polnischen Rekord auf und erreichte den weitesten Segelflug des Jahres in Europa. Den Weltrekord hatte allerdings ein Jahr zuvor der Russe Rastourgyev mit einer GN - 7 aufgestellt.

Oben: PWS 101 1937 beim Start auf der Wasserkuppe

Unten: Die aerodynamisch geformte Haube der PWS 101

PWS 102

Als Nachfolgemodell der PWS 101 konstruierte Czerwinski 1939 die PWS 102 Rekin (Hai). Es entstanden zwei Prototypen. Der Entwurf war zukunftsweisend, verfügte über große Wölbklappen am Innenflügel, massenausgeglichene Querruder, automatische Ruderanschlüsse sowie Leichtmetallbeschläge. Die Höchstgeschwindigkeit lag bei 300 km/h. Noch während der Flugerprobung brach der Zweite Weltkrieg aus. Die Besetzung ganz Ostpolens durch die UdSSR gegen Ende des Jahres 1939 brachte die gesamte zivile Luftfahrt und den Flugzeugbau zum Erliegen. Die beiden Rekins gelangten nach Russland, ihr weiteres Schicksal verlor sich in den Kriegswirren.

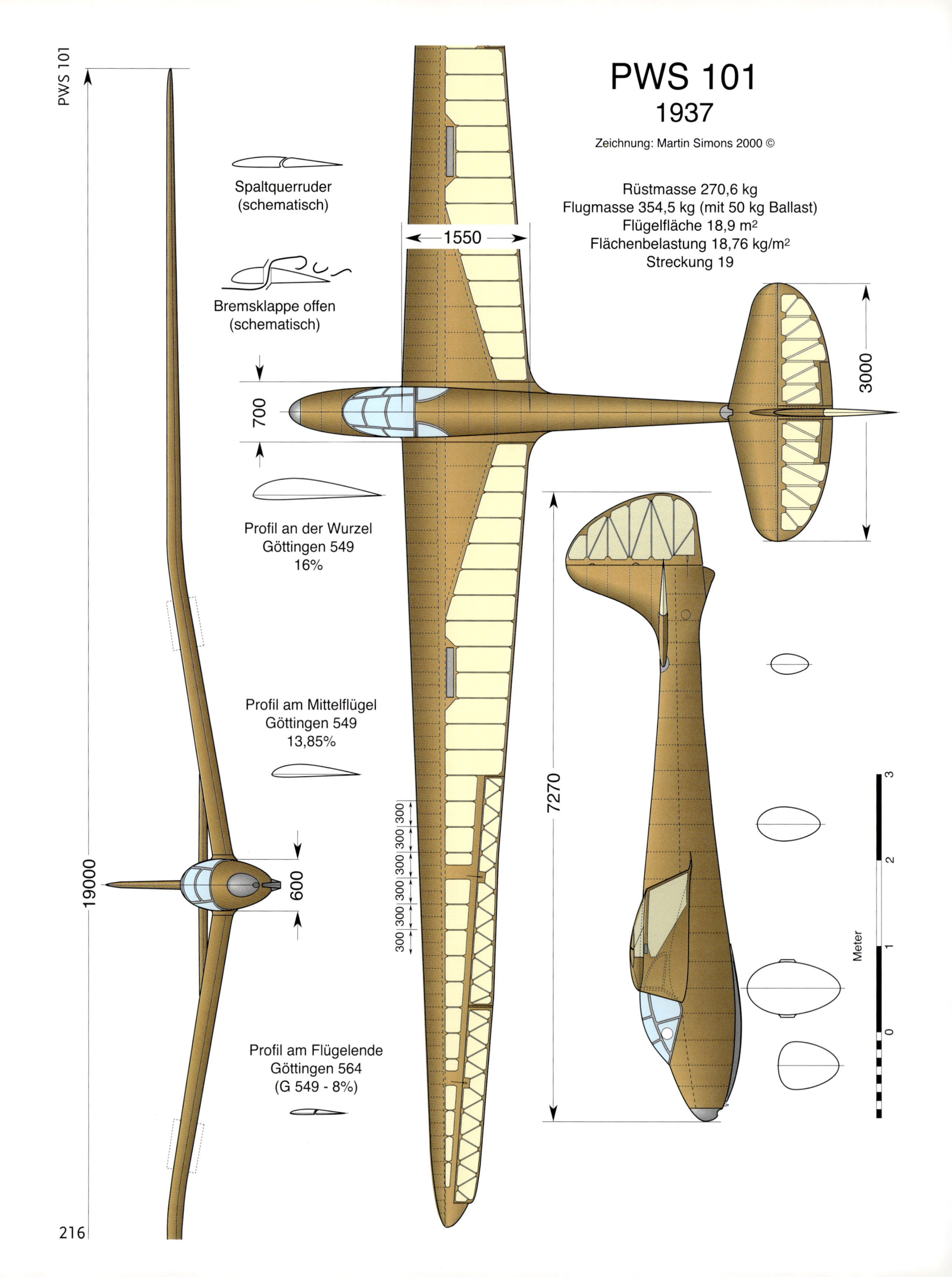

PWS 101
1937

Zeichnung: Martin Simons 2000 ©

Rüstmasse 270,6 kg
Flugmasse 354,5 kg (mit 50 kg Ballast)
Flügelfläche 18,9 m²
Flächenbelastung 18,76 kg/m²
Streckung 19

Spaltquerruder
(schematisch)

Bremsklappe offen
(schematisch)

Profil an der Wurzel
Göttingen 549
16%

Profil am Mittelflügel
Göttingen 549
13,85%

Profil am Flügelende
Göttingen 564
(G 549 - 8%)

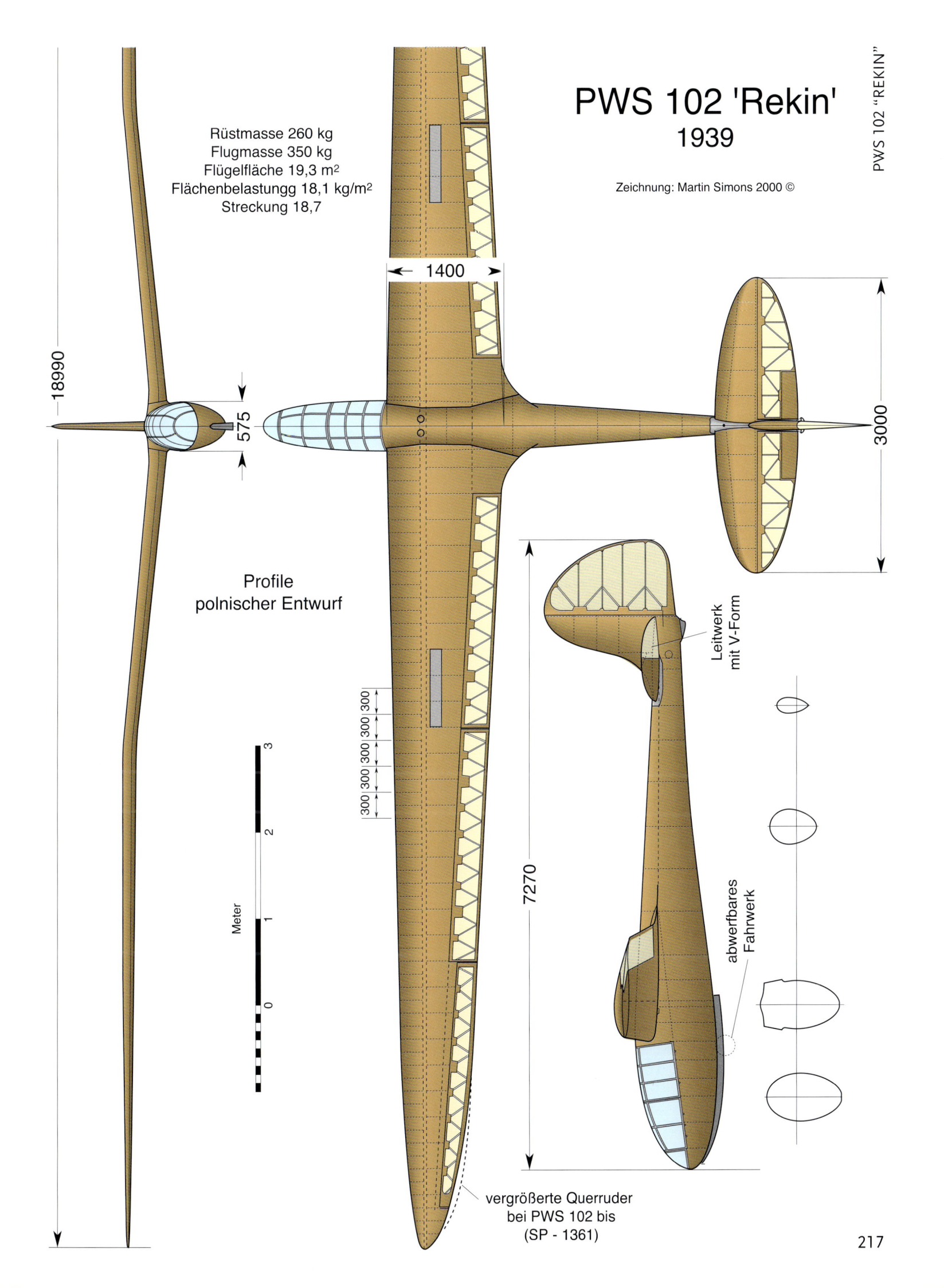

PWS 102 'Rekin'
1939

Rüstmasse 260 kg
Flugmasse 350 kg
Flügelfläche 19,3 m²
Flächenbelastungg 18,1 kg/m²
Streckung 18,7

Zeichnung: Martin Simons 2000 ©

Profile
polnischer Entwurf

Leitwerk mit V-Form

abwerfbares Fahrwerk

vergrößerte Querruder
bei PWS 102 bis
(SP - 1361)

217

KAPITEL 22
Schweiz

Bis zum Jahr 1930 entwickelte sich der Segelflug in der Schweiz nur schleppend. Erst mit den deutschen Expeditionen zum Jungfraujoch 1932 erwachte das Interesse an dieser Sportart und wuchs von da an beständig. Auch die Förderung seitens der Regierung sowie das Interesse des Militärs am Segelflug als Teil der Pilotenausbildung wirkten sich hierauf positiv aus. Die fliegerischen Bedingungen in den Alpentälern erforderten besondere fliegerische Fertigkeiten. Nachdem erste Erfahrungen gesammelt werden konnten, etablierten sich Schweizer Piloten, Konstrukteure und Hersteller bald zu anerkannten Spezialisten.

Spalinger 15

Jakob Spalinger hatte schon an der Rhön 1920 teilgenommen und bis 1939 etwa ein Dutzend verschiedene Gleitflugzeuge gebaut. Die Spalinger 15 entstand 1934. Sie übernahm in der Schweiz eine Rolle vergleichbar der des Grunau Babys in Deutschland. Insgesamt baute man mehr als 20 Exemplare. Erfahrene Piloten konnten mit der Spalinger 15 ausgedehnte Segelflüge unternehmen und erzielten so einige Dauerrekorde.

Spalinger 18

Die erste S-18 entstand im Jahr 1936. Es war ein recht kleines Segelflugzeug mit durchschnittlichen Leistungen, ließ sich aber gut bedienen und bildete die Basis für Weiterentwicklungen. Zwei Spalinger 18 starteten beim Segelflugwettbewerb, der parallel zu den Olympischen Spielen 1936 stattfand.

Die S-18-II mit vergrößerter Spannweite und einigen weiteren Verbesserungen folgte im Jahr 1937. Unter Verwendung der Pläne Spalingers baute Hermann Schreiber die S-18 T Chouca. Diese verfügte aufgrund der größeren V-Form über eine bessere Stabilität im Kreisflug. Das Flugzeug nahm mit Erfolg am Internationalen Wettbewerb 1937 in Deutschland teil. Die Produktion der S-18-II wurde fortgesetzt und das Flugzeug beherrschte die Schweizer Wettbewerbe und Rekorde. Nach

Oben: Die S-15 wurde für Alpensegelflug und Überlandflüge verwendet.

Unten: Der schweizer Entwurf Spalinger S-15 sollte Aufgaben ähnlich des Grunau Babys übernehmen.

etwa 25 Exemplaren erschien die neue S-18-III mit Landeklappen und gewölbter Haube. In einem dieser Flugzeuge brach Eric Nessler den Dauerweltrekord mit einem Flug von 38 Stunden und 21 Minuten. Es folgten weitere Versionen der S-18, einschließlich einer Kunstflugvariante mit verkürzter Spannweite. Spalinger setzte seine Arbeiten mit der S-19, S-21, S-22 und anderen Entwürfen fort. Im Jahr 1969 erhielt er das FAI-Tissandier-Diplom für seine herausragenden Leistungen im Segelflug.

Profil an der Wurzel
Göttingen 535

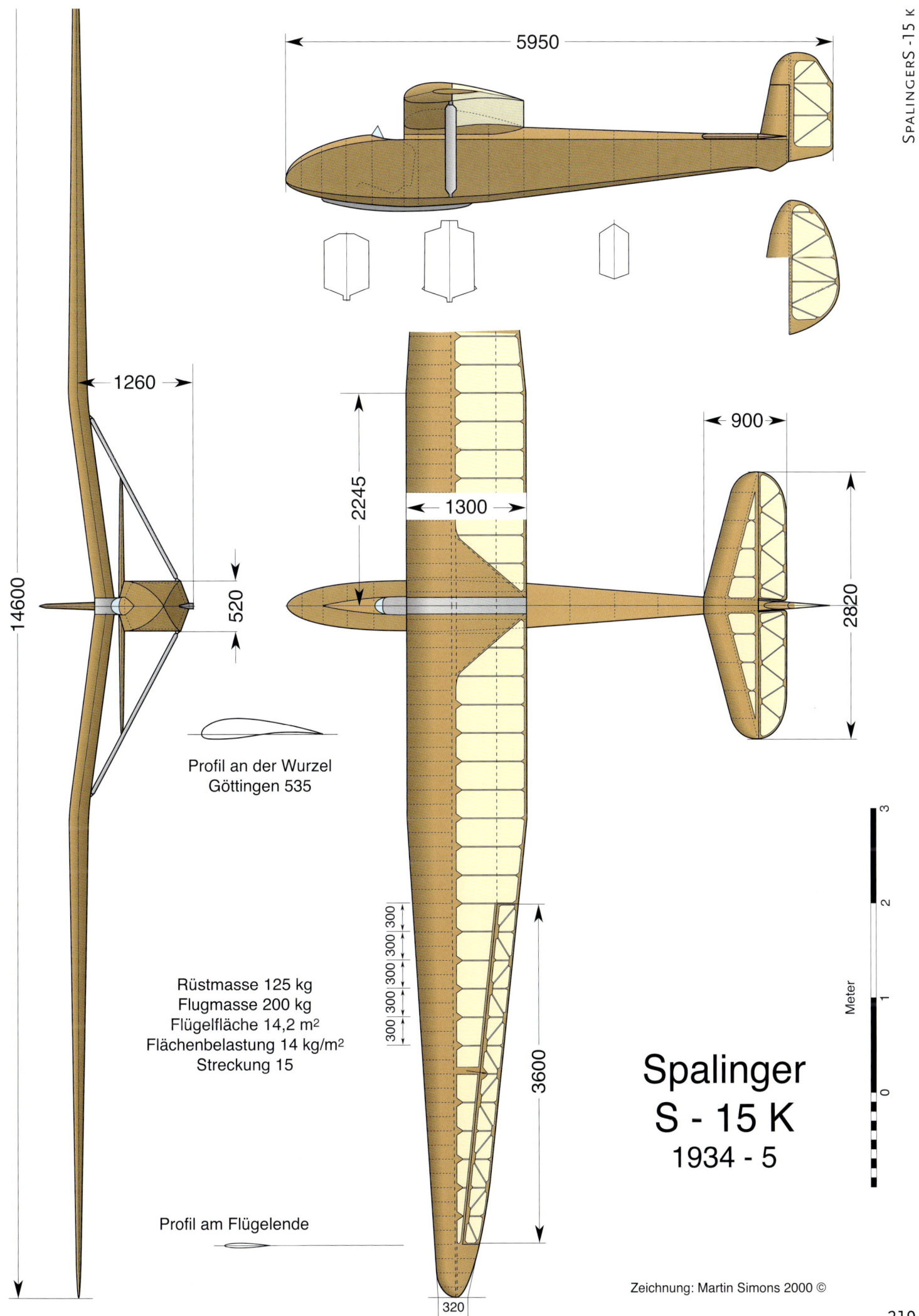

Rüstmasse 125 kg
Flugmasse 200 kg
Flügelfläche 14,2 m²
Flächenbelastung 14 kg/m²
Streckung 15

Profil am Flügelende

**Spalinger
S - 15 K**
1934 - 5

Zeichnung: Martin Simons 2000 ©

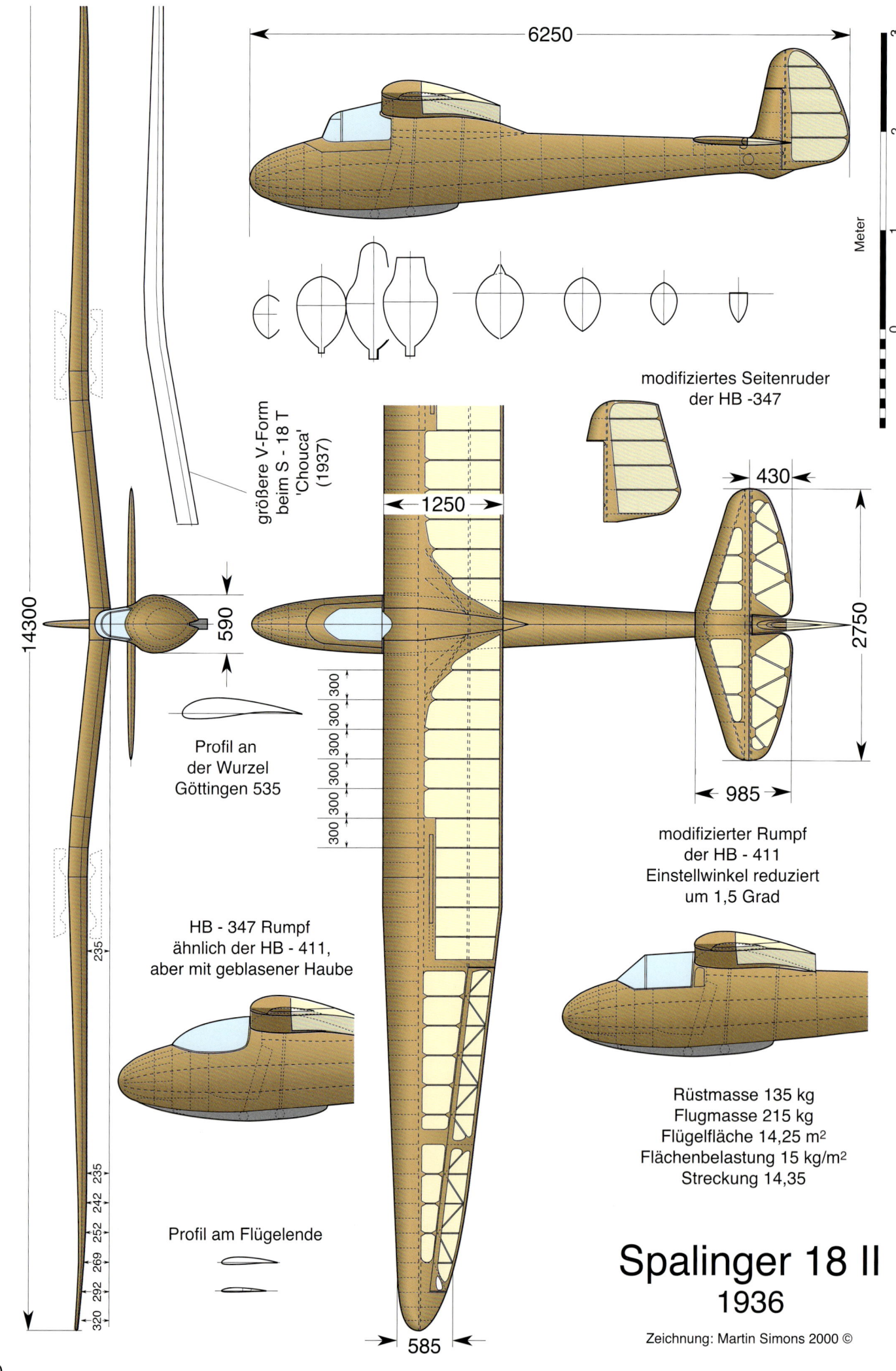

Spalinger 18 II

6250

modifiziertes Seitenruder
der HB -347

größere V-Form
beim S - 18 T
'Chouca'
(1937)

1250

430

2750

985

14300

590

Profil an
der Wurzel
Göttingen 535

modifizierter Rumpf
der HB - 411
Einstellwinkel reduziert
um 1,5 Grad

300 300 300
300 300 300
300

HB - 347 Rumpf
ähnlich der HB - 411,
aber mit geblasener Haube

235

235
242
252
269
292
320

Profil am Flügelende

585

Rüstmasse 135 kg
Flugmasse 215 kg
Flügelfläche 14,25 m²
Flächenbelastung 15 kg/m²
Streckung 14,35

Spalinger 18 II
1936

Zeichnung: Martin Simons 2000 ©

Oben: Spalinger S18T 'Chouca' mit Pilot Marcel Godinat, 1937

Spyr 3

Der erste Entwurf von August Hug war die Spyr 1, ein Einsitzer von 15 m Spannweite, der 1931 entstand. Willi Farner flog dieses Flugzeug vom Jungfraujoch. Zwei Exemplare der Spyr 1 wurden fertig gestellt. Das Nachfolgemuster Spyr 2 reagierte im Flug überempfindlich und neigte zu Ruderflattern. Hug gab das Projekt auf und entwarf schließlich die Spyr 3. Diese, obwohl immer noch etwas schwirig zu fliegen, erwies sich als erheblich erfolgreicher. Zwei von vier Spyr 3 kamen mit dem schweizerischen Team 1937 zum Internationalen Wettbewerb. Sandmeir, der erfahrenste der vier Piloten, erreichte schließlich den 4. Platz. Gegenüber der deutschen Konkurrenz in ihren viel größeren und moderneren Flugzeugen stellte dies einen außergewöhnlichen Erfolg dar.

Oben: Sonderausführung der Spalinger 18T, 'Chouca', mit größerer V-Form beim internationalen Wettbewerb 1937

Links: Spalinger 18 - 1

Unten: Spyr III 1935 auf dem Jungfraujoch. Schnee und große Höhe gestalteten die Starts schwierig.

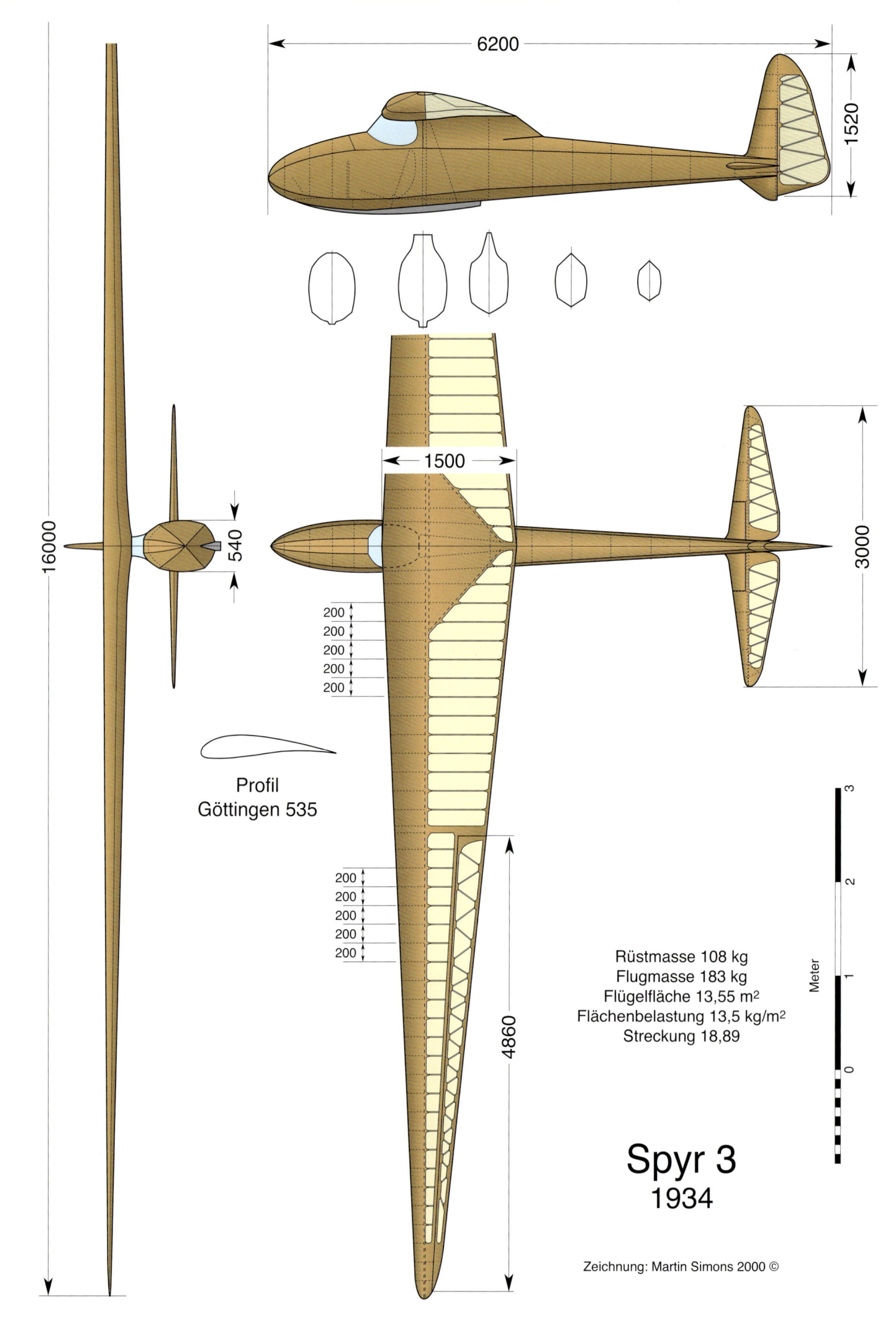

Spyr 3

Profil
Göttingen 535

Rüstmasse 108 kg
Flugmasse 183 kg
Flügelfläche 13,55 m²
Flächenbelastung 13,5 kg/m²
Streckung 18,89

Spyr 3
1934

Zeichnung: Martin Simons 2000 ©

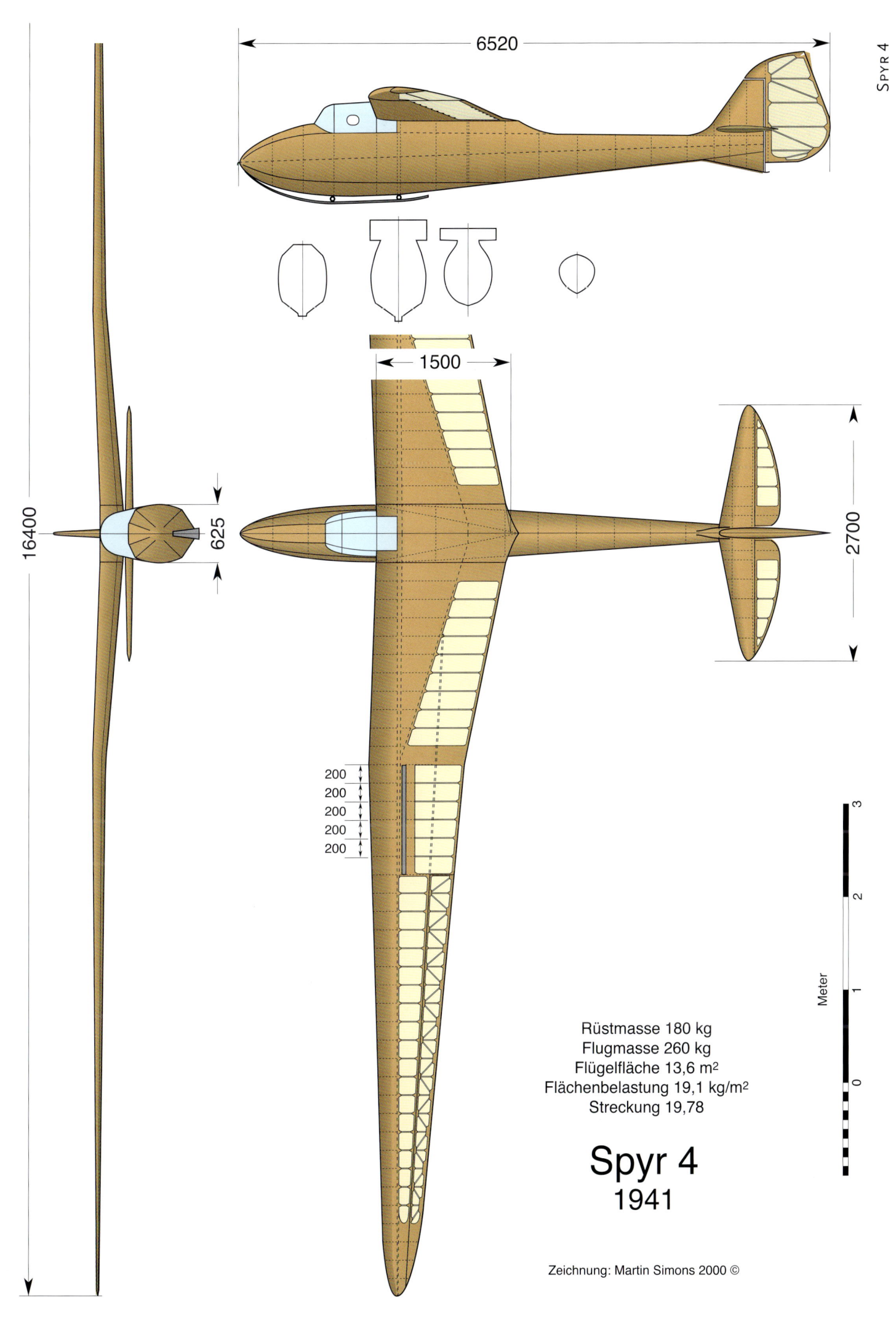

Rüstmasse 180 kg
Flugmasse 260 kg
Flügelfläche 13,6 m²
Flächenbelastung 19,1 kg/m²
Streckung 19,78

Spyr 4
1941

Zeichnung: Martin Simons 2000 ©

Kapitel 22

Rechts oben: Restauriertes Exemplar der Moswey 2

Links unten: Moswey 3

Rechts unten: Die Moswey 2A hatte eine auf 15,5 m vergrößerte Spannweite.

Spyr 4

Dieses Modell, erstmals 1941 geflogen, war größer, schwerer und schneller als Hugs frühere Entwürfe. Mit seinem vorgepfeilten Knickflügel erntete das Flugzeug große Anerkennung. Es ließ sich einfach fliegen und hätte sicher seine Eignung als Überlandflugzeug beweisen können, wenn die politisch-historischen Umstände günstiger gewesen wären. So entstanden nur wenige Exemplare.

Moswey

Die Serie der Moswey-Segelflugzeuge geht zurück auf das Jahr 1930, als die Gebrüder Müller den Schulgleiter Moswey 1 bauten. Zunächst stellten diese einige Jahre lang Segelflugzeuge für August Hug her, bis Georg Müller 1935 seinen eigenen Entwurf, die Moswey 2 vorstellte. Es war ein sehr übersichtliches, kleines Segelflugzeug mit guten Leistungen und Flugeigenschaften. Ausgelegt bis zu einem Lastvielfachen von +12 war es auch kunstflugtauglich. Die ausgezeichneten handwerklichen Fähigkeiten von Müller wurden allgemein bewundert und zeichneten auch alle seine späteren Entwürfe aus. Sämtliche Metallbeschläge waren äußerst präzise gefertigt und passten mit der Präzision eines Schweizer Uhrwerks. Auch die Holzarbeiten besaßen eine ausgezeichnete Qualität. Zur schweizerischen Mannschaft beim Internationalen Wettbewerb 1937 gehörte auch eine Moswey 2, geflogen von Heiner Müller.

Die Moswey 2A aus dem Jahr 1939 verfügte nunmehr über 15,5 m Spannweite, was zu besseren Leistungen, aber Nachteilen im Flugverhalten führte. Im Jahr 1942 folgte die Moswey 3, bei der die Spannweite wieder verringert wurde. Es gab verschiedene Detailverbesserungen, einschließlich einer zweigeteilten gewölbten Haube und verbesserten Rumpf-Flügel-Übergängen. Nachdem das Flugzeug 1945 in die Fertigung gegangen war, entstanden 14 Exemplare. Mit der Moswey 3 gelang Sigbert Maurer der erste Geschwindigkeitsweltrekord über ein Dreieck von 100 Kilometern. Zwei oder drei Exemplare der Moswey-Flugzeuge sowie eine Nachkriegsvariante, die Moswey 4, fliegen weiterhin.

Moswey 3
1942

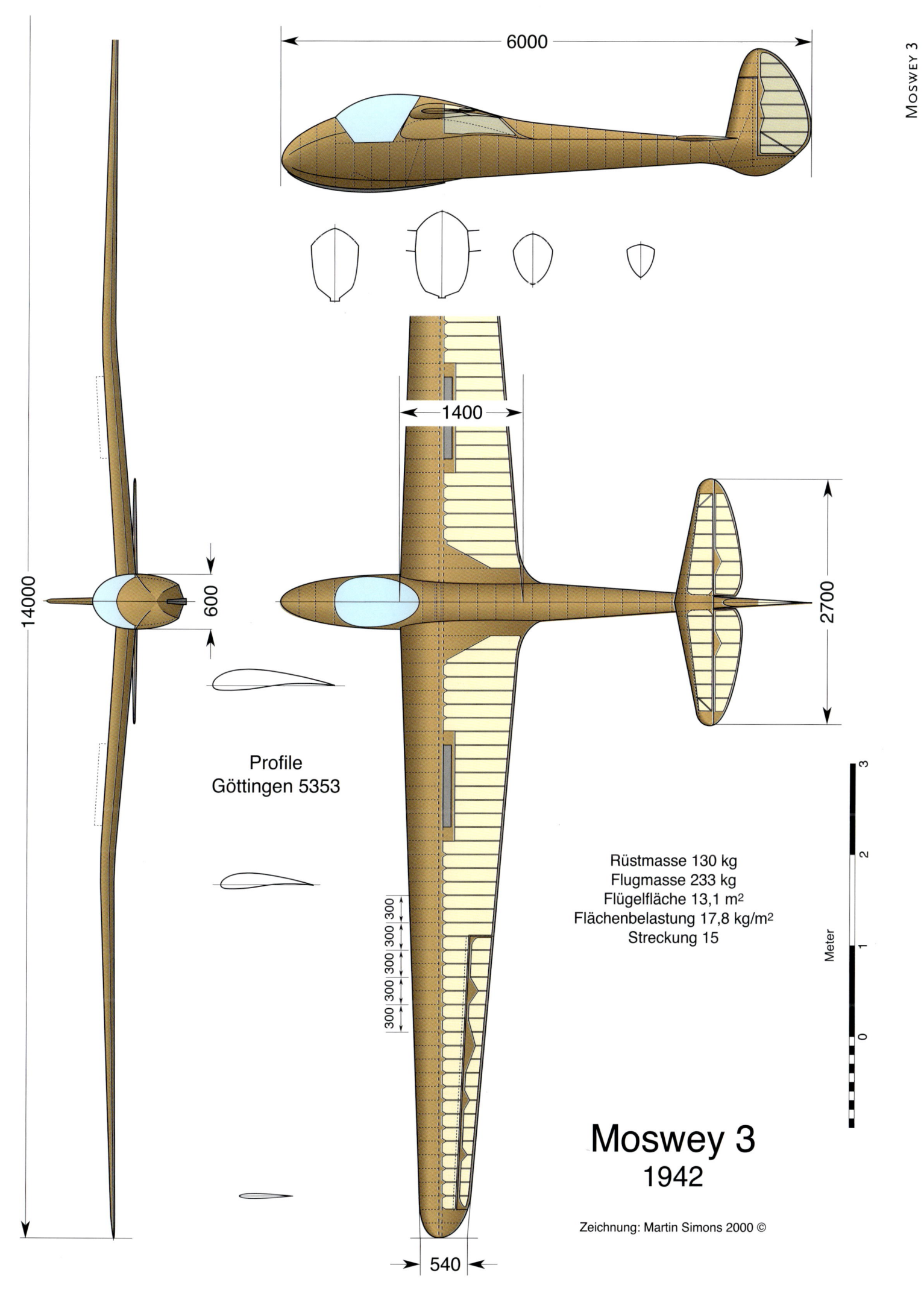

Profile Göttingen 5353

Rüstmasse 130 kg
Flugmasse 233 kg
Flügelfläche 13,1 m²
Flächenbelastung 17,8 kg/m²
Streckung 15

Zeichnung: Martin Simons 2000 ©

KAPITEL 23
USA

Es ist kaum bekannt, dass die Gebrüder Wright die ersten Segelflieger waren. In Kitty Hawk flogen sie zunächst mit Gleitflugzeugen, um das Problem der Steuerung in den Griff zu bekommen, bevor sie die ersten motorisierten Flüge starteten. Dass ihre Flüge im Jahr 1903 so erfolgreich verliefen, ist nicht zuletzt auf diese frühen Gleitflüge zurückzuführen. Abgesehen von einem kurzen segelfliegerischen Zwischenspiel, das Orville Wright 1911 gab, als er zu den Sanddünen zurückkehrte, um noch einmal Segelflug zu betreiben, blieb das Interesse am Segelflug in den USA eher gering.

Erst Peter Hesselbachs Reise im Juli 1928 nach Cape Cod, die er mit den Flugzeugen Darmstadt und Prüfling unternahm, erweckte Aufmerksamkeit und war Titelthema in überregionalen Zeitungen. Schon im Jahr 1929 wurde die National Glider Association gegründet. Howard Siepens Artikel ‚On the wings of the wind' in der Zeitschrift „National Geographic Magazine" beschrieb die Segelflugentwicklung in Deutschland und fand viele Leser. Als Wolfgang Klemperer mit sei-

Oben: Franlin PS - 2 beim Start am Harris Hill, Elmira, NY

Oben rechts: Der Bowlus Albatros erinnerte in mancher Hinsicht an die Wien, besaß aber auch viele eigene Konstruktionsmerkmale.

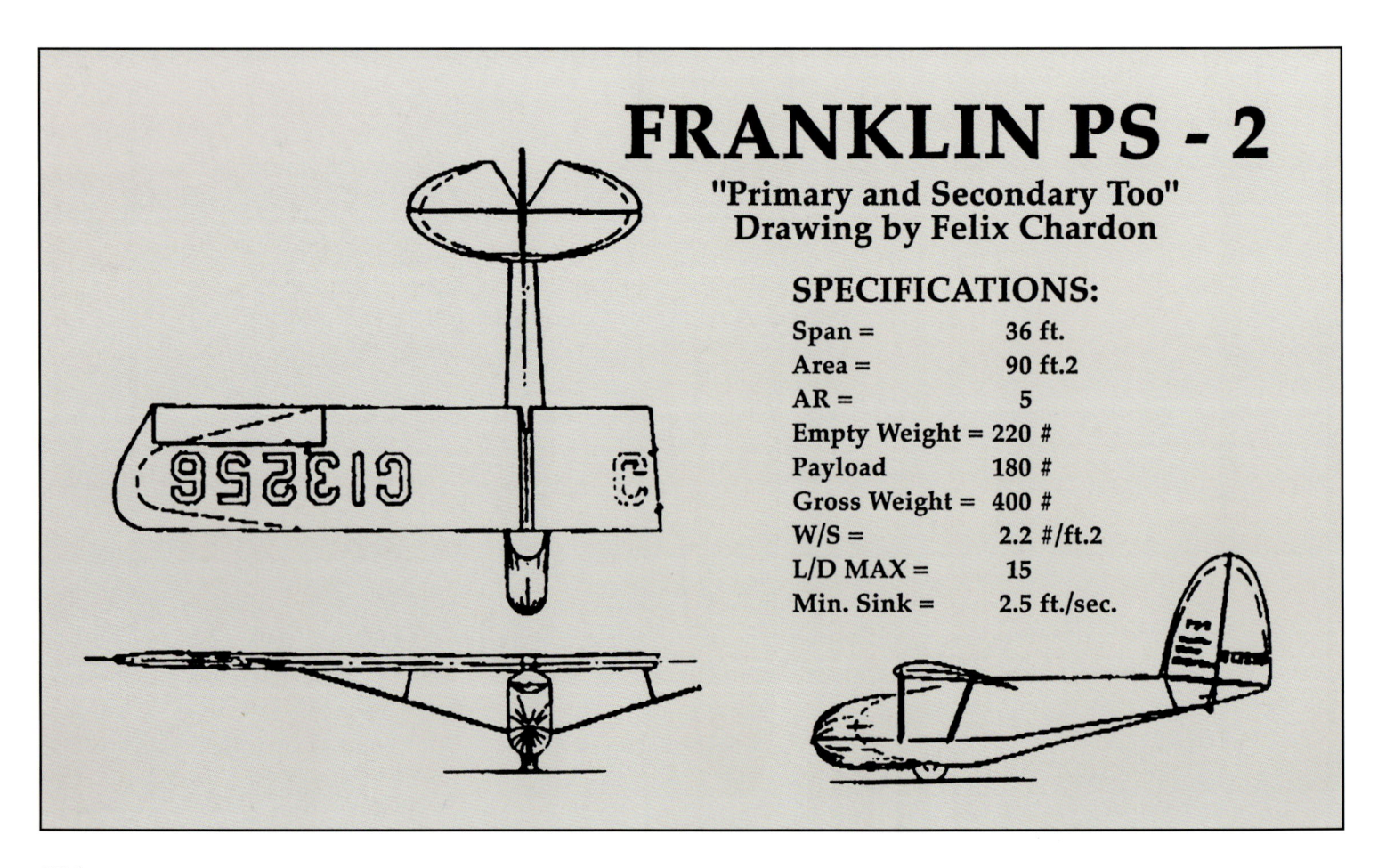

FRANKLIN PS - 2
"Primary and Secondary Too"
Drawing by Felix Chardon

SPECIFICATIONS:

Span =	36 ft.
Area =	90 ft.2
AR =	5
Empty Weight =	220 #
Payload	180 #
Gross Weight =	400 #
W/S =	2.2 #/ft.2
L/D MAX =	15
Min. Sink =	2.5 ft./sec.

ner Expedition die Staaten erreichte, gab dies dem Segelflug weitere Impulse.

Im August 1929 flog Ralph S. Barnaby mit einem importierten Prüfling 15 Minuten über den Dünen von Cape Cod und erzielte damit den ersten C-Flug in Amerika.

Franklin PS-2

In den späten 20er Jahren entstanden auch in den USA zahlreiche Segelflugvereine, die nach deutschen Plänen Schulgleiter bauten. Darüber hinaus modifizierten Amateurflugzeugbauer und Herstellerbetriebe die Konstruktionen, wobei die grundsätzliche Auslegung zunächst nicht verändert wurde.

Allerdings kam bald Unzufriedenheit über die deutschen Ausbildungsmethoden auf: die Einsitzerschulung im Gummiseilstart konnte nur auf geeigneten Hügeln stattfinden, war mit harter körperlicher Arbeit verbunden und ließ einen zügigen Ausbildungsfortschritt vermissen. Mit dem Autoschlepp, den die Amerikaner bald erfunden hatten, konnte man endlich auch im Flachland Segelflug betreiben. Auch der Flugzeugschleppstart fand schnell Verbreitung. Schon 1930 schleppte ein Waco 10 Motorflugzeug den Texaco Eaglet von San Diego quer über den Kontinent nach New York. Für beide Startmethoden und die einfache Handhabung am Boden gehörte in den USA ein Rad zur Standardausrüstung der Segelflugzeuge.

Ein Beitrag von A. P. Artran, Präsident der Franklin Glider Corporation, im Aero Digest zeigte die Anforderungen an ein neues Segelflugzeug auf und kündigte deren Umsetzung in Form eines neuen Flugzeuges an. Dieses Muster sollte sowohl in der Ausbildung als auch für den fortgeschrittenen Segelflug einschließlich Kunstflug einsetzbar sein. Als Ergebnis präsentierte Franklin die PS-2, wobei der Name für „Primary and Secondary, too" stand.

Das handliche und robuste Flugzeug mit nur 10,97 m Spannweite besaß einen bespannten Stahlrohrrumpf und ein Rad. Der zweiholmige verstrebt angebrachte Flügel war in Holzbauweise hergestellt. Gegenüber einem Zögling mit seinen zahlreichen Verspannungen ergaben sich bei der PS-2 deutliche Vorteile beim Auf- und Abrüsten. Die leichtgewichtige Konstruktion ermöglichte langsames Fliegen. Für erste Rutscher und Hüpfer konnte das vordere Rumpfboot leicht entfernt werden. Normalerweise flog das Flugzeug jedoch mit dieser Verkleidung.

Die Franklin erfüllte alle in sie gesetzten Erwartungen und erfreute sich großer Beliebtheit. Mit 54 gebauten Exemplaren avancierte sie zum damals meistgebauten Einsitzer der Vereinigten Staaten. Neben Ausbildungsflügen fand das Flugzeug auch Verwendung für Kunstflugvorführungen sowie beim sogenannten „Lustig Sky Train". Mit dieser Aktion wollte man der Öffentlichkeit den praktischen Nutzen von Segelflugzeugen für den Transport von Gegenständen oder Post demonstrieren. Nach einem gemeinsamen Schlepp von drei Franklin-Flugzeugen verließ jedes die Formation mit einem anderem Flugziel. Die Idee wurde schon bald wieder fallengelassen.

Jack O'Meara überflog 1930 in einer Franklin PS-2 Manhattan. Erst einige Wochen später startet Wolf Hirth zu seinem aufsehenerregenden Flug über die City von New York (vgl. Kapitel 2). Mit einer PS 2 gewann Stan Smith 1933 die nationalen amerikanischen Segelflugmeisterschaften.

Ein einziges Exemplar des erfolgreichen Musters befindet sich heute noch im lufttüchtigen Zustand. Nach Restaurierung durch Charles Franklin, Joe Feather, Jack und Dorothy Wymann stellten die Besitzer es 1995 beim Vintage Glider Meet in Elmira/NY vor.

Bowlus Albatross

Hawley Bowlus, 1896 in Illinois geboren, hatte bereits im Jahr 1912 Gleitflugzeuge gebaut und geflogen, die auf den Wright-Entwürfen basierten. Bald darauf verzog er an die amerikanische Westküste. Nachrichten aus Deutschland ließen seine frühere Leidenschaft für den Segelflug wieder erwachen und so wurde er im Oktober 1929 der zweite

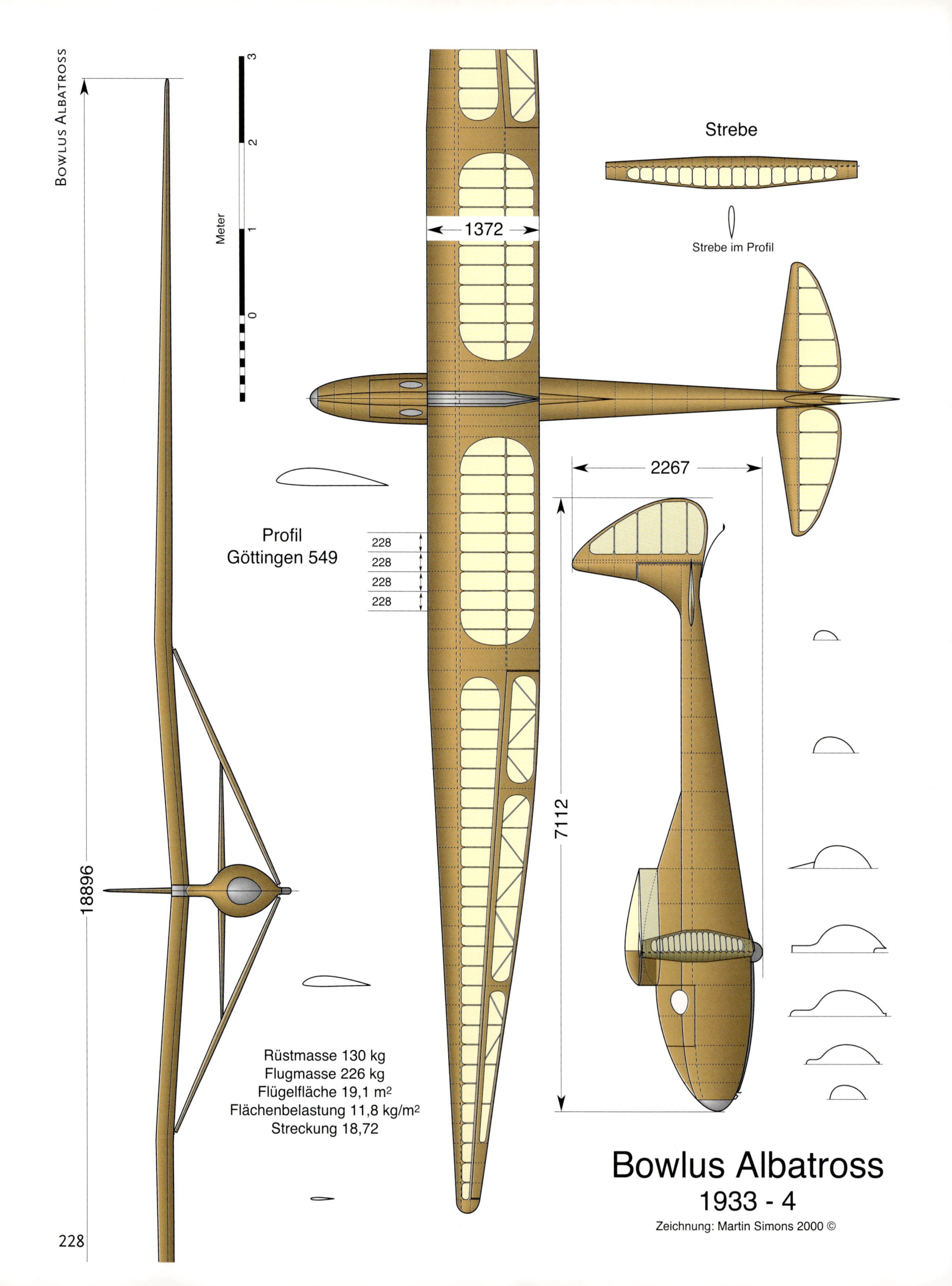

Bowlus Albatross

Profil Göttingen 549

Strebe

Strebe im Profil

Rüstmasse 130 kg
Flugmasse 226 kg
Flügelfläche 19,1 m²
Flächenbelastung 11,8 kg/m²
Streckung 18,72

Bowlus Albatross
1933 - 4

Zeichnung: Martin Simons 2000 ©

Links oben: Cockpitverkleidung mit Bullaugen

Rechts oben: Ungewöhnliches Cockpitdesign, mit Steuerhorn und hohem Instrumentenbrett

Unten: Bowlus Albatros im Flug

rer Segelflugzeuge führte schließlich kein Weg mehr an Rädern vorbei. Zunächst verwendete man für den Transport mit Rädern bestückte Kuller, doch diese mussten vor dem Start entfernt und nach der Landung wieder angebracht werden (die Idee des abwerfbaren Kullers entstand erst später). In den USA hatte sich der Flugzeugschlepp zu einer gebräuchlichen Startmethode entwickelt, während diese in Deutschland noch voller Skepsis betrachtet wurde. Gerhard Fieseler und Gottlob Espenlaub führten schon im März 1927 einen Flugzeugschlepp während einer Flugschau vor. Um hinter einem Motorflugzeug oder einem Auto starten zu können, war ein ordentliches Fahrwerk notwendig. So besaßen bereits die ersten amerikanischen Schulgleiter und Übungsflugzeuge Räder unter dem Rumpf.

Bowlus war der erste Konstrukteur, der auch ein Hochleistungssegelflugzeug mit einem Rad versah. Anstelle von V-förmigen Streben besaß sein Flugzeug nur eine einfache Strebe. Wie beim Musterle, das Bowlus in Elmira kennenlernte, war das Cockpit mit Ausnahme von zwei Bullaugen geschlossen. Warren Eaton, einer der Gründer der Soaring Society of America, bestellte ein Segelflugzeug bei Bowlus. So entstand der Albatross 1, der auf den Namen Falcon getauft wurde. Das Flugzeug verfügte über eine geringfügig größere Spannweite sowie einen Knickflügel. Die Struktur hatte man verstärkt. Als Landehilfen setzte Bowlus Spreizklappen an der Endleiste ein. Die Sperrholzbeplankung bestand nicht – wie in Europa üblich – aus Birkenholz, sondern aus Mahagoni, was dem Flugzeug einen edlen, rötlichen Ton verlieh. Der Nachfolger, Albatross 2, entstand auf Bestellung von Richard Dupont. Er besaß keine Klappen und war mit Fichtensperrholz beplankt. Am 25. Juni 1934 startete Dupont mit seinem neuen Flugzeug von Harris Hill, Elmira und flog von dort bis nach New York City. Dieser Flug von 247 Kilometern hätte einen Weltrekord dargestellt, wenn damals nicht die Überschreitung des alten Weltrekords um mindestens 5 % Vorschrift gewesen wäre. Später brach Dupont mit 1897 m den amerikanischen Höhenrekord und erhielt als zweiter Amerikaner die Silber-C mit der Nummer 32 (Jack O'Meara Nr. 12). Auch 1935 gewann er mit dem Albatross die nationalen Meisterschaften. Danach verkaufte er das Flugzeug an Chester Decker, der damit im folgenden Jahr Meister wurde.

Amerikaner, der die „C" erwerben konnte. Dieser Flug gelang ihm mit einem selbst entworfenen und gebauten Segelflugzeug mit 14,3 m Spannweite. Damit gelang ihm auch ein amerikanischer Dauerrekord über 1 Stunde und 20 Minuten.

Im Jahr 1930 besuchte Bowlus die erste US-amerikanische Segelflugmeisterschaft in Elmira im Staat New York. Dort traf er Gus Haller, Wolf Hirth und Martin Schempp, die gerade die Haller Hirth Sailplane Manufacturing Company gegründet hatten. 1931 eröffnete Bowlus zusammen mit Hirth eine Flugschule, die als Startmethode den Autoschlepp einsetzte. Diese Startart, eine amerikanische Erfindung, ermöglichte Schulflüge und schon sehr bald auch thermische Segelflüge im Flachland.

Als Hirth nach Deutschland zurückkehrte, stellte die Schule den Betrieb ein. Von den dort gesammelten Erfahrungen profitierte er auch in der Heimat. Bowlus ging wieder nach Kalifornien und entwarf dort mit Hilfe von Studenten am Curtiss Wright Technical Institute das Bowlus Super Sailplane. Dieser einholmige sperrholzbeplankte Entwurf orientierte sich an der Wien. Er besaß ähnliche Profile und ein vergleichbares Gesamtkonzept, aber Bowlus beabsichtigte mehr als eine bloße Kopie: Sein Flugzeug verfügte über einen zweiteiligen Flügel mit rechteckigem Mittelflügel, der sich zu den Enden hin verjüngte, aber mit einem leicht gewölbten Grundriss an den Querrudern, um sich weiter an die ideale elliptische Form anzunähern. Der Prototyp hatte keine V-Form des Tragflügels.

In Europa waren Fahrwerke an Segelflugzeugen unüblich. Nach der Einführung des Autoschlepps und infolge immer größerer und schwere-

Beide Flugzeuge blieben erhalten. Der Falcon steht heute in der Smithsonian-Sammlung und der Albatross II im Harris Hill Segelflugmuseum. Bowlus baute weitere Exemplare. Wie viele er letztendlich fertigstellte, ist nicht bekannt. Inzwischen gibt es Bemühungen, zumindest ein Exemplar flugfähig zu restaurieren.

Baby Albatross

Der Bowlus Baby Albatross flog erstmals im Jahr 1938. Von Anfang an war dieses Flugzeug als Bausatz für interessierte Amateure konzipiert. Der Flügel entsprach im Wesentlichen dem des Grunau Baby 2. Dagegen

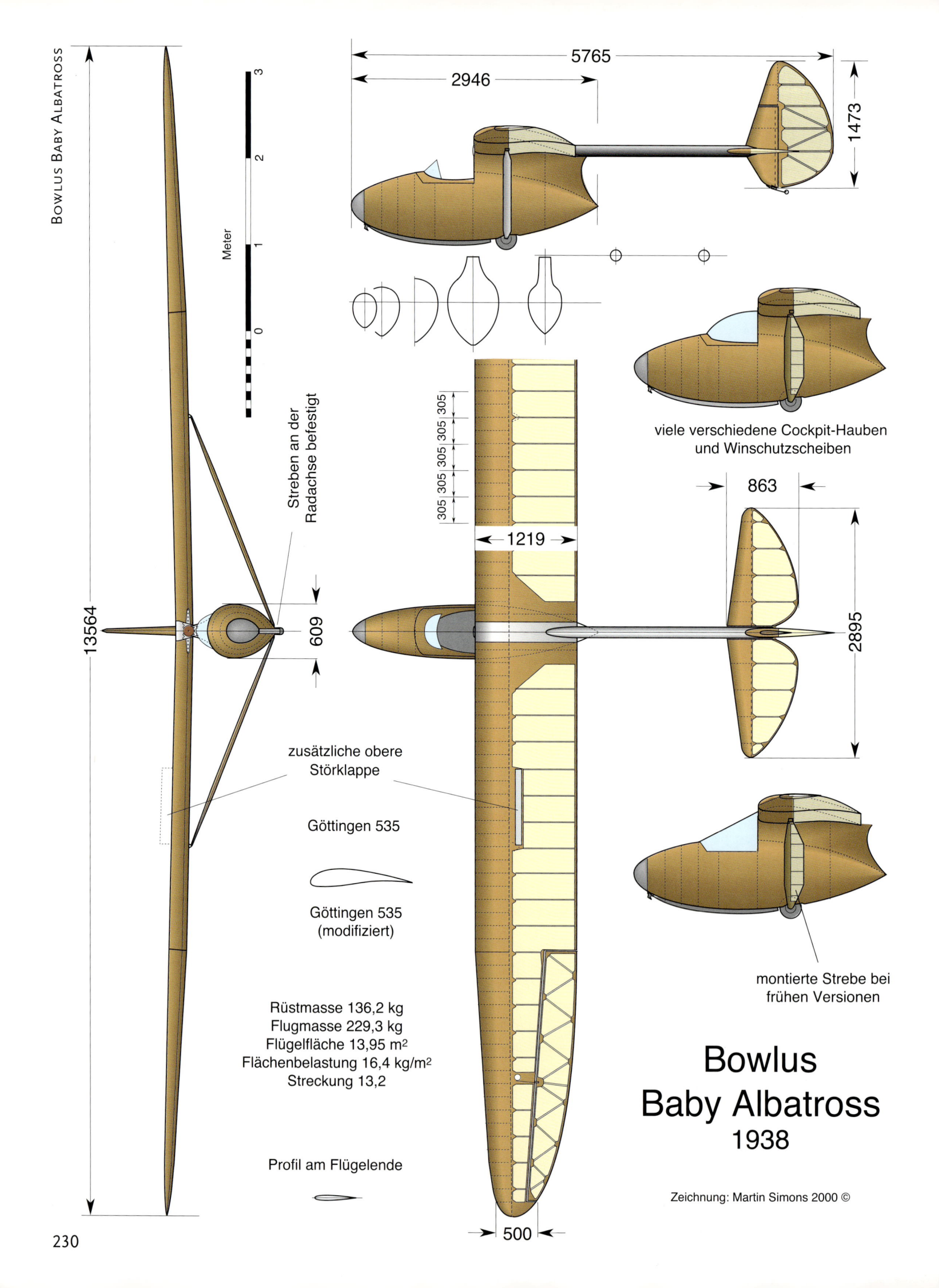

Bowlus Baby Albatross

Streben an der Radachse befestigt

zusätzliche obere Störklappe

Göttingen 535

Göttingen 535 (modifiziert)

Rüstmasse 136,2 kg
Flugmasse 229,3 kg
Flügelfläche 13,95 m²
Flächenbelastung 16,4 kg/m²
Streckung 13,2

Profil am Flügelende

viele verschiedene Cockpit-Hauben und Winschutzscheiben

montierte Strebe bei frühen Versionen

Bowlus Baby Albatross 1938

Zeichnung: Martin Simons 2000 ©

Oben beide: Der Bowlus Baby Albatros besaß einen Grunau Baby-Flügel, der „Pod and Boom"-Rumpf wurde neu entwickelt. Einige restaurierte Exemplare fliegen in den USA.

Unten: Eine Weiterentwicklung des Baby Albatros, der Super Albatros. Die beiden gebauten Exemplare unterscheiden sich in der Art des Leitwerks.

hatte man Rumpf und Leitwerk komplett neu entworfen. Das stromlinienförmige Rumpfboot war aus Mahagoni-Sperrholz gebaut und nahm den Piloten wie in einer Muschel auf. Ein Rumpfrohr aus Leichtmetall trug das Leitwerk. Wie schon beim Albatross besaßen die Streben einen profilierten Querschnitt und das Höhenruder war als Pendelruder ausgeführt. Die Bausätze erwiesen sich als gut durchdacht und enthielten die wesentlichen Teile, so zwei Rumpfhälften, Rippen, Spanten, Holm und montagefertige Metallbeschläge.

Aufgrund des günstigen Preises konnten mehr als 100 Bausätze verkauft werden, von denen zahlreiche fertiggestellt und geflogen wurden. Viele andere gingen nie in die Luft und heute sind nur noch wenige Exemplare in Betrieb. Bowlus brachte auch eine doppelsitzige Version des Baby Albatross, heraus. Außerdem gab es eine erfolgreiche motorisierte Variante, die allerdings nie in größeren Stückzahlen hergestellt wurde.

Super Albatross

Der Super Albatross ging aus der Kombination von zwei sehr unterschiedlichen Segelflugzeugen hervor. Der muschelförmige, gewölbte Rumpf, der Leichtmetall-Leitwerksträger und das Leitwerk selbst stammten vom Baby Albatross. Die Flügel dagegen gingen auf die Außenflügel des 18,9 m-Albatross zurück. Es erforderte einige zusätzliche Änderungen, um die Kombination der unterschiedlichen Komponenten zu ermöglichen. Den Prototypen baute Bowlus selbst. Dieses Flugzeug besaß das Pendelruder des Baby sowie große Klappen als Anflug- und Landehilfe. Ein weiterer Super Albatross wurde von Howard Kelsey

Bowlus Super Albatros

NR21739

N33658

Profil an der Wurzel
Göttingen 549

Rüstmasse 197,3 kg
Flugmasse 292,5 kg
Flügelfläche 11,61 m²
Flächenbelastung 25,2 kg/m²
Streckung 15,02

Zeichnung: Martin Simons 2000 ©

Leitwerk

Klappen

Querruder

**Bowlus
Super Albatross
1940**

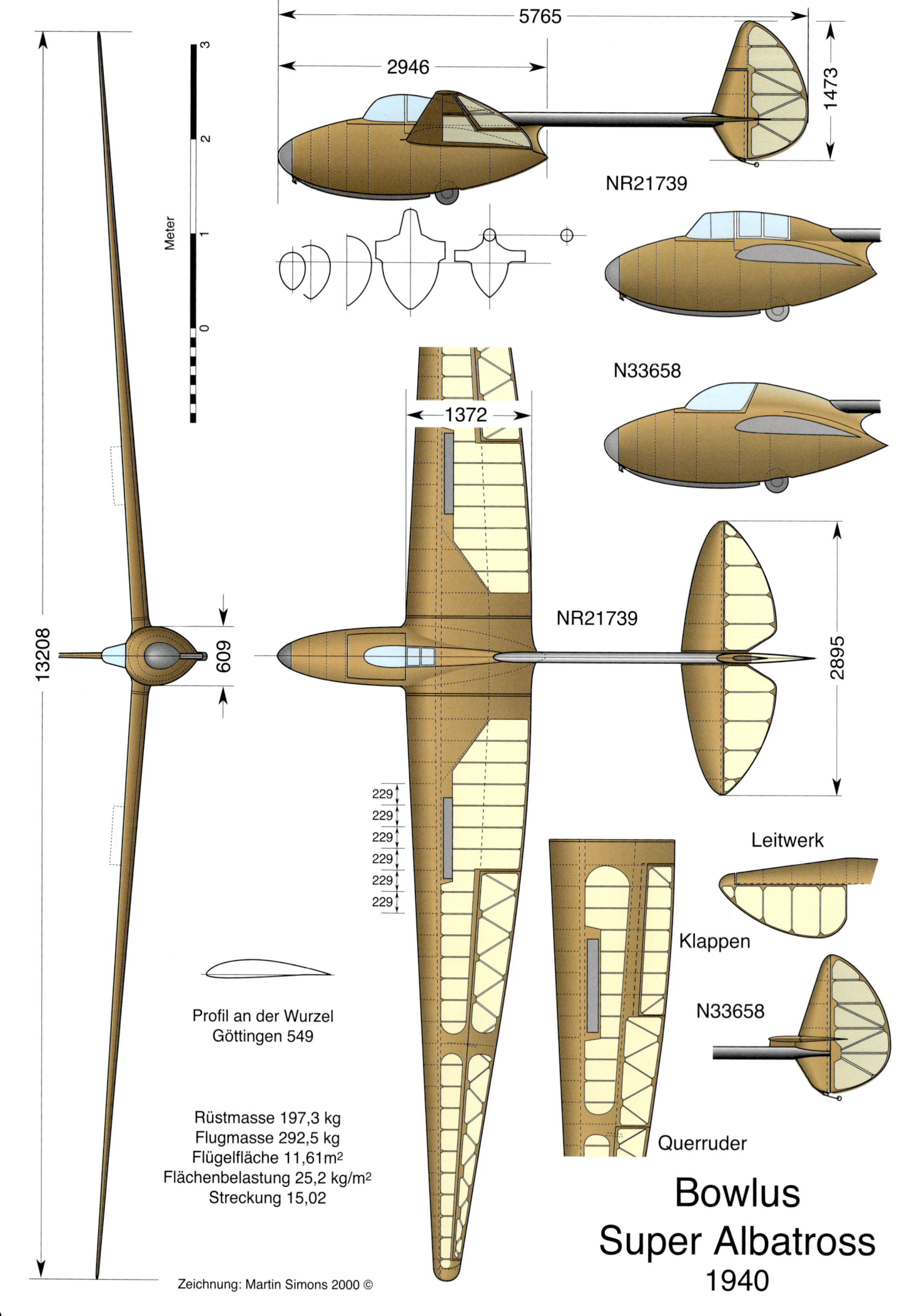

LK - 10 A (TG - 4A)

gebaut. Sein Flugzeug verfügte über ein elliptisches Höhenleitwerk, besaß allerdings keine Klappen. Beide Flugzeuge existieren noch, sind allerdings nicht mehr flugfähig.

Laister Yankee Doodle

Jack Laister studierte am Lawrence Institute of Technology in Michigan. Im Jahr 1935 entwarf und baute er dort – mit finanzieller Unterstützung der Hochschule – sein eigenes einsitziges Segelflugzeug. Dieses wurde zunächst Lawrence Tech Sailplane genannt. Es besaß einen aus Holz gebauten spitz zulaufenden Knickflügel mit Störklappen, einen stoffbespannten Stahlrohrrumpf, eine gewölbte, geschlossene Haube sowie ein Fahrwerk. Die Profile stammten aus der „vierstelligen" NACA-Serie, besaßen 4 % Wölbung, wiesen an der Wurzel 18 %, am Flügelende nur noch 9 % Profildicke auf. Die auffällige Lackierung des Flugzeugs in rot, weiß und blau führte schließlich zum Namen Yankee Doodle. Es wurde nach Frankreich gebracht und flog dort Kunstflugvorführungen bei einer Flugschau des Pariser Aero Clubs. Nachdem es bei einer Landung beschädigt worden war, kehrte es in die USA zurück und wurde dort nach Reparatur weitergeflogen.

LK - 10 A (TG 4A)

Während des Krieges benötigte die US Army doppelsitzige Segelflugzeuge zur Ausbildung von Piloten. Laister erhielt den Auftrag, eine doppelsitzige Version seines Yankee Doodle zu entwerfen. Zunächst nannte er das Flugzeug Yankee Doodle 2. Wie der einsitzige Vorgänger besaß es Holzflügel, einen Stahlrohrrumpf sowie Sitze in Tandemanordnung mit den üblichen Sichtproblemen aus dem hinteren Sitz. Der Flügel mit seinen 15,24 m Spannweite verfügte in Hinsicht auf eine möglichst einfache Produktion über keinen Knick. Nach Tests am Boden und in der

Oben: Ansicht des Super Albatros vom Leitwerk aus

Unten: Das Lawrence Tech Sailplane von Jack Laister, später „Yankee Doodle" genannt

Profil an der Wurzel
NACA 4418

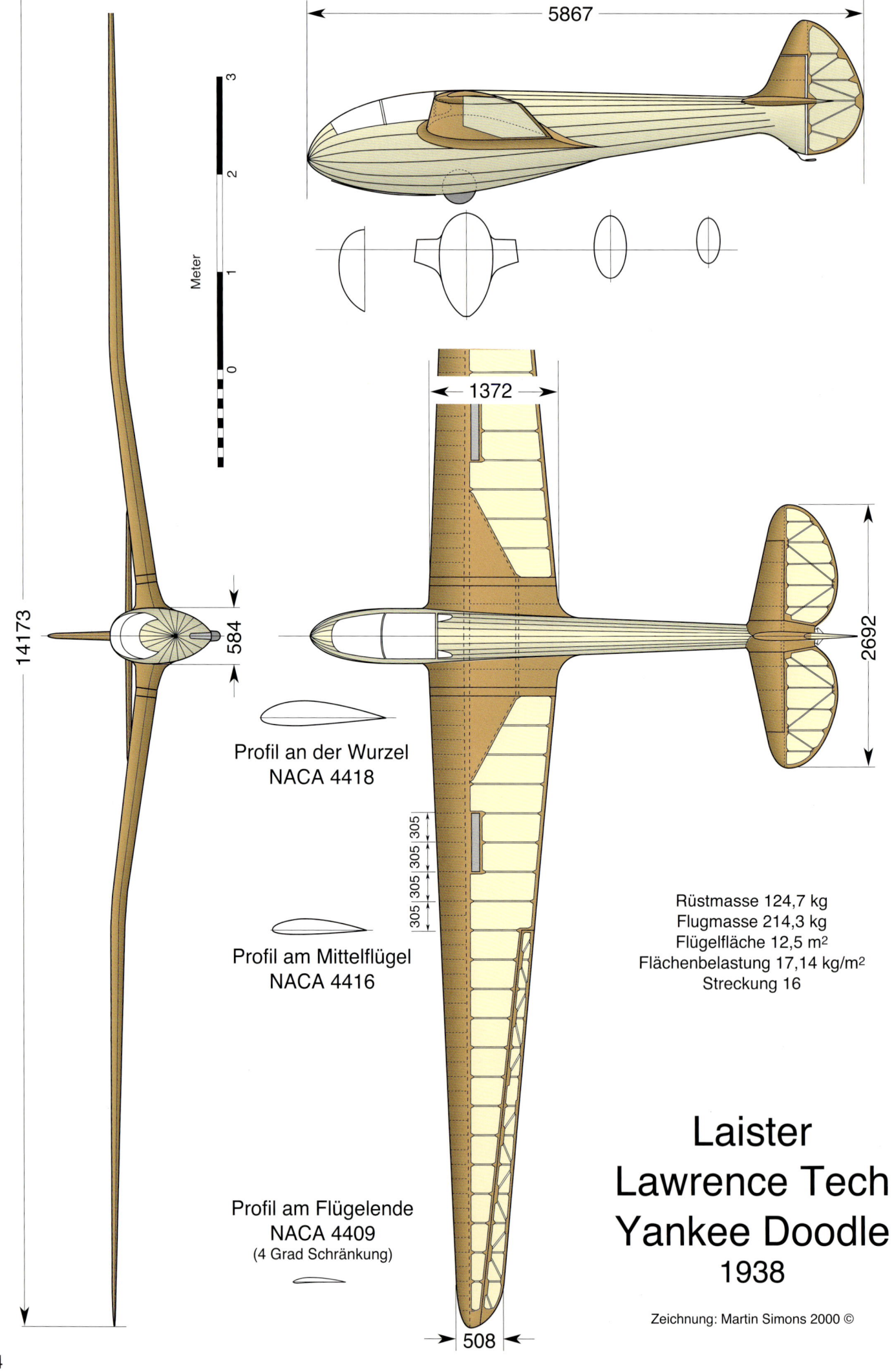

Profil am Mittelflügel
NACA 4416

Profil am Flügelende
NACA 4409
(4 Grad Schränkung)

Rüstmasse 124,7 kg
Flugmasse 214,3 kg
Flügelfläche 12,5 m²
Flächenbelastung 17,14 kg/m²
Streckung 16

Laister Lawrence Tech Yankee Doodle
1938

Zeichnung: Martin Simons 2000 ©

Profil an der Wurzel
NACA 4418

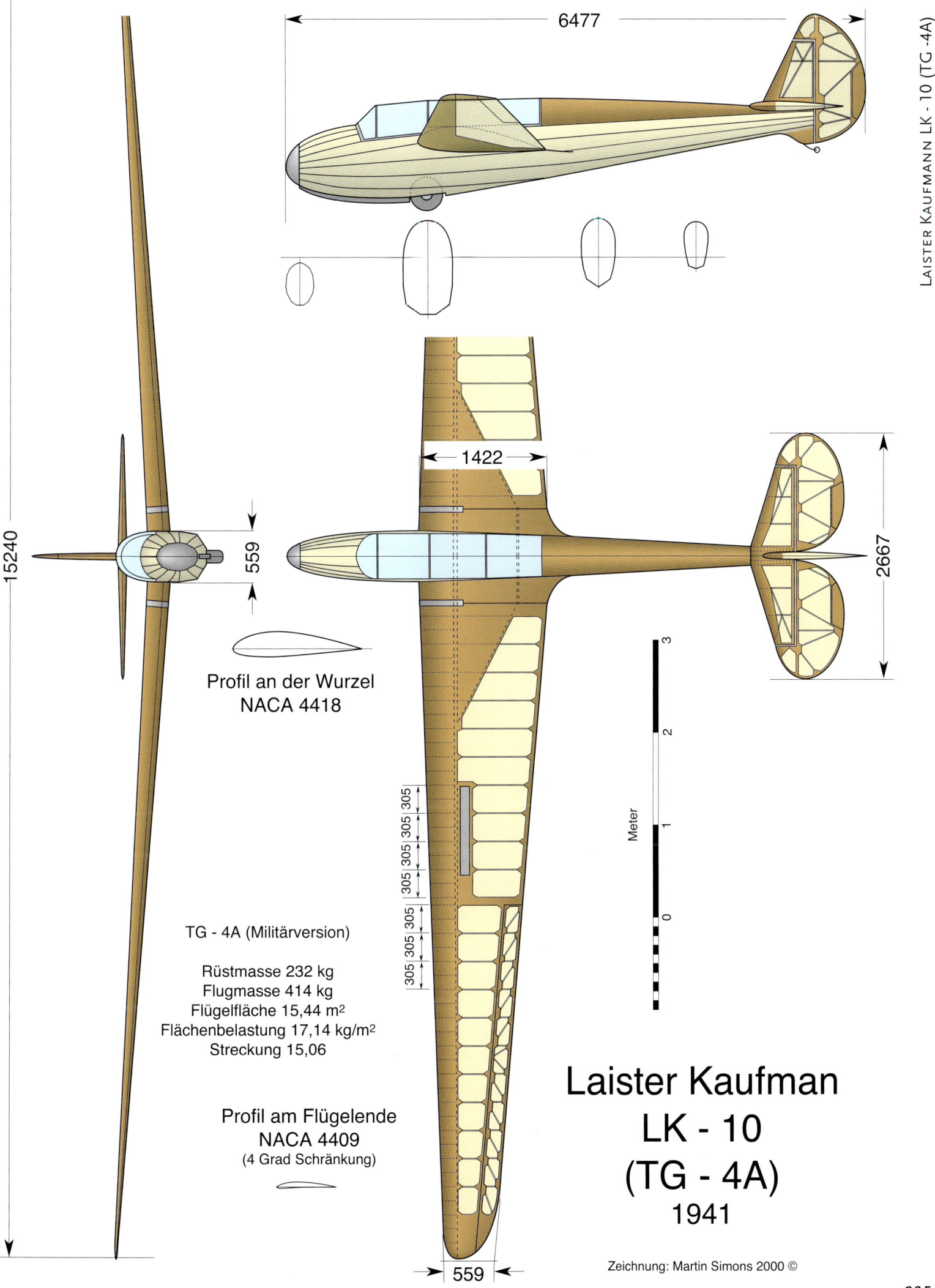

TG - 4A (Militärversion)

Rüstmasse 232 kg
Flugmasse 414 kg
Flügelfläche 15,44 m²
Flächenbelastung 17,14 kg/m²
Streckung 15,06

Profil am Flügelende
NACA 4409
(4 Grad Schränkung)

Laister Kaufman LK - 10 (TG - 4A)
1941

Zeichnung: Martin Simons 2000 ©

Oben und links: Die Laister-Kauffman LK-10, beim Militär TG-4 genannt, wurde mehrfach modifiziert, oben die sogenannte „Flat Top"-Ausführung.

Luft wurde das Flugzeug vom Militär übernommen. Mit seinem Partner, John Kauffmann, produzierte Jack Laisteer das nunmehr Laister-Kauffmann LK 10 genannte Flugzeug in St. Louis. Beim Militär erhielt es die Bezeichnung TG - 4. Die ersten Flugzeuge entstanden Anfang 1942. Insgesamt wurden 156 Exemplare gefertigt. Kleinere Änderungen, wie eine verstärkte Radachse, ein Rumpfsporn für härtere Landungen bei Ausbildungsflügen, eine abgerundete Rumpfnase sowie eine gewölbte Abdeckung hinter den Cockpits führten zur TG - 4A.

Nach dem Krieg verkaufte die Armee überzählige Flugzeuge zu günstigen Preisen. So wurde die TG - 4 zu einem beliebten zivilen Segelflugzeug. Bei den nationalen Meisterschaften im Jahr 1946 belegten LK - 10A-Muster den zweiten und dritten Platz. Eine detaillierte Studie von August Raspet, die 1948 am Mississippi State College entstand, zeigte viele Möglichkeiten auf, wie die Leistungen des Flugzeugs verbessert werden konnten. Darin wurden unter anderem folgende Modifikationen vorgeschlagen: ein Verzicht auf das hintere Cockpit einschließlich Haube, Umbau auf Pendelruder, Verkleidung des Rades, sorgfältige Beseitigung aller Schlitze, Kanten und Vorsprünge. Das Ergebnis, das aus diesen Vorschlägen hervorging, wurde Flat Top genannt. Das Flugzeug wurde vermessen und zeigte deutlich bessere Leistungen als die Olympia, das damals beste 15-Meter-Segelflugzeug in Europa. Viele nationale Rekorde konnten mit diesem Flugzeug gebrochen werden. Einige Exemplare sind bis heute im Einsatz.

Ross Stephens RS - 1

Im Jahr 1936 erhielt der Ingenieur Harland Ross vom Schauspieler Harvey Stephens den Auftrag, ein Hochleistungssegelflugzeug zu konstruieren. Die Ross - Stephens 1 Zanonia nahm an den amerikanischen Meisterschaften 1937 teil. Sie flog sehr gut, wurde aber schwer beschädigt, als ein anderes Flugzeug sie bei der Landung streifte. Stephens selbst führte die Reparaturen aus. Wenig später beschädigte er sie selbst erneut, sodass weitere Instandsetzungen einschließlich einer Änderung des Leitwerks notwendig wurden. Das Pendel-Höhenruder ersetzte man

Oben und links: RS-1 Zanonia

Rechts: Ernie Schweizer erklärt einem jugendlichen Bewunderer die SGU 1-6.

durch ein konventionelles, hoch vor der Seitenflosse angebrachtes Ruder. Richtig zur Geltung kam die Zanonia, nachdem sie an John Robinson verkauft worden war, der große Anstrengungen unternahm, das Flugzeug aerodynamisch zu verfeinern. So erreichte er ein für damalige Verhältnisse hervorragendes Gleitverhältnis von 29:1. Dreimal gewann er die amerikanischen Meisterschaften, und zwar in den Jahren 1940, 1941 und 1946. Am Neujahrstag 1949 überbot er Paul MacCreadys tags zuvor aufgestellten Höhenweltrekord mit einem Flug auf 10210 Meter. Im folgenden Jahr war er der erste Pilot weltweit, der alle drei Diamanten für die Gold-C besaß. Die Zanonia, die noch heute existiert, veräußerte er 1952.

Ross - Stephens RS - 1 "Zanonia"

Ross - Stephens
R S - 1
'Zanonia'
1936

Rüstmasse 168 kg
Flugmasse 272 kg
Flügelfläche 11,29 m²
Flächenbelastung 24,1 kg/m²
Streckung 16,93

Profil an der Wurzel
NACA 2418

Profil am Mittelflügel
NACA 2416

Profil am Flügelende
NACA 2412

Grundriss des Leitwerks bei späteren Versionen

Meter

Zeichnung: Martin Simons 2000 ©

Schweizer SGU 1 - 6

Die Brüder Ernie und Paul Schweizer waren Absolventen der Guggenheim School of Aeronautics in New York. Zusammen mit ihrem jüngeren Bruder Bill hatten sie bereits einige Segelflugzeuge aus Holz gebaut. Sie kamen jedoch bald zu der Überzeugung, dass zukünftige Segelflugzeuge aus Metall gefertigt werden sollten. Als man im Jahr 1937 einen hochdotierten Konstruktionswettbewerb ausschrieb, konstruierten die Brüder ihr erstes Ganzmetallflugzeug, die Boom Tail SGU 1 - 6. Das Flugzeug sollte während der nationalen Meisterschaften im Jahr 1937 in Elmira/NY vorgestellt werden.

Die Nummerierung der Schweizer Flugzeuge erfolgte nach einem durchgängigen System: So besagt die Ziffer 1, dass es sich um einen Einsitzer handelt, die zweite Ziffer – hier 6 – steht für die laufende Nummer des Entwurfs. SGU bedeutet Schweizer Glider Utility. Man unternahm alles, um das Flugzeug mit einfachsten Mitteln bauen zu können. Die Leichtmetalle konnten ohne Erwärmung verformt werden. Zur Befestigung der Beplankung wurden selbstschneidende beschichtete Schrauben verwendet. Da bei einem Segelflugzeug kein Motor Vibrationen der Zelle erzeugt, erwies sich dies Art der Verbindung als sicher. Nieten setzte man nur dort, wo große Belastungen auftraten. Der Rumpf war aus fertigungstechnischen Gründen als Röhre ausgeführt.

Links: SGU 1-6 hier mit offenem Cockpit

Rechts: Schweizer 1-6 im Bau, gut zu erkennen die Rumpfspanten aus Leichtmetall

Das Rumpfhinterteil war als „Boom-Tail" konzipiert, das heißt, das Leitwerk war an einem Träger mit rundem Querschnitt montiert. So konnte es ohne großen Aufwand aus einfachem Rohr gefertigt werden. Der Übergang vom Cockpitbereich zum Rumpfrohr war stoffbespannt.

Weltweit stellte dies das erste Ganzmetallsegelflugzeug dar. Mit ihrem Entwurf gewannen die Gebrüder Schweizer den dritten Preis des Konstruktionswettbewerbs. Den ersten Preis errang das ABC-Segelflugzeug mit Stahlrohrrumpf und abgestrebten Holzflügel. Der zweite Preis ging an die Harland - Ross RS - 1 Zanonia. Die Gebrüder Schweizer gingen mit ihrem Flugzeug nicht in Serie, weil sich der „boom tail" nicht rationell fertigen ließ. Das Flugzeug wurde schließlich an den Harvard Glider Club verkauft und dort noch einige Jahre lang geflogen.

Schweizer SGU 1 - 7

Die 1 - 7 sollte ein „Utility"-Segelflugzeug werden, das in großen Stückzahlen kostengünstig produziert werden konnte. Der Bau verlief parallel zu dem der 1 - 6 und beide Flugzeuge wurden beim Konstruktionswettbewerb präsentiert. Die Gebrüder Schweizer stellten fest, dass die 1 - 7

Die Schweizer SGU 1-7 besaß einen Metallflügel und einen stoffbespannten Stahlrohrrumpf.

SCHWEIZER SGU 1 - 6

Rüstmasse 110 kg
Flugmasse 214 kg
Flügelfläche 15,8 m²
Flächenbelastung 13,67 kg/m²
Streckung 8,5

Haube nicht dargestellt

NACA 2412
Profile

Schweizer SGU 1 - 6
1937

Zeichnung: Martin Simons 2000 ©
Quelle: Schweizer Aircraft Corptn.

Schweizer SGU 1-7
1937

Rüstmasse 110 kg
Flugmasse 192 kg
Flügelfläche 12,4 m²
Flächenbelastung 15,6 kg/m²
Streckung 9,6

NACA 2415 Profil

früheres Seitenruder

Zeichnung: Martin Simons 1996 ©
Quelle: Schweizer Aircraft Corptn.

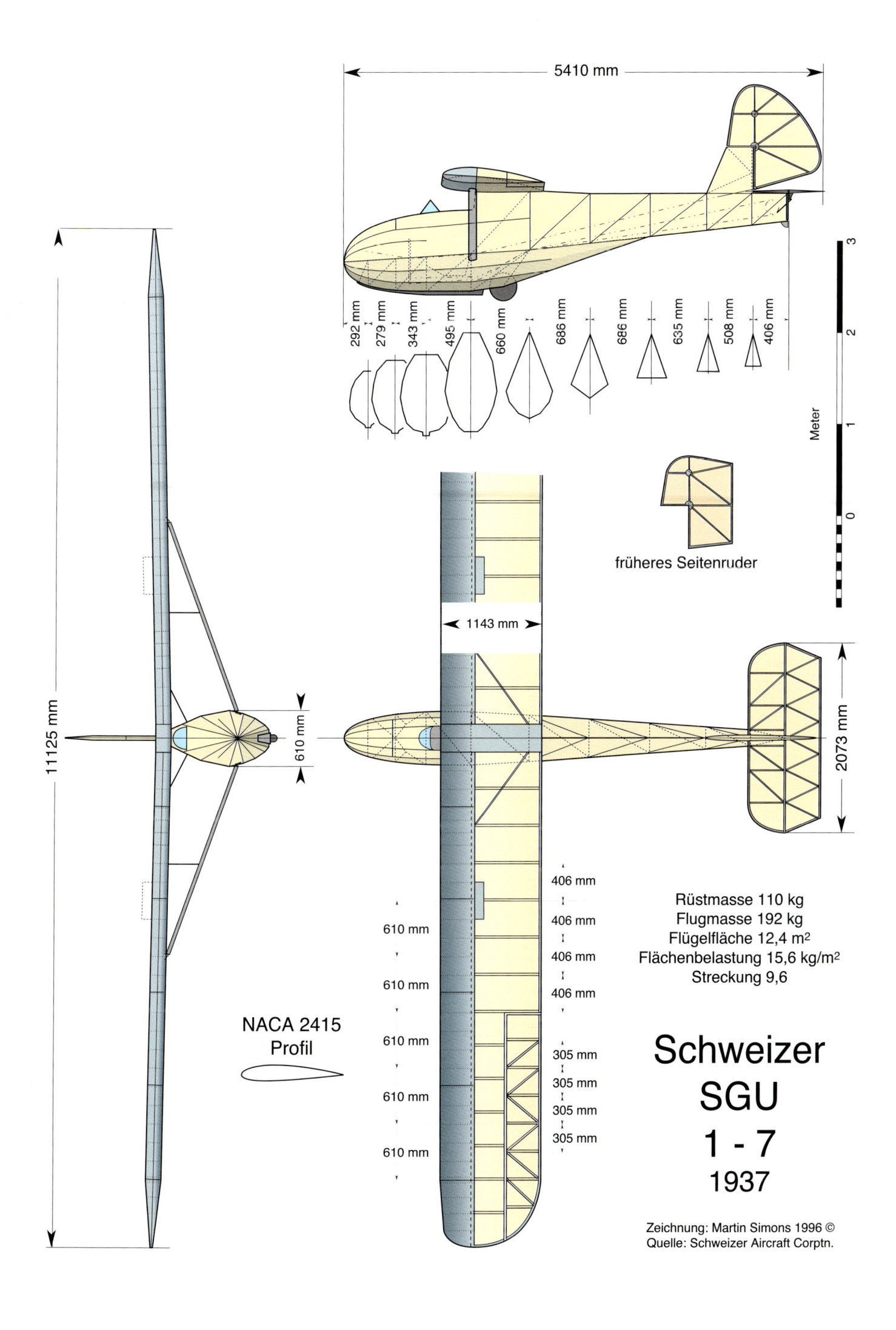

Schweizer SGS 2-8 (TG-2)

7696 mm
1524 mm
2896 mm
15850 mm
305 mm (×8)
330 mm
356 mm (×2)
406 mm (×3)
635 mm
660 mm

Profil NACA 2412

3 Grad Schränkung am Flügelende

Rüstmasse 204 kg
Flugmasse 390 kg
Flügelfläche 19,88 m²
Flächenbelastung 19,5 kg/m²
Streckung 12,6

Schweizer SGS 2-8 (TG-2)
1938

Zeichnung: Martin Simons 1996 ©
Quelle: Schweizer Aircraft Corptn.

8417 mm

650 mm

3050 mm

1524 mm

381 mm
381 mm
381 mm

Profil an der
Flügelwurzel
NACA 4416

Rüstmasse 390 kg
Flugmasse 544 kg
Flügelflache 22,02 m²
Flächenbelastung 24,6 kg/m²
Streckung 12,3

16459 mm

914 mm

Profil am
Flügelende
NACA 4412

Schweizer SGS 2 - 12 (TG - 3A) 1942

Meter

Zeichnung: Martin Simons 2000 ©
Quelle: Schweizer Aircraft Corptn.

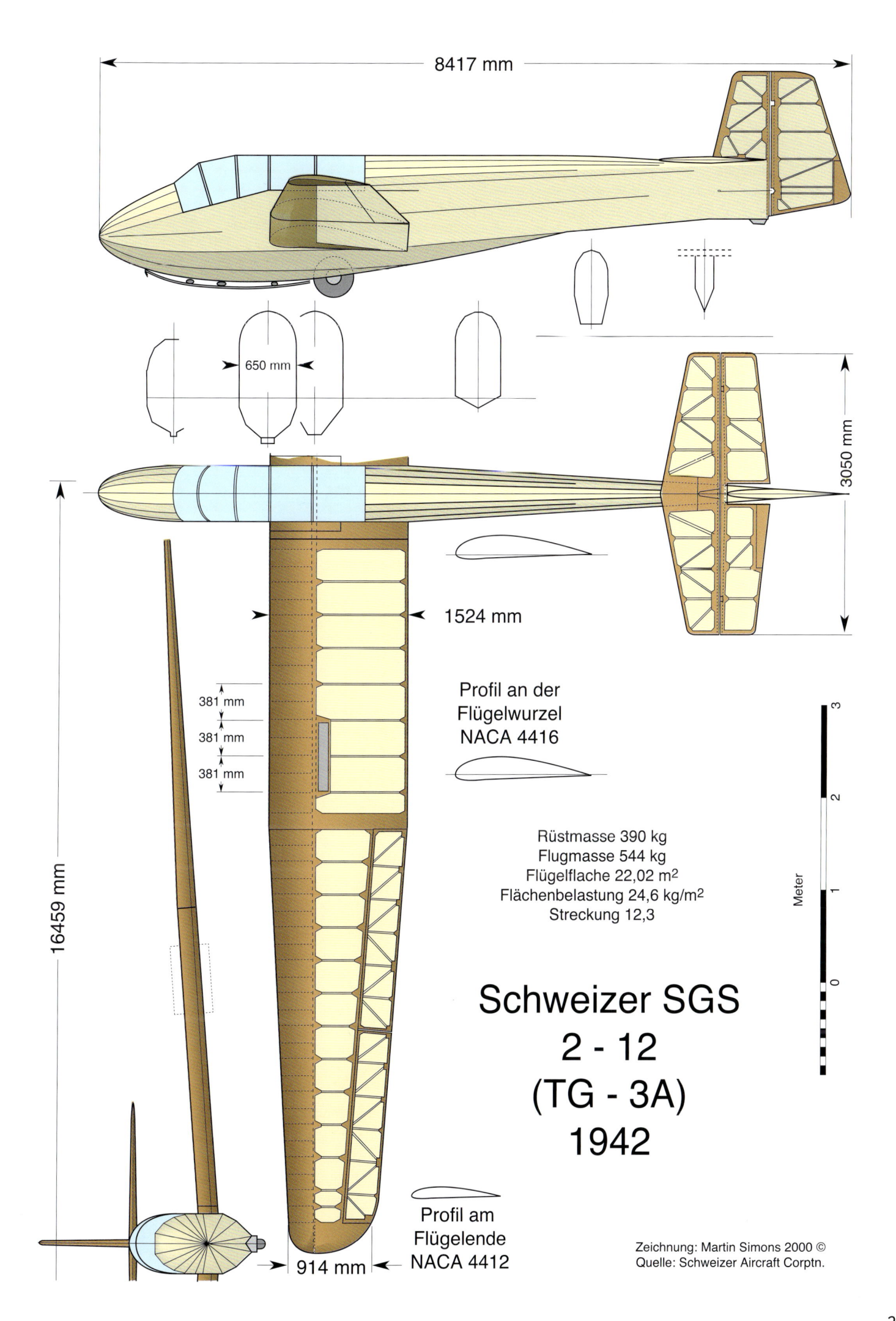

das zweckmäßigere Flugzeug darstellte. Sie glaubten, dass ihre 1 - 7 den Preis eher verdient hätte. Der Rumpfrahmen und das Leitwerk waren in Stahlrohr ausgeführt und stoffbespannt. Die Flügel bestanden aus Leichtmetall, waren abgestrebt und im hinteren Teil stoffbespannt. Das Flugzeug war leicht, ließ sich einfach bedienen und fliegen. Sie gewannen zwar keinen Preis, konnten aber den Prototypen verkaufen. Sie erhielten den Auftrag für ein weiteres Flugzeug und stiegen so in die Segelflugzeugproduktion ein. Aus der SGU 1 - 7 entwickelte sich später die SGU 1 - 19, von der 1944 insgesamt 50 Exemplare entstanden. Die zweite 1 - 7 wurde restauriert und im Jahr 2000 erstmals wieder geflogen.

Schweizer SGS 2 - 8 (TG - 2)

Der achte Entwurf der Brüder Schweizer, die SGS 2 - 8, entstand 1938. Außer einigen stoffbespannten Partien und leichten Holzformteilen am Rumpf, bestand das Flugzeug ganz aus Metall. Die Flügelnase war mit Aluminiumblechen beplankt und verschraubt, wie schon bei der 1 - 6 und 1 - 7. Den Rumpf bildete eine leichte Stahlrohrkonstruktion und war wie das Leitwerk stoffbespannt. Die Sitze lagen hintereinander. Die Schulterdecker-Ausführung beeinträchtigte die Sicht des hinteren Piloten, was man durch Fenster im Rumpf zu verbessern versuchte. Das Flugzeug besaß ein Fahrwerk, einen recht dünnen, verstrebten Flügel mit dem Profil NACA 2412 von 12 % Dicke.

Nachdem der Prototyp bei einem Trudelunfall zerstört wurde, verlängerte man die Schnauze, um den Schwerpunkt nach vorn zu verlagern. Danach entwickelte sich die 2 - 8 zu einem sehr erfolgreichen Segelflugzeug, mit dem viele Überland- und Höhenflüge absolviert wurden. Der von Lewin Barringer 1940 aufgestellte Höhenweltrekord über 4556 Metern wurde durch die FAI in Paris nicht registriert, da sich Paris zu dieser Zeit im Belagerungszustand befand.

Als die US Army im Jahr 1941 mit der Ausbildung von Segelflugpiloten begann, setzte man hierzu die SGS 2 - 8 ein. Schweizer baute 57 Exemplare dieses Flugzeuges, das beim Militär die Bezeichnung TG - 2 (Training Glider 2) erhielt. Nach dem Krieg wurden diese Flugzeuge günstig zum Verkauf angeboten und in der Folgezeit von zivilen Piloten und Segelflugvereinen geflogen. Einige Exemplare sind bis heute im Einsatz.

Schweizer 2 - 12 (TG - 3)

Dieses Flugzeug entstand nach den Vorgaben des Militärs, Aluminium einzusparen, in Holzbauweise. Durch die tiefe Anbringung des Flügels am Rumpf erhielt der Fluglehrer im hinteren Sitz eine gute Sicht. Von der TG - 3 wurden insgesamt 114 Exemplare gebaut. Auch diese gingen nach dem Krieg für wenig Geld an Vereine und private Käufer und wurden nach Beseitigung der militärischen Ausrüstung gern geflogen.

Pratt Read G - 1, LNE - 1 oder TG 32

Die G - 1 war ursprünglich als ziviles Flugzeug geplant. Da sie jedoch zeitgleich zum Ausbruch des Zweiten Weltkriegs erschien, wurde sie bald für die militärischen Ausbildungsprogramme im Segelflug übernommen. Aus behördlicher Sicht besaß das Flugzeug den Vorzug, keine

Oben: Die Schweizer SGS 2-8 war ein leistungsfähiges, doppelsitziges Segelflugzeug und wurde in großen Stückzahlen bei der US Army – dort mit der Bezeichnung TG-2 – eingesetzt.

Unten: In der Pratt Read G-1, bei der US Navy LNE 1 genannt, saßen die Piloten nebeneinander.

knappen Materialien zu verwenden. Der Flügelgrundriss erinnerte an das berühmte Grunau Baby, die Profile stammten aus der Sikorsky-Serie. Man hatte das GS-4 an der Wurzel, das GS-M am Querruder und das GS-1 an der Flügelspitze verwandt. Die beiden Sitze befanden sich innerhalb eines bespannten Stahlrohrcockpits mit geräumiger transparenter Haube. Der in konventioneller Holzbauweise gefertigte Flügel war nach ersten Tests aus Schwerpunktgründen leicht zurückgepfeilt worden. Das Leitwerk saß an einem Sperrholzleitwerkträger mit kreisförmigem Querschnitt. Als Schulflugzeug bot die G - 1 gute Leistungen und kam bei der US Navy als LNE - 1, bei der Army als TG - 32 zum Einsatz.

Von den insgesamt 75 gebauten Exemplaren gingen viele nach dem Krieg günstig in Privatbesitz über. Zwei dieser Flugzeuge nutzte man in der kalifornischen Sierra Nevada für wissenschaftliche Untersuchungen der Leewellen. Während dieser Flüge überboten Larry Edgar und Howard Klieforth 1952 den Höhenweltrekord mit 13849 m. Eine der beiden Pratt Reads ging im April 1955 in heftiger Turbulenz im Rotor einer Welle zu Bruch. Larry Edgar, der das Flugzeug steuerte, wurde herausgeschleudert und konnte sich mit dem Fallschirm retten.

Profile
Wurzel Sikorsky GS - 4
Flügelende Sikorsky GS - 1

Pratt Read G - 1
(LNE - 1, TG - 32)
1941

Zeichnung: Martin Simons 2000 ©

Rüstmasse 349 kg
Flugmasse 521 kg
Flügelfläche 21,37 m²
Flächenbelastung 24,4 kg/m²
Streckung 12,91

KAPITEL 24
UdSSR

Von russischen Segelflugzeugen existieren nur wenige Fotografien, hier eine GN-7 mit der ungarischen Zulassung HA-4040.

Während des Besuchs der sowjetischen Piloten auf der Wasserkuppe im Jahr 1925 und des Gegenbesuchs deutscher Flieger auf der Krim beschloss die Regierung, den Segelflug zu unterstützen. Zunächst erfuhr man im Westen nahezu nichts über die dortigen Entwicklungen, bis schließlich sowjetische Piloten in den späten 30er Jahren die ersten Weltrekorde brachen. Erst jetzt wurde klar, dass der Segelflug in der UdSSR eine ganz eigenständige Entwicklung genommen hatte. Eine ganze Reihe unterschiedlicher Entwürfe, viele von ihnen einzigartig, waren dort entstanden. Auch heute erweist es sich als fast unmöglich, ausführliche Informationen oder Fotos dieser Flugzeuge zu erhalten. Es existieren nur einige bruchstückhafte Drei-Seiten-Ansichten sowie wenige Statistiken.

PS - 2

Auch in der UdSSR entstand Bedarf an Übungssegelflugzeugen und so produzierte O. A. Antonov Mitte der 30er Jahre die PS - 2. Wie die Salamandra war das Flugzeug aus einem Schulgleiter entstanden. Allerdings verfügte es über ein stark verbessertes Tragwerk sowie eine Kabine für den Piloten. Antonov veröffentlichte eine Broschüre, die den Amateurbau des Flugzeuges beschrieb. Wie viele Flugzeuge tatsächlich gebaut und geflogen wurden, ist nicht bekannt.

GN - 7

Die GN - 7, ein Entwurf des Ingenieurs Groshev, war ein 16,8-Meter-Segelflugzeug und basierte auf einer erfolgreichen, früheren Konstruktion. Ungewöhnlich mutet hier das Flügelmittelteil an, welches mit starker V-Form im Rumpf integriert war. Beim Anstecken der Flügel entstand so ein Knickflügel, ohne dass man einen geknickten Hauptholm bauen musste. Von diesem Flugzeug scheinen einige Exemplare gebaut worden zu sein. Die genaue Zahl lässt sich allerdings nicht mehr rekonstruieren. Die GN - 7 wurde dadurch berühmt, dass sie 1937, vom Piloten Victor Rastorguyev geflogen, den Streckenweltrekord mit 652 Kilometern aufstellte. Ein Exemplar flog während des Zweiten Weltkriegs in Ungarn, bis es bei einer harten Landung zerstört wurde.

Rot Front 7

Rastorguyevs Weltrekordflug wurde nach einem Jahr von Olga Klepikova mit 749 Kilometern in einer Rot Front 7 überboten. Dieser Rekord hatte bis 1939 Bestand. Außer den wesentlichen Umrissen ist über das Flugzeug von Olga Klepikova nur bekannt, dass es eine Spannweite von 16,3 m bei einer Streckung von 22,5 aufwies. Der Entwurf stammte von O. K. Antonov.

Stakhanovetz

A. G. Stakhanov war ein russischer Bergmann, der aufgrund seiner außergewöhnlich hohen Kohleförderung 1935 zum Helden erhoben wurde. Bei der Luftfahrtausstellung 1936 in Paris stellte die UDSSR ein großes doppelsitziges Segelflugzeug aus, das man ihm zu Ehren Stakhanovetz nannte. Der Doppelsitzer in Tandemanordnung besaß stark vorgepfeilte Flügel. So saß der zweite Pilot sehr nah am Schwerpunkt und hatte eine ausgezeichnete Sicht in alle Richtungen. Die Vorpfeilung war auch geeignet, Strömungsabrisse am Außenflügel mit Trudeln zu verhindern und erübrigte eine Schränkung zum Flügelende hin. So trat auch im Schnellflug keine Verwindung des Außenflügels auf. Ähnliche Konstruktionen verwandte man bei einigen doppelsitzigen Segelflugzeugen seit 1936. Ansonsten war die Stakhanovetz eine konventionelle Holzkonstruktion.

Der Entwurf dieses überaus leistungsfähigen Flugzeugs stammte von V. Emilyanov. Es ist anzunehmen, dass es sich angenehm fliegen ließ und dass es zu seiner Zeit weltweit das beste doppelsitzige Segelflugzeug darstellte. Die vielen doppelsitzigen Weltrekorde, die mit diesem Flugzeug geflogen wurden, legen diese Vermutung mehr als nahe. 1938 flogen Kartachev und Savtov eine Strecke von 619 Kilometern, im Jahr darauf Kartachev und Gorokhova einen Zielflug von 393,7 Kilometern und wieder ein Jahr später Kartachev und Petretschenkova 495 Kilometer. Mit der Stakhanovetz flogen Klepikova und Bordina den Frauenweltrekord mit einer Strecke von 443,7 Kilometern sowie den Zielflugweltrekord von 223,6 Kilometern. Wie viele Exemplare des Flugzeugs entstanden, lässt sich nicht mehr ermitteln.

Antonov PS - 2

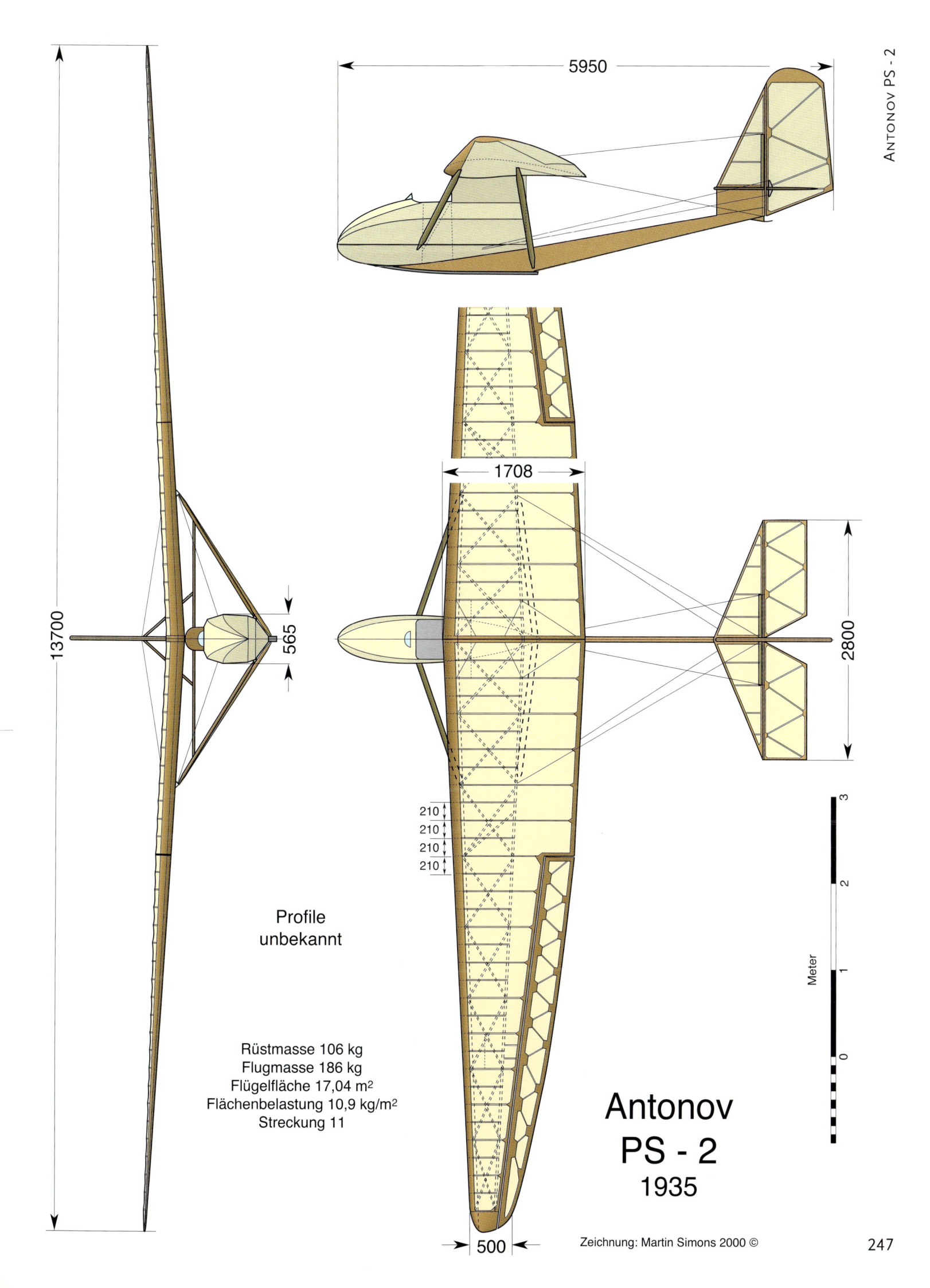

Profile unbekannt

Rüstmasse 106 kg
Flugmasse 186 kg
Flügelfläche 17,04 m²
Flächenbelastung 10,9 kg/m²
Streckung 11

Antonov
PS - 2
1935

Zeichnung: Martin Simons 2000 ©

Groshev GN - 7

Profil Göttingen 549

Rüstmasse 200 kg
Flugmasse 304 kg
Flügelfläche 12,8 m²
Flächenbelastung 23,8 kg/m²
Streckung 22

Groshev GN - 7
1936 - 7

Zeichnung: Martin Simons 2000 ©

248

Stakhanovets
1936

Rüstmasse 294 kg
Flugmasse 454 kg
Flügelfläche 23 m²
Flächenbelastung 19,7 kg/m²
Streckung 17,74

Zeichnung: Martin Simons 2000 ©

Profil an der Wurzel
CAGI RIII (17%)

Profil am Mittelflügel
CAGI RIII (15%)

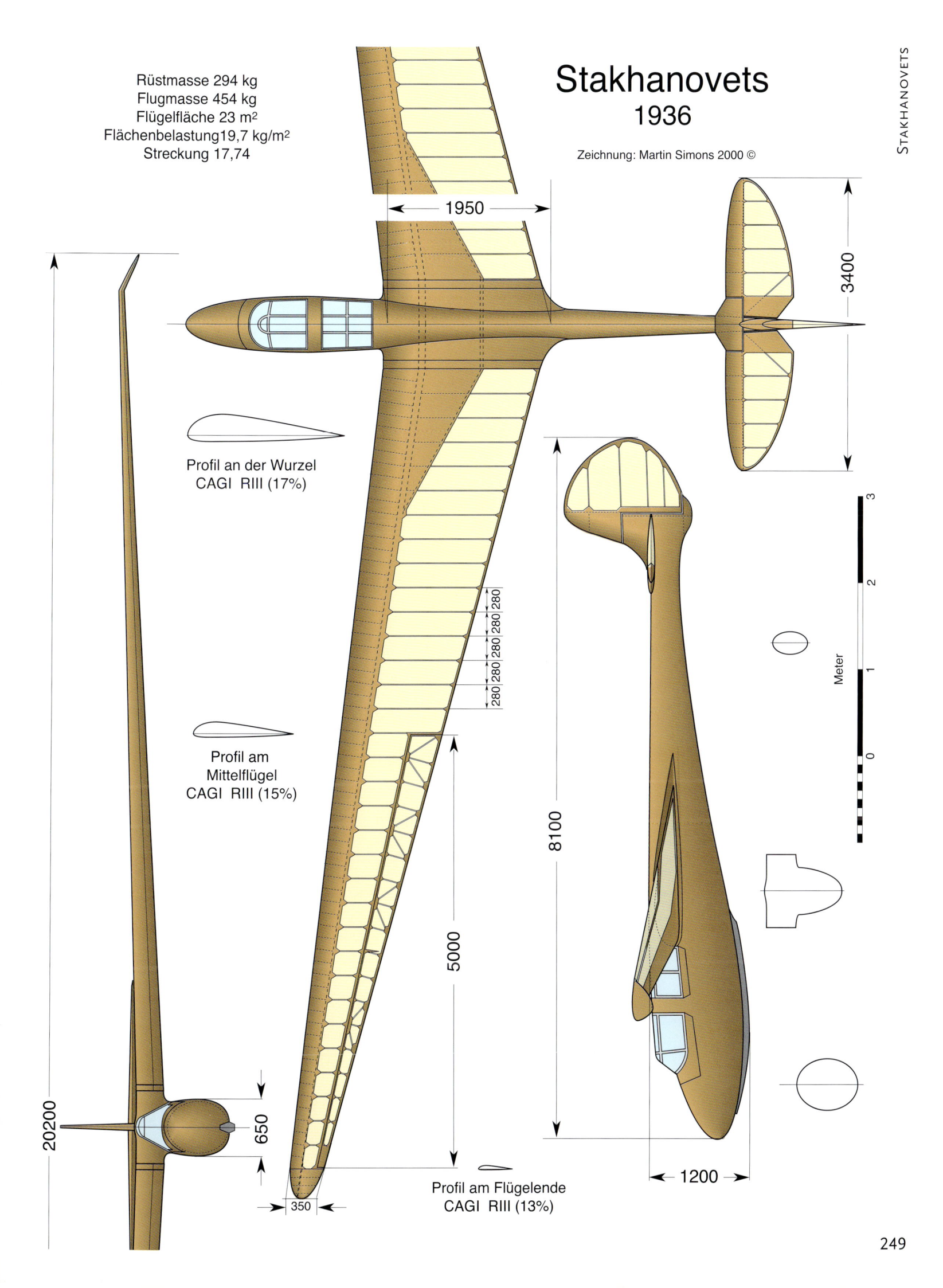

Profil am Flügelende
CAGI RIII (13%)

Rot - Front 7

6115

einklappbares Rad

16240

Mittelflügel
nicht abnehmbar

Profil
CAG R - III

Grundriss rekonstruiert
Holzkonstruktion

weitere Details und
Informationen unbekannt

Rüstmasse 245 kg
Flugmasse 325 kg ohne Ballast
448 kg mit Ballast
Flügelfläche 11,86 m²
Flächenbelastung 27 kg/m² (ohne Ballast)
37 kg/m² (mit Ballast)
Streckung 22,2

Rot - Front 7
1938

Zeichnung: Martin Simons 2000 ©

250

Anhang

Über die Zeichnungen

Alle Zeichnungen in diesem Buch wurden vom Autor unter Verwendung von Adobe Illustrator Version 8 auf verschiedenen Apple Macintosh Computern angefertigt. Es muss darauf hingewiesen werden, dass sich einige der kleinen Dreiseitenansichten, die in damaligen Zeitschriften erschienen oder auch von den Herstellern in Broschüren veröffentlicht wurden, bei näherer Betrachtung als ungenau und teilweise sogar widersprüchlich erweisen. Bei der Anfertigung der Zeichnungen in diesem Buch wurden, soweit irgendwie möglich Originalwerkstattpläne, aktuelle Vermessungen oder Fotografien zugrunde gelegt, um bestmögliche Ergebnisse zu erzielen. Auf Abbildungen von Ausrüstungsgegenständen wie Instrumente, außen angebrachte Pitot- oder Venturirohre wurde bewusst verzichtet, weil diese in der Praxis an unterschiedlichen Stellen angebracht waren. Wie Fotografien veranschaulichen, gab es auch erhebliche Unterschiede bei Hauben, Windschutzscheiben, Kufen oder anderen Details. Dies gilt ganz besonders für Farben und Beschriftungen. Wer absolut sichere Informationen – z. B. für den Scale-Modellbau – benötigt, kommt um sorgfältige Recherchen oder Vermessungen an noch existierenden Flugzeugen nicht herum.

Farben und Kennzeichen

Bis in die 30er Jahre hinein war es nicht üblich, Segelflugzeuge farbig zu lackieren. Für die Konstrukteure war es damals vorrangig, jedes Gramm einzusparen. Farbe hätte zusätzliches Gewicht bedeutet, was wiederum zu höheren Sinkgeschwindigkeiten und schlechteren Segelflugeigenschaften geführt hätte.

Üblicherweise wurden alle Stoffteile mit klarem Spannlack gestrichen. Dieser schloss die Poren, machte den Stoff winddicht und spannte ihn gleichzeitig. Als Material verwendete man meist den weißen Baumwollstoff Madapolam oder ungebleichtes Leinen mit leicht gelblicher Schattierung. Der Stoff hatte in etwa die Struktur und das Gewicht eines guten Sommerhemdenstoffes. Ausnahmen bildeten der französische Peyret-Tandem, der mit gummiertem Stoff bespannt war und einige wenige Flugzeuge, die mit reiner Seide bespannt waren. Dies erwies sich aber als nicht praktikabel.

Normalerweise war es nicht notwendig, den Stoff an den Rippen anzunähen, außer es handelte sich um stark umgekehrt gewölbte Profile. Man klebte stattdessen den Stoff mit unverdünntem Lack auf die Unterkonstruktion.

Durch die Spannung des Stoffes nach der Lackierung konnte es zum Verziehen der Holzkonstruktion, beispielsweise an den Endleisten von Flügel oder Leitwerk kommen. Deshalb kam es häufig vor, dass man diese Teile, nachdem das Flugzeug einige Wochen im Einsatz und dem Wetter ausgesetzt war, in verzogenem Zustand vorfand. Bald ersann man konstruktive Gegenmaßnahmen: Leichte Hilfsholme oder Verstrebungen verstärkten den Rippenverbund oder man verband die Rippen mit Streifen aus Bespannstoff, die in einem Zick-Zack-Muster von Rippe zu Rippe verwebt wurden. In Fotos aus jener Zeit lassen sich diese Details dank der Transparenz der Flügel häufig ausmachen.

Auch die Sperrholzflächen erhielten zunächst einen Anstrich aus Spannlack, um sie für die letzte Oberflächenbehandlung vorzubereiten. Anschließend kam dann hochwertiger Boots-Klarlack zum Einsatz, der auf Stoff und Holz aufgebracht wurde. Das Resultat war eine hochglänzende Oberfläche. In den meisten Fällen änderte der Lack nach einer gewissen Zeit seine Farbe, insbesondere wenn das Flugzeug der Sonnenstrahlung ausgesetzt war.

Segelflughersteller, Vereine und private Halter versahen ihr Flugzeug sehr häufig mit Symbolen, Namen, Wappen, Karikaturen oder mit Werbung. Diese wurden meist auf den letzten Lackanstrich aufgetragen. So konnten die Beschriftungen bei Bedarf einfach geändert oder entfernt werden, was im übrigen häufig geschah. Einige Segelflugzeuge, wie die Schloß Mainberg wiesen kunstvolle Bemalungen des Rumpfes oder der Seitenruderflosse auf. Wettbewerbskennzeichen wurden entweder mit wieder lösbarer Farbe oder mittels Papier am Flugzeug befestigt. So war es nicht ungewöhnlich, dass Segelflugzeuge ihr Ausssehen innerhalb von wenigen Wochen stark veränderten. Auch Reparaturen oder Modifikationen führten zu optischen Änderungen. Beispielsweise wies ein neu eingeschäftetes Sperrholzstück eine deutlich hellere Farbe auf. Der gleiche Effekt entstand bei Flickstellen in der Bespannung.

Nicht überall war die Kennzeichnung der Segelflugzeuge mit Nummern oder Buchstaben erforderlich. So genügte in England eine kleine BGA-Nummer am Leitwerk und selbst dies war nicht immer der Fall. In vielen anderen Ländern dagegen waren Kennzeichen meist Pflicht, immer jedoch mit regionalen und zeitlichen Unterschieden und oft auch vom Geschmack der Besitzers geprägt

In den frühen 30er Jahren, als man erkannte, dass ein zusätzliches Gewicht die Leistungen wenig beeinflusste, begann man damit, Flugzeuge farbig zu lackieren. Naturbelassener Stoff verschliss, nachdem er einige Jahre der Sonne ausgesetzt war. Da eine komplette Neubespannung teuer und zeitaufwendig war, begann man damit, pigmentierten Spannlack – rot oder aluminiumfarbig – einzusetzen, der als Basis für eine weitere Lackierung diente.

1933 führten die Behörden in Deutschland die Flaggenverordnung zusammen mit einem System von Kennzeichen ein. Die Kombination aus Zahlen und Buchstaben bezog sich ab 1937 auf die unterschiedlichen Regionen (einschließlich Österreich nach dem Anschluß im Jahr 1938). Dennoch wurden auch hier die offiziellen Bestimmungen nicht immer eingehalten, insbesondere wenn ältere Flugzeuge nicht sofort umlackiert wurden. Hinzu kam, dass die Regeln sich von Zeit zu Zeit änderten. So hatte die Luftwaffe ihr eigenes System, das von dem des NSFK abwich. Auch hier gilt, dass zuverlässige Auskünfte über die authentische Farbgebung und Kennzeichnung nur durch eingehendes Studium von Fotografien erreicht werden kann. Dies gilt im Übrigen auch für alle anderen Länder, wo Farbgebungen und Kennzeichnungen noch vielfältiger waren.

Anhang

Dank

Zur Entstehung dieses Buches haben die nachfolgend genannten Konstrukteure, Flugzeugbauer und Piloten, von denen einige inzwischen verstorben sind, erheblich beigetragen. Für deren Mithilfe in Form von Briefen, Gesprächen, Fotografien, Zeichnungen und Korrekturen gebührt ihnen besonderer Dank.

L.E. Baynes, Waclaw Czerwinski, Klaus Heyn, Harold Holdsworth, Walter Horten, August Hug, Hans Jacobs, Richard Johnson, Jack Laister, Reiner Karch, Alexander Lippisch, Geoff Richardson, Peter Riedel, John Robinson, Lajos Rotter, Hans Sander, Martin Schempp, Harry Schneider, Willi Schwarzenbach, Paul, Ernie and Bill Schweizer, Fred Slingsby, Jacob Spalinger, John Sproule, Geoffrey Stephenson, Chris und Philip Wills.

Dank gilt auch denjenigen, die durch Fotografien, Zeichnungen und Ratschläge das Projekt unterstützten:

Allan Ash, Ray Ash, Geoff Bailey Woods, Ted Baker, Mike Beach, Otto Bellinger, Richard Benbough, Raul Blacksten (VSA), A.J.R. Brink, R. Buettner, George Burton (Vickers Slingsby Ltd), Hollis Button, Jeff Byard, Ary Ceelen, Dave Craddock, Jerzy Cynk, Louis de Lange, Martin Deskau, Hans Disma, James Ealy, Norman Ellison, Georgio Evangelisti, Helen Evans (S & G), Berndt Ewald (Tech Hochschule Darmstadt) Jochen Ewald (Akaflieg Aachen), Flight International, Hans Folgmann, Nathan J. Frank, Thorsten Fridlizius, Mike Garnett, Paul Gibson, Andrjé Glass, Nick Goodhart, James Grantham, Jim Gray, F R Hamilton, Bertrand A Handwork, Arthur Hardinge, Theo Heimgartner, Ted Hull, F. Mitter Imre, Brigitte Keane, Max Kroger, Doug Lamont, Peter Layne, Mita Levin, Forester Lindsley, Paul MacCready, Dean R. McMillian, Tony Maufe, J.R.C. (Rodi) Morgan, Richard K. Ng, George Nuse, Alan, Ian and Tighe Patching, Vincenzo Pedrielli, Marici Phillips, Theo Rack (Wasserkuppe Museum), Christian Ravel, Roger Reffell, Chris Riddell, Mike Russell, Michael Rutter (Slingsby Aviation Ltd), Gunter Schapka, Karl-Heinz Schneider, Peter Selinger, Paul Serries, Eva and Willy Simo, Simine Short, Patricia Simons, Alan E. Slater, Louis Slater, Shirley Sliwa, Bob Slusarev, Tom Smith, Geoff Steele, Bob Storck, Gary Sunderland, Marton Szigeti, George Thompson, Nils Tiebel, Knut Uller, Niels Visser, Wolfgang Wagner, Doc Walker, Ernst Walter, Per Weishaupt, Reiner Willecke, Paul Williams, Hans Zacher und Walter Zuerl.

Folgende öffentliche Einrichtungen und Institutionen haben das Projekt unterstützt:

British Library, The State Library of South Australia, The libraries of Cambridge, London University, Adelaide University, USSR National Public Library for Science and Technology, The Lenin State Library, Moscow, Technical Information Service of the American Institute of Aeronautics and Astronautics, Archives des Verkehrshauses der Schweiz, Luzern, Segelflugmuseum Wasserkuppe, National Soaring Museum, Elmira, Vintage Glider Club, the Vintage Soaring Association of the USA und Vintage Gliders of Australia.

Der Autor

Martin Simons, geboren 1930, kam vor mehr als 50 Jahren zum Segelflug und ist dieser Leidenschaft bis heute treu geblieben. In seinem Flugbuch finden sich mehr als 100 verschiedene Segelflugzeugmuster, darunter auch etwa 20 in diesem Werk beschriebene Typen. Er ist Inhaber der Gold-C mit zwei Diamanten. Darüber hinaus ist er passionierter Modellbauer und -flieger Martin Simons wurde in England geboren und lebt seit vielen Jahren in Adelaide, Südaustralien. Zu seinen bisherigen Veröffentlichungen gehören das Buch über Slingsby in England sowie das umfassende Portrait der Schweizer Segelflugzeugwerke, das er gemeinsam mit Paul Schweizer schrieb. Sein Buch „Vintage Sailplanes of the World 1908 – 1945" erschien 1986 und zählt wie „Modell Aircraft Aerodynamics" zu den Standardwerken für Segelflieger und Modellbauer. Darüber hinaus verfasste Martin Simons zahlreiche weitere Schriften und Beiträge, auch solche, die nicht der Luftfahrt zuzuordnen sind.

Literaturverzeichnis

Bücher und Monographien

Akaflieg München, 50 Jahre Akaflieg München (Zuerl).

Andrews, J P, Gliding and Soaring (McBride, New York, 1944).

Antonov, o K, Texnicheskoe Opisante Planerov, YS-3 & PS-1 (Moscow, 1933).

Antonov, o K & Shashaorin, A, Texnicheskoe Opisante i Akspluatadivah Planerov YC-4 & PS-2 (Moscow, 1936).

Apostolo, G, Centro Studi ed Esperienze per il Volo a Vela (Politecnico di Milano 1998).

Army Air Forces, Air Service Command, Technical Orders, Pilot's Operating Instructions, Erection and Maintenance Instructions, Parts Catalogue, for TG-3 and TG-4 gliders, Tech Order Numbers 09-15-AA-1 to 4 and 09-30 AB-1 to 4 (January to March 1943).

Ashwell Cooke, J R, (Ed) Motorless Flight (John Hamilton, London, 1932).

Barnaby, R S, Gliders and Gliding (Ronald Press Co, New York, 1930).

Barnaby, R S, A History of American Soaring (American Soaring Handbook, Vol 1, Soaring Society of America, 1963).

Barringer, Lewin B, Flight Without Power (Pitman, New York, 1940).

Bohdan, Aret, Poles Against the V Weapons (Interpress, Warsaw, 1972).

Brütting, G, Segelflug Erobert die Welt (Knorr & Hirth, München Ulm, 1952).

Brütting, G, Die Berühmtesten Segelflugzeuge (Motorbuch, Stuttgart 1970).

Brütting, G, Die Geschicle des Segelflugzeuges (Motorbuch, Stuttgart 1972).

Brown, E, Wings of the Weird and Wonderful Vol 1 (Airlife, 1983)

Butler, P H, British Gliders (Merseyside Aviation Society, Liverpool, Ist edition, 1970, 2nd edition, 1975).

Castello, C, Castel Mauboussin Planeurs et Avions.

Coates, A M, Jane's World Sailplanes (Macdonald & Janes, London, 1978).

Coggi, I, Fabrizio, J, Mantelli, A, Bignozzi, G, SAI Ambrosini CVV 6 (Monografie Aeronautiche Italiane, 1982).

Csandi, N, Nagyvaradi, S, Winkler, L, A Magyar Repules Toertenete (Müszaki Könyvkiadó, Budapest, 1977).

Cummings, M M, The Powerless Ones (Frederick Muller, London, 1966).

Cynk, J B, Polish Aircraft 1893 - 1939 (Putnam, London, 1971).

Czerwenka, Dr, 50 Jahre Akademische Fliegergrappe Braunschweig 1922-1972 (Akaflieg Braunschweig, 1972).

Douglas, A C, (Welch, A,) Gliding and Advanced Soaring (John Murray, London, 1947).

Edmonds, A C, (Welch, A,) Silent Flight (Country Life London, 1937).

Ellison, N, British Gliders and Sailplanes 1922-1970 (A & C Black, London, 1971).

Eyb, R, Fliegerhandbuch (Richard Carl Schmidt, Berlin, 1926).

Frati, S, L'aliante (1946 reprinted Libraria Gatti Editrice, 1991).

Gabor, J, Magyar vitorlázó Repülögépek (Müszaki Könyvkiadó, Budapest 1988).

Galé, F, Tailless Tale (B2 Streamlines, Olalla, Washington State, USA)

Gibbs - Smith, C H, The Aeroplane (HMSO, London, 1960).

Gibbs - Smith, C H, The Invention of the Aeroplane (Faber and Faber, London, 1966).

Glass, A, Polske Konstrukcie Lotnice 1893-1939 (Wydawnietwa Komunikacjii Lacznosci, Warsaw, 1976).

Goodyear, H R R, (Ed), Gliding Yearbook 1931 (Dorset Gliding Club, Weymouth, 1931).

Groesbeek, W J & Osinga, N, Voor den Oorlog (Self published).

Gymnich, A, Der Gleit und Segelflugzeugbau (Richard Carl Schmidt, Berlin, 1925).

Haanen, K T, Robert Kronfeld (Walter Zuerl, Munich, 1962).

Hakenjos, R, & Goebel, H, Der Weg zum Klippeneck (Sportfliegergruppe Schweningen, 1977).

Heidler, K, FVA, (Flugwissenschaftliche Vereinigung Aachen 1980).

Heiss, L, Hirth, Vater, Helmuth, Wolf (R A Muller, Stuttgart, 1949).

Hirth, W, Die Hohe Schule des Segelfluges (Stuttgarter Vercinsbuchdruche, Stuttgart, 1938, translated as The Art of Soaring Flight by Naomi Heron Maxwell).

Hirth, W, Handbuch des Segelfliegens (Frank'sche, Stuttgart, 1938).

Hirth, W, Gmbh, Betriebshandbuch Kunst Segelflugzeug Habicht (Nabern Teck, 1942).

Hoinville, F, Halfway to Heaven (Angus and Robertson, Sydney, 1961).

Horsley, T, Soaring Flight (Eyre and Spottiswoode, London, 1944).

Howard Flanders, L, and Carr, C F, Gliding and Motorless Flight (Pitman, London, 1932).

Humen, Wlodzimierz, Soaring in Poland (Polonia, Warsaw, 1957).

Ilchenko, V, Parahschtchie Polet (DOSAAF, Moscow, 1964).

Imré, Mitter, A Magyar Vitorlázórepülés Képes Története 1929 - 1999 (Mitter, 1999).

Jacobs, H, Werkstattspraxis fur den bau von Gleit und Segelflugzeuge (Otto Maier, Ravensburg, 1930?).

Jacobs, H, Leistungs Segelflugmodell, Spiel & Arbeit 115 (Otto Maier, Ravensburg 1930?).

Jacobs, H, Schwanzlose Segelflugmodelle, Spiel & Arbeit 114 (Otto Maier, Ravensburg 1930?).

Jabrov, A A, Kak i Pochemu Letaet Planer (Moscow, 1938).

Kawakami, H, Nihon no Glider 1930 - 1945 (Japanese Gliders 1930 - 1945) (1998)

Kens, K, Flugzeugtypen 1953 (Carl o Lange, Duisberg, 1953).,

Krasilschkov, A P, Planersi SSSR (Mashinostroi, Moscow 1991).

Kronfeld, R, Kronfeld on Gliding and Soaring (John Hamilton, London, 1932).

Langsdorff, W von, Das Segelflug (J F Lehmanns, München, 1923).

Latimer-Needham, C H, Sailplanes, their design, construction and pilotage (Chapman and Hall, London, 1932).

Lilienthal, Gustav, Vom Gleitflug zum Segelflug (Volckman, Berlin, 1923).

Lippisch, A, The Delta Wing (Iowa State University, 1981).

Maresch, G, Erwin Musger Flugzeug- and Fahrzeugkonstrukteur (Blätter für Technikgeschichte 48 Heft, Wien, 1986).

Mason, H Molloy, The Rise of the Luftwaffe (Cassell, London, 1975).

Mazzaron, A G F Il Volo a Vela Italiano (Tecna, 1991).

Miller, R, Soaring 1965 Yearbook (Soaring International, San Francisco, 1965).

Miller, Richard, Without Visible Means of Support (Miller, Los Angeles, 1967).

Modellsport Verlag, Flugzeugtypen (Segelflugzeuge). Band 1, Band 2 (Modellsport Verlag 1998, 9).

Mrazeck, James E, Fighting Gliders of World War 2 (R Hale, London, 1977).

National Advisory Council for Aeronautics,Technical Memoranda numbers 59, 100, 140, 166, 181, 186, 265, 433, 434, 471, 514, 560, 623, 637, 666, 762, 780

Nickel, K & Wohlfahrt, M, Trs Brown, E, M, Tailless Aircraft (AIAA 1994).

Nimführ, Raimund, Mechanische and Technische Grundlagen des Segelfluges (Richard Carl Schmidt, Berlin, 1919).

Organisation Scientifique et Technical de Vol a Voile, The World's Sailplanes, Volume 1, 1958, Volume 2, 1963.

Organisation Scientifique et Technical de Vol a Voile, Publication VI, 1960.

Pagé, V W, Henley's A B C of Gliding and Sailflying (Chapman and Hall, 1930).

Peter, Ernst, Segelflugstart (Motorbuch Verlag Stuttgart, 1981).

Pilcher, Percy S, Gliding (Aeronautical Classics Number 5, Aeronautical Society of Great Britain, 1910).

Raunio, Jukka, PIK-Sarjan Lentokoneet (Forssan Kirjapaino Oy, Forssa 1995).

Ravel, C, Histoire des Planeurs SA 103, 104 Émouchet (Le Musee de l'air et de l'espace 1996).

Reitsch, H, The Sky my Kingdom (Bodley Head, London, 1955, translated by Lawrence Wilson from Fliegen mein Leben).

Riedel, P, Start in den Wind (Motorbuch, Stuttgart, 1977).

Riedel, P, Vom Hangwind zur Thermik (Motorbuch, Stuttgart, 1984).

Riedel, P, Über Sonnige Weiten (Motorbuch, Stuttgart, 1985).

Riegels, F W, Aerofoil Sections (Butterworth, London, 1961, translated by D G Randall).

Ross, M, Sailing the Skies (Macmillan, New York, 1931).

Rovesti, P, Ali Silenziose del Mondo (Dalla Rivista 'Volo a Vela', 1975).

Royal Aeronautical Society, Handbook for Aeronautics Vol 1 (Pitman, London, 1961). Rozanov, A M, Stoklitskia, C L, Antonov, o KTecnika i Practika Planerisma (Moscow, 1934).

Rutschi, H, Segelflug (Switzerland, 1944).

Sato, H, (Ed Kimura, H) Nihon Glider Shi (History of Japanese Gliding) (ISBN 4 87415 272 4)

Schneider, E, Flugzeugbau Schneider Catalogues 1931, 2

Schneider, F, Flugzeugtypenbuch 1944 (H Beyer, Leipzig, 1944).

Schnippenkötter, Josef, und Weyres, Theobald, Physik der Luftfahrt (Ferd Duemmlers, Berlin Bonn, 1937).

Schweizer, P A, & Simons, M, Sailplanes by Schweizer (Airlife, Shrewsbury, England 1998).

Schweizer, P A,Wings Like Eagles (Smithsonian, 1988).

Schweizer, W, Soaring with the Schweizers (Rivilo, 1991).

Selinger, P, Segelflugzeuge von Wolf zurn Mini-Nimbus (Motorbuch, Stuttgart, 1978).

Serjeant, Richard, and Watson, Alex, The Gliding Book (Nicholas Kaye, London, 1965).

Sheremetev, B N, Planery (DOSAAF, Moscow, 1959).

Sigurdsson, A, Annálar Íslenkra Flugmála (Reykjavik 1987)

Simons, M, The World's Vintage Sailplanes 1908 - 1945, (Kookaburra Tech Publications, Australia, 1986).

Simons, M, Slingsby Sailplanes (Airlife, Shrewsbury, England 1996).

Simons, M, German Air Attaché (Airlife, Shrewsbury, England, 1997).

Smith, J R, & Kay, A, German Aircraft of World War 2 (Putnam, London, 1972).

Stamer, F, Zwölf Jahre Wasserkuppe (Reimar Hobbing, Berlin, 1933).

Stamer, F, and Lippisch, A, Gliding and Sailplaning (Bodley Head, London, 1930, trs G E Startup and F Kinnear).

Taylor, H A, Airspeed Aircraft since 1931 (Putnam, London, 1963).

Teale, Edwin H, The Book of Gliders (E P Dutton, New York, 1930).

Thomas, F, Fundamentals of Sailplane Design (College Park, 1999).

Visse, C & Ravel, C, Histoire des Planeurs Avia (Musee de l'air et de l'espace, 1993).

Volmar, J, I learned to Fly for Hitler (Kron Publications, 1998).

Wenham, F W, Aerial Locomotion (First Annual Report, Aeronautical Society of Great Britain, London, 1866).

Welch, A, Happy to Fly (Murray, London, 1983).

Welch, A, and Welch, L, The Story of Gliding (Murray, London, 1965).

Weyl, A R, Fokker, the Creative Years (Putnam, London, 1965).

Wills, P, On Being a Bird (Max Parrish, London, 1953).

Wright, L, The Wooden Sword (Paul Elek, London, 1967).

Zacher, H, Studenten forschen, bauen & fliegen (Akademische Fliegergruppe Darmstadt, 1981).

Zanrosso, G, Storia ed Evoluzione dell'Aliante (History and Evolution of the Glider). Volumes 1, 2 & 3 1996, Egida Edizioni, Vicenza Zbiorowa, P, Konstrukcje Lotnicze Polski Ludowej (Wydnawnictwa Komunikasji i Lacmosci, Warsaw, 1965).

Zipper, G, Falkenhorst (Weishaupt, 1999).

Zumyatin, V M, Gliders and the Art of Gliding (Moscow, 1974, translated from Planery i Planerizm, NASA).

Zuerl, W, Günther Grönhoff und die Goldenen Jahre des Deutschen Segelflugs (Walter Zuerl, 1976)

Zeitschriften

Aeronautics (GB)
Aeroplane (GB)
Aeroplane Monthly (GB)
Aero Revue (CH)
Aerokurier
Aircraft (AUS)
Aircraft Engineering (GB)
Air Enthusiast (GB)
Australian Gliding (AUS)
Bungee Cord (USA)
Der Segelflieger
Der Flieger
Flight (GB)
Flight International (GB)
Flugsport
Gliding (GB)
Jahrbuch des Deutschen Luftfahrtforschung
Journal of the R Ae Soc (GB)
L'aerophile (F)
Luftfahrtforschung
Modellismo (I)
Modelist Konstructor (UDSSR)
National Geographic Magazine (USA)
NSM (National Soaring Museum, USA)
Planeur (B)
Quiet Flight International (GB)
Sailplane and Glider (GB)
Sailplane and Gliding (GB)
Soaring (USA)
Technical Soaring (OSTIV, USA)
Tekhnika Vozdushchiogo Foma (UDSSR)
Thermik
Vintage Aircraft (GB)
VGC News (GB)
ZFM (Zeitschrift für Flugtechnik und Motorluftschiffahrt)

Index fette Seitenzahl verweist auf Zeichnung

ABC Sailplane 239
Abrial 187
Aero Club Paris 233
Air 100 128
Airspeed 160, 162
Airspeed Tern 160-**161**
Akademische Fliegergruppe Darmstadt 25
Akademische Fliegergruppe München 132
Akaflieg Aachen 140
AL 3 198-**199**
Alan Cobham's Air Circus 112
Albatross 58
Albatross 1 229
Albatross 2 229
America 229
Anfänger 106
Antonov, O. A. 246-247
Areodynamisches Institut Warschau 209
Asiago 198
Atalante 134
Augsburg 72
Australien 49, 91, 96, 130, 150, 162, 165, 168, 173, 178
Austria 2 152-**153**
Austria 3 152, 154
Avia 10a 187
Avia 40P **189,** 191
Avia 41P 132, 187-**188,** 191

Baby Albatross 229-**230**-231
Bad Warmbrunn 85
Ballast 49, 94, 168
Baltische Republik 206
Bannes d'Ordanche 152
Baranowski 213
Barbot 24
Barnaby, Ralph S. 227
Barograph 112
Barringer, Lewin 244
Bauer, Karl 94, 128
Baynes, Jeffrey L. E. 162, 164-165
Beach, Mike 104, 106
Bedall, Karl 24
Berlin 9, 59, 68, 70, 73, 75, 122, 128, 194, 213
BGA 160
Bienen, Theo 140
Blaue Maus 12, 17, 24, 140
Blech 145
Bley, Robert 75-76
Blue Wren 165
Boom Tail SGU 1 - 6 239
Bordina 246
Botsch, Albert 26, 30
Bouvier 187
Bowlus Albatross 82, 227-**228**
Bowlus Super Sailplane 229
Bowlus, Hawley 82, 226-232
Bräutigam, Otto 122, 128
Bremer, Karl 24
Bremsklappen 76, 120, 124, 136, 143, 168, 191
Bristol Fighter 24
British Gliding Association 65, 160, 176
Brünn 76
Brzezina 213
Buenos Aires 70, 75, 94, 96
Burkbraun 85
Buxton, Mungo 162, 168, 171, 176-177

Cadet 173-174
Cadet Mark 3 173
Cambridge **181**-182
Camphill 178, 202
Canguro Palas 202
Cape Cod 30, 32, 34, 226-227
Captain Olley 21
Carden Baynes Auxiliary 162, 164
Carden, Sir John 162, 165
Centro Studi ed Ezperienze per il Volo a Vela 198

Ch - 2 Duha 184, 186
Chanute 30, 32, 34
Charles, Frank 130, 178, 227
Chatham 65
China 206
Chlup, J. 184, 186
Choisnet, Marcelle 191
Clark Y 66
Cleveland Air Race 122
Cobham's Air Circus 112
Collins, Eric 110
Combegrasse 187
Condor 1 **74**
Condor 2 76
Condor 2A 76, 132
Condor 3 76-**77**
Condor 4 76
Crested Wren 165-**166,** 168
Croydon 65
Curtiss Wright Technical Institute 229
CVV - 4 Pellicano 198, **200**
CVV 6 Canguro 128, **201**-202
CW 5 186, 209, **212**
CW-2 206
Czerwinski, Waclaw 206, 209, 215

D - 17 Darmstadt **33**
D - 19 Darmstadt 2 **35**
D - 30 Cirrus 147, **149**
D - 31 148
D - 6 Geheimrat **25,** 26
D - 7 Margarete **27**
D - 9 Konsul 26, **29**
Dagling 44, **45,** 47, 49, 89, 173
Daily Mail 21, 65
Darmstadt D - 17 30
Dart Aircraft Company 182
De Havilland Technical School 160
Decker, Chester 229
Delfin-Stil 80
Delta 1 **55**
Desoutter, Louis 89
Deutsche Forschungsanstalt für Segelflug (DFS) 56, 72, 104, 121-125, 130-131, 136
Deutscher Luftsport Verband (DLV) 47
Deutsches Museum 17, 134, 146
Dewoitine 24
DFS Meise 131, 136
Dittmar, Edgar 61, 72-74, 76, 110, 215
Dittmar, Heini 61, 72-74, 76, 110, 215
Dickson primary 47
Djävlar Anamma 38, 52, 106
Donnerstag-Klub 85
Dornier 18, 50, 59
Du Pont 32, 82
Dunstable 42, 89, 104, 156, 168, 176, 178, 182
Dunstable Sailplane Company 168
Dupont 229
Duraluminium 136
Dynamischer Segelflug 13, 58

E - 3 20
Earle Duffin 157
Eaton, Warren 229
Edgar, Larry 61, 73, 76, 244
Edith 21
Einsitzerschulung 47, 49, 227
Elliotts of Newbury 130
Elmira 34, 89, 102, 117, 120, 213, 226-227, 229, 239
Emilyanov 246
Endscheiben 50, 52
England 12, 21, 34, 47, 49, 56, 61, 65, 76, 78, 80, 89, 97, 102, 104, 106, 110, 112, 114, 126, 152, 154, 157, 162, 165, 168, 173, 176, 182, 187
Entenflügel 50
EON Olympia 130, 173
Ermenegildo Preti 198
ESG 31 **86**
ESG 29 40, 85

254

Index

Espenlaub, Gottlob 18, 20, 38, 40, 50, 52, 229
Eta 80

Fafnir 65-67-68, 70-73, 80, 104, 106, 110, 117, 124, 209, 215
Fafnir 2 Sao Paulo 70, **71**
Fahrtmesser 28
FAI (Federation Aeronautique International) 128, 244
Falcon 56, 168-169, 229
Falcon III 56, 168, **169**
Falke 50, 56-**57**, 59, 65, 106, 168
Falke Rva 56
Fallschirm 68, 76, 82, 112, 114, 244
Farnborough 126
Farner, Willi 221
Fasold 152
Fieseler, Gerhard 61-62, 229
Finnland 34, 130, 206
Firle Beacon 21
Fischer, Hans 82
Flaperons 80, 82
Flinsch, Bernhard 147-148
Flugschau 229, 233
Flugwissenschaftliche Vereinigung Aachen 10
Flugzeugschlepp 37, 65-66, 85, 117, 126, 152, 154, 229
Flugzeugschlepps 65, 68, 123, 178, 209
Focke Wulf 128
Fokker FG-2 **22**
Fokker D - 8 24
Fokker, Anthony 20-22, 24
Fox 168
Franklin PS-2 227
Franklin Utility 37
Frankreich 21, 68, 82, 102, 128, 130, 152, 154, 178, 187, 191, 233
Frise Querruder 136
Führinger, Josef 154
Fukuoka 203
Fünfstellige Profilserie 134, 176, 205
FVA 1 10, 13
FVA 10 140, 142
FVA 10A 140-**141**
FVA 10B **142**

Garmisch 114
Geheimrat 18, 20-21, 26, 198
Georgii, Walter 58-59, 61, 65, 68, 70, 89, 104, 128
Gewitter Max 59
GN - 7 215, 246, **248**
Golden Eagle 150-**151**
Golden Wren 165
Göppingen 97-99, 101-103, 157
Göppingen 1 Wolf 97-**98**
Göppingen 2 99
Göppingen 3 99, 101
Göppingen 5 157
Gora, Tadeusz 214
Gorokhova 246
Göttingen 527 187
Göttingen 532 76
Göttingen 535 28, 82
Göttingen 549 61-62, 124
Göttingen 646 194
Göttingen 652 66, 80, 110, 168
Gövier 102-**103**
Gövier 3 102
Grau, Otto 24, 80, 99, 114
Griesheim 59, 82, 84
Groenhoff, Günther 52, 54, 65-66, 68, 73
Groshev 246, 248
Grunau 38-40, 56, 85, 87-94, 96-97, 99, 110, 112, 123, 136, 150, 156, 171, 173, 176, 182, 203, 206, 218, 229, 231, 244
Grunau 9 39-40, 203
Grunau Baby 87-94, 96-97, 110, 112, 123, 136, 150, 156, 171, 173, 176, 182, 206, 218, 229, 244
Grunau Baby 1 **88**
Grunau Baby 2 **90**
Grunau Baby 2b **92**
Grunau Baby 3 93
Grüne Post 44, **46**-47
Grzeszczyk, Stefan 209
GS – 4 244
GS – M 244
Guggenheim School of Aeronautics 239
Gull 128, 176, 178-179, 182
Gummiseil 13, 20, 37, 47
Gutermuth, Hans 26
Gutermuth, Professor Max Friedrich 26

H - 17B 157
H - 28 157
H - 28 II 157, **159**
H - 28 III 157
Habicht 120, **121**-123
Haller Hawk 59, 61
Haller Hirth Sailplane Manufacturing Company 229
Haller, Gus 34, 59, 61, 229
Hanworth 65, 78, 80
Hardwick, Espin 168
Harris Hill 34, 229
Harth-Messerschmitt **19**
Harth, Friedrich 17-18
Harvard Glider Club 239
Heidelstein 18
Heinemann, Hans 114
Helios 136-137, **139**
Hentzen, Heinrich 15, 20
Hesselbach, Peter 30, 38
Heyn, Klaus 65, 109-110
Himmeldunkberg 61
Hirth, Wolf 18, 30, 34, 37-38, 47, 61, 68, 82, 87, 89, 93-94, 96-97, 99, 101-102, 123, 187, 203, 227, 229
Hitler, Adolf 70
Hitlerjugend 47, 93
Hjordis 168, **170**-171, 176
Hjordis 2 176
Hofmann, Heinrich 30, 96, 114, 117, 122, 128
Hofmann, Ludwig 30, 96, 114, 117, 122, 128
Höhenmesser 28, 59, 96
Hol's der Teufel 38, 104, 106, **105**, 173
Hoppe, Fritz 26
Horten I 143
Horten II 143, 145
Horten III 143, **144**, 145
Horten III C 145
Horten III D 145
Horten IV 145, **146**, 147
Horten IVB 145
Horten V 147
Horten VI **146,** 147
Horten, Reimar 136, 143-147
Horten, Walter 136, 143-147
Hug, August 221, 224
Huth, Heinz 122
Hütter 17 156
Hütter H - 17 **158**
Hütter, Ulrich 102, 156-159
Hütter, Wolfgang 102, 156-159

Internationaler Rhönwettbewerb 176
ISTUS (Internationale Studienkommission für Segelflug) 82, 128
Itford Hill 12, 21, 24, 154

Jachtmann, Ernst 128
Jacobs, Hans 104, 106, 110, 114, 119-120, 123-124, 126-128, 130, 196, 213
Jancsó, Endre 196
Japan 99, 101-102, 203
Jarlaud, Raymond 187, 192
Jones, David 176
Joukowsky 28

Jugoslawien 91, 206, 209
Jungfraujoch 66, 114, 218, 221

Kahlbacher, Toni 154, 156
Kaltgezogener Elefant 82
Kanada 206
Kanal 65, 178
Karakan 192-**193**-194
Karch, Ludwig 134, 136
Karch, Reiner 134, 136
Karman, Professor von 10
Kartachev 246
Kasein-Kleber 150
Kassel 34, 40, 61
Kauffmann, John 236
Kawabe 205
Kegel, Max 58-59
Kelsey, Howard 231
Kenichi Maeda 203
Kensche, Heinz 136
Kestrel 168
Kimura 203
King Kite 171, 176-**177**
Kirby Gull 176, 178-**179**
Kirby Kadet 173-**174**
Kirby Kite 171-**172**, 182
Kirby Petrel 178, **180**
Kirby Tutor 173, **175**
Kirchheim 123
Kitty Hawk 226
Klemm 203
Klepikova, Olga 246
Klieforth, Howard 244
Knickflügel 65, 70, 73, 94, 110, 114, 117, 136, 154, 157, 171, 178, 184, 186, 191, 198, 203, 205, 209, 213, 224, 229, 233, 246
Kojcan, Antoni 206
Komar 206, **208**-209
Königlich ungarische Luftfahrt-Reparatur-Werkstätten 194
Konvektion 58-59
Kr 1 152-153
Kracht, Felix 140
Kraft, Erwin 13, 28, 30, 54, 126, 162
Krakau 143
Kramer, Fritz 73
Kranich **118**-120, 128, 130, 156
Kranich 3 128, 130
Krim 24, 246
Kronfeld, Robert 59, 61-62, 65, 68, 78, 80, 82, 152, 154, 178, 187
Kü - 4 80, **81**
Kumulus Wolken 59
Küpper, Dr. August 80, 152
Kurahara 203
Kyushu Imperial College 203

L'Aigle de la Banne (The Eagle of la Banne) 191
La Falda 76
Laister, Jack 233-235
Laminarprofil 145
Laubenthal, Paul 30, 34
Lawrence Institute of Technology 233
Lawrence Tech Sailplane 233
Le Bourget 152
Leusch, Willy 13, 15
Lilienthal, Gustav 9
Lippisch, Alexander 18, 38, 40, 44, 49-50, 52, 54, 56, 58-59, 61-62, 65, 70, 72-73, 80, 104, 106, 123-124, 132, 143, 168, 209
LK - 10 233, **235**-236
LK - 10 A (TG 4A) 233
LNE - 1 244-245
Loessl, Eugen von 9, 26
Loessl, Margarete von 9, 26
London 42, 65, 106
London Gliding Club 42, 106
Long Island 117
Lore 30, 34, 37

Luftkurort Poppenhausen 106-**107**
Luftwaffe 120, 143, 147, 191

M - 22 196-**197**
MacCready, Paul 128, 213
MacCready-Ring 128
Madelung, Georg 15
Maeda 703 203-**204**-205
Maier, Otto 104
Major Petre 160
Maneyrol, Alexis 21, 24
Manhattan 117, 227
Manuel, Bill 165, 168
Marabu 53-54, 65
Martens, Arthur 17, 20, 24, 30, 38, 40, 198
Maurer, Sigbert 224
Me 163 72, 123
Meakin, Joan 97, 112
Meise 128-**131**, 136, 198, 203, 205, 213
Melk, Suzanne 191
Merlin 134
Messerschmitt 110, 123
Messerschmitt, Willi 17-18, 20, 38, 72, 123
Mg - 1 154
Mg 19a-c 156
MG 23 156
Mg 9a 154, 156
Minimoa 99-**100**-102, 171, 203
Mississippi State University 147
Moazagotl 68, 82, 93-**95**-96, 99, 101
Mole, Edward 162, 196
Monte Sisemol 198
Moritz 24, 30, 38, 198
Moswey 124, 224-225
Moswey 2 224
Moswey 2A 224
Moswey 3 224-**225**
Moswey 4 224
Motorsegler 134
Motz, Gottlieb 94
Mü 13 124, 134-**135**, 213
Mü 13D 136
Mü 17 Merle 136, **138**
Mü 3 Kakadu **79**-80
Müller, Georg 224
Müller, Heiner 224
München 66, 70, 80, 132, 134, 152
Münich Mü 10 Milan 132-**133**-134
Murray, H. 168
Musger 154-156
Musger MG-9 154, **155**
Musterle 34, **36**-37, 61, 65, 87, 93, 96, 229
Muttray 70
Mynarski 215

NACA 148, 198, 244
NACA 0012 198
NACA 2412 148, 244
NACA 4514 198
NACA 64016 205
NASA 54
National Geographic Magazine 226
Nationalsozialistisches Flieger Korps (NSFK) 49, 93, 128, 130
Nehring, Johannes „Bubi" 26, 30, 34, 38, 58-59
Nemere 194-**195**
Nessler, Eric 187, 191-192, 218
Neuseeland 165
New South Wales 150
New York City 34, 89, 229
Niederlande 82, 130
Nilsson, Billy 128
Northrop 147
Norway, Neville Shute 160

O'Meara, Jack 32, 34, 37, 87, 227, 229
Oberschleissheim 147
Obs **69**
OE-Kamerad 154

255

Index

Oeltzchner, Rudolf 76
OK - Mario 184
OK-Mario 186
Olympia 128-131, 173, 203, 205, 213, 236
Olympic Orlik **214**
Olympische Spiele 120, 122, 128, 130, 194, 218
Olympische Winterspiele 114
Olympisches Segelflugzeug 198, 213
Orlik 213-214
Orlik 2 213
Orlik 3 213
Osaka Mainichi 203
Osann, Hans 82
Österreich 59, 128, 152
OSTIV Congress 147

P 51 145
Paul Schweizer 239
Pegasus 40, 44
Pelzner Hang Glider **8**
Pelzner, Willy 9, 13
Persson, Per Axel 128
Petretschenkova 246
Peyret 21, 23-24
Peyret Tandem 21, **23**-24
Philipp, Ernst 54
Pod and boom 231
Polen 130, 206, 209, 215
Polytechnikum Mailand 198
Pons 182
Poppenhausen 50, 106-107
Prachar 186
Prandtl, Ludwig 28
Pratt Read G - 1 244-**245**
Proell, Arthur 15
Professor 10, 15, 26, 58-**60**-62, 70, 85, 106, 128, 203, 206
Proppe, Tassilo 37
Prüfling **43**
PS - 2 226-227, 246-**247**
PWS (Podlaska Wytwornia Samolotow) 15, 213, 215-217
PWS 101 213, 215-**216**
PWS 102 Rekin (Hai) 215, **217**

Racek 184
RAF 32 168
Raspet, August 236
Rastorguyev, Viktor 246
Raynham 24
Reiher 123, **125**, 126, 176, 215
Reitsch, Hanna 89, 117, 119, 122-124, 215
Rheinland 132, 140-142
Rhön 21, 30, 34, 37, 54, 104, 106, 143, 186, 213, 218, 221
Rhönadler 106, **108**-110, 178
Rhönbussard 110, **111**, 112, 114, 136, 196
Rhöngeist 50, 58, 61
Rhön-Rossitten-Gesellschaft (RRG) 40, 44, 47, 52, 56-59, 61, 65-66, 73, 85, 104
Richardson, Geoff 150
Richmond 65
Riedel, Beate 38, 58, 65, 68, 70, 110, 114, 117
Riedel, Peter 38, 58, 65, 68, 70, 110, 114, 117
Riverside Park 37
Robin 206
Robinson, John 213, 237
Roemryke Berge 58
Rohrbach, Adolph 17
Rolle, Emile 91, 218
Roosevelt Field 117
Ross Stephens RS - 1 236-238
Ross, Harland 236-239
Rossitten 24, 34, 44, 50, 65, 91, 104
Rot Front 7 246, **250**
Rotter, Lajos 192, 194
RS - 1 236-239
Rüdiger, Herbert 91

S - 10 18
S - 18 218
S - 18 II 218
S - 18 III 218
S - 8 18
S - 9 20
S.18 T Chouca 218
Sahara 84
Salamandra 206-**207**, 246
Salzburg 82, 119, 128, 132, 134, 140, 152, 156, 191
Sandmeir 124, 221
Sato, Hiroshi 203, 205
Savtov 246
Schädelspalter 38, 44, 106
Schalenbauweise 15, 17, 20, 28, 148
Scharfoldendorf 110
Scheibe, Egon 132, 134
Schempp, Martin 59, 93, 97, 99, 102, 229
Schempp-Hirth 93, 157, 203
Schleicher, Alexander 38, 50, 56, 104, 106, 110
Schlesien 38, 87, 96
Schlesierland 85, 87
Schloss Mainberg 34
Schmetz, Ferdinand 140
Schmidt, Kurt 91, 124, 134, 136
Schneider, Edmund 38, 40, 56, 85, 87, 89, 91, 93-94, 96
Schneider, Harry 38, 40, 56, 85, 87, 89, 91, 93-94, 96
Schränkung 66, 87, 101
Schreiber, Herman 218
Schulz, Ferdinand 24, 34, 65
Schwatze Düvel 10-**11**, 13
Schweden 34, 85, 87, 128
Schweizer Alpen 66
Schweizer SGS 2 - 8 (TG - 2) **242**, 244
Schweizer SGS 2 - 12 **243**
Schweizer SGU 1 - 6 239-**240**
Schweizer SGU 1 - 7 239, **241**
Schweizer, Brüder 244
Schweizer, Ernie 30, 66, 150, 218, 224, 239-244
Schweizer, Paul 30, 66, 150, 218, 224, 239-244
Science Museum London 165
Scott, Roy 182-183
Scud 162-165
Scud 2 162, **163**
Scud 3 162, **164**, 165
Seeadler 110
Seele, Hermann 112
Segelflugmuseum Wasserkuppe 109, 123
Segelflugzeug Rhön 106
Segelflugzeugbau Kassel 40, 61
Semmering 152
Senator 85, 91
Sezze 130, 213
SG - 3 209, **210**, 211
SG - 3/bis 36 **211**
SG - 38 47, **48**, 49
SG 21 Lwow 209
SGS 2 - 12 243
SGS 2 - 8 242, 244
SGU 1 - 19 244
Siepen, Howard 26
Sikorsky 244
Silver C 54, 91, 168, 184, 186-187, 192, 209, 229
Sky 128, 227
Slingsby Gull 4 128
Slingsby, Fred 45, 47, 56, 89, 128, 168-169, 171, 173, 176, 178, 182
Smithsonian-Sammlung 229
SNCASO 191
SO - P1 **190**, 191
Soaring Society of Amerika 229
Spalinger 15 218, **219**
Spalinger 18 218, **220**-221
Spalinger, Jakob 218, 220-221
Spanien 120, 128
Sparrow 206
Späte, Wolfgang 124, 128
Sperber **113**
Sperber Junior 113, **116**-117, 119, 122
Sperber Senior 114-**115**, 117
Spies, Rudolf 26

Sproule, John Stanley 173
Spyr 1 221
Spyr 2 221
Spyr 3 132, 221-**222**
Spyr 4 **223**-224
Stakhanov, A. G. 246
Stakhanovetz 246, **249**
Stamer, Fritz 38, 40, 44, 47, 49, 52
Stanavo 87, 89, 97
Starkenburg 30, 82
Stephens, Harvey 236-238
Stephenson, Geoffrey 178
Steyskal 186
Storch 50-54, 56, 65, 143
Storch IV **51**
Storch VIII **53**, 54, 65
Streckung 17, 20-21, 24, 28, 30, 34, 62, 93, 124, 148, 162, 209, 246
Strolch 24, 38
Student, Kurt 38
Stummel Habicht 123
Stuttgart 97
Suchla, Theo 38
Südafrika 102
Südamerika 68, 73, 102
Südamerika 68, 73, 102
Super Albatross 231, **232**
Super Falke 56
Swedish Ållebergs Sailflying Museum 87
Szokolay, András 196

Tauschegg 154, 156
Technical Universität Hannover 15
Technische Universität Llow (Lemberg) 209
Technische Universität von Budapest 196
Teichfuss, Luigi Frederico 198
Teutoburger Wald 62
TG - 3 244
TG - 32 244-245
TG - 4 236
TG - 4A 233, 236
Themsemündung 65
Tiltman, Hessell 160
Tissandier-Diplom 218
Tokio 203
Tragende Schale 15
Transportmuseum Budapest 194
Troeger, Toni 134
Tschechoslowakei 72, 76, 114, 120, 184
Tulak 37 184, **185**
Turul 196
Tutor 173, 175-176
Type 23 Kite 1A 171
Type 26 Kite 2 173

Udet, Ernst 112, 114
UDSSR 24, 130, 215, 246
Universität Aachen 10
Universität Göttingen 17, 70
Ursinus-Haus 52
Urubu Obs 70
US Army 233, 244
US Meisterschaften 191, 227-229, 236-238
US Navy 244

Vampyr 15, **16**, 17, 20, 24
Variometer 28, 34, 59, 61-62, 68, 96, 123, 128
Vauville 24, 30, 187
Vergens 128
Vesuv 152
Viking 182-**183**
VMA 200 Milan 128
VSB - 35 186

Weihe 126, **127**, 128, 130, 202
Wellenaufwind 182
Weltausstellung 213
Weltensegler **14**
Weltensegler GmbH 13
Weltmeisterschaften 1954 202
Wendezeiger 82, 96
Wenk, Friedrich 13, 20, 94, 96
Westpreussen 30, 34, 37, 58
Wetterwarte Krietern 94
Whitcomb, R. T. 54

Widderhorn-Wirbel 9
Wien 62-**63**-65, 73, 80, 104, 124, 152, 187, 192, 226
Wiesenbaude 1 85
Wiesenbaude 2 85
Willow Wren 165, **167**-168
Wills, Philip 61, 102, 130, 162, 168, 171, 176
Windspiel 82-**83**-84
Winglets 52, 54, 70
Winterkrieg 130
Württemberg 30-**31**, 37, 187
WWS (Wojskowe Warszaty Szybowcowe) 206

Yankee Doodle 233-**234**
Yankee Doodle 2 233
Yellow Witch 130

Zabski, Zbigniew 213
Zanonia 236-**238**-239
ZASPL 209
Zeppelin 17, 59
Zögling 40, **41**, 42, 44, 47, 49, 56, 106, 227
Zweiter Weltkrieg 38, 93, 102, 126, 136, 157, 191, 194, 206